100만 공직자를 위한 정책설계의 길잡이

정책설계학

박 계 옥

도서출판 대영문화사

머리말

정책설계학(The study on policy design)은 정책학의 새로운 지평을 여는 데 목적이 있다. 정책학의 새로운 프레임을 제시하고자 하는 것이다.

정책학은 성장과 발전을 거듭하고 있는 젊은 학문이다. 아직도 정해진 정책목표를 달성하기 위한 도구적 정책수단을 찾는 형식적 합리성에 기초한 단계적 정책과정 이론이 큰 흐름이다. 구체적으로 설명하면, 사회적 이슈 발생 → 정부 아젠다(agenda)로 채택 → 정책결정 → 정책집행 → 정책평가로 이어지는 단계별 정책과정(stages model)을 다루는 측면이 강하다.

우리는 위와 같은 일반적인 단계별 과정이론이 아닌 새로운 방향에서 정책 그 자체를 중심에 두는 정책학의 영역을 개발해야 할 시점에 서 있다.

정책학은 과학적으로 정책현상을 설명하고 예측하는 사회과학이어야 하고, 국민적 합의과정의 원리를 밝히는 학문이며 실천적 응용 학문으로서 자리매김해야 한다.

사실 정책현상은 합리성과 정치성이 얽히고설켜 있어 매우 복잡하다. 하지만 정책현상은 정책결정 과정이고, 정책결정 과정은 정책설계행위의 연속이라 할 수 있다. 정책은 기계적으로 단 한 번에 설계되지 않는다. 정책입안 단계에서 정책을 처음 설계하여 협의과정, 공론화과정, 정치적 협상과정을 거쳐 재설계, 재재설계가 계속되고 최종설계를 통해 정책으로 완성된다. 이러한 정책설계는 공론장(public sphere)을 통해서 진행된다.

정책설계학은 두 가지 전제하에 이론을 전개하고자 한다. 그 첫 번째는 정책현상은 정책설계행위의 연속이라는 점이다. 두 번째는 자유민주주의와 시장경제가 완숙한 국가에서 정책설계는 밀폐된 공간이 아닌 정책시장(policy market)에서 이루어진다는 점이다. 정책설계는 국가적 사안을 해결하기 위해 정책을 논의하는 정책시장이라는 공론장을 통해서 이루어진다.

정책설계학은 정책시장을 핵심도구로 삼는다. 정책시장은 현대사회의 두 축인 민주주의(democracy)와 시장주의(marketism)를 함께 반영한 새로운 개념도구다.[1] 정책담당자와 이해당사자들이 참여하여 진지하게 정책담론을 벌이는 공론장을 의미한다. 신문 · 방송의 토론방, 공청회, 국무회의, 국회심의, 선거, 협상테이블 등이 이에 해당된다.

이해를 돕기 위해서 먼저 경제시장을 미시적 시장과 거시적 시장으로 나누어서 살펴보자. 미시적 시장으로서 자동차 시장은 국민의 자동차에 대한 선호와 기업의 대응역량이 균형을 이루는 수준에서 가격이 설정되고 판매량이 결정된다. 수요와 공급 원리, 가격기구가 작동한다.

이에 비해서 거시적 시장은 국가 전체적인 차원에서 국민의 소비량, 기업의 투자량, 정부의 지출량, 수출에서 수입을 뺀 순수출량을 집합적으로 계산하여 국민총생산(GNP)을 파악한다. 이자율, 통화량 등을 통해서 경기변동에 대응한다.

정리하면 미시적 시장은 국민 개개인의 영향을 받지만, 거시적 시장은 총량적인 객관적 지표에 의해서 움직인다.

정책시장은 위의 경제시장 원리가 그대로 적용된다. 개개인의 선호에 의한 수요와 공급 원칙이 작용하는 미시적 정책시장, 그리고 개개인의 영향력이 미치지 않는 총량적 지표에 의해서 집합적으로 작동하는 거시적 정책시장으로 나눌 수 있다.

거시적 정책시장은 집권당이 보수인가 진보인가, 국민들의 성향이 집단주의인가 개인주의인가, 정책상황이 안정적인가 불안정한가 등에 따라 그 유형이 결정된다.

정책시장 유형이 이념적으로 진보이고, 정책상황이 불안정할 경우에는 대개 정치철학적인 정책설계가 이루어진다. 반대로 이념적으로 보수이고 정책상황이 안정적일 경우에는 후생경제학적 정책설계가 이루어진다.

이렇듯 거시적 정책시장의 유형이 객관적으로 설정되면 그것에 맞게 정책설계의 전략이 정해지는 대응연계모형을 구성할 수 있다. 이른바 거시적 정책설계론이다.

거시적 정책설계론은 정책현상을 객관적으로 설명하고 예측하는 실증적 행태주의에 기반한 이론이다. 다양한 정책사례를 분석하여 귀납적으로 구성된 정책설계론이다.

---

1) 도구적 합리성의 한계를 극복하기 위해 Habermas가 주장하는 숙의민주주의 소통적 합리성론과 함께 정치경제학자들이 주장하는 정치시장론을 결합한 개념이다.

미시적 정책시장을 알아보자. 선거철이 되면 선거중심의 정책시장이 서게 되고, 평상시에는 사회적 이슈가 생길 때 마다 협상중심의 정책시장이 열리게 된다. 여기에서 투표와 협상에 의한 미시적 정책설계가 진행된다.

선거는 유권자 개개인이 그들의 선호를 표로 나타내는 미시적 정책시장이다. 후보자의 정책공약과 유권자의 표를 교환하는 방식의 득표원리에 의해서 정책방향을 결정한다. 그 내면의 원리는 국민의 선호(수요)와 정부(정당)의 대응역량(공급)이 교차하는 균형점에서 합의가 이루어져 정책이 결정된다는 것이다. 협상에 의한 정책설계에도 똑 같은 원리가 적용된다. 정책상황을 바라보는 프레임(견해)의 차이로 인해 생기는 이해집단들의 대립과 갈등을 조정하는 절차가 협상중심의 정책시장으로 나타난다. 이처럼 미시적 시각에서 주관적으로 정책을 설계하는 모형은 현상학의 상호주관성 개념과 국민 개개인의 선호(preference)를 중심으로 구성할 수 있다.

현상학적 접근은 각 개인의 선호를 이해하면서 자기의 선호를 조정하여 개인별 차이점을 줄여 나가는 과정에 초점을 맞춘다. 공통분모를 찾아 합의해 나가는 방식이다.

미시적 정책설계론은 선거와 협상이 이루어지는 정책시장에서 국민의 선호(정책수요)와 정부의 대응역량(정책공급)이 균형을 이루는 수준에서 정책이 설계되는 원칙, 국민들의 선호를 전체적으로 통합하여 국민적 합의에 이르는 원리를 다룬다.

미시적 정책설계론은 국민적 합의과정(the process of agreement)의 학문, 실천적 응용의 학문으로서 역할에 보다 충실하다.

그렇다면 거시적 정책설계와 미시적 정책설계를 어떻게 적용할 것인가? 먼저 정책시장이 특정 유형으로 형성되어 객관적 · 거시적 접근이 가능하다면 대응연계모형의 경향성에 터하여 정책을 설계하면 된다. 하지만 정책시장 유형을 객관적으로 설정하기 어려울 경우에는 주관적 · 미시적 정책설계 모형을 활용하면 된다.

이 책은 총 9개의 장으로 구성되어 있다. 먼저 제1장 정책설계학을 향한 문제 제기, 제2장 정책설계 일반이론은 정책설계학의 서론에 해당된다.

제3장 거시적 정책설계론은 정책시장 유형과 정책설계 전략 간의 대응연계모형에 의한 거시적 정책설계이론이고, 제4장 정책수단 설계 모형은 거시적 정책프레임 유형에 맞춘 정책수단 설계 모형이다.

제5장 미시적 정책설계론은 정책시장의 수요 · 공급 준칙에 따른 미시적 정책설계

이론이고, 제6장 정책학습과 정책담론에 의한 정책설계 모형은 개인수준의 실질적 합리성을 습득하는 정책학습에 의한 정책설계 모형, 그리고 집단수준의 소통·숙의적 합리성에 기초한 정책담론을 통한 정책설계 모형 두 가지를 다룬다.

제7장 딜레마 상황에서 정책설계 모형은 딜레마상황에 대한 거시적 진단과 프레임에 기반을 둔 정책설계 모형이다. 제8장 Q방법론을 활용한 정책설계론은 Q방법론을 통해서 얻은 주관적 증거에 기초한 미시적 정책설계론이다.

이 책의 독자층은 행정부와 입법부에서 정책을 담당하는 공직자, 그리고 대학에서 정책학을 전공하는 학생들이 될 것이다. 이 책을 통해서 정책현상에 대한 새로운 이론적 패러다임을 얻게 되기를 기대한다. 이론(theory)과 아울러 실제(practice)에 해당하는 정책설계 그 자체를 직접 접함으로써 크게는 정책설계(policy design) 능력을 함양하고, 작게는 기획능력(planning capacity)이나 보고서(report) 작성요령을 터득하게 될 것이다.

이 책이 나오기까지 많은 분들의 도움이 있었다. 특히 1980년대 후반에 서울대 대학원에서 배웠던 사회과학연구의 논리(강신택 교수)와 행정계량분석(노화준 교수)은 필자에게 남다른 연구방법론적 지혜를 심어주었다. 또한 행정고시 합격 후 공직생활을 하면서 배움의 끈을 놓지 않고 학문의 언저리에 계속 머물게 하였다.

사랑스런 나의 가족에게 감사하다는 마음을 전하고 싶다. 그동안 수고를 아끼지 않았던 대영문화사 임현준 부장을 비롯한 편집자에게 감사를 드린다.

2026년 1월

박계옥

Introduction

Policy science is a emerging field undergoing continuous growth and development. As a discipline of social science studying policy phenomena, the field is establishing itself as a study on the process of agreement and a study of practical application.

As a discipline of practical application, however, policy science has not been able to fully satisfy public officials. Since its mainstream is the phased policy process theory based on formal rationality which seeks policy instrument to achieve policy goals, it faces significant criticism.

Policy phenomena are in practice highly complex due to the labyrinth of rationality and political factors. Yet policy phenomena are policy-making process, which is a continuous sequence of policy design. Policies can not be designed in a single mechanical step. Starting with initial draft, they undergo several redesign phases through discussion, public deliberation, and political negotiation, ultimately culminating in final design to become a policy.

Policy design can be understood and explained by a micro perspective-where individuals reach consensus-and a macro perspective-which achieves the goal in collective way. The micro policy design puts individual as a basic unit and centers on the preference of individual citizens. The macro policy design observes and explains the entire community from more broad viewpoint.

The Study on Policy Design aims to cover both above perspectives and formulate theories that are grounded in practice, e.g. policy cases.

The key tool of the policy design study is the policy market. Policy is designed through the policy market, a public sphere where policies are discussed to resolve national issues. It is a new conceptual instrument reflecting the two pillars of modern society, democracy and market-oriented ideology. It is a concept combines communicative rationality for deliberative democracy of Jürgen Habermas, and political market theory under political economy. It is a public sphere where stakeholders participate and engage in earnest policy discourse.

We aim to identify the tendencies in how the policy design directions are determined in each situation by categorizing the policy market, the place where policies are discussed. We seek to discover the principles and rules of policy design, focusing on actual cases. A linkage model between the respective policy markets and policy design strategies will be formulated.

To further elaborate, consider an agricultural market. The price of a cabbage is decided based on consumers' preference for cabbage and producers' ability to respond to that demand. The policy market operates in a similar way. There opens a specific micro-level policy markets, such as voters casting ballots on candidates' policies during presidential election, ruling and opposition parties negotiating to revamp inheritance tax deduction amount in the National Assembly, or the government and doctors' group negotiating over medical school enrollment quota.

Unlike micro markets where individuals intervene and influence, macroeconomic market takes aggregate approach. As the equation Y(National Income)=C(Consumption) +I(Investment)+G(Government Spending)+(X (Exports)−M (Imports))= C(Consumption) +S(Savings)+T(Taxes) indicates, consumption, investment, and government spending are the aggregate total for the entire nation. The policy market also has a macro-level market, approached through these higher-level aggregate quantities. Focusing on policy design strategy that varies depending on the form of macro policy market, the tendencies of linkage model can be identified.

The macro policy market, from a national perspective, will be categorized based on several variables. Once the form of the policy market is shaped, relevant policy design strategy can be clarified. By taking an inductive approach with the analysis on numerous policy cases, objective and large-scale policy design model will be created.

When the policy markets are categorized, respective strategic linkage models that design policies can be developed. For instance, there can be four type of policy markets (2x2) based on whether the ruling party is progressive or conservative (2 options) and whether the prevailing policy situation is stabilized or not (2 options). These variables are objective factors beyond individual control.

In case of a progressive ruling party with unstable policy market, normally political-philosophical policy design strategy is implemented. If policy situation is stabilized, policy design will be more socio-structural. Public choice theory for a conservative/unstable situation, and welfare economics for conservative/stable strategy can be used. This can be a tendency of policy design strategy depending on the type of policy market.

When there are more standards for categorizing policy markets, more linkage models for policy design can be formulated. This can be considered as positivism, which is the natural science's view of truth. Positivism develops theories based on obvious and objective truth. We will introduce 20 linkage models between policy market and policy design strategies with actual policy cases.

Consider micro-level policy markets, which we encounter in our daily lives. Policy market is centered on election during election seasons, and focuses on negotiation when there emerges social issues. Here, policy is designed through voting and negotiation.

Election is a micro-level policy markets where individual voters express their preferences through ballots. Policy direction is decided by vote-gathering, as candidates exchange their policy commitment for votes. Eventually policy is designed at the equilibrium point where people's preferences (i.e. demand) meet the government's capacity to respond (i.e. supply). The same principle applies to policy design through negotiation. Procedures of mediating conflicts and confrontations among interest groups, arising from different frames (i.e. perspectives) on the policy situation, manifest as a negotiation-centered policy market. The micro-level, subjectively designed policy model thus can be constructed based on the preferences of respective individuals, similar to the phenomenological concept of inter-subjectivity.

The phenomenological approach focuses on the process of narrowing down the gap while understanding and adjusting one's own preferences. It is a method of finding common ground to reach consensus.

We aim to address the principle of integrating respective citizens' preferences to reach national consensus, the principle of political policy design through voting or consensus in the policy market where elections and negotiations occur, and the policy design rule of compromises at a level where citizens' preferences (policy demand) and the government's response capacity (policy supply) achieve equilibrium in the micro policy market.

Furthermore, methods to derive substantive rationality at the community level-validating not just existing instrumental, formal rationality models but also policy means and policy objectives themselves-are going to be addressed. Policy design model based on policy learning and policy discourse can be examples.

Along with the policy design model centered on the policy market, there can be another policy design models based on the existing, influential policy theories. This is micro-level policy model, designed by diagnosing dilemmas from the macro perspective.

Here, dilemma refers to a situation where values embedded in two different policy alternatives are irreconcilable due to discreteness, and difficult to exchange due to their trade off relationship. In this case, choosing one option means abandoning the other, and its opportunity cost is too great hence difficult to make decision. We would like to propose which policy design strategy to employ in such situation.

Last but not least, it is difficult to explain the existing economic and social issues nowadays without the understanding on data and platform. The reality should be understood based on the technique to scientifically analyze data. Between R methodology for objective phenomena and Q methodology for individual preference, Q methodology will be adopted for policy design theory based on subjective evidences.

As we briefly navigated above, the Study on Policy Design is made up of nine chapters. Chapter 1 Problem Statement for Policy Design Theory and Chapter 2 General

Theory of Policy Design, can be considered as its introduction.

Chapter 3 Policy Design Theory Based on a Linkage Model Between Policy Markets and Policy Design Strategies and Chapter 4 Policy Means Design Models Aligned with Macro Policy Frames, are macro policy design theory based on positive behavioralism, which objectively explains and predicts policy phenomena. Principles and rules of policy design which inductively formed through analyzing various policy cases will be introduced.

Chapter 5 Micro-level Policy Design Model Based on the Policy Market's Supply and Demand Principle and Chapter 6 Policy Design Model Based on Policy Learning and Policy Discourse Grounded in Communicative and Deliberative Rationality, are micro-level policy design theory, based on mutual subjective understanding and consensus-building process which is phenomenological methodology.

Chapter 7 Macro Diagnosis of Dilemma and Frame based Policy Design Model introduces policy design model based on the existing policy theory. Chapter 8 Micro level Policy Design Theory Based on Subjective Evidence of Q Methodology will use Q methodology-a methodology for phenomenological intersubjectivity-to handle policy design methodology centered on the subjective opinions of policy subjects.

You can enjoy originality of the policy design theory from Chapter3 to Chapter6.

Policy design model in Chapter7 reinterprets existing policy science, and Chapter8 is dedicated to a methodology for incorporating intersubjectivity to policy design.

차례

머리말 / 3
Introduction / 7

CHAPTER 01 문제 제기 21

1. 왜 정책설계학인가? / 22
2. 정책설계학의 이론적 근거는 무엇이고, 어떻게 구성해야 하는가? / 23

CHAPTER 02 정책설계 일반이론 33

제1절 여는 글 34
제2절 정책설계학은 기존 정책학과 어떤 차이가 있는가? 34
제3절 정책설계 기본모형 37
1. 정책설계의 개념 / 37
2. 정책설계 활동 / 39
3. 정책입안 형식의 정책설계 모형 / 40
4. 소통 · 숙의적 정책담론에 의한 정책설계 모형 / 43
5. 정파별, 집단 간의 협상 · 합의 등 통합적 동화의 정책설계 모형 / 44

제4절 일반적 정책설계 모형들 45
1. 정치 · 정략성, 실현가능성, 이해타산성에 기반한 정책설계론 / 45
2. 신제도주의 중심의 정책설계론 / 48
3. 행동경제학적 정책설계론 / 50
4. Rawls의 최소극대화 원칙에 의한 정책설계 모형 / 53
5. 형성적 정책설계와 진화적 정책설계 모형 / 55
6. 패러다임 재생산 정책설계와 새로운 패러다임 정책설계 모형 / 57

CHAPTER 03 거시적 정책설계론 61

제1절 여는 글 ······ 62

제2절 정책동학이란? ······ 63

1. 정책동학의 핵심: 정책시장 유형 및 정책설계 전략 모형 / 65
2. 정책설계 전략 모형의 배경이론 / 66

제3절 정책시장의 유형을 결정하는 구조적 요인과 인지적 요인 ······ 70

1. 정치적 변인: 지배적 정치이데올로기 / 70
2. 문화적 변인: 삶의 양식 / 77
3. 경제적 변인: 재산권 변동과 거래비용의 증감 / 82
4. 인지적 변인: 정책학습 / 86

제4절 정책시장 유형을 결정하는 상황적 요인 ······ 86

제5절 정책시장 유형 변인 종합모형 ······ 89

1. 집권당의 정치성향－정부와 입법부 관계 등 2차원적 정책시장 모형 / 90
2. 이슈의 복잡성 정도－상황의 안정성 정도 등 2차원적 정책시장 모형 / 90
3. 정보분산 정도－이익집단의 영향력 등 2차원적 정책시장 모형 / 91

제6절 정책설계 전략 ······ 92

1. 정책설계 전략 모형이 필요한 이유 / 92
2. 정책설계 결정 변수 / 92
3. 정책설계 전략 / 93

제7절 정책시장 유형－정책설계 전략 간의 대응연계모형 ······ 93

1. 정치성향－정책상황 변인의 정책시장 유형별 정책설계 전략 모형 / 95
2. 정책이슈－이익집단 변인의 정책시장 유형별 정책설계 전략 모형 / 104
3. 정책정보－이익집단 변인의 정책시장 유형별 정책설계 전략 모형 / 109
4. 정책이슈－정책상황 변인의 정책시장 유형별 정책설계 전략 모형 / 114
5. 재산권－정책학습 변인의 정책시장 유형별 정책설계 전략 모형 / 118
6. 정책시장 유형의 전환을 통해서 보다 쉽게 정책설계를 하는 전략 / 121

제8절 정책시장의 거시적 대응연계모형과 미시적 합의모형의 적용방법 ······ 121

CHAPTER 04 정책수단 설계 모형 123

제1절 여는 글 ······ 124
제2절 왜 정책수단 설계 모형을 구성해야 하는가? ······ 125
1. 정책수단 설계론의 이론적 구조 / 125
2. 민·관 거버넌스와 정책수단 설계론의 관련성 / 127
3. 정책수단 연구의 기원과 연혁 / 127

제3절 정책프레이밍: 정책프레임 짜기 ······ 129
1. 정책프레이밍과 이에 영향을 미치는 변인들 / 129
2. 주택정책분야의 구체적 정책수단 / 131

제4절 정책프레임 유형에 맞춘 정책수단 설계 모형 ······ 133
제5절 정부규제 설계론, 그리고 선진적 규제대안 설계론 ······ 136
1. 투입요소 규제론 / 137
2. 성과기준 규제론 / 139
3. 경제적 유인방식의 규제대안 설계론 / 139
4. 시장기반의 선진적 규제대안 설계론 / 140

제6절 경제정책수단 설계 모형 ······ 145
1. 거시경제 방정식(Y=C+I+G+(X−M)=C+S+T) 프레임에 의한 설계 / 145
2. GDP갭에 기초한 금융통화 정책수단 설계론 / 147

제7절 정부보조금 지급 정책수단 설계론 ······ 149
1. 보조금의 개념 및 유형 / 149
2. 보조금 근거논리와 종류 / 150
3. 보조금 지급 정책수단 설계론 / 150

제8절 시정적 부담금 정책수단 설계론 ······ 152
1. 시정적 부담금 정책수단의 의의 / 152
2. 시정적 부담금의 목적 / 153
3. 시정적 부담금의 특성과 종류 / 154
4. 시정적 부담금 정책수단 설계론 / 157

제9절 조세지출(조세감면) 정책수단 설계론 ······ 160
1. 조세지출의 의미와 특징 / 160
2. 조세지출 정책수단 설계론 / 161

제10절 표준화 정책수단 설계론 163
1. 표준화 개념과 의의 / 163
2. 표준화와 네트워크 외부성 효과 / 163
3. 표준화 정책수단 설계론 / 164

제11절 공공서비스 민영화 또는 민간위탁 정책수단 설계론 165
1. 공공서비스의 민영화 또는 민간위탁의 배경 / 165
2. 공공서비스 전달의 민영화 방식 / 167
3. 공공서비스의 민간위탁 정책수단 설계론 / 167

제12절 바우처 정책수단 설계론 169
1. 바우처 개념과 종류 / 169
2. 새로운 정책수단으로서 바우처 의의 / 170
3. 바우처 정책수단 설계론 / 171

제13절 신고 보상금(포상금) 지급 정책수단 설계론 172
1. 신고 보상금(포상금) 개념과 의의 / 172
2. 신고 보상금 · 포상금 종류 / 173
3. 보조적 정책수단으로서 신고 보상금(포상금) 설계론 / 174

제14절 행정지도 정책수단 설계론 174
1. 행정지도에 대한 두 가지 입장 / 174
2. 행정지도 법적 개념 / 175
3. 행정지도 유형과 정책수단 설계론 / 175

CHAPTER 05 미시적 정책설계론 179

제1절 여는 글 180

제2절 정책시장은 수요 · 공급 원리가 작동하여 투표와 협상이 이루어지는 공간 180

제3절 국민선호에 기반을 둔 수요 · 공급 준칙과 미시적 정책설계 원리 182
1. 국민의 선호에 기초하여 공동체의 선호인 정책을 설계하는 새로운 접근방법 / 182
2. 국민의 선호(수요)와 정부의 대응역량(공급) 간의 교환관계: 투표(선거), 협상 / 183

3. 미시적 정책시장에서 국민의 선호를 결정하는 요인 / 184
4. 정책선호의 수요 · 공급 준칙에 입각한 정책설계 모형 구성 / 185

제4절 정책(정치)시장에 대한 이론적 논증과 실제적인 가능성 탐색 ············186
1. 정치시장 근거이론은 공공선택이론 등 정치경제학 / 186
2. 선거중심의 정책시장 모형의 가능성에 대한 이론적 논증 / 188
3. 선거중심의 정책시장 모형의 가능성 여부 탐색 / 190

제5절 선거중심의 정책시장 모형이 갖는 한계와 협상중심의 정책시장 필요성 ············193
1. 직접민주주의 하에서 국민합의 기반 정책형성 가능성 / 193
2. Arrow의 불가능성 정리에 대한 비판과 그 정책학적 함의 / 197
3. 대의민주주의 하에서 투표를 통한 정책결정 한계 / 198
4. 협상중심의 정책시장 모형 추가 구성 / 205

제6절 정책선호의 수요 · 공급 준칙에 의한 미시적 정책시장 기반 정책설계론 ············206
1. 정책시장은 어떻게 열리고 있는가? / 206
2. 상호주관성인 선호에 기초한 정책시장의 수요 · 공급 준칙 / 208
3. 미시적 정책시장의 수요(국민선호) · 공급(정부 대응역량) 준칙에 의한 정책설계 / 211

제7절 선거중심의 정책시장 투표논리에 의한 정책설계 원리와 그 모형 ·····213
1. 제2사표가 큰 경우(표차가 큰 경우): 차별적 정책설계 모형 / 214
2. 제2사표 해당자들의 잠재적 정책선호 표명 가능성과 다양성에 기초한 정책설계 모형 / 214
3. 제2사표가 거의 없는 박빙 승부의 경우: 동조화 정책설계 모형 / 215

제8절 정책시장의 정책좌표 분석으로 파악된 합의가능성에 기초한 정책설계론 ············217
1. 정파별 · 집단별 정책좌표 차이 분석 / 217
2. 쿠바 미사일 위기 딜레마 상황의 정책좌표 분석 / 217
3. 한국 우파와 좌파 간의 대북정책 좌표 분석 / 218
4. 국민연금 개혁정책에 대한 정파 간의 좌표 분석 / 219

CHAPTER 06 정책학습과 정책담론에 의한 정책설계 모형 221

제1절 도구적 합리성과 단계별 정책과정론 222
1. 도구적 합리성에 기반을 둔 정책결정 모형 / 222
2. 도구적 합리성과 단계별 과정이론 / 224

제2절 도구적 합리성 모형에서 종합적 합리성 모형으로 진전과 발전 226
1. 형식적 그리고 실질적 합리성 수준별 함수모형 / 226
2. 진전된 합리성 종합모형이 정책학 연구에 주는 시사점 / 231

제3절 개인수준의 실질적 합리성을 습득하는 정책학습과 이에 기초한 정책설계론 232
1. 정책학습에 의한 개인수준의 실질적 합리성 형성 / 232
2. 일반적 학습이론 / 232
3. 정책학습에 의한 정책변동이론 / 233
4. 소결론: 정책학습의 핵심요소와 개인별 선호함수 / 239
5. 정책학습에 기초한 정책설계론 / 240

제4절 집단수준의 실질적 합리성을 도출하기 위한 숙의민주주의적 정책담론 241
1. 세종대왕의 소통 · 숙의적 합리성에 기초한 공론정치 / 242
2. 민주화 이후 우리에게 요구되는 숙의민주주의와 공론장의 정책담론 / 242
3. 민주화 이후 대안으로서 숙의민주주의 정책담론 / 243

제5절 숙의민주주의 정책담론: Habermas의 소통적 합리성, 공론장, 담론윤리 244
1. Habermas의 소통 · 숙의적 합리성 / 244
2. 상호주관성과 의사소통행위 그리고 공론장 / 247
3. 공론장에서 형성된 여론은 여론조사 기관의 중개로 정부 정책설계에 반영 / 248

제6절 디지털 및 온라인 플랫폼 공론장의 새로운 구조변동 248
1. 공론장의 담론윤리 필요성 / 250
2. 정책담론을 활성화하기 위한 공론장의 담론윤리 / 250
3. 디지털 혁명시대에 온라인 공론장에서 정책담론이 나아갈 방향 / 251

제7절 숙의민주주의 정책담론을 통한 정책설계론 252
1. 숙의민주주의 정책담론 논리와 역할 / 252

2. 숙의민주주의 대전제: 전환적 힘 발휘 / 253
3. 숙의민주주의 정책설계를 위한 공식적 정책담론 제도들 / 254
4. 숙의민주주의적 정책담론을 통한 정책설계론: 공론조사 방식에 의한 정책설계론 / 255

제8절 아스팔트 공론장에서 보여준 집단적 소통행위와 정부의 정책설계 변동 사례 ······ 257
1. 아스팔트 공론장이 열리게 된 배경 / 257
2. 집단적 소통행위로서 촛불시위 / 258
3. 정책설계 변동 / 258

CHAPTER 07 딜레마 상황에서 정책설계 모형 261

제1절 딜레마 이론은 우리의 토종이론이다 ······ 262
제2절 딜레마 상황이란 무엇인가? ······ 262
제3절 딜레마 이론의 정책학적 의의 ······ 264
제4절 맥락지향적 인식 · 해석론과 딜레마 상황 간의 관계 ······ 265
1. 정책설계에 있어 시간적 · 공간적 맥락성을 고려해야 하는 이유 / 265
2. 맥락지향적 인식과 해석에 의한 딜레마 상황 확대 재생산 / 266

제5절 딜레마 상황을 미연에 예방하는 방안들 ······ 270
제6절 딜레마 상황에서 정책을 설계하는 모형들 ······ 271
제7절 딜레마 상황에서 제3의 대안정책설계 사례 ······ 275
1. 쿠바 미사일 위기 상황에서 제3의 대안적 군사정책설계 사례 / 275
2. 영풍석포제련소 낙동강 수질오염 대응 제3의 정책설계 사례 / 279

제8절 제3대안을 모색하는 혁신적 메타프레임의 창발성 발휘 사례들 ······ 282

CHAPTER 08 Q방법론을 활용한 미시적 정책설계론 285

제1절 현대사회에서 데이터가 갖는 의미 ······ 286
제2절 데이터증거기반 정책설계론 ······ 286
1. 증거기반 의료에서 착안 / 286

2. 데이터증거기반 정책설계 / 287
3. 데이터증거기반 정책설계를 바라보는 견해들 / 288

제3절 실증주의 방법론과 현상학적 방법론 291
제4절 Q방법론을 활용한 IT산업 정책설계 사례 294
1. 상호주관성을 파악하는 Q방법론 / 294
2. Q방법론을 활용한 베이비부머의 IT 인식과 태도분석 사례 / 297
3. Q방법론 분석결과를 반영한 베이비부머에 대한 IT산업 정책설계 / 303

CHAPTER 09 결론에 대신하여 305

참고문헌 / 307
찾아보기 / 317

CHAPTER

01

문제 제기

1 왜 정책설계학인가?

먼 옛날 국가체제가 갖춰진 이래로 정책이 형성되어 집행되는 정책현상은 계속되었다. 예를 들면 고구려에서는 형이 죽으면 동생이 형의 아내와 결혼하여 가족의 생활을 책임지는 형사취수(兄死娶嫂)정책이 있었다. 고대에는 철학자들이 이러한 정책현상에 관심을 갖고 다양한 정책을 제시했다. 그 대안들이 지금 우리가 접하는 철학이라고 할 수 있다. 세월이 흘러 학문이 발달하면서 계속 분화하여 현대에는 정치학, 행정학, 정책학이 정책현상을 주로 연구하고 있다.

정책학 교과서에 널리 알려진 정책개념은 '바람직한 사회상태나 목적가치의 실현 또는 사회문제의 해결을 위한 수단'이다. 이처럼 도구적 합리성에 터해서 수단적 측면을 강조하면, 선거 등 정치영역에서 정책의 큰 줄기가 결정되는 현대사회의 정책현상을 설명하지 못하는 한계에 부딪치게 된다.

정부는 여론조사 등을 통해서 국민의 선호를 파악하여 이에 대응한 정책을 설계하고 이해관계자들과의 협의를 거쳐 국민을 대상으로 공청회 등 공론장에서 깊게 숙의[1]를 한 후에 국가의 공식적인 방침으로서 정책을 결정한다. 정책은 처음 설계되어 계속해서 재설계가 이루어지고 최종적으로 설계된 것이라 할 수 있다. 정책설계는 국민 개개인의 선호를 국가공동체의 선호로 통합하여 국민적 합의를 이루어 나가는 공동의 프로젝트라고 할 수 있다.

그럼에도 불구하고 기존의 정책학은 사회이슈 발생 → 정부 아젠다(agenda)로 채택 → 정책결정 → 정책집행 → 정책평가로 이어지는 단계별 형식적인 정책과정을 다루는 측면이 강하다.

이제는 실제로 진행되는 정책설계를 중심으로 정책학 연구가 진행되어야 한다. 정책설계 과정에서 일정한 경향성이나 준칙을 찾아내 객관적 측면에서 정책을 설계하는 원리, 이러한 경향성을 찾을 수 없으면 주관적인 선호(preference)를 기초로 하여 합의해 나가는 원리를 찾아야 한다. 그러기 위해서는 우리의 정책사례에서 정책설계의 원리를 추론해 내야 한다. 한국 법학이 초창기부터 상당기간 동안 독일식 이론 도입에 치중하였으나, 지금은 우리 법원에서 내린 판례를 중심으로 이론을 전개하고 있

1) 깊이 생각하여 충분히 의논하는 것을 말한다.

는 것과 같은 접근방식이다.

그렇다면 정책설계학을 구성해야 할 이유를 조금 더 자세히 살펴보자. 정책학은 바람직한 정책설계와 올바른 정책집행을 위한 학문이 되어야 한다. 실제로 진행되는 정책과정을 들여다보면 그 이유를 알 수 있다. 정책과정은 정책설계의 연속이다. 만약에 심각한 공공문제가 발생한다면 이를 해결하기 위한 여러 가지 처방적인 정책들이 설계되어 제안될 것이다. 다양한 정책들이 경합하게 되고, 그 중에서 가장 많은 호응을 받는 정책이 중심이 되어 나머지 정책을 병합하는 설계 또는 통합하는 설계가 이루어진다. 그런 후에 각계 각층의 다양한 의견을 받아들여 보완설계를 하고, 정파 간의 협상에 의해서 다시 보충설계를 한다. 이처럼 처음에 정책을 설계한 이후 몇 차례의 재설계, 또 재재설계 과정을 거쳐서 최종설계가 이루어지게 된다.

정책현상의 실제적인 측면에서 정책설계 원리와 원칙을 중심으로 정책학을 구성한다면, 지금까지의 정책결정의 단계적 과정(stage model)을 다루는 정책학에서 벗어날 수 있다. 일반론 중심의 정책학에서 탈피하여 실제적인 정책을 다룰 수 있게 된다. 정책 그 자체가 중심이 되고, 정책사례들이 살아 숨 쉬는 적실성 있는 정책학으로 거듭날 수 있게 된다.

정책설계학은 정책현상에 대한 새로운 접근을 한다. 이는 사회과학으로서 특징을 반영하지만, 국민적 합의과정을 다루는 학문, 실천적인 응용의 학문으로서 특성을 추가적으로 고려하는 새로운 접근방법이다.

2 정책설계학의 이론적 근거는 무엇이고, 어떻게 구성해야 하는가?

1) 정책현상에 대한 실증주의와 주관주의 접근

무엇보다 정책학은 사회과학이다. 정책현상을 과학적으로 규명하여 일정한 경향성(법칙성)을 발견하려고 한다. 실제로 실증주의와 행태주의자들은 자연과학적 진리관에 따라 정책현상을 변수중심으로 설명하고 예측하려고 한다. 정책현상을 객관적이고 경험적으로 연구한다. 사람들이 겉으로 드러내는 모습을 관찰하여 경향성이나 법칙성을 찾아내려고 한다.

이러한 연구방식에 따르면, 정책을 논의하는 공론장인 정책시장을 핵심변수로 삼아 정책현상을 설명하고 예측할 수 있다. 정책시장의 유형을 결정하는 몇 가지 기준을 발견하여 정책시장을 유형화하고 그 유형에 맞는 정책설계 전략을 대응연계모형으로 발전시킬 수 있다. 정책시장의 유형과 정책설계 전략 간의 대응연계모형을 객관적으로 밝혀내는 것이 거시적 정책설계학이다.

정책시장을 좀 더 알아보자. 우리가 경제시장을 분석할 때 상품을 실제로 거래하는 구체적 시장과 그 보다 더 관념적인 상위의 집합적인 거시적 시장으로 구분한다. 정책시장도 정책을 실제로 교환하는 선거나 협상과 같은 미시적 정책시장, 그리고 거대 정책담론이 진행되는 거시적 정책시장으로 구분할 수 있다.

먼저 객관적인 거시적 정책시장이다. 거시적 정책시장을 분류하는 기준들은 집권당이 진보적인가 아니면 보수적인가, 국민들이 문화적으로 개인주의인가 아니면 계층주의인가, 정책상황이 안정적인가 아니면 급박한가? 등이다. 이 변인들은 국가 전체적인 맥락에서 객관적으로 주어진다. 어떤 개인도 좌지우지 할 수 없다. 이 변인들을 조합하면 수많은 정책시장 유형이 정해진다.

우리가 정책시장의 유형에 맞추어 구사하는 정책설계 전략은 정치철학적, 사회구조론적, 공공선택론적, 후생경제학적 정책설계 모형 등 여러 가지가 있다.

위와 같은 정책시장 유형과 정책설계 전략 간에 대응관계를 이루는 경향성을 실제 정책사례를 분석하여 귀납적으로 도출할 수 있다. 이를 모형화하면 정책설계자들이 정책시장의 유형에 맞추어 정책을 적절하게 설계하는 대응전략을 실제 현장에서 적용할 수 있게 된다.2)

하지만 우리가 국가적 문제 사안이 발생할 때 앞에서 살펴본 객관적 접근을 통해서 정책을 설계하기 어려운 상황이라면, 이를 해결하기 위한 정책을 국민적 합의(agreement)를 거쳐서 형성해 나갈 수밖에 없을 것이다. 국민적 합의과정도 정책의 설계 그리고 재설계의 연속적 과정을 통해서 이루어진다. 그래서 a시점에서 시작하여 a+t라는 시점까지 일련의 과정에서 일어나는 국민선호의 변화와 국민적 합의의 원리를 밝혀내야 한다. 국민 개개인이 갖는 상호주관성(intersubjectivity)을 통합하여 동화해 나가는 미시적 정책설계 원리를 밝혀야 한다.

---

2) 제3장 제6절 정책시장 유형-정책설계 전략 간의 대응연계모형에서 자세히 다루고 있다.

여기서 상호주관성은 우리들의 시각, 경험, 가치가 서로 연결되거나 상호작용하여 공통된 이해나 인식을 형성하는 과정을 말한다. 상호주관성을 통합하여 합의해 나가는 과정을 알아보면, 선거철에는 각 후보의 정책공약에 대해 국민들이 투표를 하여 국민 개개인이 선호를 표출하면 다수결 방식으로 이루어지고, 평상시에는 정파 간 혹은 이익집단 간의 협상이 진행되는 정책담론 공간에서 숙의적 논의와 설득을 통해서 이루어진다. 이를 구체적으로 선거중심의 정책설계 또는 협상중심의 정책설계로 이론화할 수 있다.

사람은 이중성을 갖는다. 어떤 때에는 주체성을 보이기도 하지만 다른 때에는 객체로서 행동한다. 때로는 능동적으로 대응하고, 때때로 수동적으로 순응한다. 어떤 상황에 적극적으로 대처하기도 하고, 다른 상황에서는 소극적으로 참고 넘어갈 때도 있다. 사회의 객관적 측면은 우리의 객체성, 수동성, 소극성을 반영하는 경우가 많다.

따라서 정책학의 연구방법은 객관적으로 정책현상을 설명하고 예측하는 방법론과 아울러 주관적으로 국민의 선호를 이해하고 진단하여 처방하는 방법론이 함께 요구된다. 전자의 경우는 실증주의(행태주의)적 접근이고, 후자의 경우가 주관주의적 접근이다. 무엇보다 지금까지 주관주의적 접근이 미미했다는 점을 고려해야 한다. 정책현상 속에서 살아가는 국민들의 상호주관성을 이해하고 해석하여 통합적 속성을 합의해 나가는 과정을 밝히는 데 초점을 두어야 한다. 국민적 합의에 이르는 소통 · 숙의적 담론과정이 진행되는 원리를 밝혀내야 한다. 이를 위해 현상학적 방법에 기초한 소통과 숙의에 의한 정책설계학이 탐구되어야 한다.

2) 실증적 설명(explain)과 이해(understand) 두 가지를 충족하는 정책설계학

정책학은 사회과학처럼 설명(explain)하고 예측(predict)하는 과학적 방법론에 기초를 두고 있다. 인간행동의 겉으로 드러난 측면을 관찰하고 변수들을 추출하여 그 원인과 결과를 설명하고 있다. 그러나 여기에 머물러서는 안 된다. 정책학은 생각하는 능력을 가진 사람에 대한 이해를 바탕으로 공감대를 형성해 나가는 원리를 밝혀야 한다. 다시 말하면, 객관적 · 인과적 방법론과 더불어 주관적으로 사유하는 인간 내면의 정신세계를 이해 · 해석하는 방법론을 함께 활용해야 한다.

정책현상을 연구하는 데 실증주의적 연구방법과 함께 주관주의에 기초한 현상학적 접근방법을 추가하면 그 정책이론이 갖는 현실 적합성은 훨씬 더 커질 것이다. 따라서 사유능력을 가진 사람들 상호 간의 주관적 속성을 파악하고, 이를 바탕으로 공론장에서 소통하고 숙의하여 국민적 합의에 도달하는 정책담론에 기초한 정책설계론을 이론화하는 노력이 필요하다. 이러한 취지에 적합한 기법(technique)을 개발해야 한다.

그렇다면 정책설계학을 어떻게 실증주의적으로 접근하고, 다른 한편으로 어떻게 주관주의 현상학적으로 접근을 할 것인가에 대해서 좀 더 알아보자.

실증주의와 주관주의 간에는 진리를 입증하는 방식에 있어 큰 차이가 있다. 전통적으로 자연과학은 진리상응설(眞理相應說)에 입각하여 연구를 진행한다. 진리상응설에서는 명제와 사태가 일치하는 경우, 즉 어떤 대상과 직접적으로 연관시킬 수 있는 실체가 있을 때에 그것을 진리라고 여긴다.

이에 비해, 진리합의설(the theory of truth consensus: 眞理合意說)은 Habermas가 주장하는 공론장(public sphere)에서 허심탄회한 정책담론(policy discourse)을 거쳐서 합의(agreement)에 이르게 되는 경우를 말한다. 정책학 이론을 구성하는 데 주관적 진리합의설에 따라서 국민적 합의과정을 분석하여 그 원리를 찾아내는 접근이 추가적으로 요구되고 있다.

앞에서 설명한 것을 두 방향으로 나누어 각각의 관점을 정리하면 다음과 같다. 이 논리구조에서 객관적인 거시적 정책설계학은 물론 주관적인 미시적 정책설계학의 원리를 추론해 낼 수 있다.

▶**물질적 세계**: 자연과학 – 객관적 사실 → 관찰 · 측정 → 보이는 대로 본다 → 설명 · 예측 → 진리상응설 → (정책학)인간행동의 겉으로 드러난 측면을 관찰하고 그것들을 변수로 치환하여 인과관계를 밝히는데 주력한다 → 실증주의 · 행태주의 접근 → 객관적 증거에 기반한 정책학 ⇒ 객관적인 거시적 정책설계학

▶**정신적 세계**: 철학(사회과학) – 상호 주관성 → 이해 → 자신의 경험과 지식 등 아는 만큼의 수준에서 보고 싶은 대로 본다 → 해석 · 추론 → 진리합의설 → (정책학)사유하는 능력을 가진 사람의 내면세계를 대상으로 상호 주관성과 선호를 이해하고 서로 숙의하여 공동체 선호를 합의하는 데 주력한다 → 현상학 · 해석학적 접근 → 의사소통

숙의적 합리성 또는 정책담론을 기반으로 하는 정책학⇒주관적인 미시적 정책설계학

앞의 구분을 단순화한다면 크게 '설명'과 '이해'로 나눌 수 있다. 정책학은 '설명'과 '이해' 이 두 가지에 기초하여 정책현상을 연구할 수 있고 또 그렇게 해야 한다. 그래야 사회과학으로서 정책학, 실천적 응용의 학문으로서 정책학, 국민적 합의과정의 학문으로서 정책학의 역할을 다할 수 있게 된다.

정책설계자는 일반적으로 우선 정책사안을 객관적으로 설명하고 예측하는 접근방법에 의존하고, 그것이 어렵다면 상호간의 이해를 통해서 그 폭을 점점 넓혀나가는 합의 방식을 동원해야 할 것이다. 이러한 두 가지 관점에서 정책설계학의 접근방법론을 구체적으로 알아보자.

먼저, 정책현상의 객관적 사실을 과학적으로 설명하고 예측하는 실증주의와 행태주의 방법론이다. 간단한 예를 들어 보자. 정부가 통화량을 증가시켰더니 시장의 물가가 올라갔다. 이런 현상이 한 번이 아니고 여러 번 계속 반복되면 학자들은 통화량이 증가하면 인플레이션이 발생한다는 경제이론을 만들게 된다. 경제정책 설계자는 이 이론에 근거하여 인플레이션에 대비하는 정책을 설계할 수 있다.

이러한 실증주의적이고 객관적인 이론을 구성하는 데 있어 무엇보다 정책현상을 과학적으로 설명하는 논증(explanatory argument)의 구성요소를 갖추어야 한다. 그런 후에 이에 기초하여 설명논증의 형식과 요건을 도출할 수 있다. 과학적으로 설명하는 데 있어 반드시 필요한 설명논증의 구성요소부터 알아보자.

설명논증의 구성요소

- 사건발생(events): (예) 2000년대 한국 공직자의 청렴도는 높아졌다(부패가 감소).
- 사건이 발생한 조건(conditions): (예) 한국의 정치가 민주화되면서, 공직자의 재산등록제도가 도입되어 시행되고 있다.
- 법칙(laws): 만약 ~ 하면 ~ 한다: (예) 공직자의 재산증식과정에 관한 투명성이 높아지면, 공직자의 부패는 감소한다.

구성요소의 논리를 바탕으로 설명논증의 형식과 요건이 정해진다. 설명논증은 법

칙(laws)과 조건(conditions)으로부터 사건발생(events)을 이끌어내는 연역적 요건을 갖추어야 한다. 이는 예측모형이 된다. 이것이 곧 연역적-법칙적 설명(deductive-nomological explanation) 형식에 해당된다.

설명논증의 형식과 요건

- 법칙(Laws): 공직자의 재산증식과정에 관한 투명성이 높아지면, 공직자의 부패는 감소하는 경향이 있다.
- 조건(Conditions): 한국은 공직자의 재산등록제도가 실제로 잘 집행되고 있다.
- 결론(Conclusion): 2000년 이후 한국의 공직자의 청렴도는 높아졌다.

하나의 설명예측 논증은 위와 같이 법칙과 조건이라는 두 가지 진술을 갖추어야 한다. 결론(미래예측)은 법칙과 조건으로부터 이끌어낼 수 있다. 그 중 하나로부터만 도출되어서는 안 된다.

앞에서 본 것처럼 자연과학적 진리관에 입각한 방법론에 기초하여 거시적인 객관적 정책설계학을 구성할 수 있다. 다양한 분야에 걸쳐 수많은 정책사례들을 분석한 결과, 거기에서 어떤 조건이 형성되면 특정한 경향성(법칙성)을 띤 결과가 나타났다고 할 때 그것을 이론화 할 수 있다. 물론 이를 위해 여러 가지 경험적 또는 통계적 검증 절차를 거쳐야 한다. 검증을 마친 이론에 의해서 정책현상을 설명하고 예측할 수 있게 된다. 우리의 정책현실을 반영한 정책이론이 만들어지게 된다.

정리하면, 어떤 사건들이 발생하였고 그것을 야기한 조건들이 추론된다면 일정한 법칙을 만들 수 있다. 역으로 구성요건으로서 법칙과 조건을 통해서 미래의 현상을 예측하는 설명모형을 구성할 수 있다. 이런 방법으로 '객관적인 거시적 정책설계 모형'이 만들어진다.

위의 자연과학적 실증주의에 대비되는 현상학적 방법론이 있다. 간단한 예를 들어서 알아보자. 다음 토끼-오리 그림을 통해서 '이해'와 '해석'을 토대로 하는 현상학적 접근을 설명하겠다.

[그림 1-1] 토끼-오리 그림

우리는 이 그림을 단지 선분으로만 보는 것이 아니라, 토끼 아니면 오리로 받아들인다. 우리는 자신의 과거 경험이나 지식에 근거해서 토끼나 오리를 추론해 낸다. 이것이 현상학의 태두인 Husserl이 말하는 '의도적 지향성(intentionality)'이다. 지향성을 추상적 구성능력이라고 볼 수 있지만, 자기가 터득한 지식수준에서 보고 싶은 대로 보는 것이라고 할 수 있다.

학교교실에서 선생님이 '이 그림에서 무엇을 보았는가?' 하고 질문하면, 어디선가 토끼를 본 적이 있는 사람은 토끼가 보인다고 대답할 것이다. 도시생활을 하면서 공원에서 오리를 본적이 있는 사람은 오리가 보인다고 대답할 것이다.

이때 어느 대답이 옳다고 말할 수는 없다. 오리와 토끼 중에서 오리 응답자가 더 많으면 논의하여 그 교실 학생들은 오리로 보는 것으로 통합하여 동화적으로 합의하면 된다. 이처럼 국민적 합의는 서로 다른 시각을 하나로 통합하여 합의해 나가는 과정이다. 서로 간에 상호주관성, 즉 이해의 폭을 넓혀 나가는 과정이다.

정책학은 자연과학과 달리 위에서 본 의도적 주관성을 완전히 배제하고 대상을 있는 그대로 관찰하기가 쉽지 않다.

우리가 사회현상을 지각하고 이해하는 능력의 핵심은 의도적 지향성에 있다. 대상을 지향적으로 인식하는 능력에 따라 다르게 본다. Husserl이 주장하는 의도적 지향성은 우리가 오감에 의해서 주어진 대상을 무엇 또는 어떤 것으로 받아들인다는 의미이다. 어떤 대상을 자신의 경험 · 지식 등 아는 만큼의 수준에서 보고 싶은 대로 본다는 말이다.

사람들은 자신의 경험과 지식이 실제로는 지극히 부분적이고 편협할 지라도 자신이 아는 수준에서 대상을 보고 싶은 대로 보려고 한다. 사람은 세상을 보이는 대로 보는 것이 아닌, 자기가 아는 만큼의 수준에서 보고 싶은 대로 보게 되는 경우가 참으로 많다.

이제 우리가 특정 대상을 어떤 이름으로 부르고, 어떻게 대응해야 할지를 아는 방법은 무엇인지에 대해 조금 더 알아보자.

우리는 보통 일상생활에서 현상이나 대상을 그냥 보이거나 나타나는 것으로 취급한다. 하지만 현상학은 대상들이 우리의 의식(consciousness) 속에 주관적으로 나타나는 것으로 여긴다. 외부세계가 실제로 존재하는지 보다는 의식 속에 어떻게 주어지는지에 관심을 준다.3)

그 대상에는 의식바깥에 실제로 존재하는 것이 우리의 의식 속에 나타나는 것, 수학공식 같은 추상적인 것, 용이나 봉황처럼 상상의 동물로서 실체가 없는 것 모두를 포함한다.

현상학은 의식 속에 나타난 대상을 파악하여 이를 지각하는 데카르트의 주관주의적 인식론 전통을 이어받고 있다. 모사설(copy theory)보다는 구성설(constructive theory)에 가깝다. 모사설은 있는 그대로 본다는 것이고, 구성설은 아는 만큼 보고, 보고 싶은 만큼 보고 인식한다는 의미다.

Husserl은 구성설을 수용하면서 대상을 지각할 때 감각기관을 통하여 수동적으로 받아들이는 것이 아니라, 처음부터 의식이 대상을 의도적으로 지향한다고 주장한다. 우리가 기차를 타고 아무 생각 없이 창밖을 내다본다면 스쳐가는 대상을 제대로 지각하지 못한다. 무엇인가 필요에 의해서 대상을 주목하고 지각해야만 뭔가를 인식할 수 있게 된다. 의도적 지향성이 객체(objectivity)와 주체(subjectivity)을 연결시켜 주기 때문이다.

정리하면, 우리는 어떤 대상에 대해 상호주관적으로 지위와 기능을 부여한다. 그러나 나 혼자만의 인정으로는 되지 않고, 상대방의 인정만으로도 되지 않는다. 우리가 똑같이 그러한 것으로 인정해야만 그런 것으로 존재감을 갖게 되기에 이른다.

마찬가지로 정책설계는 모든 국민에게 공통적으로 적용될 정책내용을 만드는 데 필수적인 핵심 사항들을 다 같이 인정하고 합의해 나가는 과정이다. 국가적 과제에 대한 국민적 합의과정이다. 많은 이해관계자들의 참여 속에 정책담론을 통해서 개인

---

3) 이남인(2023). 현상학과 해석학. 서울대학교 출판문화원. pp.91-94.

별 차이점이나 편향성을 줄여 나가면서 공통점을 찾아 가는 과정이다. 이러한 접근방법으로 '주관적인 미시적 정책설계이론'이 만들어지게 된다.

3) 실증적 행태주의와 현상학적 상호주관성을 함께 다루는 정책설계학

우리가 최고의 관광명소인 이탈리아 로마를 여행한다고 할 때 고대부터 근대까지 역사적으로 뜻 깊은 유물들을 보게 된다. 포로 로마노를 보고 콜로세움과 성베드로 대성당, 판테온을 보면서 감탄을 연발할 것이다. 대부분 관광객들은 보이는 대로 보게 된다.

그러나 건축학을 전공하고 있는 대학원생들이 로마에 현장답사를 갔을 때는 로마 건축물이 주는 느낌이나 건축물의 우수성은 남다르게 다가올 것이다. 대개 건축학 전공자들은 자신의 지식수준에서 보고 싶은 대로 본다. 자신들이 아는 만큼의 수준에서 더 깊게 보게 된다.

학자들도 마찬가지다. 어떤 현상을 연구할 때 각각 다른 방법으로 접근한다. 자연과학자들은 보이는 대로 관찰한다. 있는 그대로 관찰하고 측정하여 이를 토대로 법칙 또는 경향성을 찾아내서 미래현상을 예측하려고 한다. 지금까지 주류학파가 취한 접근방식이다. 이 방법론에 의지하면 '객관적인 거시적 정책설계론'이 가능해진다.

이와 달리 현상학은 사람들이 자기가 아는 수준에서 보고 싶은 대로 본다는 입장이다. 현상학은 '실체가 무엇인가?' 보다는 '우리가 그 실체를 어떻게 경험하는가?'에 관심을 갖는다. 내면에 숨어있는 사람들의 생각을 서로 이해하고 해석하여 공감대의 폭을 넓혀 합의에 도달하는 과정을 연구한다. 현상학은 생각하고 사유하는 사람을 대상으로 내면적 정신세계를 연구하는 주관주의 학파다. 그 접근방법은 어떤 현상을 설명하고 예측하는 자연과학적 접근방법과 차이가 날 수밖에 없다. 객관적 사실을 보이는 대로 보는 것이 아닌, 주관적으로 사람들의 생각을 읽어내려고 한다. 상호주관성을 이해하는 접근방식으로서 현상학은 개개인이 참여하는 주관적이고 미시적인 정책설계론 구성의 토대가 된다.

그렇다면 '주관적인 미시적 정책설계론'을 좀 더 알아보자. 우리는 상호주관성의 이해를 통해서 타자의 구체적인 생각들을 파악할 수 있다. 내가 다른 사람을 이해하고, 다른 사람이 나를 이해하면 '상호주관성(intersubjectivity)'이 생기게 된다. 역지사지

(易地思之)를 통해 이해의 폭을 넓히게 된다. 상호주관적 이해에 근거하여 공동체의 합일된 선호인 정책이 형성되기에 이른다. 이처럼 우리가 상호 간에 자기 생각을 교류함으로써 다른 자아를 알게 되고, 다른 사람과 공감대를 형성하게 된다는 사실에서 미시적인 주관성에 입각한 정책설계 가능성을 이끌어 낼 수 있다.

다양한 가치관과 문화적 배경을 가진 국민들이 모여 의사소통을 하면서 상호주관적 이해의 폭을 넓혀가는 담론의 장이 바로 공론장이다. Habermas는 국민들이 공론장에 모여서 자유롭고 자발적인 숙의를 하여 공동여론을 만들어 가고, 이것이 공식적인 정책으로 채택되도록 영향을 미쳐야 한다고 주장한다. 공론장의 담론에 의해서 공동체 수준의 실질적 합리성[4]인 정책이 형성되어야 한다는 것이다. 이 공론장에 해당되는 것이 정책설계학에서는 미시적 정책시장이다. 이런 정책시장이 열리게 되면 선거철에는 투표 방식으로, 평상시에는 협상 테이블에서 정책설계가 진행된다.

우리가 살아가는 삶은 매우 다양하다. 그렇지만 이성적 판단, 감성적인 느낌, 과거의 경험, 편견 등 다양성 속에서도 사람들은 생각에 공통점을 찾아간다. 이것이 인간이 가진 위대함이다. 상호주관성을 통해서 공통적인 부분을 형성해 나갈 수 있게 된다. 이렇게 공통점을 이끌어내는 과정이 바로 미시적 정책설계론이다.

정리하면, 정책설계자는 객관적 현상을 관찰하여 실증주의적 방법론에 따라서 일정한 경향성을 찾아내서 미래를 예측할 수 있다면 그 방향으로 정책을 설계하면 된다. 하지만 이런 경향성이나 준칙을 발견하기 어려운 정책상황에서는 소통・숙의적 합리성을 추구하거나 국민적 정책담론과정을 거쳐서 합의를 이루어내는 방법을 택할 수밖에 없다. 상호주관성에 근거한 현상학적 방법론을 상호보완적으로 활용해야 한다.

4) 제6장에서 다양한 합리성에 대해서 자세히 설명한다.

CHAPTER

02

정책설계 일반이론

제1절 여는 글

1980년대 초부터 정책이론가인 Bobrow와 Dryzek, Schneider와 Ingram은 정책의 채택, 집행 및 평가과정에 영향을 미치는 다양한 변수들을 설명하기 위하여 정책설계(policy design)에 주목하기 시작한다.

정책설계가 빠진 정책학은 이론적으로나 실무적으로 의미가 별반 없다. 정책학은 정책이 구체적으로 어떻게 설계되고 결정되는가를 설명할 수 있어야 한다. 정책이론은 정책사례 등 정책 그 자체를 다루어야 한다. 법학이론이 법원판례를 중심으로 논의되는 것과 같은 원리다.

어떤 사회문제가 발생할 경우에 그 원인이 무엇인지를 규명하고 이를 해결하기 위해 정부정책을 설계한다. 중대한 사회문제가 발생하면 이를 해결하기 위해 책임 있는 당국이나 정치권에서 여러 가지 처방적인 정책들을 설계하여 발표한다. 그 정책들이 경합하게 되고, 그 중에서 반응이 좋은 정책을 중심으로 병합하여 설계를 하거나 또는 통합하여 설계를 할 것이다. 그런 후에 각계 각층의 다양한 의견을 대폭 받아들여 보완설계를 하고, 정파 간의 협상에 의해서 다시 보충설계를 한다. 이처럼 몇 차례의 설계 · 재설계 과정을 거쳐서 최종설계에 이르게 되고 그것이 마침내 정부정책으로 결정된다. 정책시장의 유형에 맞추어 정책을 논의하거나, 개개인이 함께하는 국민적 합의과정은 정책의 설계 · 재설계의 연속과정이라고 할 수 있다.

기본적으로 정책과정은 정책설계와 집행과정이라는 명제 하에 정책설계학 일반론을 구성하고자 한다.

제2절 정책설계학은 기존 정책학과 어떤 차이가 있는가?

기존 정책이론은 구체적인 정책 그 자체보다는 정책이 결정되어 집행되는 정책단계(stage model)를 일반적으로 설명한다. 그러다보니 일반화의 과잉으로 구체성이 떨어지는 문제점이 야기된다. 정책현상을 있는 그대로 설명하는 데 한계가 있고 미래를 예측하는 데에도 설명력이 떨어진다. 현실의 정책단계를 안내하는 지침서 역할을 하고 있을 뿐이다. 물론 정책설계가 다루어지지도 않는다. 기존의 정책이론이 갖는 구체적인 약점[1]들을 살펴보자.

먼저, 정책의제설정 이론(agenda-setting theory)이다. 이 이론은 사회문제가 어떻게 정부의 아젠다가 되는가에 초점을 맞춘다. 정책 자체의 특성에 대해서는 관심을 두지 않는다.

둘째, 정책지지연합 모형(advocacy coalition framework)이다. 이는 장기간의 정책변화 현상을 설명하면서 정책옹호 연합이 갖는 상이한 수준의 계층적 신념체계를 강조하고 있다.

셋째, 단절적 균형이론(punctuated equilibrium theory)이다. 정부정책이 오랜 기간 안정적인 균형상태를 유지하다가 종종 대내외적 조건으로 인해 기존 정책이 갑작스럽게 변동되는 단절현상이 발생한다고 설명한다. 그렇지만 정책변화로 인해 누가 이익을 얻고 누가 손실을 보는지에 대해서 관심을 갖지 않을 뿐만 아니라, 정책내용 자체를 설명하는 분석틀을 사용하지도 않는다.

넷째, 정책의 창(policy window)이론이다. 정책결정이 질서정연하거나 합리적인 절차를 따르기보다는 무질서하게 이루어지는 점을 보여주고 있을 뿐 정책 자체의 특성을 분석하거나 설명하지 못한다. 단지 어떤 계기에 의해 어느 시점에서 커다란 정책변화가 일어난다고 주장하고 있다.

다섯째, 정치학의 체제이론(Eastonian system theory)도 마찬가지다. 정책의 형성과정을 블랙박스(black box)로 보면서 특정 산출이나 성과를 야기하는 다양한 투입만을 상정한다. 산출물을 만들어 내는 메커니즘, 즉 정책내용의 구체적인 형성과정에 대한 설명력에 커다란 약점을 보인다.

정책설계학은 이론과 실제의 측면에서 보다 적실성 있는 정책이론을 구상하려는 목적에서 출발한다. 정책의 목적을 달성하기 위한 도구적 수단성은 물론, 정책과정의

1) 참고: 주지예(2019). 숙의적 시민참여 정책설계 과정의 정책서술과 정책환류 분석: 신고리5 · 6호기 공론조사를 중심으로. 성균관대학교. pp.32-34.

정치성을 반영하려고 한다. 정책이 공동체가 공유하는 이념과 가치, 아이디어를 실현하기 위한 방안이라는 점을 고려하려고 한다. 이데올로기적 정책제안이 수없이 쏟아지고 있는 우리의 현실을 반영해야 하기 때문이다. 이런 관점은 일찍이 Bobrow와 Dryzek(1987: 19)가 정책설계를 '시간과 공간이라는 정책맥락에 민감하게 대응함으로써 가치 있는 정책결과를 추구하는 것'이라고 정의하는 데서 찾을 수 있다.

기존의 정책과정이론은 정책변동의 원인 규명에 초점을 두면서 정책자체에 대한 논의를 소홀히 하는 경향이 있다. 이에 비해서 정책설계학은 정책사례 등 정책 그 자체를 중심으로 정책현상을 변수를 설정하여 설명하고 예측하려고 한다. 또한 국민들이 자신의 선호를 조정하고 통합하여 공동체 선호로 동화시켜 나가는 국민적 합의과정을 다룬다. 정책현상을 객관적 실증주의적으로 접근하고, 아울러 사람들 상호 간의 주관적 이해의 폭과 깊이를 더해가는 공론장의 정책담론을 중요하게 다루는 현상학적 접근을 한다.

정리하면, 정책설계학은 공동체의 통합적 동화과정(統合的 同化過程)의 원리를 밝혀야 한다. 이를 위해 정책설계학이 지향해야 할 점은 첫째, 정책사례를 중심으로 다양한 사례들을 분석하여 거시적 공론장에서 이루어지는 정책설계의 경향성을 발견해야 한다. 둘째, 정책이 정책행위자들 간의 역학관계 속에서 어떻게 합의(agreement)되어 가는지를 다루어야 한다. 특히 숙의민주주의에 맞게 많은 이해관계자들이 참여하는 정책담론을 통해서 정책내용을 구체화하는 미시적 정책설계 활동을 중점적으로 다루어야 한다. 그동안 이 분야에 대한 연구가 상대적으로 부족했다.

이 두 가지 측면을 충족시키는 방법은 정책결정자들이 벌이는 정책설계활동이 진행되는 원리와 원칙을 구체적으로 설명하고 이해함으로써 가능해진다. 이렇게 하는 것이 실천적 응용학문으로서 정책학의 적실성을 드높이는 길이다.

제3절 정책설계 기본모형

1 정책설계의 개념

정책설계는 공무원, 정치인, 이해관계인들이 참여하는 하나의 공동작업 프로젝트로서의 성질을 갖는다. 정책설계의 개념정의는 정책의 개념과 밀접하게 연관되어 있다.

외국학자들이 정의한 정책설계의 개념을 살펴보자. Howlett(2015)는 '숙의적(deliberate) 과정을 거치면서 동시에 의도적(conscious)으로 정책문제를 정의하고, 정의된 문제를 해결할 수 있는 정책도구를 연결시키는 것'이라고 정의한다. 한편, 그는 거버넌스(governance)가 유행하는 현대의 정책의 흐름 속에서 바람직한 정책을 수립하기 위해서는 정책설계에 보다 많은 관심을 가져야 한다고 강조한다.

Peters(2018)는 '정책목표와 도구를 정합적으로 연결할 수 있는 정책결정에 대한 의도적인 숙의과정'이라고 정의하고 있다.

이들에 앞서서 Ingraham(1987)은 정부의 정책형성과 집행활동에 대한 논의를 진전시키기 위해서는 정책수단의 종류와 선택, 나아가 정책수단간 조합에 관한 정책설계이론을 다루어야 한다고 주장했다.

국내 학자들은 정책설계를 '사회가 당면하고 있는 문제를 해결하고 이를 통해서 국민생활을 향상시킬 수 있도록 사회의 시스템을 유지하거나 변경하기 위해서, 정부가 조작 가능한 시스템 요소들을 목적과 수단의 인과관계에 따라 재배열하는 것'으로 정의한다. 정책설계는 가치배분적인 측면과 목적지향적인 규범적인 측면을 가지고 있지만, 목적과 수단 간의 인과관계를 설정해주는 경험적 측면을 강조하고 있다.

정책설계 개념을 이와 같이 협의로 정의할 경우, 정치적 협상이나 합의에 의한 정책설계 행위를 포괄하지 못하게 된다. 따라서 정책설계를 보다 넓은 개념으로 정의해야 한다.

이런 점들을 감안하여 박계옥(2013)은 정책설계를 '국민들의 개별 선호를 공동체의 선호로 결집하는 협상과 조정과정이다. 이 과정에서 정책수단을 공론장, 즉 정책시장의 유형에 맞추어 최적의 효과를 낼 수 있도록 배열해 나가는 것'이라고 정의한다. 이는 거시적 정책시장을 중심으로 하여 집합적인 변수를 설정, 객관적으로 정책현상을 설명하고 예측하려는 입장에서 정책설계를 정의한 것이다.

이제 여기에 더해서 정책설계는 '이해관계자들의 선호를 공동체 전체의 선호로 통합하여 국민적 합의를 도출하는 과정'이라는 점을 추가하고자 한다.

정책설계는 증거와 논리를 강조하는 분석적 토론, 자기가 속한 정당이나 집단의 정책아이디어를 따르도록 하는 설득적 담론, 특정 이념과 가치를 추구하는 형성적 담론 등이 얽히고설키는 복합적 과정에서 이루어지고 있음을 고려해야 한다.

미시적 정책설계는 국민 상호 간에 주관적 이해의 깊이와 폭을 넓혀나가는 소통·숙의적 민주주의 공론장인 정책시장에서 정책담론을 통해 정책을 합의해 나가는 과정이다. 따라서 공동체의 합일된 선호가 만들어지는 과정, 즉 폭넓은 상호주관적 이해가 형성되는 현상학적 접근이 필연적으로 요구된다.

정책설계는 단번에 끝나는 것이 아니고 몇 년씩 계속되는 지난한 과정이다. 정책이 처음 설계되어 최종설계가 이루어지기까지 재설계가 계속 반복되는 연속적 과정이다.

대개 정책설계는 초기단계에서는 실무적으로 보고서나 기획안을 작성하는 것으로부터 시작된다. 일반적으로 정책설계는 공무원조직 내부에서 이루어지지만, 공공조직 밖의 전문가 집단이 제기한 의견을 받아들여서 이루어지기도 한다. 정책입안 수준의 '제1단계 정책설계'가 시작된다.

다음은 소통·숙의적 민주주의 절차에 따라 마련된 정책을 공청회, 토론회 등 공론장인 정책시장을 통해서 숙의하고 조정해 나가는 절차를 거치면서 보완설계, 보충설계 등으로 정책설계가 계속 진행된다. 이처럼 정책시장이 열리면, 다양한 정책담론들이 전개되고 그 담론과정에서 긍정적 평가를 받는 대안들을 수용하여 재설계를 하게 된다.

이렇듯 정책시장은 분석적 담론, 설득적 담론, 비판적 담론 등 정책담론이 전개되는 공론장[2]이다. 담론적 정책시장을 통해서 '제2단계 정책설계'가 진행된다. 국가 전체 차원에서 집합적으로 이루어지는 거시적 정책시장과 개별적으로 합의해 나가는

2) Habermas가 주정하는 공론장은 비공식적 공론장과 공식적인 공론장으로 구분하는데, 여기서는 주로 공식적인 공론장을 말한다. 제6장 제4절에서 자세히 설명하고 있다.

미시적 정책시장이 상황에 맞게 열리게 된다.

마지막 단계로 정치적 결정권을 갖는 정치적 정책시장에서 최종적인 정책설계가 이루어진다. 대개 입법부와 행정부를 중심으로 진행된다. 선거철에는 선거중심의 정책시장, 평상시에는 협상중심의 정책시장에서 최종 정책설계가 이루어진다. 이 과정을 거치면서 정책설계는 정파 간의 또는 집단 간의 협상과 합의에 기초하여 통합적 동화(統合的 同化)과정으로서 특성을 띠게 된다. 정치적 정책시장에서 협의되고 조정된 정책은 대개 법률 형태를 갖추게 된다. 정치적 정책시장을 통해서 '제3단계 최종적 정책설계'가 마무리 된다.

2 정책설계 활동

비유를 들어서 설명하면, 정책설계는 도시설계와 비슷하다. 도시설계는 새롭게 도시를 창조하는 작업이다. 도시설계는 우선 현존하는 도시의 자연경관과 미래의 모습을 모두 담아야 한다.

따라서 설계자는 자신을 둘러싸고 있는 도시와 자연환경을 예리하게 분석하여 파악하고, 보다 멀리 보고 도시의 미래를 창조하는 작업을 해야 한다. 정책설계자도 도시설계처럼, 보이는 그대로 보는 분석적 능력(객관적 실증주의 접근)과 자기가 아는 수준에서 보고 싶은 대로 보는 이해력(주관적 현상학적 접근)을 기초로 하여 창의성을 발휘해야 한다.

정책설계와 도시설계 간에 비슷한 점이 있지만, 양자 간에는 차이점도 많다. 정책설계는 급변하는 정책 환경하에서 복잡하고 애매모호한 상황에 맞닥뜨려서 정책목표를 설정해야 하고, 가치와 이익 등 끊임없는 정파·이해집단 간의 갈등을 조정해야 한다.

세상살이에는 많은 문제가 끊임없이 발생한다. 시장에서 경제주체들의 게임 룰에 의해서 자율적으로 해결해야 할 문제를 정부가 관여하게 되면 더 꼬이게 될 수도 있다. 그렇지만 정부의 예산이 투입되거나 법률로서 규제해야 할 사회적 이슈는 다르다. 이제 정책설계가 어떤 과정을 거쳐서 어떠한 활동들이 전개되는지를 살펴보자.

정책설계자들이 공공문제를 공식적으로 해결하기 위해서 자기들의 선호를 반영한 갖가지 정책 아이디어를 제안하게 된다. 정책 아이디어를 제기하는 것은 사회이슈를 정책문제로 정의하는 단계부터 시작한다. 정책문제의 정의는 문제가 발생한 원인을 규명하고, 이를 해결하는 데 있어 추구해야 할 가치 등을 제시하는 과정이다.

정책문제의 정의는 달성해야 할 목표를 구체적으로 설정하는 행위와 연결된다. 정책목표를 기준으로 정책수요자들의 욕구를 예측하여 정책설계의 방향을 정하게 된다. 이처럼 정책목표와 정책설계의 큰방향이 정해지면 그 다음으로 세부적인 대책방안을 모색하게 된다. 아이디어를 탐색 · 개발하고 이들 아이디어들이 채택될 경우에 가져올 결과를 추정하는 활동이 전개된다.

정책설계는 정책의 다양성과 변동성을 유발하는 직접적인 원인행위이고, 정책과정의 역동성을 일으키는 원동력이 된다.

3 정책입안 형식의 정책설계 모형

일반적으로 정책설계는 정책입안자에 의해서 시작된다. 정책설계는 통찰력 있는 공무원, 정치인, 전문가의 보고서로부터 시작된다. 중앙부처의 과단위에서 작성된 보고서, 전문 연구기관에서 수행한 연구결과의 보고서는 정책설계의 출발점이 되는 경우가 많다.

보고서는 공공문제를 숙의적(deliberate)이고 의식적(conscious)으로 정의하고, 이를 해결하기 위한 정책수단(policy tool)과 연계하여 바람직한 정책대안을 찾아내서 그것을 담는 그릇이다.

따라서 보고서 형식은 정책설계의 일반적인 모형과 비슷한 형태를 띠게 된다. 보고서 작성 모형은 모든 정책설계의 밑그림인 동시에 정책입안의 일반모형이 된다. 정책입안 형식의 정책설계 모형은 다음과 같이 단순화 할 수 있다.

입안단계의 정책설계는 뒤의 제3장 정책시장과 정책설계 전략 간의 대응연계모형의 경향성에 맞추어 설계를 하거나, 이것이 어려우면 현안문제를 해결하는 데 적절한 정책을 마련하여 합의해 나가는 방식을 택하게 된다.

대개 행정부의 국(局)이나 과(課)단위에서 정책을 입안하여 상급자 혹은 상급기관에 보고하는 과정에서는 그 적절성과 타당성에 대해서 논의를 하게 되고 보완설계를

[그림 2-1] 정책입안 형식의 정책설계 모형: 보고서형식

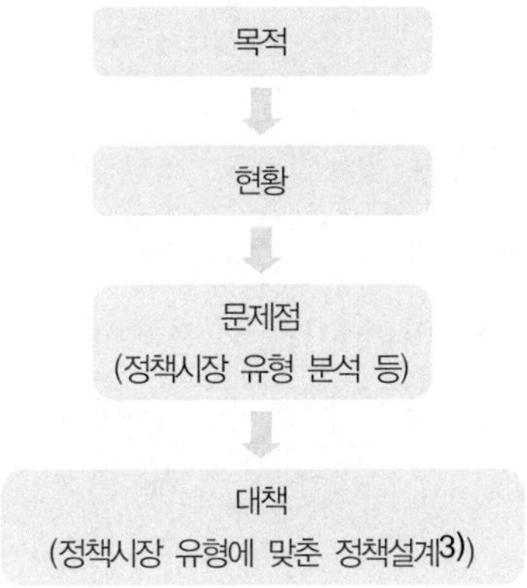

하게 된다. 이 과정에서 보고서의 완성도가 높아지고 질적으로 보고서에 깊이가 더해진다. 그 결과 정책의 분석적 합리성과 실현가능성이 더 커지게 된다. 물론 아직도 정치적 합리성은 보완될 여지가 많을 것이다.

이때 정책설계의 중요한 기준은 실현가능성이다. 현실적으로 받아들이기 어려운 정책을 제안하여 그것을 계속 주장하는 것은 그 내용이 제아무리 이론적으로 세련되었다 하더라도 정책적으로는 무의미한 일이다. 정책설계자가 실현가능성을 고려하면서 정책을 설계해야 하는 것은 당연하다.

어떤 정책이 채택되어 그 내용이 충실히 집행될 수 있는 가능성의 기준은 정치적 실현가능성과 행정적 실현가능성으로 나눌 수 있다.

먼저, 정치적인 실현가능성을 결정하는 주요 요인은 여론동향과 국민들의 보편적인 가치관이다. 여론과 가치관을 가장 잘 반영하고 현실적으로 지지를 받는 정책은 선거 또는 숙의적 정책담론 과정을 거쳐서 공식적 정책으로 수용될 가능성이 크다.

이에 비해, 행정적인 실현가능성은 경제적, 사회적, 법적, 기술적 실현가능성을 말한다. 정책대안을 실현하는 데 소요되는 비용을 현재의 정부재정에서 부담할 수 있는가? 정책대안이 사회적으로 인정되고 수용될 수 있는가? 헌법이나 법률과 상충되지는 않는가? 정책을 집행할 수 있는 인력이나 조직이 확보되어 있는가? 등이 충분히 고려되어야 한다.

3) 정책시장과 정책설계 전략은 뒤의 제3장에서 자세히 설명한다.

때로는 정책실험이나 정책 시뮬레이션을 실시하여 그 결과를 토대로 정책을 마련한다. 구체적으로 기획과정을 살펴보자.

1) 목적 · 취지 · 기본방향 제시

정책설계의 필요성부터 목적에 이르기까지 취지를 밝힌다. 예를 들면, 기존 정책에 비효율성과 불공정한 요소가 많아 이를 개선해야 한다는 국민 여론이 팽배해지고 있음을 지적한다. 지속가능한 성장이나 공정한 분배를 위한 새로운 정책을 마련해야 할 필요성을 제시한다.

2) 현황 분석

정책의 현재상황을 위의 취지나 목적에 비추어 사실적으로 기술한다. 예를 들면, 국민의 선호가 새롭게 생성되거나, 시대상황에 따라 선호가 크게 변한 경우에 현재실상을 면밀히 조사하여 제시한다. 정부에 동일한 불만민원이 계속해서 제기되는 경우에는 그 원인 등 실상을 파악하여 제시한다. 언론을 통해서 기존의 정책이 불합리하고, 편파적이고, 시대정신을 반영하지 못한다는 비판 여론이 제기될 경우에는 현상을 파악하여 서술한다. 정치권의 정당 등에서 정책의 개선 또는 폐지 주장을 하는 경우에도 마찬가지로 검토하여 기술하면 된다.

3) 문제점 파악

현행정책의 미흡한 점이나 개선이 요구되는 부분을 여과 없이 지적한다. 예를 들면, 기존의 정책이 국민생활에 어떤 불편을 초래하는지 여부, 새롭게 전개되는 경제 사회 상황에 적응하기 위해 도입해야 할 선진적 정책수단의 필요성 등을 검토한다. 기존 정책을 통해서 국민선호 변화에 대해 대응할 수 있는가? 글로벌 표준에 적합한가? 등을 조사하여 적시한다. 현행정책의 부족한 부분을 어떻게 보완할 것인지를 검토한다. 새로운 과학이론과 기술에 맞는 선진적 정책수단의 존재여부 등을 조사하여 그 결과를 기록한다.

이러한 문제점을 기초로 하여 정책담론이 이루어지는 공론장이 어떤 상황에서 열리고 있는가? 즉 정책시장의 유형을 분석하여 그것을 제시한다. 아니면 국민적 합의

과정이 필요한지를 설명한다.

4) 정책대안 제시

기존의 정책수단을 폐지 또는 개선하거나, 아니면 새로운 선진적인 정책수단의 채택 등 최적의 정책대안을 제안한다. 이때 거시적 정책시장의 유형에 맞추어 정책을 설계한다. 객관적인 정책시장을 파악할 수 없으면 국민적 합의를 위한 정책초안을 설계하여 제시한다.

4 소통 · 숙의적 정책담론에 의한 정책설계 모형

국민의 관심사인 정책현안을 해결하거나 특정 목적을 달성하기 위해서 개발된 정책은 단순히 보고서로서 끝나는 것이 아니다. 수많은 공청회, 토론회 등 숙의과정을 거쳐서 조정된다. 일반 국민, 많은 이해관계자 그리고 전문가들이 다양한 의견을 제시하고 논쟁을 하면서 정책을 조정해 나가는 숙의민주주의의 공론적 정책담론 절차를 밟아 나가야 한다. 특히, 관계집단을 상대로 이해득실을 조정하여 나감은 물론, 형평성 차원에서 약자 보호 대책 등이 논의되어야 한다.

목표와 수단 간의 인과관계성을 검증하고, 각 아이디어에 포함된 구체적인 해결수단들 간의 논리적 정합성을 분석하며, 각 수단들의 실현가능성을 검토하게 된다. 아이디어가 실행되었을 경우의 결과를 예측하기 위해 각종 이론 · 모델이나 증거데이터들을 활용한다.

여기서 합리성에 근거한 분석과 함께 정치적 협상과 타협 · 조정이 이루어지고, 다시 조정적 재설계를 함으로써 합의(agreement) 가능성의 폭을 넓혀 나간다. 이런 과정을 반복하면서 적절치 않은 수단이나 아이디어는 배제하거나, 수정 · 보완하는 재설계를 하게 된다. 정책을 객관적 증거를 근거로 하여 엄밀하게 검토 · 분석하고, 타협 · 조정해서 합의해 나가는 공론화 과정이 [그림 2-2]와 같은 소통 · 숙의적 정책담론(deliberate policy discourse)에 의한 정책설계 모형에 해당된다.

[그림 2-2] 소통·숙의적 정책담론에 의한 정책설계 모형

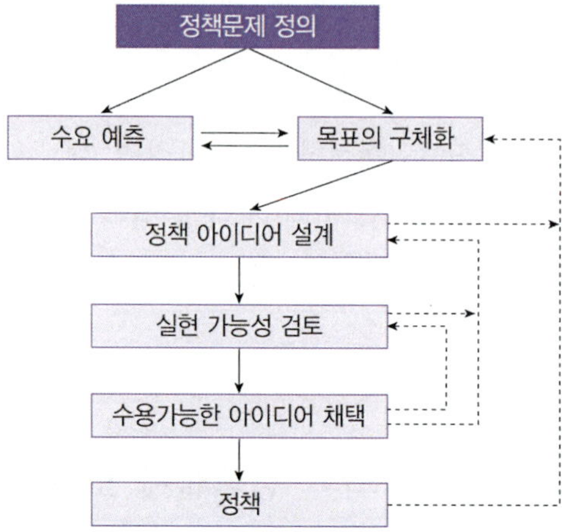

주: 직선은 직접적인 영향을 나타내고, 점선은 환류(feedback)를 나타낸다.

5 정파별, 집단 간의 협상·합의 등 통합적 동화의 정책설계 모형

정책설계는 정파별 또는 집단별 이해관계를 절충하거나 이견을 설득하여 공통점을 찾아나가면서 동시에 차이점을 좁혀나가는 과정이다. 통합적 동화과정으로서 협상과 타협을 통해서 국민적 합의를 이루는 과정이다.

정책설계는 합리적인 분석이 필수적으로 요구되지만, 그 절반 이상이 정치다. 정책설계 과정에 정당별 이념, 아이디어와 가치를 실현하기 위한 투쟁적 행태가 나타나기도 한다. 현대 민주사회는 이데올로기적 정책설계가 점점 더 많아지고 있다. 특히 대통령제하에서 대통령은 핵심적 정책결정자다. 대통령이 어떤 정책지향성(policy orientation)이나 정책신념(policy belief)을 갖느냐에 따라 정책설계의 방향과 모습이 판이하게 달라지게 되는 것을 우리는 자주 보게 된다.

최종단계로서 정치적 정책시장에서 진행되는 통합적 동화의 정책설계 모형을 살펴보자. 정치학의 정치체제론에 따를 때, 정치적 협상과 타협의 결과가 바로 정책이다. 그 협상과 타협의 원동력과 기준은 국민의 우호적 여론에 있다. 여론이 뒷받침되지 않으면 협상과 타협도 어렵지만, 정책이 수립되더라도 집행에 어려움이 생긴다. [그림 2-3]의 모형에서 알 수 있듯이 국민의 지지 여론, 대상 집단의 지지 정도, 정책

의 편익 정도 등이 정파별 정책좌표의 차이를 좁혀주는 통합적 동화과정의 결정변수로 작용한다.

결국 국민의 지지를 받는 정책은 정치과정에서 정파 간의 합의가 이루어져 정책으로 결정된다. 정책이 입법화하면 그 법률은 행정부에 의해서 집행된다. 간혹 법을 해석하고 판단하는 사법부에 의해서 위법·부당한 행정행위는 통제되기도 한다.

[그림 2-3] 통합적 동화(統合的 同化)의 정책설계 모형

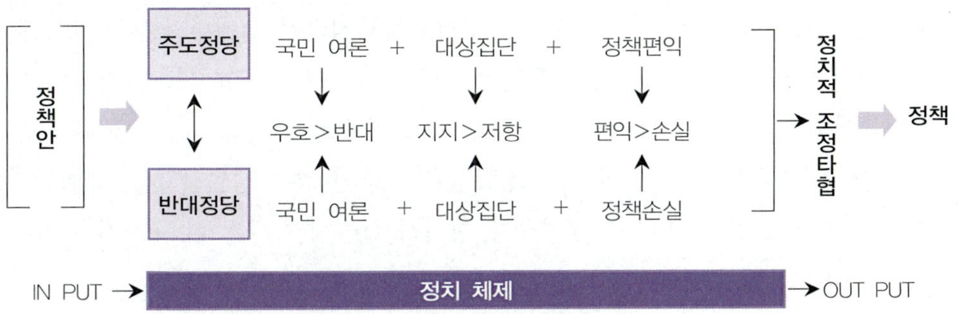

〈정치학의 정치체계론〉

제 4 절 일반적 정책설계 모형들

이 책의 제3장 이후에서 다루는 다양한 정책설계 모형에는 포함되지 않지만, 이런 모형들에 기반을 두고 정책을 설계할 때 부분적으로 또는 보충적으로 활용될 수 있는 일반적 정책설계 모형을 살펴보고자 한다.

1 정치·정략성, 실현가능성, 이해타산성에 기반한 정책설계론

정략성, 실현가능성, 이해타산성에 기반을 둔 정책설계론은 정책설계의 보편적 특징들을 가장 잘 대변하는 전략모형이라고 할 수 있다. 이 모형들을 하나하나 살펴보자.

1) 정치인들의 정략성에 기반한 정책설계론

현대사회에서 정당을 기반으로 이루어지는 정치의 기능은 여러 가지 얼굴을 하고 있다. 표출된 국민의 이익조정, 정책갈등의 조정, 파당적 투쟁 등이 그것이다.

정치는 정책결정에 있어서 행정부가 합리성에 경도되어 대안 모색에 편협성을 보일 때 그 한계를 벗어나게 해 주는 기능을 한다. 아울러 불확실한 미래와 혼돈의 시대를 헤쳐 나갈 수 있는 큰 방향을 제시하는 긍정적 역할을 한다. 미래지향적이고 융통성 있는 정책이 만들어지도록 선도하는 역할을 한다.

이런 순기능에도 불구하고, 사람들은 정파 간의 정략적 힘겨루기를 정치로 보는 경향이 있다. 파당적이고 이기적인 투쟁을 정치라고 보는 시각이다. 현대 정당들은 선거에서 이기기 위해 선거공약이라는 이름으로 정책을 발표하여 득표활동을 한다. 여기서 정략은 정치적 책략을 말하며, 정략성은 정당의 경우 집권전략을, 개별의원들의 경우는 당선전략을 의미한다. 정략성은 정치적 합리성 보다는 더 냉소적인 감정이 개입된 의미임에 틀림없다.

정략성과 달리 정치적 합리성은 정치적으로 보아 바람직스러운 것으로서 정치적 가치의 획득을 통해서 달성된다. 정략성은 정치적 합리성을 얻기 위한 수단이라고 볼 수도 있다(정정길 외, 2023: 405).

따라서 정치・정략성에 기반한 정책설계론은 행정부가 갖는 경직성을 뛰어넘어 미래를 선도하는 정책설계에 해당된다. 반대로 선거에서 이기기 위해 포퓰리즘적인 정책을 설계하는 경향을 띠기도 한다.

이 모형은 정책의 큰 방향인 정책기조를 제시하지만, 국민들의 환심을 사기 위해서 포퓰리즘적인 정책을 구상하거나, 개략적인 정책방향만을 제시하는 경향이 있다. 실제로 선거과정에서는 국민들의 표를 더 많이 받기 위해서 정당 간에 정책동조화 현상이 나타나기도 한다.

2) 공무원들의 실현가능성에 기초한 정책설계와 미래지향의 혁신적 정책설계론

정치권과는 다르게 실현가능성에 기초하여 정책을 설계하는 그룹이 있다. 공무원 조직은 정책설계 과정에서 이 기준을 가장 중요하게 생각한다.

우리나라 공무원은 정책설계 과정에서 역할이 매우 크다. 상대적으로 유능한 인

재들로 구성되어 전문성을 갖추고 있기 때문이다. 대개 행정부 공무원들은 비용·편익 분석, 실현가능성 등 합리성에 기초한 정책설계를 하는 경향이 강하다.

그렇지만 때로는 혁신적 정책설계(innovative policy design)를 하는 경우도 많다. 사회변화를 예측하고 새로운 미래를 열기 위해 보다 진취적인 입장에서 새로운 정책을 설계하는 경우다. 1980년대에 경제부처 일부 공무원들이 주도하여 공정거래법을 제정했던 움직임은 그 대표적인 사례라고 하겠다.

이와 같은 한국 공무원들의 역할은 Nakamura와 Smallwood(1980)의 관료적 기업가형(bureaucratic entrepreneurship)모형을 통해서 가장 잘 설명할 수 있다. 행정부의 공무원들이 정책목표를 결정하여 공식적인 정책결정자인 대통령이나 장관, 그리고 국회를 설득하여 정책을 추진하는 경우다. 대부분의 공무원들은 자신들이 설정한 정책목표를 통해 혁신하려는 의지를 보임은 물론, 이에 필요한 전문적 소양을 충분히 갖추고 있다. 이런 현상이 일어나는 이유는 크게 세 가지이다.

첫째, 공무원들이 정책을 결정하는 데 필요한 정보를 생성하고 통제하는 능력을 갖추고 있어 정책과정 전반을 지배할 수 있다. 둘째, 행정조직의 직업적인 안정성과 연속성으로 인해 공무원들이 공식적인 정책결정자보다 오래토록 자리를 유지하고 정책설계 업무를 수행한다. 셋째, 행정부에서 근무하는 공무원 중에는 소극적인 자세로 일하는 공무원도 있지만, 혁신성향의 공무원은 진취적이고 적극적인 자세로 정책설계를 주도하는 경우가 많다.

3) 이익집단이 그들의 정책선호를 정책설계에 반영하기 위한 접근방법론

과거에는 정책이 공급자인 정부의 입장에서 결정되는 국가주의적 정책설계가 보통이었다면, 현대사회에서는 수요자들의 요구에 따라 정책이 설계되는 경우가 점점 늘어나고 있다. 그렇지만 지금도 정책의 공급은 정부의 대응역량에 의해서 좌우되고, 이해집단은 정책대상으로서 수동적 지위에 있을 경우가 많다.

정책설계 과정에서 때때로 특정 이익집단의 사적인 이익(private interest)과 사회전체의 공적인 이익(public interest), 즉 사익과 공익 간의 갈등문제가 발생하기도 한다. 실제 정책설계는 그 대상인 이익집단의 위상이 어떤 위치를 차지하고 있느냐에 따라 달라질 수밖에 없다. Mucciaroni의 *Reversals of Fortune*에서 언급한 이익집단 위상 변동 모형(Interest Group Standing Change Framework: ICF)이 이를 잘 설명하고 있다.

이 모형은 이익집단의 위상변동을 설명하는 틀로서 이슈맥락(issue context)와 제도적 맥락(institutional context)이라는 두 가지 기준을 사용한다. 먼저, 이슈맥락이란 정책의 유지와 변동에 영향을 미치는 요인을 망라한 것으로 주로 정책과정 외부의 상황적인 요소로 작용한다. 이러한 이슈맥락과 관련되어 나타나는 대중적인 정책선호가 특정 이익집단의 이익과 주장을 옹호하는 것인가, 아니면 반대하는가에 따라서 정책의 설계가 달라지고 정책의 내용도 차이가 나게 된다.

둘째, 제도적 맥락은 행정부의 공식적 정책결정권자나 입법부의 힘 있는 의원들의 입장이 특정 이익집단의 이익과 주장에 대해서 호의적인가, 아니면 불신하는가를 의미한다.

위의 맥락들이 특정한 이익집단에 유리하게 작용할 때에는 그 집단에 유리한 정책이 계속 유지되거나 새롭게 설계될 것이다. 이익집단의 접근전략도 이 두 가지 맥락에서 결정될 수밖에 없다. 이런 관계를 도표화하면 [표 2-1]과 같다.

현대 사회에서 이익집단들은 자신의 위상을 계속 유지하거나 한층 높이기 위해서는 이슈맥락과 제도적 맥락이 원하는 방향으로 전개되도록 다양한 수단을 동원하게 될 것이다.

[표 2-1] 이익집단 위상변동

구분		제도적 맥락	
		유리	불리
이슈 맥락	유리	위상 상승 (Fortunes rose)	위상 억제 (Fortunes contained)
	불리	위상 유지 (Fortunes maintained)	위상 쇠락 (Fortunes declined)

2 신제도주의 중심의 정책설계론

지구에 사는 인간들은 모두 태양계의 중력에 의해 제약을 받고 있다. 중력이 우리에게 작용하듯이 우리가 어떤 것을 선호하거나 선택하는 데 영향을 미치는 그 무엇이 있다면 그것은 제도(institution)일 것이다.

사회과학을 연구할 때 인간의 행태와 함께 제도에 초점을 맞춘 연구가 제도주의다. 20세기 초반부터 제2차 세계대전 직후까지 구제도주의(old institutionalism)는 공무원으로 구성된 행정부 같은 제도 그 자체, 공공정책 결정시스템을 규명하는 데 집중했다.

하지만 1980년대 이후 정치 · 경제 · 사회현상을 설명하는 데 제도를 그 중심에 두는 학문적 흐름이 새롭게 나타났다. 이를 일컬어 신제도주의라고 부른다.

신제도주의(new institutionalism)는 구제도주의의 좁은 시각에서 벗어나 제도가 인간의 선호나 선택에 어떤 영향을 미치고, 궁극적으로 인간의 행태에 어떤 영향을 어떻게 미치는가를 연구하기 시작한다. 제도가 인간행위에 미치는 영향을 연구대상으로 하여 행위자들을 둘러싼 '맥락(context)'의 중요성을 강조한다. 맥락으로서 제도는 개인의 행위에 영향을 미치는 제약요인(constraints)으로 작용하고 있음을 밝혀낸다. 그 제약요인이 바로 역사적 전통, 문화 등이다.

역사적 신제도주의에 기초한 정책설계 사례를 보면, 우리의 지하철 경로석(seats reserved for senior citizens) 정책이다. 노인들만 앉도록 마련한 좌석이다. 어떻게 이런 정책이 도입되었을까? 우리의 '효(孝)'라는 역사적 전통이 이런 정책을 도입하게 했을 것이다. 한번 만들어진 제도는 경로의존성(path dependency)을 보이게 되며, 계속 유지되는 경향을 보인다.

우리 형법이 존속살해죄를 가중 처벌하는 정책도 마찬가지다. 직계존속을 살해한 자를 무겁게 처벌하고 있다.

[형법 조항]

형법 제250조(살인, 존속살해) ① 사람을 살해한 자는 사형, 무기 또는 5년 이상의 징역에 처한다. ② 자기 또는 배우자의 직계존속을 살해한 자는 사형, 무기 또는 7년 이상의 징역에 처한다.

사회학적 신제도주의는 조직 구성의 적절성을 문화에서 찾는다. 대개 적절한 모델을 닮아가려고 한다. 동형화(isomorphism)에 의한 정책설계를 한다.

한국 대학조직의 구조와 운영의 동형화 사례를 살펴보자. 한국의 각 대학의 운영구조나 단과대학 구성 및 학과 설치가 비슷비슷한 양상을 띠는 이유가 무엇일까?

원칙적으로 대학은 자기 대학의 학교설립 목적과 취지를 살려 가장 효율적이고 합리적으로 조직을 설계해야 한다. 그러나 그것이 아니다. 유명세를 띠는 대학, 가장 그럴 듯하다고 인정받고 있는 일류대학의 조직구조를 모방함으로써 괜찮은 대학으로 보이고 싶어 한다. 자발적인 동형화에 의해서 정책설계가 이루어지는 경우다.

3 행동경제학적 정책설계론

심리학에서 인지심리학과 실험심리학의 발전에 따라 인간 삶의 행태에 관한 연구가 활발해지면서 그 연구의 결과물을 경제학에 적용하는 학파로서 행동경제학이 출현하게 된다. 행동경제학은 경제심리학이라 할 수 있다. 경제학으로 불리고 있지만 실제로 생활하는 사람의 행태를 심리학을 통해 연구하는 생생한 삶에 관한 학문이다. 사람들이 실제 생활에서 보이는 비합리적, 감정적 행태를 연구하여 이를 이론화함으로써 주류 경제학에서 전제로 하는 인간의 이기심과 합리성에 바탕을 둔 이론들을 보완해주고 있다.

행동경제학의 시작은 Kahneman과 Tversky가 1979년 Econometrica(경제학술지)에 공동으로 발표한 논문 '전망이론'으로 보는 것이 일반적이다. 이 논문과 함께 그들이 1982년에 출판한 『불확실성 아래에서의 판단: 휴리스틱과 편향(jugement under uncertainty: heuristics and biases)』[4]에서 인간을 이기적이고 합리적이라고 가정하는 기존의 주류경제학의 연구 방법과 목표에 문제가 많다고 지적한다.

주류경제학은 인간은 자신의 이익을 합리적으로 추구하는 이기적 존재라고 가정한다. 이러한 가정이 현실과 얼마나 부합하는가? 행동경제학은 이 가정에는 명백한 한계가 있다고 주장한다. 그것이 행동경제학의 기본입장이다.

첫째, 인간은 합리적인가?라는 질문에 '사람들은 이성에 맞추어 합리적으로 행동한다고 하지만, 감정적이고 비합리적일 때가 많다'고 답한다. 둘째, 인간은 이기적인가?에 대해서도 '모든 상황에서 이기적인 것은 아니고, 어떤 경우에는 소소한 이익보다는 체면을 더 중시한다'고 답한다. 인간이 이기적이고 합리적인 존재라는 가정은 현실과 매우 동떨어져 있다는 결론이다.

---

4) Paul Slovic도 함께 참여하여 세 사람이 출간하였다.

행동경제학에 기반을 둔 정책설계는 ① 넛지(nudge) ② 선택설계(choice architecture) ③ 자유주의적 개입주의 등 세 가지이다. 행동경제학 중심의 정책설계론은 넛지에 의한 선택설계 방식이면서 철학적으로 자유주의적 개입주의에 근거를 두고 있다.

정책설계에 응용할 수 있는 행동경제학의 대표적인 가설을 정리하면 다음 [표 2-2]와 같다.

[표 2-2] 행동경제학의 대표적인 가설들

프레이밍효과	• 인간의 의사결정은 질문이나 제시 방법에 따라 달라짐. • 문제의 표현 방식에 따라 동일 사건이나 상황에도 개인의 선택이 달라짐.
닻 내림 효과	• 각자 주관적으로 인식하는 기준이 고정되어서 사고의 범위가 한정되는 현상
전망이론	• 인간이 위험을 평가할 때 이득보다 손실에 더 큰 가치를 부여함. • 인간의 선택은 상황에 따라 변함.
넛지	• 판단할 수 있게 슬쩍 도와주는 기능
소유효과	• 어떤 것을 소유했을 때 소유하지 않을 때보다 가치를 높이 평가함. • 처음 무료로 이용하게 한 후 소유효과를 통해 구독을 지속해 유료 결제를 유도
현상 유지 바이어스	• 변화를 회피하려는 경향

Thaler는 Sunstein과 함께 『넛지(nudge)』라는 책을 저술했다. 넛지는 팔꿈치로 상대방의 옆구리를 살짝 치듯이 건드리는 것을 말한다. 넛지는 강제나 명령이 아니라 부드러운 힘(gentle power)이다. 살짝 건드려서 사람들의 행동에 은근히 개입을 한다는 의미다. 단순한 선택대안을 제시하여 사람들의 행태를 변화시키는 정책적 개입방식이다. 아주 간단한 설계를 통해 결과적으로 가장 이로운 선택을 하도록 유도하는 방식이다.

예를 들어, 어떤 학교가 학생들의 비만을 걱정하고 있다고 해보자. 이런 경우에 구내식당의 음식배열을 넛지 방식으로 하면 된다. 몸에 좋은 과일은 학생들이 잘 볼 수 있는 눈높이에 배열하고, 대신 비만을 일으키는 초콜릿 케이크는 식당 구석에 배열하도록 한다. 초콜릿 케이크에 대한 선택권은 남겨두면서 건강한 음식을 더 선택하도록 하는 일종의 유인책이다.

넛지(nudge) 방식으로 정책을 설계하는 선택설계(choice architecture)를 알아보자. 선택설계는 행동경제학에서 개발한 이론을 기반으로 하여 사람들이 좀 더 나은 방향으로 움직이도록 선택대안을 제시하여 이를 자발적으로 선택하도록 가볍게 개입하는 방식이다. 이때 선택설계자는 넛지를 행하는 사람이다. 이 방식은 강제가 아니라는 점에서 이해관계자의 반발이 적다. 비교적 적은 비용으로 정책을 설계하여 시행할 수 있다는 장점이 있다.

행동경제학 중심의 정책설계론은 철학적으로 자유주의적 개입주의에 기반을 두고 있다. 어떤 명령이나 강압 없이 사람들이 스스로 판단하여 더 나은 선택을 하도록 유도하는 방식이다. 따라서 누가 봐도 효과적이라고 생각되는 해결책을 제시해야 한다.

정리하면, Thaler는 행동경제학적 이론을 정책에 응용하고, 효과를 높이기 위한 방법이 자유주의적 개입주의라고 하였다. 강제적으로 사람의 행동에 개입하는 것이 아니라, 사람들에게 자유롭게 선택지를 택하도록 선택여지를 남겨두면서, 넛지 방식으로 하나의 선택을 하도록 부드럽게 개입하는 것을 의미한다.

개입주의 앞에 '자유주의적'이라는 수식어를 붙인 이유는 선택설계에 의해서 개입한다고 하더라도 개인의 선택자유를 보장한다는 의미가 담겨있다. 개입주의를 취하면서도 개인의 자유는 보장한다(liberty preserving)는 의미가 강하다.

앞의 [표 2-2]의 현상유지 편향(바이어스)의 구체적 정책설계 사례를 살펴보자. Thaler는 사람들이 현상을 그대로 유지하려는 편향을 이용하여 정책을 설계하면 원하는 목표를 쉽게 달성할 수 있다고 주장한다. 사람들이 어느 대안을 선택하고자 할 때, 별도의 가입절차를 밟도록 하는 정책이 '옵트 인(opt-in)'이다. 반대로 어느 대안을 선택하지 않으려면 별도의 탈퇴절차를 밟도록 하는 정책은 '옵트 아웃(opt-out)'이다.

정부가 어떤 정책을 시행하면서 국민들의 참여도를 높이고자 한다면, 옵트 아웃 정책을 통해서 원하지 않는 사람만 탈퇴절차를 밟도록 한다. 그렇게 하면 참여율이 훨씬 높아진다는 연구결과가 많다.

그 사례가 장기기증 정책이다. 국가마다 장기기증률의 차이가 심하게 나타난다. 장기기증률에 결정적인 역할을 하는 변수는 장기기증을 옵트 인으로 하느냐? 아니면 옵트 아웃으로 하느냐? 인 것으로 밝혀지고 있다.

실제 조사결과를 보면, 디폴트 옵션으로 옵트 인 방식을 설정하여 장기기증을 허용하는 나라는 장기기증률이 현저히 낮았다. 반면, 디폴트 옵션이 옵트 아웃으로 설정되어 장기기증을 원하지 않는 경우에만 별도의 절차를 추가로 밟아야 하는 나라에서는 장기기증률이 매우 높은 것으로 나타나고 있다.

4 Rawls의 최소극대화 원칙에 의한 정책설계 모형

현대 정치철학 중에서 복지정책 설계 등의 기준이 되는 Rawls의 최소극대화 원칙(maximin principle)을 소개한다(이준구, 2003: 542-543). 대개 정치철학적 정책설계 방식에 해당된다.

Rawls는 사회의 기본구조에 대해 아무런 원칙도 정해지지 않은 상황에서 사람들이 어떤 기본원칙을 채택할 것인가에 대해서 합의하는 과정을 논의의 출발점으로 삼는다. 그는 이런 가상적 상황을 원초적 상황(original position)이라고 한다. 이 상황에서는 어느 누구도 자신이 앞으로 어떤 지위를 차지하게 될지 모른다. 심지어는 자신의 지능이나 능력이 어느 수준에 도달될지조차 모르는 철저한 무지의 장막(veil of ignorance) 뒤에 감추어진 상태를 가정한다.

Rawls는 원초적 상황에서 사람들에 의해 선택되리라고 기대되는 정의의 원칙을 두 가지로 제시한다. 첫째 모든 사람이 다른 사람의 자유와 양립할 수 있는 한도에서 자유의 권리를 가져야 한다. 둘째 누구에게나 그 기회가 개방된 직위나 직책과 결부되어서만 사회적 · 경제적 불평등이 주어져야 하며, 더 나아가 그 불평등이 모두에게 이득이 되어야 한다. 후자를 차등의 원칙(difference principle)이라고 부르는데, 이 원칙의 논리적 연장이 바로 최소극대화 원칙이다.

최소극대화의 기준은 게임이론의 전략 가운데 하나로 일련의 최소값들 중에서 가장 큰 값을 선택하는 기준(maximin: the maximum among a set of row minima)을 말한다. 위험은 최소화하고 기대치는 극대화하는 전략이다. 선택가능한 여러 대안들의 우열을 가려서 어떤 대안의 최악의 결과(최소)가 다른 대안들의 최악의 결과보다 우월할 경우(극대화)에 그 대안을 채택한다는 전략이다. 최대극소화 기준과 반대다.

Rawls는 사람들이 위험부담에 대해 극도로 기피적인 태도를 가지고 있으면, 최소극대화의 원칙에 흔쾌히 동의할 것이라고 말한다. 이 원칙이 관철된다면 그 사회에서 가장 못사는 사람이라 할지라도 어느 정도의 물질적 안락이 보장될 수 있다. 사람들의 생활수준이 그 밑으로는 떨어질 수 없도록 보장하는 일종의 안전망(safety net)역할을 하는 셈이다. 자기 자신이 앞으로 어떻게 될지 전혀 알 수 없는 원초적 상황에서 위험기피적인 사람이라면 이 안전망을 환영하게 되리라는 것이 Rawls의 생각이다.

최소극대화의 원칙은 좌파 또는 진보주의 진영에 이념적인 기초가 되어 가난한 사람들을 위한 사회복지 정책설계에 많은 영향을 미치고 있다.

최소극대화 전략(maximin strategy)

최소극대화 전략이란 각 전략(정책)을 선택했을 때 예상되는 최소의 편익(보수)를 비교하여 그 정책들 중에서 편익(보수)이 가장 큰 정책을 선택하는 것을 말한다. 각 전략(정책)을 채택했을 때 일어날 수 있는 최악의 결과를 비교하여 그 중에서 가장 덜 나쁜 결과가 나올 수 정책을 선택하는 접근방법이다.

구체적인 전략 상황을 통해서 이를 설명해 보자. 정당A와 정당B의 정책대안의 예상되는 효과 또는 편익표는 다음과 같다. 정당A에는 전략대안 A_1과 A_2 두 대안이 있고 정당 B에도 마찬가지로 B_1과 B_2 두 전략대안이 있다. 여기서(A정당의 편익, B정당의 편익)은 기대치이다.

[표 2-3] 정책대안 예상 편익표

(억 원)

구분		정당B	
		B_1	B_2
정당 A	A_1	(9, 7)	(−18, 4)
	A_2	(2, 5)	(6, 3)

만약 우월전략[5](내쉬균형)에 따르면 정당 B는 우월전략인 B_1을 항상 사용할 것이고, 정당 A도 A_1대안을 선택할 것이므로 (A_1, B_1)조합의 전략이 이루어질 것이다. 그렇지만 정당 B가 B_2를 선택하면 정당 A는 18억원의 손실을 입게되므로 정당 A는 이와 같은 최악의 상황만은 피하고자 한다면 최소극대화 전략을 사용하게 된다. 이처럼 정당 A가 최소극대화 전략을 사용했을 때의 균형은 어떻게 이루어지는지를 알아보자.

5) 우월전략에 따라 대안을 선택하는 경우 내쉬균형이 이루어진다. 상대방의 전략적 선택을 주어진 것으로 보고 자신에게 최적인 선택을 하여, 이런 선택들이 서로 균형을 유지할 때 내쉬균형이라고 한다.

최소극대화 전략은 각각의 대안을 선택했을 경우 최악의 보수 중에서 가장 덜 나쁜 대안을 선택해야 하고, 상대방의 전략에 관계없이 오로지 자신의 기대 편익에 따라 대안을 선택한다.

정당 A가 A_1대안을 선택했을 때 최소편익이 -18억원이고, A_2대안을 선택했을 때의 최소편익이 2이므로, 최소편익 중에서 큰 편익을 보장하는 A_2대안을 선택할 것이다. 이럴 경우 정당 B는 바보가 아니라면 똑같은 방법으로 B_1대안을 선택할 것이므로 선택의 조합은 (A_2, B_1)이 될 것이다.

반대로 정당 B의 입장에서는 B_2대안을 택하였을 때 최소편익이 3이고, B1대안을 선택하였을 때 5이므로, B_1대안을 선택하게 될 것이다. A도 이에 따라 A_2대안을 선택하게 되어 똑같은 결과가 나온다.

5 형성적 정책설계와 진화적 정책설계 모형

정책을 인위적이고 작위적인 노력의 결과로 볼 것인가 여부에 따라 두 가지의 입장으로 나눌 수 있다.

먼저 긍정적 입장에 있는 합리적인 형성(구성)주의(rational constructivism)다. 정책설계를 통해서 더 바람직한 방향으로 사회를 만들 수 있다고 생각하는 사회주의자들의 주장이다. Popper(1950)에 의하면, 플라톤, 마르크스, 지식사회학자 등이 이에 해당된다. 이들을 개방사회의 적들이라고 부른다.

이와 반대편에 인위적인 정책설계 없이 그냥 놔두면, 사회구성원들이 상호작용을 함으로써 자연발생적으로 새로운 질서가 생성되어 더 좋은 사회로 발전한다고 보는 진화론자(evolutionalist)들이 있다. 세상은 특정한 의도대로 움직여 주지 않는 체계이기 때문에 인위적인 설계(design)도, 통제(control)도 필요없다는 것이다. 예를 들면, 의료정책 설계에 있어 보건당국이나 의사집단, 소비자인 국민들의 의도대로 움직여 나가지 않지만, 이들의 상호작용에 의해 의료정책은 계속 진화한다고 보는 경우가 이에 해당된다.

위의 두 가지 입장에 따라 정책설계를 합리적 분석에 의한 형성적 정책설계와 자연발생적으로 이루어지는 진화적 정책설계를 알아보자.

먼저, 형성적 설계는 마치 TV 프로그램을 제작하듯이 합리성이라는 기준에 따라 사회를 재구성하기 위한 정책을 설계하는 방식이다. 행정학에서 강조하는 과학적 의사결정 기법에 따라 문제를 해결해 나가는 경우가 여기에 해당된다.

구체적으로 설명하면, 시스템 분석(system analysis) 기법인 선형이론(linear programming), 비용·편익 분석(benefit/cost analysis), 게임이론(game theory) 등에 따라 정책을 설계하는 경우다. 이 모형을 최적화 모형(optimization model)이라고 한다. 목표달성의 극대화, 비용의 최소화 등을 최우선으로 한다.

위와 같은 형성적 정책설계는 정책현상에 인과관계가 명확할 때에는 가능하겠지만, 현실은 그렇지 않을 때가 많다. 현실세계는 기본적으로 불확실성이 내재되어 있기 때문이다.

혼돈상태가 주를 이루는 현실세계에서 미리 정해진 기준에 따라 정책을 설계하는 경우는 흔치 않다. 오히려 정책이 형성되어 가는 실제적인 양상은 진화적일 때가 많다. 진화적 정책설계는 미리 최종목표를 설정하지 않고 단편적이고 부분적인 적응과정을 거쳐서 전체 모양이 바뀌어 가는 방식이다. 합리적 선택 신제도주의에 의해 제도(정책)가 형성되어 가는 과정과 매우 비슷하다.

그렇다면 진화적인 정책설계를 위해서 어떠한 조치도 필요 없는가? 꼭 그렇지 않다. 누구도 의식하지 못하는 가운데 발전 또는 진보가 이루어지도록 하는 것이 중요하다. 공동체 구성원들이 스스로 변화에 동참하도록 게임 룰(game rule)을 설정하는 방법이 그것이다. 그 룰은 정부가 국민의 의견을 반영하여 만들면 된다. 무작위적 개입방식으로 구체적인 정책설계 작업을 하지 않고도 자연스럽게 새로운 정책을 형성하는 길을 열어 주면 된다.

예를 들면, 정부의 인터넷 플랫폼에 정책토론방을 설치하고, 여기에서 제기된 아이디어 중에서 정부가 채택하여 정책화하는 선정기준을 정해 놓으면 진화적인 정책설계가 이루어진다. 구체적으로 인터넷 토론방에 정책과제에 대한 중요한 정보를 미리 제공한 후에 전문가는 물론 각계 각층의 의견을 수렴하고 공개토론을 진행한다. 그러한 정책담론 후에 일정 수 이상의 찬성을 얻을 경우, 이를 자동적으로 정부의 공식 정책의제로 선정되도록 하는 방식은 그 좋은 예가 될 것이다.

6 패러다임 재생산 정책설계와 새로운 패러다임 정책설계 모형

정책설계에 있어서 기존의 패러다임을 유지하면서 정책을 점진적으로 개선하는 방식의 정책설계를 할 것인가, 아니면 새로운 패러다임에 입각하여 단절적 정책설계를 할 것인가? 이것은 한 사회의 패러다임 변화에 의해서 결정된다.

먼저 패러다임에 대해서 알아보자. 패러다임은 어떤 한 시대 사람들의 견해나 사고를 지배하고 있는 이론적인 틀 또는 개념체제를 말한다. Kuhn(1962)이 그의 저서 '과학혁명의 구조'에서 처음 제시한 이후 지금은 자연과학은 물론 사회과학 분야에서도 널리 통용되는 개념도구다.

패러다임 이론에서 과학진보는 패러다임(paradigm) → 정상과학(normal science) → 변이들(anomalies) → 과학혁명(scientific revolution)이라는 단계로 이루어진다. 만약에 어떤 학문분야에서 기존의 패러다임이 특정 현상을 제대로 설명하지 못하고 불안정한 상태가 지속된다면, 그 현상을 보다 적실성 있게 설명할 수 있는 새로운 패러다임 등장하게 된다. 이 패러다임이 많은 전문가들에 의해서 인정을 받고 과학적으로 검증될 때 패러다임 변동(paradigm shift)이 일어나게 되고 새로운 정상과학으로 발전하게 된다. 그래서 패러다임을 공통적인 인식론적 비전(common epistemo-logical vision)이라고 한다.

Hall(1993)은 '정책패러다임을 정책결정자들이 정책문제의 본질을 파악하고 정책목표와 이를 달성하기 위한 정책수단을 구체화하는 데 있어서 적용되는 일정한 사고의 틀'이라고 하였다. 그는 급격한 변화를 초래하는 정책의 변동을 패러다임 변동으로 개념화하였는데, 이는 패러다임 변화적 정책변동(paradigmatic policy change)이라 할 수 있다. 이때 정책설계는 단절적이고 단속적(punctuated)인 성질을 갖는다. 그는 1970년부터 1989년까지 영국의 경제정책변화 과정을 분석하여 다음과 같이 세 가지 유형의 정책변동을 제시하였다(정정길외, 2010: 717).

첫째, 매년 정부예산을 조정하는 것처럼 정책목표나 수단의 근원적인 변화 없이 정책수단의 수준만 변화시키는 것이 1차적 정책변동이다.

둘째, 영국에서 1971년에 도입한 금융통제제도처럼 거시경제정책의 목표에는 변화가 없으나 정책수단을 변경하는 것이 2차적 정책변동이다.

셋째, 경제정책의 기본방향을 케인즈주의에서 통화주의로 전환하는 것은 정책목표부터 정책수단에 걸쳐서 급격한 변동이 일어난 것으로 3차적 정책변동에 해당된다. 3차적 변동이 패러다임 변화적 정책변동(paradigmatic policy change)에 해당된다.

3차적 정책변동 현상이 일어난 결정적인 계기는 1979년의 총선에서 Thatcher가 이끄는 보수당이 집권 노동당을 누르고 승리한 것이었다. Thatcher는 통화주의 경제정책을 적극 수용하였다.

정책설계 과정에서 커다란 영향력을 행사하는 집권당이 바뀌는 정권교체야 말로 패러다임 전환적 정책설계가 일어나는 원동력이 된다. 중도 우파에서 중도 좌파로 정권이 바뀌거나 그 반대의 경우에 정책의 근간인 패러다임의 변동(shift)이 일어나고 정책변동의 파고는 그 어느 때보다 높아지고 거세지게 된다.

이와 반대로 공공정책이 부분적으로는 계속 개선되고 있지만 기본적인 골격은 유지된 체, 작은 수단만 바뀌는 정도로 이루어지는 설계를 패러다임(paradigm) 재생산 정책설계라고 한다. 과거의 정책과 현재의 정책 간에 한계적 변동(marginal change)이 일어나는데 그친다. 우리의 산업정책이나 환경정책의 경우, 연구개발 촉진정책이나 환경오염 배출 규제정책은 부분적으로 강화되거나 완화될 뿐, 그 큰 골격은 그대로 유지되고 있다.

객관적 설명 · 예측에 기반한 거시적 정책설계론(제3 · 4장)에 들어가며

우리나라 도시마다 주민들의 쉼터이면서 산책 공간인 공원이 잘 정비되어 있다. 만약, 어떤 공원에 다섯 개의 조그만 야산인 숲 그리고 전망대, 개여울, 호수, 오솔길이 조성되어 있다고 하자.

이 공원 관리자들은 날마다 숲길을 거닐면서 나무 하나하나를 살피기도 하고, 공원 전망대에 올라가서 다섯 개 숲의 전체적 상태를 멀리서 관찰하여 대책을 세우고 관리해 나간다. 이때 전나무로 이루어진 숲과 아름드리 소나무들로 이루어진 숲의 관리대책은 다를 수밖에 없다.

공원이 큰 숲과 그 숲 속의 나무들로 조성되어 있듯이, 우리가 사는 세상은 사회 전체인 국가공동체와 국민 개개인으로 구성되어 있다.

우리가 크게 숲 전체를 볼 것인가, 아니면 숲 속의 나무를 자세히 볼 것인가? 그 관점은 사회현상을 관찰하는 데 그대로 적용된다. 거시적 안목으로 국가 전체 현상을 관찰하는 경우가 있고, 미시적으로 국민 개개인을 하나하나 파악하는 경우가 있다.

뒤의 제5장 이후는 개개인의 국민선호들이 통합되고 합일되어 나가는 정책설계 방식으로서 숲 속의 나무 하나하나를 보는 미시적 접근이 될 것이다. 현상학적 접근을 할 것이다. 상호주관성인 선호에 대한 이해와 해석의 폭을 넓혀나가는 원리들을 설명할 것이다.

제3장과 제4장에서는 국가 전체에 해당되는 정책시장을 몇 가지 총량적인 객관적 기준을 정해서 그 기준에 따라 유형별로 분류할 수 있음을 보여 주고자 한다. 정책시장 유형에 맞게 정책을 설계하는 전략을 모색하기 위해 경험적 실증주의적 측면에서 경향성을 찾아내려고 한다. 거시적으로 분석한 정책시장의 유형과 그것에 대응하는 정책설계 전략 간의 연계모형을 제시할 것이다. 정책시장 유형과 정책설계 전략 사이의 대응연계모형을 구성할 것이다.

아울러 정책설계에서 정책수단을 선정하는 원리는 매우 중요하다. 먼저 거시적 정책프레임(frame)을 짜고 그것에 맞추어 적절한 정책수단을 선택하는 방식을 살펴볼 것이다. 정책프레임을 짜는 것을 정책프레이밍(framing)이라고 한다. 정책프레이밍에 영향을 미치는 변인들을 조합하여 구체적 정책프레임이 짜여 지면 그 프레임에 맞는 정책수단을 선택하는 방식, 즉 정책수단 설계 모형을 제시하겠다.

CHAPTER

03

거시적 정책설계론

제1절 여는 글

정책현상은 정책을 결정하고 집행하는 과정이고, 이는 정책설계행위로 이루어진다. 정책설계자는 아무런 준칙도 없이 정책을 설계해 나갈 수는 없는 노릇이다. 정책설계 과정의 인과관계적 패턴을 찾아야 한다. 그 패턴을 알기 위해서는 정책을 구체적으로 논의하는 국가차원의 공론장이 어떤 분위기에서 진행되고 어떠한 양상을 띠는가? 하는 점을 파악해야 한다. 정책담론이 진행되는 공론장이 정책시장이다. 정책시장의 유형을 밝혀야 한다. 이러한 유형분석을 위해서 기준역할을 하는 변인들을 찾아내야 한다. 그리고 유형별 정책시장의 타입에 따라서 그것에 연계해서 대응하는 정책설계 전략이 있는지를 정책사례 분석을 통해서 알아내야 한다. 이렇게 해서 발견된 경향성의 준칙은 정책동학(the dynamics of policy)을 구성한다.

정책시장을 좀 더 알아보자. 우리가 경제시장을 분석할 때 상품을 실제로 거래하는 구체적 미시적 시장과 그 보다 더 상위의 국가 전체의 소비, 투자, 정부지출, 수출과 수입 등을 총량적으로 다루는 거시적 시장으로 구분한다. 정책시장도 정책을 실제로 교환하는 선거와 같은 미시적 정책시장, 그리고 거대 정책담론이 진행되는 집합적인 거시적 정책시장으로 구분할 수 있다. 거시적 정책시장은 개인이 좌지우지할 수 없고, 총체적으로 전체적 맥락에서 결정된다. 여기서는 거시적 정책시장을 다룬다.

우리는 수많은 거시적 변인 중에서 몇 가지 변인을 뽑아 이를 조합하여 정책시장을 분류할 수 있다. 정책시장을 기준에 따라 유형별로 분류하고, 그 유형에 맞게 정책을 설계한다는 정책동학적 설명과 예측 모형을 구성할 수 있다.

먼저 이해를 돕기 위해 [그림 3-1]과 같은 한 가지 대응연계전략 모형을 보여주고자 한다.

[그림 3-1] 정책시장 유형에 따른 정책설계 전략 대응연계모형

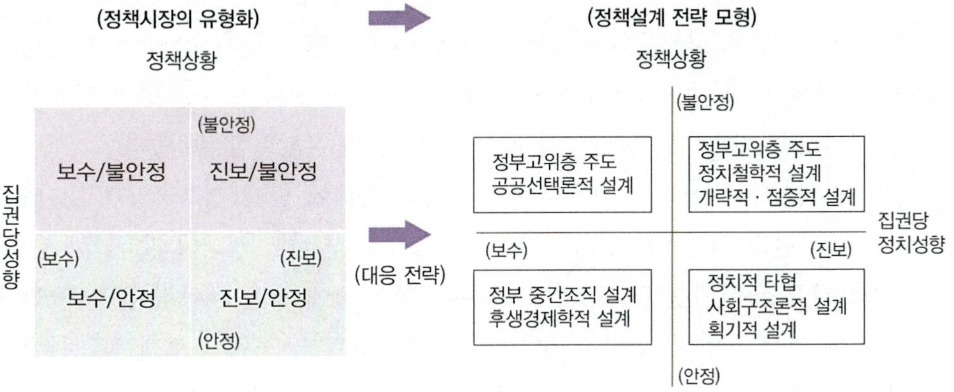

제 2 절 정책동학이란?

정책현상을 객관적으로 설명하고 예측하려는 새로운 방법론이 '정책동학(the dynamics of policy)'이다. 동학(dynamics)은 움직임에 관한 학문이다. 물리학의 역학과 같은 말이다. 동학의 물리학적 의미는 이러저러한 힘을 받는 물체가 어떻게, 어떤 방향으로 운동을 하게 되는지를 밝히는데 있다.

동학현상을 응용한 정책동학은 정책현상을 변수를 설정하여 객관적으로 설명하고 예측하는 이론이다. 다분히 행태주의적 접근을 한다. 행태주의는 사람이 일정한 조건이 갖추어지면 이러이러한 행태를 보인다는 법칙성을 밝혀내는 연구방법이다. 인간행동은 그것을 유발하는 조건에 의해서 영향을 받고 결정된다고 여긴다. 정책현상이 인간행동의 집합이므로, 정책현상을 인간행태로 바꾸어 연구하려고 한다.

정책동학이론은 정책현상을 객관적 변수를 중심으로 설명하는 실증주의적 이론이다. 변수들 간의 인과관계를 밝혀서 정책현상에 대한 설명력과 예측력을 높이려고 한다.

정책동학이론은 독립변수로서 정책시장, 매개변수로서 정책설계, 종속변수인 정책으로 구성된다. 이중에서 핵심은 정책시장과 정책설계 전략이다.

첫째, 정책시장은 공동체의 선호인 정책에 대해 논쟁하고, 설득하고, 교환하는 공론장이다. 정책시장은 여러 가지 변인에 의해서 일정한 패턴으로 유형이 정해진다는 가정에 근거하여 몇 가지 기준을 정해서 정책시장을 유형화할 수 있다.

둘째, 정책설계는 정해진 정책시장의 유형과 특색에 맞게 정책방향과 수단을 결정해나가는 집단적 행위로서 공동 프로젝트 성질을 갖는다. 정책설계는 객관적 기준에 의해서 분류된 정책시장의 상황에 맞추어 정파 간에 또는 이해집단 간에 협상과 조정을 하는 통합적 동화(統合的 同化)과정의 프로젝트다. 공동 프로젝트로 진행되는 정책설계의 전략은 정책시장의 상황에 따라 일정한 경향성을 보이게 된다.

셋째, 정책은 정책시장에 맞게 수차례의 설계과정을 거쳐 최종적으로 산출되는 결과물이다.

독립변수인 정책시장의 유형을 결정하는 요인은 그 나라의 지배적인 정치이데올로기, 문화유형, 재산권·거래비용의 변화 등 구조적 변인, 정책학습과 같은 인지적 변인, 그리고 정책이슈의 복잡성 정도 등 상황적 변인이 있다.

위의 변인에 따라 결정되는 독립변수로서 정책시장과 종속변수인 정책 사이에서 매개수단 역할을 하는 변수가 정책설계 전략이다. 매개변수를 활용하면 인과론적 설명과 예측이 훨씬 쉬워진다.

정리하면, 정책동학적 정책설계 모형은 사회적 선호를 공동체의 공식적인 정책으로 결집하는 원리를 '정책시장 유형'과 '정책설계 전략 모형' 두 가지로 설명하고 예측한다. 정책동학적 정책설계 프레임은 다음과 같다.

[그림 3-2] 정책동학적 정책설계 모형

[정책동학적 정책설계 모형: Policy = α+ f (PM, PD)]

정책시장 유형화	정책설계 전략	정책
정책선호 표출	정책선호 결집통합	공동체 선호
(정책과정 역동성)	(정책내용 다양성)	
[독립변수]	[매개변수]	[종속변수]

앞의 PM은 정책시장(policy market)이고 PD는 정책설계 전략(policy design strategy)이다.

1 정책동학의 핵심: 정책시장 유형 및 정책설계 전략 모형

정책동학은 정책설계 과정의 동학(dynamics)적 현상을 설명하고, 정책설계 결과를 예측할 수 있도록 하는 데 그 목적이 있다. [그림 3-3]에서 알 수 있듯이 정책시장이 열리면 정책동학적 역학관계 속에서 정책이 설계된다. [그림 3-4]에서 볼 수 있듯이 정책동학의 구성요소는 정책과정의 역동성을 설명하는 '정책시장 유형' 그리고 정책설계자들이 정책내용을 입안하여 조정하고 협의해 나가는 '정책설계 전략 모형'으로 나눌 수 있다.

[그림 3-3] 정책동학현상과 정책설계

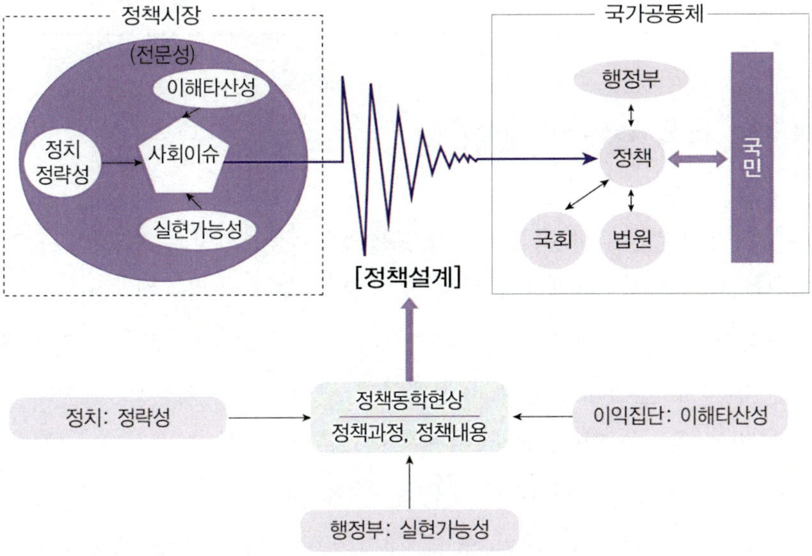

[그림 3-4] 정책동학현상

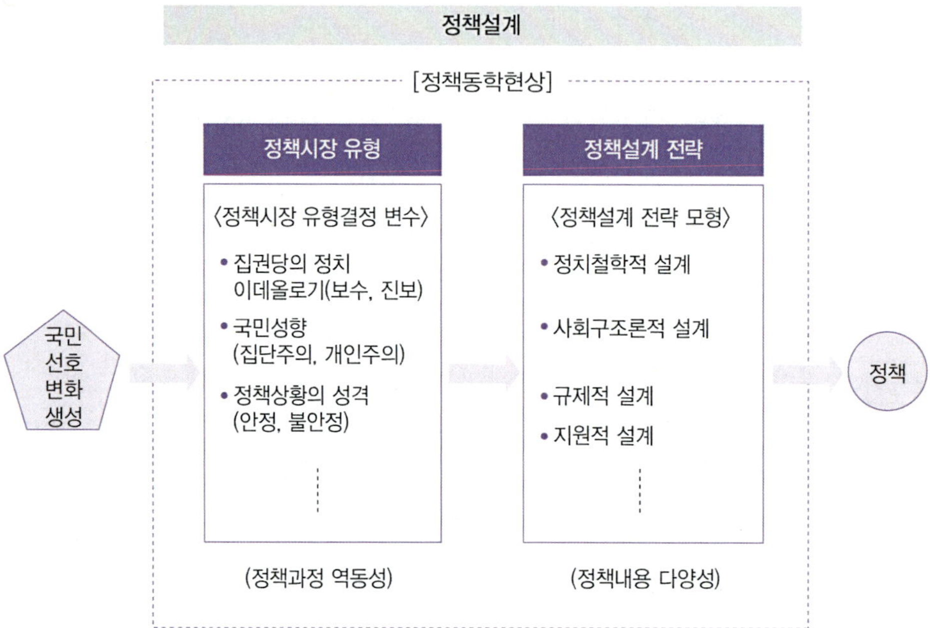

2 정책설계 전략 모형의 배경이론

정책동학의 설명변수로서 핵심적인 역할을 하는 정책시장은 제5장에서 자세히 설명하려고 한다. 여기서는 정책설계 전략 모형에 대해서 살펴보겠다.

정책학 연구의 최근 경향을 보면 그동안 다른 분야에 비해 관심이 저조했던 정책설계에 대한 인식이 높아지고 있다.[1] 정책설계 모형의 배경이론으로 '사회적 재편성 정책설계' 모형을 들 수 있다. Ingram 등(2007)은 '사회적 재편성과 정책설계(social construction[2] and policy design)'라는 논문을 통해 '대상 집단의 사회적 재편성(social construction theory of target group) 모형'을 제시하고 있다. 사회를 재편성하거나 형성

1) Sabatier가 편집한 Theories of the Policy Proccess(1999년)에서는 정책설계를 다루지 않았는데, 2007년 개정판에서는 Ingram, Schneider, deLeon 등의 논문 'Social Construction and Policy Design'을 새롭게 추가하여 다루고 있다.

2) construction을 구성, 형성으로 번역하기도 하는데, 여기서는 알기 쉽게 재편성으로 번역한다.

하기 위한 정책설계 모형이다.

Ingram 등은 정책결정자들에 의해 설계된 정책은 그 시행을 통해 사회를 재편성하는 의미가 있기 때문에 정책설계는 사회 재편성과 표리의 관계가 있다고 주장한다.

이 모형에 따르면, 정책설계자는 그가 인식하는 대상집단의 정치적 권한(political power)과 사회적 형성(이미지)[3](social construction)에 따라 정책의 내용을 결정한다. 여기서 정책의 대상집단은 고정적이 아니고 사회적으로 형성되는 실체(reality)라고 할 수 있다. 이 대상집단들은 정책설계에 의해서 다른 대우를 받게 되는데, 그것을 결정하는 요인이 바로 정치적 권력과 사회적 형성(이미지)이다.

먼저, 정치적 권력은 집단의 크기와 그 집단이 보유하고 있는 정치적 자원에 의해서 결정된다. 그 집단이 다른 집단과 쉽게 연합을 형성할 수 있는지, 얼마나 많은 자원을 보유하고 있는지, 집단 구성원들이 높은 전문성을 갖고 있는지에 따라 정치적 권력의 크기가 결정된다.

다음은 대상집단의 사회적 형성(이미지)이다. 이는 대상집단에 대한 긍정적 또는 부정적 여론을 의미한다. 사회 전체에 유익한 집단이라고 생각하거나 혜택을 받을 만한 자격이 있다고 받아들여질 경우는 긍정적인 사회적 형성이 이루어졌다고 할 수 있다. 긍정적인 이미지가 형성되었다는 것이다.

사회적 재편성 정책설계 모형의 구체적인 내용을 [그림 3-5]를 통해서 살펴보자.

정책설계는 대상이 되는 집단을 확정하고, 그 집단에 대해 보상을 하거나 제재를 가한다는 점에서 미래에 장기간에 걸쳐 영향을 미친다. 정책설계는 문제정의, 규칙, 수단 등을 포함하기 때문에 대상집단의 향후 경험을 구체적으로 결정하는 역할을 한다.

대상집단과 관련된 사회적 문제들이 어떻게 다루어질 것인가, 대상집단들의 참여가 유효할지 여부에 대한 메시지를 보내는 역할을 한다.

정책설계는 정책의 수단적인 작용과 상징적인 영향력을 통해서 제도는 물론 넓은 의미의 문화를 형성한다. 구체적으로, 정책설계는 국민이나 엘리트층의 여론, 대상집단의 사회적 재편성, 정치적 자원의 분배, 지식체제의 선호에 영향을 미치게 된다.

결국 사회 전반적인 맥락에서 정책설계는 민주주의의 범위, 깊이, 진위 등 민주주

---

3) 이때 construction은 이미지의 형성으로 보면 이해가 쉬울 것 같다. 사회적 형성을 이미지와 동일한 개념으로 보아도 무방하다.

의의 가치에 영향을 미침은 물론 시민정신, 사회문제 해결 능력, 정의(justice)에 대한 관념에 영향을 미치게 된다.

이러한 정책설계 과정에서 정책동학현상이 일어나는데, 여기에는 공무원 등 정책 선도자, 이익집단, 사회운동단체, 선거직 공무원과 그 참모들이 참여한다. 이들은 미래의 정책설계에 있어 보다 직접적인 역할을 담당하게 된다.

정리하면, 정책동학적인 정책설계에서는 대상집단의 정치적 권력과 사회적 이미지가 고려된다. 정책설계를 통해서 물질적인 자원을 분배하고, 국민과 정책 대상집단에 대한 정치적인 입장과 참여형식을 제시하는 메시지를 제공한다. 정책설계는 일반적으로 기존의 제도나 문화, 권력관계, 사회적 이미지를 재생산하지만, 때로는 이런 경향에서 벗어나 새로운 변화를 도모하는 원동력이 되기도 한다.

[그림 3-5]에서 사회적 재편성과정으로서 정책설계를 살펴보았다. 이제 사회적 재편성 정책설계 모형이 제시하는 여섯 가지 중요한 명제를 알아보자.

[그림 3-5] 사회적 재편성과 정책설계[4)]

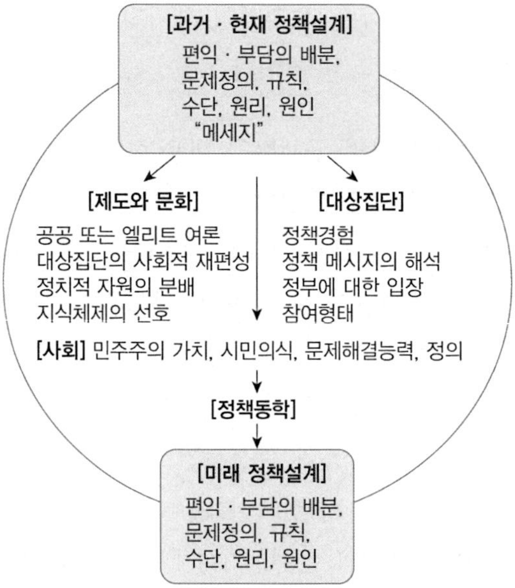

4) 참고: Sabatier(2007). *Theories of the Policy Process*. Social Construction and Policy Design. pp.96.

[명제 1] 정책설계는 기회구조를 형성하고, 정부가 정책 대상집단을 어떻게 생각하고 있는지에 대한 메시지를 전달한다. 이는 향후 대상집단이 처하게 될 정치적 방향과 참여패턴에 영향을 주게 된다.

[명제 2] 공공정책에서 대상집단에 대한 혜택과 부담의 분배는 그 집단의 정치적 권력, 긍정적이거나 부정적인 사회적 형성(이미지)에 따라 결정된다.

[명제 3] 정책의 수단, 규칙, 원리, 전달체제 등을 포함한 정책설계 요소들은 대상집단의 정치적 권력과 사회적 형성(이미지)에 따라서 달라진다.

[명제 4] 정책결정자, 특히 선출직 정치인들은 국민들로부터 지지를 받을 수 있는지 여부에 따라서, 대상집단의 사회적 형성(이미지)에 반응하거나, 사회적 형성(이미지)을 더욱 공고히 하거나, 이를 새롭게 창출하는 데 도움을 준다.

[명제 5] 대상집단에 대한 사회적 재편성은 변화할 수 있으며, 공공 정책설계(public policy design)는 이러한 변화를 일으키는 데 중요한 역할을 한다. 한편, 사회적 재편성의 근원은 이전의 정책설계로부터 기인된 예상치 않은 또는 기대하지 않은 결과에서 시작된다.

[명제 6] 바람직하지 않은 정책결정 상황[5]에서, 정책설계(polucy design)의 차이들은 여러 가지 다른 패턴의 정책변동(policy change)을 가져온다.

위의 명제들은 우리가 '사회적 재편성 정책설계'를 통해서 정책 대상집단의 혜택이나 부담이 달라지고 결국 해당 정책도 변동시킬 수 있음을 알게 해 준다. 이런 측면에서 볼 때, 정책설계는 직접적인 정책변동(policy change)의 원동력이 된다. 앞의 Ingram의 모형은 정책설계 전략 모형의 이론적 배경이 될 수 있다.

5) 이런 상황은 흔치 않지만, 민주주의의 바람직하지 못한 점과 일맥상통한다. 이런 경우는 부정적이고 분열적인 사회적 형성(이미지)을 막지 못하게 되고 정치적 이득을 위한 다원주의 경향도 무시된다.

제3절 정책시장의 유형을 결정하는 구조적 요인과 인지적 요인

정책동학적 정책설계 모형이 시작되는 출발점은 정책시장이다. 정책시장의 유형에 따라서 정책설계 전략이 달라진다. 정책시장의 유형을 결정하는 요인들을 살펴보자. 구조적인 변인과 인지적 변인이 있다. 이 변인들은 미시적으로 국민선호를 결정하는 데 영향을 주지만, 거시적으로 정책시장의 유형을 결정하는 총체적 맥락으로서 변인 역할을 한다.[6]

1 정치적 변인[7]: 지배적 정치이데올로기

집권세력의 정치적 성향인 정치적 이념이 갖는 영향력은 매우 크다. 민주주의와 시장주의가 기본 이념으로서 작용한다. 정치이데올로기를 좌파/우파, 진보/보수로 나눈다. 민주주의와 정책선호, 시장주의와 게임 룰로서 정책선호를 살펴보자.[8]

1) 민주주의와 시장주의가 정책시장에 어떤 영향을 미치는가?

(1) 민주주의와 정책선호

정치경제학은 사회를 조직하고 통제하는 두 가지 기본 원리(basic principle)를 정부와 시장으로 파악하는 경향이 있다. 정부는 권력 또는 권한(power or authority)을 상징하고, 시장은 민간의 자유로운 교환관계(exchange relationship)를 상징한다(최병선, 2004: 7).

정부는 국민의 행위를 통제하기 위해서 독점적으로 권력을 사용하는 지위에 있다. 정부가 권력을 독점하기 때문에 정부의 의사를 결정하는 정치행위에는 국민 모두가 참여하여 결정하는 '1인 1표(票)의 원리'가 적용되어야 한다. 이렇게 해야 정당성

---

6) 제5장에서 국민선호를 설명할 때는 전자의 미시적 입장이다.

7) 변인은 변수와 같이 쓰인다. 여기서는 정책시장을 독립변수로 보기 때문에 그 독립변수를 결정하는 요인을 변인이라고 하였다.

8) 참고: 조홍식(2007). 민주주의와 시장주의. 박영사.

이 확보된다(조홍식, 2007: 29).

시장과 달리 정치과정에서 '1人 1표의 원리'에 의해 집권한 정치권력은 본질적으로 중앙집권적일 수밖에 없다.

이러한 정치과정은 [그림 3-6]과 같이 유권자 한 사람 한 사람이 바람직한 공동체 선호에 관심을 갖고 한 표씩 투표권을 행사하여 정치적 질서 또는 정책을 새로 도입하거나 기존 정책을 변동시킨다(Alford. R and Friedland. R, 1985: 83-111). 이렇게 결정된 집합적 결정(collective decision)은 전체 국민을 상대로 정부를 통해서 실현되고 그 실효성을 확보하기 위해 획일적으로 집행된다.

다원주의 정치학자인 Easton(1953)은 기존의 국가현상설, 권력현상설이 아닌 보다 확대된 정치적 삶의 지평을 함축하고 있는 정치체계론(political system)를 도입하여 '한 사회의 권위적인 정책의 수립이나 그 집행에 중요한 영향을 미치는 모든 종류의 활동'을 정치라고 정의한다.

정치체제론을 근거로 하여 정치를 '정책현상설' 측면에서 살펴보자. 사회는 다양한 선호와 이해관계를 가진 무수한 정치적 개인들로 구성된다. 개인들은 자신들의 선호와 이익을 최대한으로 누리기 위해 이익단체를 형성하여 자기들의 선호를 결집(interest aggregation)하고 이를 대외적으로 표출(presentation)한다.

정당들은 대의기관으로 활동하면서 선거의 표로 환원되는 국민들의 정치적 지지

[그림 3-6] 다수결 원칙에 의한 정책결정

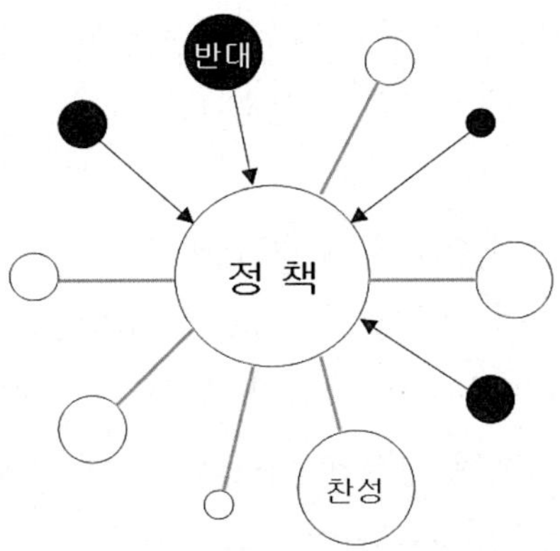

를 획득하기 위해 정책을 통해서 상호 간에 경쟁한다. 이런 경쟁을 통해서 정권을 쟁취하기 때문에 정치인들은 국민들의 선호에 관심을 갖지 않을 수 없다.

이와 같은 정치과정을 통해서 다양한 선호들이 경쟁적으로 결집하거나 서로 대결한다. 결국은 다수결의 원칙에 의해 우위를 점하는 정책선호가 정부의 정책으로 반영되게 된다(서울대 정치학과 교수 공저, 2007: 257-293).

Hayek는 이런 과정을 거쳐 형성된 질서를 인위적 질서(manmade order or taxis)라고 칭한다(Parsons, 2003: 50-51).

(2) 시장주의와 게임 룰로서의 정책선호

시장은 무수히 많은 구성원들이 서로에 대하여 맺는 개인 대 개인의 계약관계로 이루어진다. 시장에서 진행되는 자발적 교환관계에 중앙정부 차원의 계획과 조정이 발붙이지 못한다. 교환은 강제력이 동원되지 않고도 거래 쌍방 간에 자발적으로 조정이 이루어지는 과정이다. 시장주의는 이와 같이 자발적 교환을 통해 조직되고 조정되는 사회의 운영원리다. 시장은 중앙정부의 기획, 간섭, 조정 등의 개입이 없이도 수많은 가계와 기업 등 경제주체들 사이의 자발적 교환관계만으로 형성되거나 유지된다(Friedman. 1982: 13).

시장의 교환관계는 그 당사자가 제3자의 개입이나 간섭 없이 오로지 자기의 효용만을 고려한 후 자유롭게 교섭 또는 거래하여 결정할 수 있음을 의미한다. 그렇지만 시장에서 활동하는 모든 경제주체들이 상대방으로부터 자신들이 원하는 것은 무엇이든 취할 수 있다는 의미는 결코 아니다. 당사자의 '상대적' 교섭력(bargaining power)에 의하여 형성된다. 상대방의 자유의사를 좌우할 수 없고 시장에는 교환과 거래의 관행으로서 게임 룰(제도)이 존재하기 때문에 결국 교환관계는 완전한 교섭력이 아니고 상대적인 교섭력이다.

교섭력은 본질적으로 경제주체의 '구매력'에 의하여 좌우된다. 구매력은 시장 수요자의 입장에서 보면 그들이 가용할 수 있는 화폐의 양이고, 공급자 입장에서 보면 그들이 제공할 수 있는 제품의 질을 말한다. 보다 큰 구매력을 가진 경제 당사자는 교환관계의 형성 및 거래관계의 일정한 패턴으로서의 시장제도의 정착에 그만큼 큰 영향력을 행사한다. 시장에서의 거래관행으로서 제도는 시장에 참여하는 경제주체들의 구입가능성(availability)인 구매력에 바탕을 둔 '1원 1표의 원리'에 의해 [그림 3-7]

[그림 3-7] 시장에서 제도변화

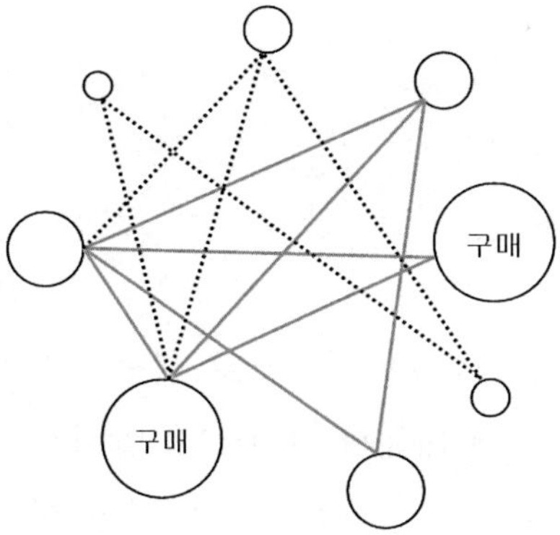

과 같이 형성된다. 이러한 자생적 질서의 형성에 개개인들은 자신의 선호(pre-ference)를 오로지 1원 1표의 원리에 의해 비례적으로(proportional) 행사한다.

Hayek는 이렇게 자생적으로 생성된 제도를 자생적인 질서(spontaneous order or cosmos)라고 하였다(Hayek, 1982: 36). 또한 시장에서 자생적으로 생성되는 일정한 거래 패턴을 '수많은 사람들의 반복되는 행위의 결과이지만, 인간이 설계한 결과가 아닌 자연발생적인 질서'라고 하였다.

시장에서 활동하는 경제주체들은 가격 변동, 자기가 소유한 재산권의 변화, 거래비용의 변화를 가져오는 사회 경제적인 여건변화가 있을 경우에 기존의 거래질서([그림 3-7]의 점선부분)에서 탈피하여 새로운 방식([그림 3-7]의 실선부분)을 모색하게 된다. 그들은 자신의 이익에 침해를 받지 않는 방향 또는 자신의 이익을 극대화할 수 있는 방향으로 경제행위를 한다. 이렇게 생성된 시장의 질서인 게임 룰은 정책선호로서 역할을 한다.

2) 집권세력의 정치이데올로기

우리나라에서 좌파와 우파, 보수와 진보라는 용어는 그것이 담고 있는 이념적 내용이나 가치에 대해서 분명한 정의나 기준이 없다. 그때그때의 필요성에 따라 상대방을 정치적으로 공격하는 수단으로 사용되는 경향이 강하다.

선거를 통해 집권한 정치세력의 정치적 성향이나 경제운영의 정향성은 정부의 정책기조로서 역할을 한다. 정책동학적 정책설계 모형에서 정책시장의 양태를 결정하는 중요한 변수로 작용한다.

(1) 좌파와 우파

학자에 따라 약간의 차이는 있겠지만, 좌파와 우파 그리고 진보와 보수는 추상적인 가치를 가지는 철학적 범주가 아니라 역사적인 시대상황과 관계가 있는 정치적 태도 내지는 가치지향성이라는 점은 일반적으로 인정되고 있다.

먼저 좌파와 우파의 기준에 대해서 살펴보자. 알려진 대로 좌파와 우파는 프랑스 혁명 당시 국민공회를 구성하면서 좌측 의석에 급진 혁명세력, 사회주의, 노동자와 농민, 빈민의 입장을 대변하던 자코뱅당이 앉고, 우측 의석에 온건 개혁세력, 자유주의·자본주의, 상공업 부르조아의 입장을 대변하던 지롱드당이 자리하고 대립했던 것에서 유래하였다. 좌파는 사회주의, 우파는 자유주의와 동일시되기도 한다.

지금까지의 역사의 진행에 비추어 볼 때 각 시대마다 좌파들이 주장해온 가치에는 여러 가지가 있지만, 일관되게 나타나는 가장 중요한 가치는 역시 평등이다(김경미, 2009: 55). Bobbio(1999: 105-118)는 좌파를 가능한 한 불평등을 축소하고 평등을 지향하는 평등주의자로, 우파는 상대적으로 불평등은 주어진 것이기 때문에 불평등한 현실을 불가피한 것으로 받아들이는 부류로 정의한다.

(2) 진보와 보수

좌파와 우파의 구별은 정치이념이나 가치지향성을 좌표로 하지만, 진보와 보수는 이러한 이념이나 가치와는 무관하게 사회적 변화의 빠른 진행을 수용하느냐 여부에 따라 구별된다(김경미, 2009: 51).

사전적 의미를 살펴보면, 보수는 보전하고 유지한다는 의미이고, 보수주의는 국가나 사회의 현재 상태를 가능하면 유지하려는 태도와 정향을 뜻한다. 이에 비해 진보는 앞으로 나아간다는 것을 의미하며, 진보주의는 인간의 정신과 문명이 역사적으로 보다 더 완전하고 이상적인 상태로 발전해 나아간다고 보는 신념체계라고 할 수 있다.

여기에서 중요한 문제는 '무엇을 보전하고 유지할 것인가?' '무엇이 앞으로 나아가는 발전인가?'이다. 이 문제는 진보와 보수를 구분하는 기준을 암시한다.

유럽에서 절대왕정에 대항하여 시민계급이 혁명을 일으켰던 18세기에는 왕정을 그대로 유지하려는 세력은 보수주의자로 이와는 반대로 공화정을 세우려는 사람들은 진보주의자로 여겨졌다. 이 시기에는 개인의 자유와 사적 재산권을 신성불가침의 권리로 주장한 자유주의는 진보적 사상이었으나, 이러한 사상에 기초하여 정치경제 체제가 확립된 오늘날에는 자유주의를 옹호하는 사람들을 보수주의자로 부르고 있다.

진보와 보수를 구분하는 기준은 역사적 진보 자체에 대한 긍정과 부정에 있는 것은 아니다. 양자 간의 차이는 진보적 변화의 진행 속도와 추동력에 있다고 할 수 있다.

진보주의자는 총체적인 사회적 관계들을 인간의 이성과 자유의지에 의해 합리적이고 진보적으로 만들어 나갈 수 있다고 믿고, 그러한 진보를 위한 변화가 가능하다면 빠르게 진행하는 것이 좋다고 보는 입장이다.

반면에 보수주의자는 가능하면 기존 체제의 계속성을 유지하면서 사회전반에 걸친 또는 급격한 변화를 거부하고, 인간의 이성과 자유의지에 의한 계획된 변화가 아니라, 전통과 관례의 연속성 속에서 개량을 추구한다.

(3) 미국과 한국의 보수와 진보

미국은 보수를 공화당, 진보를 민주당으로 보는 것 같다. 일반적으로 공화당은 경제정책에 중립적인 입장을 취하고, 민주당은 사회·문화 분야에서 중립적 입장을 견지한다(Sandel, 2010: 344-345). 공화당은 자유시장에 정부가 개입하는 것을 반대한다. 개인은 자기 자신이 직접 경제적 선택을 하고 자기 돈을 자기 마음대로 쓸 수 있어야 한다고 주장한다. 그렇지만 사회문제에 대해서는 개입하는 입장이다.

이에 반해 민주당은 정부가 경제에 적극 개입해야 한다고 주장하면서도, 사회문화 분야에 대해서는 중립적인 입장이다. 정부는 성문제나 출산결정에 대해 도덕적 입법을 해서는 안 된다는 것이다.

그렇지만 우리의 경우 아직까지 시장에 대하여 미국과 비슷한 양상의 정치적 행태가 나타나고 있다고 말하기는 어렵다. 즉 시장주의에 대한 정치권의 입장은 보수·진보할 것 없이 적극적 개입주의 입장을 취하는 것을 볼 때, 우리나라 정파의 경제정책 기조는 미국과는 사뭇 다르다.

우리는 남북대치 상황이라는 독특한 정치지형 때문에 우리의 보수진영과 진보진영은 모두 자본주의 시장경제체제에 대해 표면적으로는 강한 선호를 표시한다. 급진 성향의 정당을 제외한 대부분의 정당들은 시장을 매개로 한 경제인들의 자유로운 교환행위는 사회 전체의 부를 극대화시킬 뿐만 아니라 경제주체들에게도 최대한 만족스러운 결과를 가져다준다고 강조한다.

한국 보수의 원류인 소위 산업화 세력들은 고착된 남북분단 상황을 강조하면서 민주주의와 반공주의 그리고 시장자본주의를 근간으로 하는 기득권을 장기간 유지했다. 그렇지만 오늘날 한국의 우파 보수주의는 신자유주의적인 세계사의 흐름과 1990년대 후반 온건 좌파정당으로의 정권교체가 이루어짐에 따라 급기야 국가주의를 버리게 되고, 자유민주주의를 고수하게 된다.

한국의 좌파 진보세력은 시장자본주의를 강조하면서도 우파 보수에 비해 서구복지국가 체제를 뒷받침해 온 평등주의적 복지주의에 훨씬 더 호감을 갖고 있다.

3) 정치이데올로기 개념 재정립과 정책좌표 변별력 제고 방향

지금까지 정책환경의 상부구조를 형성하고 있는 정치이데올로기를 살펴보았다. 우리는 어떤 성향의 정당이 집권하느냐에 따라 정부의 정책기조가 크게 바뀌었고, 기존의 정책들이 요동치는 것을 보아왔다. 진보 좌파에서 보수 우파로의 정권교체 그리고 그 반대의 경우에는 이런 현상이 더욱 뚜렷했다.

그렇다면, 정책동학의 정책시장을 분류하는 데 있어 보다 적합하고 의미 있는 좌·우 또는 진보·보수의 개념과 기준은 무엇일까? 생각해 보자.

먼저, 우파인가 좌파인가를 구분하는 기준은 자유와 평등이다. 우파는 자유를 신장하고 경제적 성장을 강조한다. 좌파는 평등을 지향하고 경제적 분배를 강조한다.

다음으로 진보와 보수의 기준은, 기존 체제의 계속성을 유지할 것인가 아니면 현 체제를 바꾸어 미래의 변화를 추구할 것인가 여부다. 현상을 유지하려는 입장이면 보수이고, 변화를 추구한다면 진보라고 해야 한다.

이제 정책동학적 정치이데올로기 구분방법을 제시하겠다. 그 특징은 좌파에서도 진보와 보수가 있고, 우파에서도 보수와 진보가 있게 된다는 점이다. 우리가 일반적으로 사용하는 관행과는 많은 차이가 있다.

구체적으로 설명하면, 좌파에서 평등 기조를 현재 상태에서 그대로 유지하려고 하면 좌파적 보수이고, 평등을 더 확대하거나 복지를 더 강화하려는 입장이면 좌파적 진보라고 할 수 있다.

우파에서 자유를 더욱 진작시키고 경제성장의 페달을 더 세게 밟아야 한다고 하면 우파적 진보라고 해야 한다. 우파에서 자유를 현재수준으로 유지하고 경제정책을 그대로 유지하려고 하면 우파적 보수라고 해야 한다.

이를 간단히 [표 3-1]로 정리하면 다음과 같은 정책동학적 정치이데올로기의 분류 틀이 될 것이다. 정책설계에서 정책좌표의 분석을 할 때 그 차이가 유의미하게 나타난다는 점을 알 수 있다.

[표 3-1] 정책동학적 정치이데올로기의 분류 틀

구분		우파: 자유지향, 성장위주	
		보수	진보
좌파: 평등지향, 분배위주	보수	정책좌표상 차이가 작아 합의가 가능한 상황	정책좌표상 차이가 크다
	진보	정책좌표상 차이가 크다	정책좌표상 차이가 너무 커서 대립·갈등 상황

2 문화적 변인: 삶의 양식

1) 문화, 즉 삶의 양식이 정책시장의 유형을 결정한다.

정책시장을 분류하는 데 유용한 거시적 이론으로서 문화이론을 소개하고자 한다. 문화는 정책행위자들이 처해 있는 상황에서 그들이 무엇을 선택해야 하는가를 알려주며, 정책행위자들은 그들의 문화가 주는 지침에 따라 움직이게 된다. 문화는 정책행위자들의 정체성, 소속감, 공유의미 등을 만들어줌으로써 정책행위자들의 선호에 영향을 미치게 된다.

우리가 살고 있는 사회는 그 구성원들의 상호작용을 규제하고, 이런 간섭을 통해서 성립된 관계를 지속적으로 유지하고 이를 정당화하려는 경향이 강하다. 구성원들의 상호작용을 규제할 때 관계가 정립된다. 이를 정당화하기 위한 가치가 생겨난다. 따라서 관계와 가치는 불가분의 관계를 맺는다. 관계와 가치는 서로를 강화하는 상승

작용을 한다(박종민 편, 2002: 3). 사회적 관계와 가치 간의 상호작용은 문화유형을 형성한다.

먼저 사회적 관계를 알아보자. 이는 사회가 구성원들의 상호작용을 규제하기 위해 권리를 주고 의무를 부과하여 상호 간의 유대를 맺어주는 작용을 한다. 사회적 관계를 맺어주는 형태의 하나가 역할이고, 다른 하나가 집단이다.

역할이란 연령, 성별, 사회적 지위 등의 기준에 의해 두 사람 간의 상호권리와 의무가 정해져서 쌍방의 관계가 성립하는 것을 말한다.

집단은 두 사람 이상이 자기들만이 공유하고 있는 혈연, 지연, 학연 등의 공통점을 통해서 집합체를 이루는 것을 말한다. 집단은 전체 구성원들로 이루어지고, 개개인 구성원 간에는 권리와 의무가 정해진다.

권리와 의무가 느슨하게 규정될수록 그가 속해 있는 집단과의 관계가 약하다고 하고, 그것이 단단할수록 그 관계가 강하다고 할 수 있다. 전자의 경우에는 구성원이 자기가 속한 집단과 무관하게 자기의 의사대로 행동을 할 수 있는 범위가 넓고, 후자의 경우에는 통제가 강하므로 구성원이 마음대로 행동할 수 있는 범위가 좁다.

다음은 사회적 관계와 상호작용을 하는 가치를 알아보자. 사회가 특정한 관계를 유지하기 위해서는 그 관계가 도덕적으로 옳다는 것을 강조해야 하며 그것에 부합하는 행동은 격려하고 보상하고, 그것에 위배되는 행동은 억제하고 벌칙을 가한다.

이렇듯 도덕적 판단이 행동을 규제하면서 기준으로 작용하게 된다. 그 기준을 많은 사람들이 하나의 도덕적인 이상 또는 가치로 받아들인다.

위와 같이, 특정한 사회적 관계와 이를 뒷받침하는 특정된 가치 간의 상호작용이 안정적이고 지속적으로 유지될 때에 삶의 양식인 문화가 형성되었다고 말한다.

Douglas여사(1982)는 앞에서 설명한 역할과 집단이라는 두 가지 차원의 사회적 관계, 이를 뒷받침하는 가치로서 개인, 계층, 평등, 운명주의를 포괄하는 네 가지 유형의 삶의 양식을 제시한다. [그림 3-8]에서 볼 수 있듯이 역할과 집단을 스펙트럼으로 나누어 역할을 수직적 차원으로, 집단을 수평적 차원으로 사분면을 만들 수 있다.

이때 역할은 망(grid)이다. 망은 상호작용을 하는 개인들을 규율하는 제약을 의미한다. 망의 높고 낮음은 개인의 삶이 외부적 규정에 의해 제약되는 정도를 말한다. 불평등을 받아들이는 정도다.

[그림 3-8] 더글라스의 네 가지 삶의 양식

집단(group)은 개인의 상호작용이 특정집단 내에 한정되는 정도를 의미한다. 개인의 삶이 사회단위에 예속되어 있는 정도를 말한다(박종민 편, 2002: 56).

[그림 3-8]에서 역할(망: grid)은 위쪽으로 갈수록 불평등한 관계를 나타내고, 아래쪽으로 향할수록 느슨하게 규정되면서 평등한 관계를 지향한다. 집단(group)은 왼쪽으로 갈수록 집단에의 예속정도가 약해지고 오른쪽으로 갈수록 강해진다.

이렇게 구분된 네 가지 삶의 양식의 특징과 이들의 정책선호를 살펴보면 다음과 같다(박종민 편, 2002: 8-10, 58).

첫째, 개인주의(individualism)다. 이들은 대인관계를 맺는 데 있어서 자율성이 최대한 보장되어야 하고, 자기가 속한 집단의 간섭을 개인이 자유의사에 따라 생활하는 데 있어서 귀찮은 저해요인으로 여긴다. 위계질서에 대한 거부감이 강하다. 개인주의자들은 인간이 본질적으로 자아추구적(self-seeking)이라고 생각한다. 외부적 규제를 정당하지도 필요하지도 않다고 생각한다.

이러한 인간관은 사회관계가 거래 및 교환에 기초해야 한다는 Adam Smith의 경제신념의 기초가 된다. 개인주의자들은 개인의 실패는 개인의 탓이며 분화된 사회관계는 정당한 것이고, 사회는 보이지 않는 손에 의해 균형이 유지된다고 본다.

둘째, 운명주의(fatalism)다. 운명주의자들은 자기 자신을 주어진 역할과 동일시함으로써 이를 수행하고 상호 간의 도리를 지키는 것을 중요하게 생각한다. 자신들의 우열에 따라 대우받는 것을 당연하게 여기고, 이러한 위계질서를 숙명으로 받아들인다. 그렇지만 자신들을 집단과는 동일시하지는 않음으로써 서로 고립되어 생활한다.

운명주의자들은 삶은 예측할 수 없고 변덕스러운 것이며 스스로 살아가기도 힘들고, 타인은 위험하고 믿을 수 없다고 여긴다. 인간본성에 대해 의구심으로 가득 차 있어 자신들을 고립시키고 그런 고립된 사회관계를 좋다고 생각한다.

운명주의자들의 주된 관심은 변덕스럽고 위험한 세상에서 어떻게 생존하느냐에 있다. 따라서 오로지 주어진 상황에 적응하거나 현실과 타협하는 성향이 있다.

셋째, 계층주의(hierarchy)다. 이들은 자기 자신이 속한 집단과 주어진 역할을 자신과 동일하다고 간주한다. 개인의 정체성보다는 집단의 보존과 번영을 중요하게 생각한다. 주어진 역할을 성실하게 수행하고 서로 간에 도리를 잘 지키는 것을 매우 높게 평가한다. 서로 간에 상하관계를 형성하여 서로 다른 대우를 받는 것을 자연스러운 현상으로 보고, 위계질서를 긍정적으로 받아들인다. 이들은 인간의 본성을 자아추구적이지도 않고 배려적이지도 않다고 본다.

따라서 계층주의자들은 규제가 필요하다고 본다. 인간은 많은 제도적 제약 속에서 사회적 삶을 살아간다고 생각한다.

넷째, 평등주의(egalitarianism)다. 평등주의는 구성원들이 자신을 집단과 동일시함으로써 집단에 대한 충성심이 투철하고 집단의 일원임을 자랑스럽게 생각한다. 그렇지만 구성원들 간에 우열을 가려 불평등하게 대우하는 것을 강력하게 거부한다. 위계질서를 본능적으로 배척한다. 평등주의자들은 인간은 자아추구적이지 않고, 남을 배려하며 협동하면서 살아간다고 여긴다.

따라서 사람이 비위를 저지르는 이유는 바로 시장이나 국가와 같은 착취적이고 강압적인 제도 때문이라고 생각한다. 이들은 인간이 유순해서 착취나 강요가 배제되는 사회환경을 조성하면 사람은 선하게 된다고 믿는다.

참고

칠레에 이민가서 30년 만에 '도이테'라는 브랜드로 아웃도어 시장을 재패한 정재원사장의 인터뷰 내용(조선일보 2012. 11. 11일자, B4면).

국민들의 삶의 양식인 문화의 차이가 실제로 어떻게 나타나는가? 칠레만의 독특한 문화는? "한국은 친해지면 내 것 네 것이 따로 없는데, 칠레는 우정이 깊을수록 내 것 네 것이 확실해집니다. 비근한 예로 칠레사람들은 코펠의 경우 2인용 두 개를 사면 샀지 4인용을 사지 않아요. 그만큼 개인주의적이라고 볼 수 있습니다."

2) 삶의 양식(문화)은 어떻게 정책시장에 영향을 미치는가?

삶의 유형으로서 문화유형에 따라 정책행위자들의 선호가 달라진다고 보는 데 동의하는 사람이 많다.

우선, 계층주의자들은 수직적 권위관계에 기초하는 국가(state)에 더 의존하는 경향이 있다. 개인들의 선택을 중시하는 시장기제 보다는 국가기제를 통해서 공동선을 구현해야 한다고 본다.

이에 비해 개인주의자들은 계약관계에 기초한 시장(market)에 더 의존적이다. 자율규제를 강조하는 시장제도를 선호하며, 공공문제에 대한 정책결정은 최소한의 외부간섭 속에서 균등한 경쟁기회를 보장받은 개인들 간에 협상을 통해서 이루어져야 한다고 주장한다.

한편, 평등주의자들은 집단의식은 강하지만 구성원들 간의 위계질서는 거부한다. 모두의 참여와 동의가 보장되는 공동체(community)에 더 의존한다. 이들은 불평등을 조장하는 경향이 있는 시장기제에 대해 비판적이다. 개인주의적인 삶에 대해서도 부정적이다. 뿐만 아니라 수직적인 권위관계에 기초한 국가제도에 대해서도 부정적이다. 따라서 모든 구성원이 평등한 위치에서 직접 참여하여 집단적 정책결정을 할 것을 주장한다.

끝으로 운명주의자들은 고립되어 있어 공동 목적을 이루기 위한 노력이 부족하고 매우 수동적인 경향을 보인다. 유력자와 사적인 후견관계(clientelism)를 통해서 자신을 보호하려고 하는 비굴함을 보인다.

앞에서 삶의 유형에 따라 국민선호가 다르다고 하였는데, 그렇다면 문화유형에 따라 권위를 행사하는 방법과 부정한 권위행사에 저항하는 방법에 어떤 차이가 있을까?

계층주의에서는 관료적이고 계층적인 방식으로 권위를 행사한다. 이에 반해, 개인주의에서는 거래적이고 교환적인 방식인 시장에 의존한다.

평등주의는 능동적 비판을 통해 부정한 권위 행사에 저항하지만, 운명주의는 고립을 통해서 저항한다.

3 경제적 변인: 재산권 변동과 거래비용의 증감

1) 재산권과 거래비용이 왜 중요한가?

정치적, 문화적 변수에 이어 경제적 변수를 살펴보자. 정책설계 과정에서 모든 정책에 포함되는 공통의 핵심 사항은 재산권과 거래비용이라 할 수 있다.

현실 생활에 있어서 재산권과 거래비용과 관련하여 수많은 다툼이 일어나고 이를 해결하기 위한 갈등이 일어나고 있다. 의과대학 정원확대, 노사분쟁, 안마사의 직업보장, 국책사업 추진에 있어 정부보상, 부동산 정책, FTA 협상, 각종 규제가 그 예라 할 수 있다.

서로 더 많은 재산을 차지하기 위해 다툼이 생길 경우 사회구성원들이 받아들일 수 있는 재산분배의 원리 등 상호 간의 재산관계를 규정하거나 해결하는 정책이 설계되어야 한다. 따라서 정부는 사회구성원들의 상호작용의 원칙으로서 정책을 새로 만들거나 기존의 정책을 더욱 공고하게 정착시키기 위해 시장에 개입하게 된다.

시장에 개입하는 정책은 일반적으로 경제주체들의 재산권 변동에 관한 사항을 다루는 경우가 많다. 재산권 문제는 정책설계과정에서 핵심요소다. 재산권 및 거래비용에 관한 연구는 결국 정부의 역할과 정책의 과제에 대한 의미와 한계를 밝혀 준다. 한편으로 재산권 및 거래비용 이론은 기존의 정책이론이 설명하지 못하는 부분에 대한 연구 가능성을 제시하여 정책학 연구의 외연을 넓혀 주기도 한다(이민창, 2006: 281).

2) 재산권

재산권은 무엇인가? 재산권(property right)은 강제력이 수반되는 행동관계로서 모든 희소성이 있는 재화에 적용되는 개념이다. 물질적 재화뿐만 아니라 저작권 등 지적 재화에도 적용되며, 일체의 희소성이 있는 재화와 개별 경제주체 간의 사회경제적 관계의 총체를 말한다. 재산권은 사람들이 어떤 경우에 이익을 받을 수 있고 어떤 경우에 손해를 감수해야 하는가를 규정한다. 재산권이론이 정책연구에 주는 함의를 살펴보자.

첫째, 정치경제학적 입장에서 볼 때, 재산권은 인간행동에 가장 큰 영향을 주는 유인요소다. 따라서 우리의 경제생활에 있어서 새롭게 시행되는 정책들은 반드시 재산권 변화를 수반하게 된다.

둘째, 재산권을 보호, 집행하는 데에는 비용이 들지만, 잘 정의된 재산권은 호혜적 교환을 촉진한다. 현대 정부의 중요한 기능은 경제주체들이 소유하거나 처분할 각종 유·무형의 재산권을 명료하고 효율적으로 정의하고 관리하는 것이다. 그렇게 해서 거래비용을 줄인다.

이제 재산권을 구체적으로 살펴보자. 재산권은 단일한 하나의 권리이기 보다는 행위관계를 규약하는 다양한 권리들로 구성되어 있다. 첫째, 소유와 사용에 관한 권리다. 소유와 사용에의 권리는 객체인 재화와 서비스의 배타적인 사용을 인정함으로써 다른 행위자의 사용을 배제할 수 있다.

둘째, 수익에 관한 권리다. 이 권리는 재화를 사용함으로써 발생하는 수익을 배타적으로 취할 수 있는 권리를 말한다.

셋째, 처분에 관한 권리다. 처분은 재화의 새로운 소유주가 될 사람과 자발적으로 계약의 내용을 정하고 그 계약을 집행할 수 있는 권리를 말한다.

재산권은 앞의 세 가지 권리가 복합적으로 상호작용하는 것을 말한다. 재산권 확정과정은 이 세 가지 권리의 상호작용 내용을 결정하는 과정이다(이민창, 2006: 283). 재산권은 누가 무엇을 할 수 있으며 만약 어떤 손해가 발생한다면 누구에게 그 손해를 배상해 줄 것인가를 결정하는 게임의 규칙이다(Anderson & Huggins, 2003: 2).

Coase에 의하면, 잘 정의되고 이전 가능한 재산권의 존재는 거래를 촉진하고 거래비용을 감축시킨다. 재산권은 분할되고 이전되어야 한다. 소유권, 사용권 등 여러 가지 권리의 집합체인 재산권은 다양한 방법으로 분할될 수 있어야 한다. 재산권을 분할하여 활용할 수 있도록 하는 정부정책은 창의적인 아이디어와 사업계획을 가진 기업가들이 타인의 재산을 보다 쉽게 이용할 수 있게 해준다. 이런 분할제도는 새로운 형태의 재산권을 창출하고 거래를 더욱 촉진한다. 재산권의 이전 가능성은 재산권의 품질을 높여준다. 이전 가능성이 없는 재산은 그 가치가 떨어질 수밖에 없다.

그래서 재산권의 형성과 분할, 이전에 있어서 재산권의 가치를 발견하고 이를 권리화하는 재산권 창도자(property rights entrepreneur)의 역할이 중요하다. 자본시장의 금융기관이나 금융회사들이 이 역할을 주로 맡게 된다. 이들 금융기관들은 다른 사람들이 발견하지 못하는 새로운 재산가치를 먼저 발견하여 새로운 혁신적인 방법으로 재산권을 만들려는 시도를 한다.

3) 거래비용

재산권에 이어 거래비용을 살펴보자. 경제활동에 소요되는 비용을 생산비용(production cost)과 거래비용(transaction cost)으로 구분한다. 거래비용이란 물리적 생산과정에 드는 비용 이외에 드는 비용이다. 모든 경제조직을 유지하거나 거래를 하는데 들어가는 정보탐색, 계약비용, 교섭비용, 외부효과의 내부화 비용 등을 포함한다.

Coase와 Williamson은 자유시장 경제체제에서 기업이 생겨난 이유는 거래비용을 줄이기 위한 노력과 그 결과라고 본다. 이와 같은 Coase류의 접근방식은 Warlas류의 신고전학파 경제학과 차이가 크다. 이를 구체적으로 살펴보고, 자본시장에서 거래비용을 절감하는 방안을 살펴보면 다음과 같다(김일중, 1998: 40).

신고전학파 경제학에서는 가격이 핵심적인 역할을 한다. 한 국가의 자원배분은 가격이라는 신호체제에 의해서 적절히 수행될 수 있다는 철학이 그 기저를 이룬다. 이와는 달리 제도주의 경제학은 거래비용이 존재하기 때문에 가격에 의한 자원배분 이외에 비가격적 자원 배분방법과 그에 상응하는 제도를 상대적으로 중요하게 여긴다.

예를 들어서 그 차이를 설명하면, 오랫동안 유지되던 시장의 균형이 깨졌다고 가정하자. 신고전학파들은 이런 불균형 하에서 시장에 거래비용이 없기 때문에 곧바로 새로운 균형이 형성된다고 한다. 이에 비해 제도학파는 거래비용이 들어가기 때문에 새로운 균형이 순간적으로 이루어지지는 않는다고 본다. 이런 균형회복에는 가격이라는 단일변수의 역할은 상대적으로 그리 크지 않다. 오히려 다른 조건들이 균형복원에 더 중요한 역할을 한다는 주장이다.

이런 현상은 상점에서 물건을 사는 행위를 보면 쉽게 알 수 있다. 구매자가 결정해야 할 일은 가격 말고도 무수히 많다. 한가할 때 갈 것인가 아니면 주말에 갈 것인가, 배달은 어떤 방식으로 해 주는가 등 조건을 확인한 후 구매를 결정한다. 판매자의 경우에도 시장가격 미만의 상태에서도 상품을 공급할 여지는 많다. 예를 들어, 종업원 숫자나 부대시설 등을 조절함으로써 가격 의존에서 벗어날 수 있기 때문이다.

4) 경제적 변인으로서 재산권과 거래비용이 정책시장에 주는 시사점은?

현대 사회에서 정부가 사회적 효율성을 높이기 위해 경제정책을 설계할 때 가장 우선적으로 고려해야 할 사항이 재산권 문제와 거래비용 문제다.

정부의 정책이 경제주체들의 재산권과 거래비용에 어떤 영향을 미치는가를 살펴보기로 하자.

재산권과 거래비용은 그 정책과 관련된 이해당사자들이 그들의 행동범위를 결정하는 데 중요한 요소일 뿐만 아니라 행위주체들이 변화하는 경제·사회적 환경을 어떻게 받아들이고 어떤 반응을 할 것인가를 결정하는 가장 중요한 변수다.

결국 정부의 정책으로 새로운 재산권이 확립되면, 사람들은 자신의 자산을 자신에게 이득이 극대화되는 방향으로 그 정책에 적응해 나간다.

따라서 재산권 또는 거래비용에 변화를 초래하는 정책은 어떤 이유에서 시작되었건 간에 정책과 관련이 있는 경제주체들의 선호체제에 변화를 가져오게 한다. 정책행위자들은 물론, 일반국민들도 재산권, 거래비용의 증감에 대해 민감하게 반응한다. 간혹 재산권을 손상시키거나 거래비용을 증가시키는 정책이 설계될 경우에는 많은 국민적 저항에 부딪치게 된다. 국민선호에 가장 민감하게 영향을 미치는 요소가 바로 개개인의 재산권과 사회적인 거래비용이고, 이는 정책시장 유형을 결정하는 중요한 변인으로 작용한다.[9]

---

9) 여기서는 재산권과 거래비용이 정책시장에 영향을 미치는 중요한 변인의 역할을 하는 것으로 설명하고 있으나, 학자에 따라서는 정책을 독립변수로 재산권과 거래비용을 종속변수로 취급하는 경우도 있을 것이다.

4 인지적 변인: 정책학습

앞에서 살펴본 정책의 핵심적인 요소인 재산권과 거래비용에 대해서 경제주체들이 이들 변화를 어떻게 인식하고 이에 대처해 나가는가, 즉 정책학습도 살펴볼 필요가 있다. 정책학습 이론을 살펴보자.10)

정책학습의 정의와 그 역할에 대해서는 학자들마다 관점에 차이가 있지만, 여기서는 정책학습을 '정책행위자들이 개별행위 주체의 편익을 극대화하기 위해 정책의 특성과 기능에 관한 지식, 정보, 기술을 습득하고 이해하는 등 적응해 나가는 과정'으로 정의한다(이민창, 2001: 70).

국민들은 정책의 변화로 인해서 야기되는 게임의 규칙이 어떻게 변화하게 되는지를, 그리고 그 게임에 참가하는 데 필요한 기술은 무엇인가를 학습한다. 국민들이 규칙을 학습할 기회나 게임에 참여한 횟수에 따라 정책학습 정도는 달라진다. 정책학습을 통해 국민들은 정책에 대해 긍정적으로 신뢰를 보이기도 하지만, 반대로 불신을 보이기도 한다.

또한, 정책행위자들은 정책동학 과정에서 정책학습을 통해서 자기의 재산권을 증진시키는 방향으로, 경제활동에서 거래비용을 절감하는 방향으로 아이디어를 구상하여 이를 정책화하려는 노력을 전개한다.

제 4 절 정책시장 유형을 결정하는 상황적 요인

구조적 · 인지적 변인들에 이어서 정책시장 유형에 영향을 미치는 상황적 변인들을 하나하나씩 살펴보기로 하자.11)

첫째, 집권정당의 정치적 성향이 진보, 보수, 좌파 혹은 우파인가에 따라 정책시

10) 제6장에서 자세히 살펴볼 것이기 때문에 여기에서는 정책선호와 관련된 부분만을 간단하게 소개한다.

11) 참고: 노화준(1992). 정책설계의 위치와 성격. 한국행정연구. 1(3).

장은 크게 달라지지만, 여당과 야당 간의 입장 차이도 정책시장의 양상에 큰 영향을 준다. 여·야간 합의가 이루어질 경우와 그렇지 않을 경우의 정책시장 유형에는 큰 간극이 생긴다.

그렇지만, 여·야 간의 입장차이가 크다고 하더라도 국민들의 여론추이에 의해서 여·야의 정책방향은 바뀔 수 있다. 정당의 정치성향이 어떤 입장이든 간에 어떤 사회이슈에 대해 국민들의 전폭적인 지지나 강한 반대가 있을 경우에는 국민여론의 추이에 따를 수밖에 없게 된다.

둘째, 정책이슈의 복잡성의 정도다. 정형화된 문제(well defined problem)와 정형화되지 않은 문제(ill defined problem)로 나눌 수 있다. 이러한 복잡성의 정도는 바로 정책시장의 정책행위자들의 판단능력과 참여정도에 영향을 미치게 된다. 정책이슈의 복잡성이 높을수록, 정책대안에 대한 아이디어 제기 수준이나 빈도가 상대적으로 낮아지게 된다.

정책문제가 잘 정의되고 그 실현 수단이 잘 갖추어져 있고 통제가 가능한 경우에는 비교적 합리적인 정책설계가 이루어진다. 반면 정책문제에 있어서 그 목표가 불분명하고, 그 실현수단도 조작이나 통제가 어려운 상황에서는 관념적이거나 실험적인 설계가 이루어진다.

셋째, 정책문제 해결에 있어 그 목적과 수단 간의 인과관계에 관한 지식 및 정보를 어느 정도 이용할 수 있느냐가 중요한 변인이다. 정책목적과 정책수단 간의 인과적 연계에 관한 지식 또는 정보가 많이 축적되어 있을수록 정책시장에서 정책행위자들의 활동이 보다 활발해진다.

한편, 이러한 전문지식을 누가 독점하고 있느냐에 따라 정책시장의 주도방식이 달라지게 된다. 정부조직이 가지고 있느냐, 아니면 정부조직이 아닌 외부의 전문연구조직이 갖고 있느냐에 따라 정책시장에서의 주도적 역할자가 달라지게 된다. 결과적으로 정책설계 방식에도 영향을 미치게 된다.

만약 정책의 목표와 수단 간의 정보를 국회가 가지고 있지 못하고 행정부만 가지고 있다고 한다면, 정책설계에 대한 국회의 영향력은 약화되고 주로 행정부의 공무원 집단이 주도하여 정책을 설계한다. 우리 정부의 경우 제1공화국에서 제5공화국에 이르기까지 정책설계는 행정부의 공무원들이 주도했던 경험사례에서 그 논거를 찾을 수 있다.

넷째, 정책이슈에 대한 이해집단들 간의 정치적 영향력은 상대적으로 차이가 있는데 이런 정치적 영향력도 정책시장의 유형을 결정짓는 요인이 된다. 우선 이익집단들 간의 동질성 여부가 정책시장에 영향을 미친다. 어떤 정책이슈와 연관이 있는 이해관계 집단이 동질적이라면, 정책목적에 적합한 정책수단을 선정하는 데 쉽게 합의를 하게 될 것이다. 이에 반해 이해관계 집단이 이질적이고 다양한 경우에는 정책목적 및 수단에 대한 합의가 어려워짐은 물론, 정책시장에서 조정 · 협상을 통한 합의가 이루어지기도 어렵게 된다.

이러한 이해관계 집단들의 조직화의 정도가 정책시장의 형태를 좌우할 수 있다. 이해관계 집단들이 조직화되어 있지 않으면 그 집단들의 영향력은 그만큼 감소되겠지만, 반대로 조직화되어 있을 경우 영향력 행사는 보다 강력해 진다. 따라서 전자의 경우 공무원 조직에 의해서 정책시장이 주도될 가능성이 크지만, 후자의 경우에는 이해관계 집단의 부설 연구조직이나 전문가들에 의해, 예컨대, 각 기업 산하의 연구소 등에서 마련한 정책이 정부의 정책시장에서 주요 대안으로서 정책시장을 좌지우지할 가능성이 있다.

다섯째, 정책이슈가 발생하고 전개되는 정책상황에 따라 정책시장의 양태가 달라진다. 정책이슈가 발생하는 상황이 느리게 전개되고 안정적일 경우에는 일상적으로 정부의 중간계층에서 정책시장을 주도해 나가게 된다.

이에 반해 정책상황이 변화무쌍하고 국면전환이 빈번하여 예측불허의 상황인 경우, 정책시장은 최고 정책결정자 주변의 고위계층에서 주도하게 된다.

한편, 정책이슈가 갑자기 돌발적으로 대두되어 상황이 급속히 악화되면 정책시장에서는 규제강화, 공적자금의 투입 등을 주문하게 된다. 이 경우에는 정책시장이 요동치면서 강력하고 혁신적인 수단을 모색하게 된다.

여섯째, 정부부처 간의 협조 또는 갈등 관계 여부에 따라서 정책시장이 달라질 것이다. 중앙 행정부처에 따라 그 부처가 지향하는 정책목표와 정책수단이 다르고, 서로 다른 대상 집단을 상대하기 때문에 부처 간의 정책갈등은 보편적인 현상으로 받아들여지고 있다.

한편, 정책결정의 상층부인 대통령 및 장관과 직업공무원으로서 참모역할을 담당하는 고위공무원들 간의 수직적 정책갈등이 일어나기도 한다.

일곱째, 국회와 행정부 간의 관계이다. 정책의 상당 부분이 법령의 형태를 띠거나, 국가재정의 형태를 띠기 때문에 국민의 대표기관인 국회의 의결을 요구하게 된다. 따라서 행정부 공무원들이 수시로 국회를 들락거리고 국회의원을 접촉하는 데는 정책을 조율하거나 협조를 구하기 위한 목적이 있다. 국회는 정책동학현상이 일어나는 과정에서 비토권자(veto point)로서 역할을 한다. 민주화 이후 국회의 비토역할(veto player)은 점점 거세지고 있다.

제5절 정책시장 유형 변인 종합모형

앞에서 살펴본 구조적 · 인지적 변인과 상황적 변인들을 종합한 정책시장의 유형 결정변인들은 다음과 같다. 여기서 인지적 요인으로서 정책학습은 대부분의 정책시장에 적용되나 특별히 정책에 대한 신뢰여부가 문제될 때 고려하면 된다.

[그림 3-9] 정책시장 유형 변인 종합모형

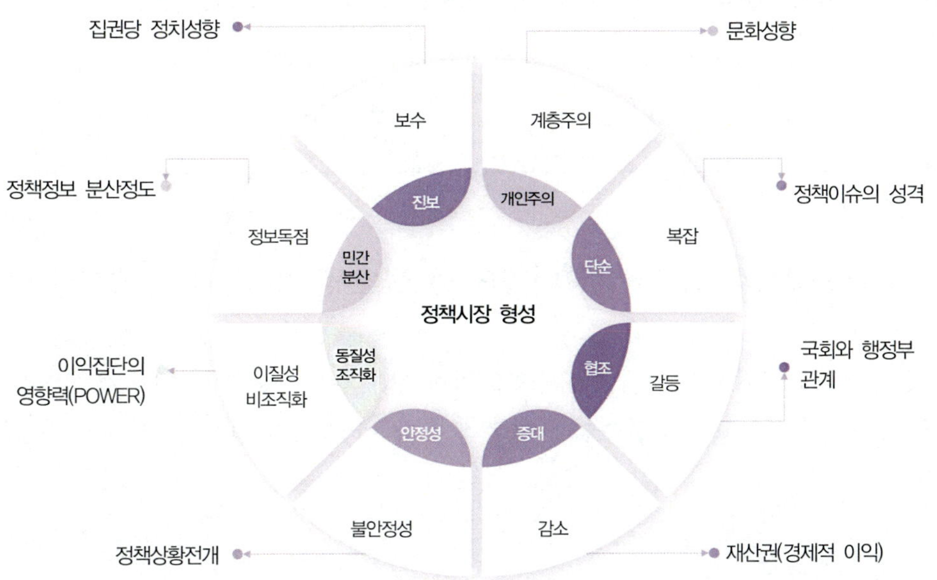

앞에서 제시한 결정변인들을 조합하여 정책시장을 유형화하면 그 숫자는 상상을 초월할 것이다. 여기에서는 유의미하다고 판단되는 변인들을 두 개씩 선정하여 2차원적 시장모형을 예시하고자 한다.

1 집권당의 정치성향-정부와 입법부 관계 등 2차원적 정책시장 모형

집권당의 정치적 성향과 여·야 간의 관계를 중심으로 네 가지의 정책시장이 다음과 같이 형성된다.

[그림 3-10] 집권당의 정치성향-정부와 입법부 관계 조합

2 이슈의 복잡성 정도-상황의 안정성 정도 등 2차원적 정책시장 모형

정책이슈가 복잡한가 아니면 단순한가의 여부, 그리고 정책상황이 안정적인가 아니면 급속하게 변하고 예측불허인가 여부에 따라 네 가지의 정책시장이 다음과 같이 형성된다.

[그림 3-11] 이슈의 복잡성 정도-상황의 안정성 정도 조합

3 정보분산 정도-이익집단의 영향력 등 2차원적 정책시장 모형

정책에 대한 정보가 어느 정도 분산되어 있는가, 그리고 관련 이익집단의 조직화 정도에 따라 다음과 같은 네 가지의 정책시장이 형성된다.

[그림 3-12] 정보분산 정도 – 이익집단의 영향력 조합

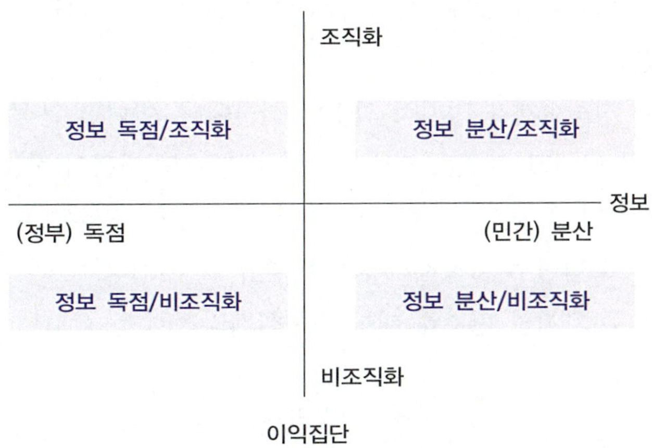

제6절 정책설계 전략

1 정책설계 전략 모형이 필요한 이유

정책학의 문제점 중에 하나는 정책의 이론과 실무 간에 여전히 괴리가 있다는 것이다. 특히 정책결정 과정에서 실질적이고 근본적인 역할을 하는 정책설계에 대한 이론이 확립되지 않고 있다는 점은 가장 심각하게 받아들여야 할 약점이다.

2 정책설계 결정 변수

이제 정책설계(policy design)를 결정짓는 변수 등 정책설계 함수를 살펴보자. 정책설계는 인위적으로 바람직한 상태를 실현하려는 프로젝트이다. 따라서 정책설계는 정책행위자들의 지적 능력과 창의력에 의해서 결정된다.

일반적으로 정책설계의 능력은 사회과학의 발전에 따라 사회경제적 현상의 인과관계적 지식이 개발되고, 각종 정보들이 대량으로 축적됨으로써 향상되고 있다. 특히 행태과학으로부터 여러 가지 설계지식을 활용할 수 있게 됨으로써, 정책설계 능력은 더욱 향상되고 있다.

다른 한편으로, 정책설계가 정치적 과정의 산물이냐, 아니면 분석적 과정의 산물이냐에 대해 논쟁이 벌어질 수 있겠으나, 정책설계는 정치과정의 산물이면서 합리적 분석과정의 산물로서의 성질을 동시에 갖는다. 이런 점을 감안하면, 정책설계에 영향을 미치는 또 다른 독립변수는 정책시장의 유형이 될 것이다.

위에서 설정한 두 가지의 변수에 대한 정책설계의 함수를 살펴보면 다음과 같다.

[정책설계 함수]

$$PD = \alpha + f(IC, PM)$$

여기서 PD는 policy design(정책설계), IC는 intellectual capacity(지적 능력과 창의

력), PM은 policy market(정책시장의 유형)을 말한다. α는 현재의 정책내용을 나타내며 정책설계는 경로의존성의 영향을 받을 것이라고 보고 이를 표지하는 상수이다.

3 정책설계 전략

정책설계 전략은 앞에서 살펴본 8가지의 정책시장 변인들의 조합에 의해 형성된 정책시장의 유형에 따라서 결정되는 경향이 강하다. 어떤 변인들을 조합하여 선택하느냐에 따라서 정책설계 전략들이 달라진다. 정책시장과 정책설계 전략 사이에 상당한 정도로 대응연계성이 나타난다.

정책시장 유형에 맞추어진 정책설계 전략은 정책설계자에게 유용한 안내판 역할을 한다. 만일 정책설계자가 주된 정책시장의 변인을 정확히 파악할 수만 있다면 정책설계의 방향과 전략을 적정하게 설정하고, 설계과정에서 나타날 수 있는 위험요소를 예측하여 미연에 대책을 세울 수 있을 것이다.

예를 들어, 정책관련 정보를 정부가 독점하고 있으며, 이익집단이 잘 조직되어 있는 상황을 상정해 보자. 이때에는 정책설계 과정에 다양한 분야에서 활동하는 이해당사자의 의견을 충분히 반영하기 어려울 것이고, 규모가 큰 이익집단의 로비가 강하게 작용할 것을 예측할 수 있다. 이 같은 문제점을 보완하고 방지하기 위한 대책을 세울 수도 있다.

한편, 정책이슈가 복잡하고 이해관계 집단이 다양함에도 불구하고 정부조직의 공무원이 정책설계를 주도하고 있다면, 이런 정책설계 전략을 과감하게 수정하여 입법부의 국회의원들을 동참시켜 정치적 협상에 의한 설계방식으로 전환할 수도 있다.

제 7 절 정책시장 유형 - 정책설계 전략 간의 대응연계모형

이제 정책동학적 정책설계 모형의 핵심인 정책시장의 유형과 정책설계 전략 간의 대응연계모형을 설명하겠다.

구체적인 정책시장 유형을 설정해 보자. 앞의 제3절과 제4절에서 살펴본 바 있는 정책시장 유형을 결정하는 8개 변수 중에서 2개 변수를 선정하여 사분면의 테이블을 만들면 수 백 가지의 정책시장 유형이 생성될 것이다. 이 중에서 아래의 변인들을 조합하여 20가지의 정책시장 유형과 이에 맞는 정책설계 전개전략을 예시적으로 제시하려 한다.

[정책시장 유형 결정 변인 예시]

① 집권당의 성향의 보수/진보 – 정책상황 전개의 안정성/불안정성
② 정책이슈의 단순성/복잡성 – 이익집단의 동질성/다양성
③ 정책지식(정보)의 정부독점/민간분점 – 이익집단의 조직화/비조직화
④ 정책이슈의 단순성/복잡성 – 정책상황 전개의 안정성/불안정성
⑤ 재산권의 상승(거래비용 감소)/하락(거래비용 증가) – 정책학습에 의한 정책 신뢰/불신

위의 기준에 따라 예시적으로 제시하는 20가지의 정책시장 유형과 이에 대응연계되는 정책설계 전략 모형을 알아볼 것이다.

여기서 정책설계 전략 모형에 적합하다고 생각하여 예시하는 주요 정책사례는 민주화 이후 정부의 사례들이다. 김영삼정부 이후의 주요 정책사례들을 예시적으로 제시하였다. 민주주의와 시장주의가 어느 정도의 궤도에 올라있는 상황에서 우파정권과 좌파정권이 교체되면서 정책시장별 정책설계에 있어 유의미한 차이가 나타나고 있다고 보았기 때문이다.

정책시장 유형에 따른 정책설계 전략 모형은 기존의 여러 연구 성과물들을 종합하여 추론한 것이고, 앞으로 더 많은 정책사례들을 분석하여 귀납적(inductive)으로 전략 모형을 도출할 필요가 있다. 한편, 정책학이 사회과학으로서의 성격을 갖기 때문에 법칙성을 제시할 것을 요구하지만, 여기서는 일정한 경향성을 제시하고 있다.

예시한 주요사례는 연역적(deductive)으로 도출된 원칙에 맞는 것을 제시하였다. 일정한 경향성을 제시하고 있다는 점을 고려하지 않을 경우에는 이견이 있을 수도 있다.

1 정치성향-정책상황 변인의 정책시장 유형별 정책설계 전략 모형

이 모형은 정책가치-정책상황에 따라 설정될 정책시장에서 주로 활용되는 정책설계 방법과 관련이 있다(Bobrow & Dryzek, 1987). 이를 그림으로 나타내면 [그림 3-13] 정치성향/정책상황과 같다. 이 모형의 정책설계 전략을 살펴보자.

[그림 3-13] 정치성향/정책상황조합

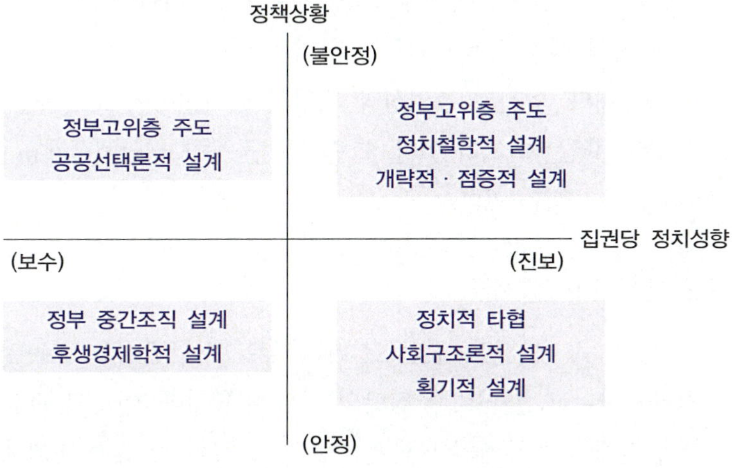

1) 정치성향과 정책상황에 맞는 정책설계 전략

(1) 정치철학적 정책설계론

정의에 입각한 정치철학적 정책설계 전략을 알아보자. 분배의 정의는 고대 아리스토텔레스 이래로 정치철학의 주요 관심사다. '가치 있는 것들을 사람들에게 어떻게 분배하는 것이 정의로운가?'하는 문제를 다룬다. Sandel은 정의를 이해하는 세 가지 방식을 제시한다.

먼저 공리주의적 방식으로 무엇이 옳은가를 결정하기 위해서는 사회 전체의 행복을 극대화하는 방법이 무엇인지 고민해야 한다는 것이다. 이 공리주의에는 비판이 따르고 있다.

그 두 번째 방식은 정의란 사람들이 도덕적으로 마땅히 받아야 할 몫을 제대로 받는 것, 즉 재화를 분배해서 미덕을 포상하고 장려하는 것이라고 본다. Aristoteles의 정의론에 가깝다.

그 세 번째 방식은 정의를 자유와 연관시키는 시각이다. 바로 자유지상주의다. 이들은 소득과 부의 공정한 분배는 규제 없는 시장에서 재화와 용역을 자유롭게 교환하는 것이라고 생각한다. 시장을 규제하는 것은 개인 선택의 자유를 침해하기 때문에 부당하다. 이는 칸트주의에 가깝다. Kant에 따르면 자유롭게 행동한다는 것은 자율적으로 행동한다는 의미이고, 자율적으로 행동한다는 것은 사회적 관습에 따라서가 아닌, 자기가 자기에게 부여한 법칙에 따라 행동하는 것을 의미한다.

칸트주의는 지배적인 정치철학의 위치를 지키고 있다. 칸트주의의 기본적인 관심은 바로 인간 그 자체이다. 인간의 존엄성과 개인의 권리신장에 초점을 맞추고 있다. 이 접근방식은 추상적이라는 한계가 있다. 그럼에도 불구하고 정책설계의 일반원칙으로서 역할은 폭넓게 인정받고 있다.

(2) 사회구조론적 정책설계론

이 방식은 기본적으로 개인 간, 집단 간 재화의 분배에 관심을 갖는다. 이 때 기준은 비용 대 편의가 아니고, 개인이나 집단의 자산 비율이다. 이들의 관심은 개인 간에 또는 집단 간에 지배적인 분배의 모습은 어떠해야 하며, 어떻게 변화해야 하는가? 어떤 정책적인 조치가 이런 분배에 어떻게 영향을 미칠 것인가? 등을 규명하는 데 있다.

이 방식은 빈곤문제 해결이나 교육정책 설계 등에 주로 이용된다. 이해집단들 간의 갈등이 심하고, 분배의 불공정을 시정하라는 요구가 강한 정책시장, 특히 특정 집단의 복지를 실현할 것을 요구받고 있는 정책시장의 경우에는 사회구조론적인 정책설계를 할 가능성이 크다.

(3) 공공선택론에 근거한 정책설계론

정부실패가 발생하는 분야의 정책설계는 공공선택이론에 근거해서 이루어진다. 비시장영역인 공공영역에 시장적인 경영방법 등을 적용한다. 경제학적 시각으로 정책현상을 연구하는 접근방법이다. 인간은 자기이익을 극대화하는 이기적 존재라고 가정한다.

공공선택이론에서는 정부를 공익을 지향하는 선한 존재라고 보는 것을 거부한다. 시장실패를 해결하기 위해 정부가 개입하지만 정부의 개입에는 정부실패가 뒤따를 수 있다고 주장한다. 이런 정부실패를 막기 위해 정부기능을 제한해야 한다고 주장한다. 개인은 정부를 통해서 자기이익을 추구하되, 이 경우에도 정부의 구조에 대한 선택권은 다시 개인에게 주어야 한다고 주장한다.

정부실패는 경제학적으로 시장에 대한 정부의 개입이 자원의 최적분배 등 본래 의도한 결과를 가져오지 못하는 경우를 말한다. 정부가 정책을 수립하여 집행한 결과 당초에 내세운 정책의 목표와 그 성과 간에 차이가 생기거나, 오히려 더 나쁜 결과를 초래한 상태를 말한다.

이러한 정부실패를 치유하기 위해 정책시장에서는 민영화 등 시장경제 방식을 활용하는 공공선택이론에 근거한 정책을 모색하게 된다. 소규모 국민의 여론에 즉각 반응하는 분권화된 정부를 제안한다. 이 접근방법에도 한계가 지적되는데, 분배문제를 해결하는 데에는 무력하다는 의견이다.

(4) 후생경제학적 정책설계론

국가 전체적인 차원에서 이루어지는 자원배분과 관련이 깊은 정책시장의 경우, 그리고 정파 · 계층 간에 정치적 갈등의 정도가 비교적 낮은 정책시장의 경우에는 후생경제학적 정책설계가 이루어진다.

인간은 자기 자신의 이익을 극대화하는 존재라고 보고, 정부는 국민의 이익을 위해서 최선을 다한다고 가정한다. 이때 정책설계는 국민의 이익을 극대화하기 위한 정책을 마련하는 행위라고 할 수 있다. 정책을 결정하는 기준은 모든 비용과 편익을 금액으로 환산하여 편익이 많은 대안을 우선적으로 선정한다.

그렇지만 후생경제학적 방법론에 대해서 비판이 제기되고 있다. 초기이론은 사회 전체의 후생이 단순히 경제체제 내의 모든 개인이 느끼는 만족도를 합한 것으로 생각하고 접근했으나, 개개인의 후생을 측정하는 것은 물론, 개인 간의 후생의 비교가 쉽지 않다는 비판이 제기되기에 이른다.

따라서 새롭고 제한적인 기준이 개발된다. 그 기준에 따르면 다른 사람의 만족을 감소시키지 않고 최소한 한 사람의 만족이 증가된다면 그 상태는 후생학적으로 바람직하다고 본다. 더 나아가 몇몇 사람의 후생이 감소하더라도 전체의 후생 증가분이 그 감소분을 능가한다면, 즉 전체적인 후생이 증가한다면 그 상태는 바람직하다고 본다. 그러나 이런 조건을 충족시키기 위한 여러 가지 경제상태를 비교하는 구체적인 방법론은 아직도 개발되지 않은 데 그 결정적인 약점이 있다.

2) 정책시장 유형과 정책설계 전략 간의 대응연계모형

이제 정책시장의 유형에 맞는 정책설계 전략을 살펴보자. 첫째, 집권당의 정치성향이 진보적이고 정책상황이 불연속적이고 불안정하게 전개될 때에는 정부의 고위층이 중심이 되어 정책설계를 주도하게 된다. 특히 위기상황에서는 국민의 불안을 해소하기 위해 대통령이 전면에 나서서 정책방향을 직접 제시하는 경우가 종종 있다.

이런 정책시장이 형성되는 경우에 패러다임 전환적인 정책설계가 일어날 가능성이 있다. 특히 우파 보수에서 좌파 진보로 정권이 교체될 경우 또는 그 반대의 경우에 새로운 정치이념(ideology)에 입각하여 정부의 정책이 설계된다.

현실적으로 우파 진보진영과 좌파 진보진영 간에는 정책갈등이 심하게 표출된다.[12] 이럴 경우에는 국민의 입장에 서서 국민들의 지지를 받을 수 있는 개인의 권리신장과 관련된 획기적 정책, 자유지상주의에 입각한 경제정책, 사회안정망의 구축 등 정치철학적으로 정책대안을 설계할 가능성이 커진다.

이때 정치적 가치가 상충됨은 물론 정책상황도 급변하고 불안정하기 때문에 정책대안을 세부적으로 설계하기 보다는 전반적인 윤곽을 제시하는 개략적인 정책설계가 주를 이룰 것이다. 미래에 대한 확신이 없기 때문에 점증주의적 정책설계가 이루어질 가능성이 크다. 그렇지만 정책상황이 급박하다고 할지라도 어떤 정책이슈에 대해 국민들의 여론이 한 쪽으로 명백하게 집중될 경우에는, 국민들의 여론에 맞추어 인기위주의 급진적인 정책설계가 일어날 수도 있다.

둘째, 정치적 성향은 진보적이지만 정책상황이 안정적일 경우에는 정치적 타협에 의해 사회구조론적인 측면에서 정책설계가 진행된다.

한편, 집단 간의 갈등이 심화되고 분배의 불공정성 논쟁이 격해질 경우에는 이를 해결하기 위해 획기적이고 단절적인 정책설계가 이루어질 가능성이 크다. 주로 소득분배구조를 개선하기 위한 정책이 설계된다.

---

12) 정책동학적 입장에서 우파 진보는 자유를 지향하면서 자유를 신장하고 경제성장에 더욱 박차를 가한다면, 좌파 진보는 평등을 지향하고 평등을 더욱 확대하려는 입장이다.

셋째, 집권당의 정치성향이 보수적인데 정책상황의 전개가 불안정할 경우에는 정부고위층이 주축이 되어 공공선택론적인 정책설계가 이루어진다.

공공선택이론은 정책대안으로 민영화, 감축관리, 규제완화, 지방분권화 등을 주장한다. 정부조직을 축소하여 작은 정부를 지향하고, 시장경제를 활성화시키기 위한 규제완화 조치를 취하고, 공기업을 민영화하여 효율성을 높이는 등 공공선택이론이 주장하는 정책들이 설계된다. 비경제영역의 정책도 경제적 효율성을 제고하는 입장에서 시장주의에 입각한 방안을 설계하는 경향이 나타난다.

넷째, 정치성향이 보수적이고 정책상황이 안정적일 때에는 정부조직의 중간 계층에 의해서 공무원을 중심으로 정책이 설계된다. 여기서는 합리성을 기반으로 후생경제학적인 정책이 마련될 것이다. 앞의 정책시장 유형과 정책설계 전략 간의 대응연계 모형을 뒷받침하는 구체적 정책사례를 제시하면 다음과 같다.

사례 3-1

김대중정부 규제개혁 정책: 진보적 정부/정책상황 급박 → 정치철학적 정책설계[13)]

한국은 1980년대 후반까지 정부 주도하의 경제발전 과정에서 한정된 자원의 효율적인 이용과 빠른 경제성장을 이루기 위하여 민간활동에 대한 정부의 지도, 간섭, 통제 등의 규제를 광범위하게 도입, 확산하여 왔다.

규제개혁은 이처럼 권위주의적 정부 주도의 정책수행 방식으로부터 다원적 민주주의적 민간주도 방식으로 경제사회의 운영방식을 전환하는 것을 의미한다.

따라서 1998년에 들어선 김대중정부는 출범 초기 시장경제의 완성과 IMF 관리체제의 조기 극복을 위해서 정부규제의 개혁을 추진하는 것이 필수적인 당면과제였다. 건국 이후 최대 경제위기 속에서 경제추이를 하루 하루 체크해야 할 만큼 급박한 경제위기 상황이 전개되었다.

한편, 국민 대다수는 규제개혁을 전폭적으로 지지함은 물론 시대적 과제로 인식했다. 다행히 앞서 1997년 8월에 제정된 행정규제기본법은 규제법정주의, 규제등록제, 규제영향분석 제도, 규제일몰제 등 선진적인 정책수단을 제도화하는 근거조항을 담고 있었다. 이와 더불어 김대중정부는 이를 효율적으로 시행하기 위해 총리실에 규제개혁위원회[14)]를 두어 범정부적인 추진체제를 구축하였고, 규제개혁 방식의 선진화를 위한 여러 가지 조치를 하게 된다.

당초 총리실에서 마련한 규제개혁의 초기 계획(1998. 4월)에 의하면 '향후 5년에 걸쳐 정부

13) 참고: 규제개혁위원회(1999. 6월). 1998년도 규제개혁백서. 이 시기에 총리실에서 경제분야의 규제개혁을 담당했던 필자의 경험을 중심으로 기술하였다.

14) 당시 필자는 규제개혁위원회의 규제개혁조정관실에서 초기부터 2년 6개월 동안 근무하였다.

규제를 50% 정도 폐지'해 나가기로 하였다. 점진적으로 정책을 설계하였다. 그러나 김대통령이 '금년 내에 현존 규제의 50%를 폐지할 것'을 지시하며 강력한 드라이브를 걸자, 분위기는 순식간에 반전된다.

유례가 없는 과히 성공적인 규제개혁 정책도 초기에는 장기적인 비전과 전략이 제대로 마련되지 않은 상태에서 그때그때 상황에 맞게 추진되었다. 김대중정부 출범 초기에는 종합적인 정책설계가 없었던 것으로 평가되나, 경제위기 상황으로 볼 때 어쩔 수 없었던 측면도 있다.

사례 3-2

문재인정부 소득주도성장 정책: 진보적 정부/정책상황 안정 → 사회구조론적 정책설계[15)]

이 정책이 지향하는 기본 아이디어는 한국경제가 직면한 구조적 문제를 해결하기 위해 경제의 패러다임을 근본적으로 바꾸는 것이었다. 늘어난 가계소득이 소비를 진작시켜 경제성장을 가져오고 경제성장이 일자리로 이어지는 구조를 지향했다. 경제주체 중 가계에 초점을 두고 성장과 분배의 선순환 복원을 위해 가계를 분배의 객체가 아닌 성장의 주체로 인식했다.

소득주도성장제의 선순환구조는 수요측면에서 가계소득이 증대하여 소비지출 증대를 가져오고 국내생산 및 투자가 증대되고, 공급측면에서 가계소득 증대 및 안전망 확충으로 인적자본투자가 증가하게 되어 생산성이 향상됨은 물론 성장잠재력 확충, 소득분배 개선이 이루어진다는 것이었다.

[소득주도성장 정책 기본구조 틀]

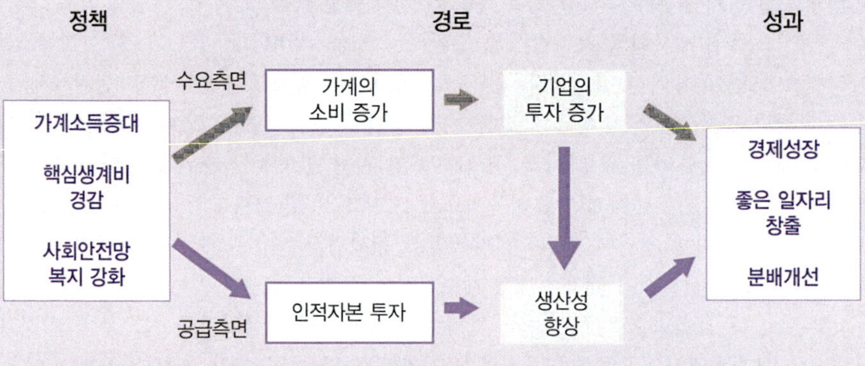

국민이 체감할 수 있도록 소득주도성장 정책을 실질적으로 실현한 대책은 최저임금 인상이었다. 이 정책이 목적으로 하는 양극화 해소와 저성장을 해결하는 데 효과가 있었다는 긍정적인 평가는 찾아보기 어렵다. 진보 좌파적 정치철학에 근거한 획기적인 정책으로 설계되었으나 실증적인 근거나 경험적 사례 없이 이념에 입각한 정책으로서 한계가 여실히 드러나게 됐다.

사례 3-3

김영삼정부 금융실명제 정책: 진보적[16] 정부/정책상황 안정 → 사회구조론적 정책설계[17]

1982년 7월 이철희 장영자 어음 사기사건을 계기로 1983년 7월 1일을 기해 실명제를 전면 실시하겠다고 발표하였으나, 1982년 말에 제정된 금융실명거래에 관한 법률에서는 그 실시를 1986년 1월 1일 이후 대통령령이 정하는 날로 규정하여 사실상 무기한 연기하였다. 그 이후 1989년에 발족한 금융실명제 준비단에 의해 1991년 1월 1일에 시행하기로 방침을 정했으나, 1990년 준비단이 해체됨으로써 또 다시 연기되었다. 이렇게 두 차례에 걸쳐 실시가 연기되었던 금융실명제가 1993년 8월 12일 전격 실시됐다.

김대통령은 헌법 76조 1항에 따라 '금융실명거래 및 비밀보장에 관한 대통령 긴급 재정경제 명령'의 형식으로 이후의 모든 금융거래는 실명으로 이루어진다고 선언한다.

금융실명제는 모든 금융기관과의 거래에 있어 거래자의 실명사용을 의무화한 제도다. 과거 성장일변도의 경제정책 과정에서 사회 전반에 깊숙이 뿌리내린 가명 · 차명 형태의 비실명 금융거래 관행은 계층 간 불균형의 심화, 음성적 거래의 확대 등 부작용을 유발했다. 이러한 관행을 시정하기 위해 금융거래시 실명을 사용하도록 의무화하고, 기존의 비실명 금융자산도 실명으로 전환하도록 하였다.

김대통령은 왜 이러한 금융실명제 조치를 단행하게 되었는가? 김영삼정부는 경제개혁을 표방하면서 출범 후 경제개혁 5개년 계획과 그에 앞선 신경제 1백일 계획을 수립하여 시행했으나 전혀 가시적인 성과를 거둘 수 없었다. 이런 상황 속에서 구여권 세력을 중심으로 기득권 세력들이 정치적으로 개혁에 반발하는 은밀한 움직임을 보이기 시작하는 등 김영삼정부의 개혁은 어려움에 처하게 된다. 그렇지만 정치적 소용돌이 상황은 아니었다.

이런 답답한 상황에서 국면 돌파용으로 금융실명제 정책을 극비리에 설계하게 된다. 사회경제구조를 개편하기 위해, 신경제를 향한 경제개혁을 뒷받침하는 원동력을 확보하려는 의도에서 정책이 비밀리에 설계되어 추진되었다.

---

15) 참고: 홍장표(2019). 소득주도성장 2년, 평가와 과제. 시민과세계. 2019년 상반기호(통권 34호).

16) 김영삼은 진보정당에서 보수정당으로 옮겨 대통령에 당선됐으나, 실제는 민주투사로서 진보 성향이 강했다.

17) 참고: 정구영(1993. 9). 금융실명제 카드, 김영삼의 막판뒤집기. 월간 사회평론 · 길.; 이인표, 정영헌(1996. 8). 금융실명제 실시 3년의 평가와 정책과제. 재정포럼.; 김대래(1993). 금융실명제에 대한 평가와 전망. 경제학논집. 제3권 제1호.

사례 3-4

이명박정부 대북정책: 보수적 정부/정책상황 불안정 → 공공선택론적 정책설계[18)]

이명박정부가 출범하기 10년전 1997년 12월 19일 김대중 후보는 제15대 대선에서 승리하여 헌정사상 첫 여·야 정권교체를 이루었다. 김대통령의 대북관은 과거 정부들과 달리 전향적 태도를 견지함으로써 큰 대조를 보였다. 그는 북한의 무력도발 불용, 흡수통일 배제, 적극적인 화해·협력추구 등 3원칙을 골간으로 하는 '햇볕정책'을 추진하였다. 대북포용정책을 토대로 북한과의 '보다 많은 접촉', '보다 많은 대화', '보다 많은 협력'을 추구하였다. 이런 정책기조는 노무현정부에서도 '평화번영정책'으로 계속 이어졌다.

이러한 흐름에 급격한 변화가 일어난다. 2008년 이명박정부가 들어서서 '실용주의'를 표방하고 나선 것이다. 경제적 측면에서 접근하여 대북정책을 설계한다. 이명박정부의 실용주의적 대북정책은 「비핵 개방 3000」으로 집약된다. 북한이 핵을 포기하고 북한이 개혁 개방정책을 적극 수용한다면 한국 정부가 주도적으로 나서 북한의 GDP를 3,000달러까지 끌어올려주겠다는 것이다. 결국 좌파 정부들의 대북정책을 비판적으로 검토하여 공공선택론적으로 새로운 틀에서 정책을 설계한다. 이명박정부의 「비핵 개방 3000」의 요체는 다음과 같다.

첫째, '비핵'은 국제사회의 요구이자 한반도 평화와 안정의 핵심요소로서 '한미공조'를 바탕에 두고 있다.

둘째, '개방'은 북한의 정상국가화를 의미한다. 단순한 북한 체제의 대외개방을 의미하는 것이 아니라, 국제사회의 정상적인 일원이 되는 것을 의미한다.

셋째, '3000'은 북한이 핵을 포기하고, 개방에 나선다면 10년 후 북한의 1인당 국민소득이 3,000달러가 되도록 지원하겠다는 청사진으로서 한국이 주도적으로 대북정책을 추진하겠다는 것이다.

2008년을 전후하여 대북정책을 둘러싸고 보수－진보 간에 균열이 확대되고, 국민들의 대북정책에 대한 피로감이 증폭되는 불안정한 상황에서 이명박정부는 대북정책의 보수화를 선택할 수밖에 없었을 것이다.

그렇다고 하더라도 이명박정부의 대북정책 추진은 북한 스스로가 변화의 길을 택하지 않는 이상 북한을 국제사회에서 더욱 고립시킬 수밖에 없었고, 실제로 이명박정부 출범 이후부터 남북관계는 급속히 냉각되었다. 대북관계를 경제적 측면에서 접근하였다는 특색이 있지만, 대통령 주변의 고위층이 주도하는 정책설계의 정형이라고 할 수 있다.

---

18) 참고: 임수호(2010). 한국의 정권교체와 대북정책 변화(이명박 정부를 중심으로). 한국정치연구. 제19집 제2호; 김영윤(2011). 이명박정부의 대북정책 평가. 북한연구학회 하계학술발표 논문집; 탄홍메이(2010). 한국정부의 대북정책에 대한 검토적 연구. 글로벌정치연구 제3권 제1호.

사례 3-5

윤석열정부 주 52시간 근무제의 개선 노력: 보수적 정부/정책상황 불안정 → 공공선택론적 정책설계[19)]

윤석열정부는 노동개혁을 핵심과제로 추진했다. 2022년 6월 고용노동부가 발표한 노동시장 개혁 추진방향에 따라 노동시장 개혁을 논의하기 위해서 미래노동시장 연구회가 구성되었다. 미래노동시장 연구회는 전문가들의 논의 과정을 거쳐 2022년 12월 노동개혁을 위한 권고문을 발표했다. 우리나라 노동시장 문제의 근저에는 근로시간 규제와 연공형 임금체계가 내재하고 있기 때문에 노동시장 활력 제고를 위해서 이에 대한 개혁이 시급하다는 것이었다.

이러한 맥락에서 근로시간 규제의 개혁을 위한 과제로는 먼저 연장근로시간 관리 단위를 현행 1주에서 월, 분기, 반기, 연 단위로 관리할 수 있도록 하여 노사의 선택재량을 넓힐 것을 제안하였다. 이와 함께 탄력적 근로시간제의 실효성을 제고하고 선택적 근로시간제를 확대하는 방안도 개혁과제로 제시하였다.

근로자가 근로일, 출퇴근 시간 등을 자유롭게 선택할 수 있는 선택적 근로시간제 정산기간을 3개월 이내로 확대할 것을 제안하였으며, 탄력적 근로시간제의 경우도 근로시간 사전확정 요건을 현실화하고 사후 변경절차를 보완하는 등의 제도개선 방안을 제안하였다. 이러한 개선과제는 근본적으로는 주 52시간 근무제의 경직성으로 인한 문제점들을 해결하기 위해 추진된 것이었다.

주 52시간 근무제에 대한 규제완화는 이웃 중국 등과 경쟁해야 하는 산업 분야의 경쟁력을 제고하기 위해서 반드시 필요하다. 주 52시간 근무제가 다른 부문에서는 긍정적인 측면이 나타날 수 있겠지만, 고용이나 경제적 성과에서는 부정적인 측면이 있다는 연구결과(유진성, 2023)가 있다. 따라서 주 52시간 근무제의 유연성을 제고하여 부정적인 영향을 최소화할 수 있는 방안을 모색할 필요가 있었다. 주 52시간 제도 내에서 근로시간의 유연성을 확대하여 탄력적인 근로시간을 활용할 수 있는 제도적 방안을 모색해 나가야 했다. 그러나 거대 야당이 노조의 눈치를 봐야 하는 입장에 있기 때문에 노동개혁이 진척되지 못했다.

19) 참고: 유진성(2023). 주 52시간 근무제가 기업의 성과에 미치는 영향. 규제연구. 제32권 제2호.

사례 3-6

이명박정부 카드수수료정책: 보수적 정부/정책상황 안정 → 후생경제학적 정책설계[20)]

이명박정부는 2012년 7월 카드 가맹점의 규모별로 수수료를 차등화하는 것을 골자로 하는 가맹수수료 산정의 기본원칙과 세부기준을 마련하여 발표하였다. 그 내용은 다음과 같다.

첫째, 적격 비용부담의 원칙하에 신용카드사의 원가구조를 반영하여 수수료율을 산출한다. 그 결과 수수료율이 평균 2.1%에서 1.9%로 0.2% 포인트 낮아지게 된다.

둘째, 연매출 2억 이하인 중소가맹점에 대해서 우대 수수료율을 적용하여 현행 1.8%에서 1.5%로 인하한다.

끝으로 카드 매출액이 1천억원 이상 법인인 대형 가맹점이 카드회사에 부당하게 낮은 수수료를 요구하는 것을 금지하고, 수수료 부담을 경감할 목적으로 대가지급을 요구하는 행위도 금지한다.

우리 국민들이 하루 동안 신용카드를 이용하는 건수와 GDP 대비 신용카드 이용금액 비율은 세계 최고 수준이다. 신용카드를 이용하여 물건을 구매함은 물론 각종 공공요금도 납부하고 있다. 어떻게 보면 지하철과 같은 공공재 수준으로 활용하고 있음을 알 수 있다.

이명박정부는 신용카드 수수료 문제를 사회 후생경제학적인 측면에서 접근하여 수수료율을 낮추도록 하는 정책을 설계했다.

2 정책이슈-이익집단 변인의 정책시장 유형별 정책설계 전략 모형

정책이슈와 이익집단 두 가지 변인들을 조합하여 그림으로 나타내면 [그림 3-14]와 같다.

먼저, 정책이슈가 복잡하고 이해관계 당사자들의 다양성이 높은 경우에는 정책설계가 정치적 협상방식에 의존하게 되고, 정책대안 설계과정에서도 서로 상충되는 요인들을 고려하여 임기응변적이고 제한적이며 개괄적으로 설계될 가능성이 크다.

한편 정책이슈가 복잡하여 인과관계를 규명하거나 미래예측이 힘들 경우에는 진단적 차원의 정책설계에 그칠 가능성도 있다.

둘째, 정책이슈가 복잡성을 띠고 이해관계 집단이 동질성을 유지할 경우에는 전문연구조직에 의해서 정책설계가 이루어진다. 이 경우에도 역시 개략적인 정책이 성

20) 참고: 금융위원회(2012.7.4). 신용카드 가맹점 수수료 체계 도입방안.

안될 가능성이 높다(노화준, 1992: 114). 이렇게 초벌 정책설계가 이루어지면 정부에서 다시 구체적인 정책을 마련한다. 많은 경우에 연구기관의 용역결과에 의해서 이런 방식으로 정책설계가 진행되고 있다.

셋째, 정책이슈가 단순하지만 이해관계 집단의 다양성이 있는 경우에는 특별 조직을 설치하여, 이 조직으로 하여금 정책설계를 주도하도록 하는 경우가 많다. 이해관계가 복잡하기 때문에 이를 조정하면서 점진적인 정책대안이 만들어질 가능성이 크다.

넷째, 정책이슈가 단순하고 이해관계 당사자들이 동질적인 경우 정책설계는 주로 정부조직 내의 중간계층의 공무원들에 의해 이루어진다. 정책을 구체적이고 세부적으로 설계하지만, 이해관계 집단이 동질적이고 이슈가 단순하여 정책결과를 예측할 수 있기 때문에 상대적으로 획기적인 정책이 설계될 수도 있다. 이런 상황에서는 대개 즉각적으로 대응하여 정책을 설계하는 데, 그 내면을 보면 특정 이익집단과 정부 간의 긴밀한 관계에 기초하여 정책이 편향적으로 설계될 가능성도 있다.

[그림 3-14] 정책이슈/이익집단 조합

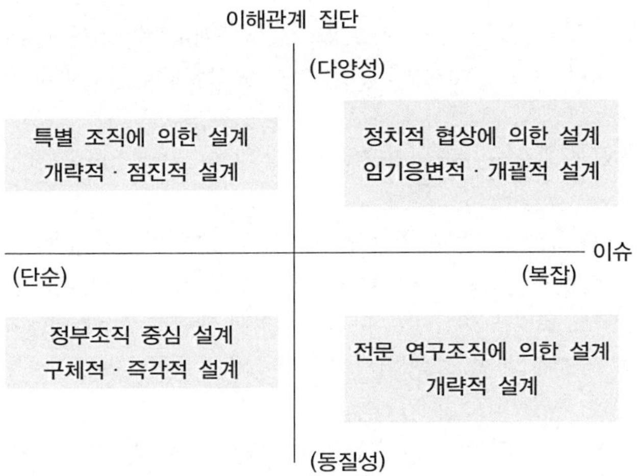

위의 대응연계모형을 뒷받침하는 구체적 정책사례를 제시하면 다음과 같다.

사례 3-7

김대중정부 산업구조 조정정책: 이슈 복잡/이해집단 다양성 → 정치적 협상에 의한 개괄적 설계[21)]

외환위기의 충격 속에서 출범한 김대중정부는 산업구조 조정정책을 중점적으로 추진하게 된다. 산업구조 조정은 경제의 바람직한 산업구조를 상정하고 이를 달성하기 위해 유망산업에 대한 집중적인 자원배분을 유도하고, 사양산업 분야 해당기업들의 원만한 퇴출을 유도함으로써 국민경제의 부정적인 영향을 최소화하는 정책이었다.

김대중정부가 추진한 산업구조 조정정책은 사업구조 조정, 금융산업구조 조정, 기업구조 및 공기업구조 조정 등이 포함된다.

첫째, 사업구조 조정은 특히 5대 재벌들의 문어발식 확장을 막고 그룹의 핵심역량 위주로 사업구조를 재편함으로써 재벌기업들의 전문화를 유도하기 위해 추진되었다. 각 재벌들의 핵심역량을 중심으로 재벌 간의 사업 교환을 유도하는 정책을 의미한다.

둘째, 금융산업구조 조정은 외환위기의 직접적 원인이 되었던 금융산업 분야의 경쟁력을 국제적 수준으로 높이기 위한 정책이다. 과도한 부실채권으로 경영상황이 악화된 은행과 종금사·투신사들을 과감히 퇴출시키고, 국제적 수준의 BIS비율을 의무화시켜 국내 금융산업이 개방경제 하에서 국제경쟁력을 갖추도록 재편하는 정책이었다.

셋째, 기업구조 조정은 결합재무제표 작성 의무화 등 기업경영의 투명성 제고, 상호 지급보증 금지, 재무구조의 개선, 재벌집단의 핵심부문 설정, 지배주주와 경영진의 책임 강화, 이를 촉진하기 위한 세제지원, 퇴출관련 제도의 개선 등이며 사실상의 산업조직 정책이라고 할 수 있다.

끝으로 공기업구조 조정은 산업구조 조정에 포함될 수 있지만, 궁극적으로는 공기업의 민영화 정책이었다.

김대중정부는 산업구조 조정정책의 추진 방향을 1) 특혜시비나 공정성에 대한 의구심을 피하기 위해 채권금융기관의 주도로 구조조정을 추진하고, 2) 5대 재벌기업들의 경우 자율적 합의를 존중하여 사업구조 조정을 추진하며, 3) 6대 이하의 재벌과 중견기업들에 대하여는 회생불능 기업의 과감한 퇴출과 회생가능 기업의 자구노력의 상응하는 부채조정과 금융지원을 통한 구조조정도 동시에 추진하기로 하였다.

그러나 이러한 전략은 처음부터 몇 가지 문제점을 안고 있어 제대로 추진되지 못했다. 우선 채권금융기관들의 자율적 구조조정 추진은 현실적으로 불가능하였다. 국내 금융기관들은 채권기관이면서도 기업의 구조조정에 대한 경험이 전무했을 뿐만 아니라 책임성과 적극성이 부족해서 결국 정부의 주도로 구조조정을 추진하는 모습이 될 수밖에 없었다.

---

21) 참고: 강봉균(2001). 구조조정과 정보화 시대의 한국경제 발전전략. 박영사.; 홍성걸, 유승남(2002). 빅딜과 산업정책: 김대중 정부의 산업구조 조정정책 평가. 한국행정학회 하계학술발표 논문집.

한편 재벌들의 사업구조 조정도 정부가 의도한 대로 추진되기 어려웠다. 5대 재벌들 간에 첨예한 이해관계의 대립이 있었고, 5대 재벌들은 정부의 200% 이내로의 부채축소 요구에 따른 자금을 스스로 확보할 능력을 보유하고 있었고, 계열기업 간의 내부거래를 통해 계열기업들의 생존을 지원할 수 있었기 때문이다.

결국 5대 재벌기업들 간의 사업교환은 1998년 12월 7일, 대통령이 직접 나서서 합동간담회를 통해 실질적으로는 반강제적으로 합의하게 되고 정부의 강한 압박 속에서 사실상 타율적으로 추진되었다.

이 정책시장은 다양한 기업들의 이해관계가 복잡하게 얽혀있는 가운데, 여러 가지 대책을 한꺼번에 추진하게 되어 제한적이고 개괄적으로 정책이 엉성하게 설계되었음을 알 수 있다.

사례 3-8

노무현정부 지방분권 정책: 이슈 단순/이해집단 다양성 → 특별조직에 의한 점진적 설계[22)]

지방분권에 대한 논의는 1991년 지방자치가 실시된 이래 지속적으로 제기되었다. 특히, 적정수준의 지방분권은 지방자치의 기본이념을 실현하기 위한 전제 조건인 동시에 지방자치의 내실화를 도모하기 위한 핵심적 요건이었다.

노무현정부는 출범 후 지방분권을 주요 국정과제로 선정하여, 세 가지의 핵심적 요소에 기반하여 이를 추진하였다 우선, 지방분권의 원칙으로 주민생활과 밀접한 권한은 주민에 가까운 정부로 배분한다는 '보충성 원칙', 둘째 지방정부와 시민사회의 자율역량에 대한 신뢰를 바탕으로 우선 분권을 추진한다는 '선분권 · 후보완 원칙', 셋째 중 · 대단위 사무를 중심으로 이양한다는 '포괄성 원칙'이 그것이다. 이에 따라 5개의 추진전략을 수립하였는데, 1) 재정분권 등 선도적 과제를 우선적으로 추진하고, 2) 지방분권을 정부혁신과 연계하여 추진하며, 3) 분권과 병행하여 합법성 및 국가목표의 통일성을 보장하는 중앙정부의 정책반영 수단을 강구하며, 4) 혁신과 기능이양에 대한 인센티브체제를 구축하여 중앙부처의 자발적 참여를 유도하며, 5) 정치권 · 시민사회 · 학계 · 언론 등 여론을 적극 수렴하여 지방분권에 대한 국민적 공감대를 형성 및 확대한다는 것이었다.

한편, 정부혁신지방분권위원회를 중심으로 각 중앙부처, 지방4단체 협의체(전국시장군수구청장 협의회, 전국시도지사 협의회, 전국시군구의회의장 협의회, 전국시도의회의장 협의회), 학계, 시민사회, 연구기관 등이 포함된 협력형 네트워크 파트너십을 형성하여 추진한다. 이를 통해 7개 분야 총 47개 과제를 선정하여 최대 2008년까지 완료함으로써 '분권형 선진국가'를

22) 참고: 정부혁신지방분권위원회(2004). 분권형 선진국가 건설을 위한 지방분권 5개년 종합실행계획.; 금창호(2009). 참여정부의 지방분권정책 평가와 향후 발전방향. 지방행정연구. 제23권 제1호.; 이승종. 노무현 정부의 지방분권정책 평가. 행정논총. 제43권 제1호.

달성하겠다는 계획을 수립하였다.

지방분권 과제가 모두 달성될 경우에 나타날 분권형 선진국가의 모습은 다음과 같다. 지방사무의 비중이 27%에서 40%로 확대되고, 재정의 중앙의존에서 자립형으로 전환되며, 충분한 자치권이 부여된 정부와 신뢰받는 지방의정 그리고 주민에 대해 책임지는 지방정부로 탈바꿈한다는 것이었다.

이런 계획에 따라 노무현정부는 사무배분에 대한 방안을 구체화하였다. 또한 지방재정의 확충과 불균형을 시정하기 위한 조치에서는 지방교부세 법정율을 19.24%로 인상하고, 지방교부에 산정공식의 항목을 통폐합하며, 재산세의 일부를 공동세로 전환하였으나, 국세의 지방세 이양은 추진되지 못하였다.

노무현정부의 지방분권 정책설계에 있어 포괄성, 전향성 등은 긍정적으로 평가되나, 실천계획에 있어 세부과제별 추진 일정을 제시하고 있음에도 불구하고, 그 실천성과는 미흡하다는 평가를 받고 있다.

사례 3-9

윤석열정부 국민연금 개혁: 이슈 복잡/이해집단 동질성 → 입법부 중심의 구체적 설계

2025년 3월 20일 국민연금 개혁안이 18년 만에 국회를 통과했다. 연금가입자라는 동질성에도 불구하고 청년층을 중심으로 연금개악이라는 불만의 목소리도 들린다. 당초 연금고갈을 막기 위해 '더 내고 덜 받기' 방향으로 연금개혁을 추진하려고 하였다. 그러나 보험료율을 9%에서 13%로, 소득대체율을 40%에서 43%로 높이는 '더 내고 더 받기' 개혁이 이루어졌다.[23] 국민연금 고갈시점을 2055년서 2064년으로 고작 9년밖에 미루지 못하게 됐다. 국회, 그리고 정부도, 국민도 이를 모르지 않았을 것이다.

보건복지부에 따르면, 현재 인구구조상 소득대체율 40%를 지속할 수 있게 유지하려면, 보험료율을 19.7%까지 올려야 한다. 만일 국회안대로 보험료율을 13%까지만 올리는 것이 맞다면, 적정 소득대체율은 26% 수준이어야 한다. 그러나 소득대체율을 낮추기는커녕 오히려 높였다. 국회의원들은 공익의 대변자가 아니라 본인들의 재선을 위한 득표 극대화자로서의 면모를 보여주고 있다.

23) 조선일보(2025.3.20).

3 정책정보-이익집단 변인의 정책시장 유형별 정책설계 전략 모형

정책정보의 독점 여부와 이익집단의 조직화 여부 등 변인을 조합하면 [그림 3-15]와 같다.

먼저, 정책정보의 정부독점 하에서 이해관계 집단이 조직화 되어 있지 않은 경우이다. 이때에는 정부의 주도 하에 포괄적인 정책설계가 이루어지고 분석적 합리성에 기초한 정책이 만들어질 가능성이 있다.

한편, 이익집단이 동일한 집단으로 조직화되어 있지 않고 다양한 이익집단들이 존재하면서 그들 간에 갈등이 심한 경우에는 사회구조적인 정책설계가 이루어질 수도 있다.

둘째, 정책관련 정보를 민간 전문연구기관이 거의 독점하고 있으면서 이해집단도 조직화되어 있을 경우이다. 이 경우에는 민간의 전문가집단과 정부가 협조하여 합동 정책설계를 진행할 것이다. 전문연구기관과 밀접한 관계를 맺고 있거나 로비에 능숙한 이익집단의 특정 이익이 지나치게 반영될 우려도 있다. 정책이 정치적으로 설계될 것이다(노화준, 1989: 305).

셋째, 민간 전문연구기관이 주요 정보를 독점하고 이익집단들이 조직화되지 않은 경우에는 전문가들의 참여네트워크가 형성되어 분석적 합리성에 근거한 정책이 설계된다. 어느 이익집단에도 치중되지 않게 소극적인 정책이 모색되거나, 정책설계가 아예 시도되지도 않을 가능성도 있다.

넷째, 정부가 정책설계와 관련된 정보를 독점하고 있어 정책설계를 주도할 수밖에 없는데, 여기에 더하여 이해관계 집단이 조직화되어 있는 경우이다. 이런 정책시장에서는 종합적으로 일상적인 정책설계가 이루어지고, 종종 조직화된 집단의 특정 이익이 정책에 편향적으로 반영될 수도 있다. 이 때에 정부와 이익집단 간의 은밀한 정치적 협상이 진행되기도 한다.

[그림 3-15] 정책정보/이익집단 조합

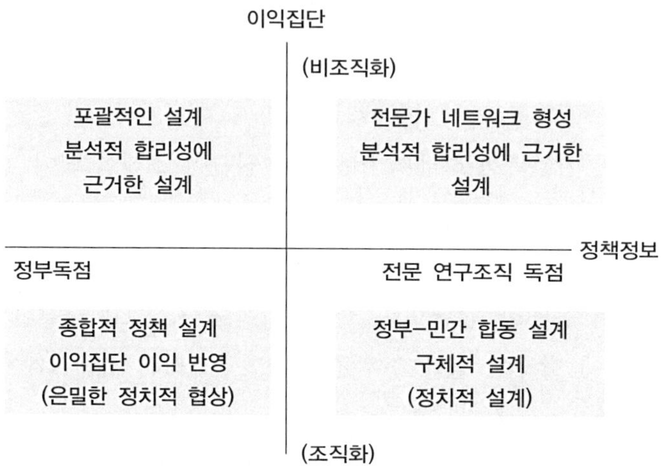

앞의 모형을 뒷받침하는 구체적인 정책사례는 다음과 같다.

사례 3-10

김대중정부 금강산 관광사업 정책: 전문조직 주도/이익집단 조직화 → 정부-민간 합동 정책설계[24)]

김대중정부의 대북정책의 기본 방향은 북한을 적대세력이 아닌 평화적 통일의 상대방으로 인식한 데서 출발한다. 이를 위해 북한과 지속적인 대화와 타협을 통해 한반도의 안보적 위기를 극복하고 평화를 정착시키려고 하였다.

이런 정책기조에서 가장 손쉽게 접근할 수 있는 핵심사업으로서 김대중정부 출범 전부터 현대가 추진해 왔던 금강산 관광사업을 본격적으로 추진하기로 결정하는 것은 어렵지 않았을 것이다.

따라서 대통령직인수위원회는 새정부의 100대 과제에 금강산 관광 사업을 포함시키게 된다. 이 사업은 우리민족이 분단을 극복하고 상호협력의 길로 들어서는 시범성, 상징성을 갖는 정책적 관광사업이라 할 수 있다.

이런 정책을 설계하는 과정에서 현실적으로 김대중정부는 대북대화의 루트를 개설하고, 정보를 수집하는 데 적지 않은 어려움을 겪은 것으로 전해지고 있다. 이런 현실을 타개하는 방법

24) 참고: 대통령직인수위원회편(1998). 15대 대통령직 인수위원회 백서.; 오수열(2002). 김대중 정부의 대북정책과 금강산사업의 평가. 한국동북아논총. 제25집.

으로 일찍부터 대북사업에 관심을 가졌던 현대는 상당한 대북정보와 인맥을 확보하고 있다는 점을 이용하여 정책설계를 하였을 것이다. 이런 정보들은 김대중정부의 대북정책 설계에도 많이 활용되었다. 사실 1989년 1월 정주영회장이 방북하여 북한당국과 의정서를 체결한 후 금강산 관광사업을 논의하기 시작하였으나 김영삼정부의 경색된 대북정책으로 구체적인 진전은 없었다.

현대가 주축이 되어 시행된 금강산 관광사업은 1998년 11월 첫 출항으로 시작되었고, 2002년까지 약 50만명의 국민들이 금강산을 통해 북한 땅을 밟게 된다.

이 사례를 통해 정책설계에 필요한 정보를 거의 독점하고 있었던 민간기업이 주축이 되어 정책설계가 이루어지고, 이들의 이해관계가 반영되었음을 알 수 있다.

사례 3-11

문재인정부 예술인 고용보험 도입 정책: 전문조직 주도/이익집단 비조직화 → 네트워크 형성과 분석적 합리성에 근거한 정책설계[25)]

예술인고용보험제도는 예술인을 위한 사회보장제도를 마련하려는 취지로 제안되어, 2009년 18대 국회에서 예술인복지법 발의안에 특례조항으로 포함되어 진행되었다. 그러나 2011년 예술인복지법 심사과정에서 관련 조항은 고용노동부 등 관계부처의 반대로 협의를 이루지 못하고 법체계자구심사과정에서 삭제됐다. 그 이후에도 예술계 관련 이익집단 및 전문가를 중심으로 예술인고용보험제도 도입 필요성을 지속적으로 제기하여 박근혜정부, 문재인정부 출범 당시 국정과제로 선정되었고 관련 입법안이 발의되었으나 입법 논의가 이루어지지 않아 결실을 보지 못했다. 그 후 20대 국회에서 2020년 5월 20일에 개정된 고용보험법에 예술인고용보험에 관한 특례조항을 신설함에 따라 같은 해 12월 10일 시행하게 됐다. 예술인고용보험제도는 관련 법안이 최초로 발의된 2009년 이후 약 11년의 긴 여정 끝에 법제화라는 결실을 맺을 수 있었다.

예술인은 그 범위가 넓고 다양하여 이익집단으로 조직화될 수 없었으나 네트워크 방식으로 자기들의 선호를 주장하여 왔다. 예술계는 자신의 요구를 반영하기 위해 2017년 8월 예술인고용보험제도 도입을 목적으로 문화예술노동연대를 결성한다. 예술노동의 인정, 고용보험의 의무가입, 특수형태근로종사자와의 연대 등을 강조하면서 국회 정책토론회, 문체부 및 고용노동부 주관 TF팀에 적극적으로 의견을 피력하여 정책설계 과정에서의 영향력을 높이고자 하였다

법제화 과정에서 고용보험 대상이면서 근로자로 의제하는 예술인 범위를 근로계약을 맺은 예술인, 예술 활동을 증명할 수 있는 예술인으로 한정하였다. 분석적 합리성에 기초한 정책설계를 한 점이 특징으로 평가된다.

---

25) 참고: 이홍범(2023). 아이디어와 제도의 상호관계에 대한 분석-예술인고용보험제도 도입을 중심으로-. 한국정책학회보. 제32권 제1호.

사례 3-12

박근혜정부 중앙부처의 세종시 이전으로 인한 행정비효율 대응정책: 정부주도/이익집단 비조직화 → 합리성에 기초한 정책설계[26)]

다수 중앙부처가 세종시로 이전함에 따라 종래 서울·과천청사 및 대전청사 중심의 지리적 분포는 큰 변화를 맞게 된다. 기관 간에 물리적 거리가 증가하면서 초래되는 비용의 증폭 등으로 행정의 비효율성 문제에 직면하게 된다.

당시 언론 보도: 정책조율 등 반쪽회의 다반사, 고립된 세종청사, 여론수렴 난관(한국일보 2013. 1. 15), 행정비용 눈덩이, 서울·과천 회의에 수시 출장(매일경제 2013. 3. 29), 임시국회 때문에 텅텅 빈 세종시(문화일보 2013. 5. 17).

정부는 행정 효율성 제고를 위한 3대 분야 8대 과제를 발표한다. 첫째, 회의문화 개선이다. 주요 회의를 영상회의로 전환하고 영상회의에의 접근성을 높이며 이를 위한 홍보와 교육을 실시한다. 둘째, 인프라 개선이다. 영상회의실을 확충하고, 범정부적 영상회의를 상호연계하여 운영하며 영상회의 운용환경을 개선한다. 셋째, 법제도를 개선한다. 관련된 법령을 개정하고 세부 규정을 마련한다. 이를 위한 추진체계를 정립한다.

이슈가 비교적 단순하고 이익집단의 압력이 없는 상태에서 합리성에 기초하여 비교적 포괄적으로 정책을 설계하였다.

사례 3-13

문재인정부 치유농업정책: 정부주도/이익집단 조직화 → 농민집단의 이해 반영 종합적 설계[27)]

한국형 치유농업은 현대인들의 스트레스, 우울증, 질환관리 등 사회적 문제를 해결하는 데 농업자원을 활용하려는 정책이다. 국민의 삶의 질을 향상시키고 농촌과 도시민이 함께 행복해지도록 하는 정책이다.

치유농업은 1994년 농촌진흥청에서 원예치유를 도입한 이후 치유농업 프로그램을 지속적으로 개발해 왔다. 치유농업은 치유농업 연구개발 및 육성에 관한 법률(2021. 3. 25)이 시행되면서 본격적으로 활성화되었다. 치유농업은 질병예방, 건강 회복 및 유지 등을 통한 사회적 비용을 절감하는 동시에 농촌자원을 활용하여 국민건강 증진을 통해 사회적으로 기여하고, 새로운 농촌의 활력과 소득 창출로 농업농촌의 지속가능한 성장 방향으로 추진되고 있다. 치유농업의 대상은 전 국민을 대상으로 하며 일반인뿐만 아니라 문제행동 청소년, 지체장애인, 치매노인

26) 참고: 허준영(2016). 중앙행정기관의 세종시 분산으로 인한 행정비용 비효율 대응정책. 정책사례연구. 대영문화사.

27) 참고: 이옥희(2024). 치유농업 정책. 인간식물환경학회 학술대회 2024. 6: 49-64.

등 도움이 필요한 대상에게 맞춤형 서비스를 제공한다. 식물, 동물, 곤충 등 농촌이 보유하고 있는 다양한 농업자원을 활용하여 치유농장, 보건의료기관, 사회복지 재활기관 등에서 서비스를 제공한다. 치유농업 정책 목표는 국민건강증진에 기여할 수 있는 치유농업 콘테츠 개발과 확산, 농촌활력화를 위한 치유농업 사업모델 육성 및 일자리 창출을 목표로 추진 중에 있다. 농민을 위한 정책이지만 치유농업 활성화를 위해 광범위하게 종합적으로 접근하였다.

사례 3-14

문재인정부 중대재해처벌 정책: 정부주도/이익집단 조직화 → 근로자집단의 이해 반영 종합적 설계[28)]

2018년 충남 태안화력발전소 협력업체의 비정규직 근로자 고 김용균씨가 운송설비 점검을 하다 컨베이어벨트에 끼여 사망한 사고가 발생했다. 이 사고로 기업의 안전관리 부실에 의한 사고의 책임을 원청에도 부과하라는 사회적인 요구가 거세졌다. 이 사고를 계기로 2018년 12월 27일 '위험의 외주화 방지'를 비롯해 산업현장의 안전규제를 대폭 강화하는 산업안전보건법 개정안이 국회를 통과했다.

그러나 개정된 「산업안전보건법」으로 사업주 처벌은 강화되었지만, 안전관리의 주체인 법인이나 결정권자인 경영책임자를 직접 처벌하는 데는 어려움이 있었고, 세월호 참사나 가습기 살균제 피해 등 다수의 인명피해가 발생한 사고에 대해서도 책임자의 처벌에 한계가 있었다.

대부분의 재해사건은 일선 현장노동자 또는 중간관리자에게 책임을 묻고 가벼운 형사처벌을 내리는 것으로 끝났다. 법인의 경우는 산업안전보건법 등 개별법에 과태료나 벌금부과 규정이 있지만 이들 규정은 애초 인명피해에 대한 처벌을 예정한 규정이 아니었다. 중대재해가 발생할 경우 그 벌금액조차 피해에 비해 극히 작은 편이었다. 2013년부터 2017년까지 5년간 산업안전보건법을 위반한 법인에 선고된 평균 벌금액은 고작 48만원 수준이었다.

현실적으로 기업은 다양한 직무와 직급으로 세분화되고, 업무에 대한 책임도 분권화되고 위임되는 구조로서 일반적으로 기업 경영자에게 사망사고에 대한 책임과 형법상의 처벌을 온전히 묻기 어려운 구조였다. 따라서 산업현장에서 발생하는 대부분의 중대사망사고의 경우 경영자는 처벌하지 않고, 현장 중간관리자에게 책임을 묻는 경우가 많았었다. 이처럼 산업현장에서 중대사망사고가 발생하여도 기업의 책임 있는 사람, 특히 원청회사의 경영자에 대한 처벌이 제대로 되지 않았고, 중대재해를 발생시킨 기업 경영책임자에 대한 처벌수준이 낮다는 인식이 강하게 작용하여 「중대재해처벌 등에 관한 법률」이 제정되기에 이른다

영국의 2007년 법인중과실치사법(Corporate Manslaughter and Corporate Homicide Act)을 참고로 하여 2021년 1월 26일 「중대재해처벌 등에 관한 법률」이 제정되었다. 이 법은 사업주

28) 참고: 김진영(2021). 중대재해처벌법의 제정과 향후과제. 법이론실무연구 제9권 제4호.; 이근우

및 경영책임자에게 안전·보건 확보의무를 부과하고, 종사자나 이용자에게 사망 또는 부상이 라는 중대한 결과가 발생한 경우에는 그 의무 위반에 따른 책임을 지도록 하였다. 이에 대해 경영계는 과잉처벌 등을 이유로 재개정을 요구하면서 반발하였다. 노동조합 등의 적극적 지지를 받으면서 근로자의 입장에서 정책을 설계하였다고 볼 수 있다.

4 정책이슈-정책상황 변인의 정책시장 유형별 정책설계 전략 모형

정책이슈와 정책상황을 변인으로 조합하여 그림으로 나타내면 [그림 3-16]과 같다.

먼저, 정책이슈가 복잡하고 정책상황이 불안정하며 불연속적이고 빠른 속도로 진행될 경우, 이런 위기상황에서는 최고정책결정자 주변의 고위직공무원들과 사회 각 분야의 여론주도층들 간의 네트워크가 가동되고, 정치적 협상을 진행한다.

이런 정책시장에서는 정무적인 판단에 근거하여 정책이 검토되고 임기응변적이고 제한적인 정책설계가 이루어진다.

둘째, 정책이슈가 복잡하지만 정책상황의 진행이 상당히 안정적일 경우에는 정부조직 밖의 전문연구조직에서 정책설계가 이루어진다. 이때에는 직접 정책을 담당하는 공무원들이 설계를 하는 것이 아니기 때문에 정책내용에 있어서는 구체성이 떨어지고 개략적인 정책이 설계될 가능성도 있다. 대개 연구기관의 초벌 정책설계를 기초로 하여 정부차원에서 보완설계를 하게 된다.29)

셋째, 정책이슈는 단순하지만 정책상황의 진행이 불안정할 경우에는 특별위원회 등 특별조직에서 정책이 설계되고, 이 경우에 개략적이고 점진적인 정책이 만들어 질 가능성이 있다. 때로는 정책상황이 안정될 때까지 기다리는 지연전략이 구사될 수도 있다.

끝으로, 정책이슈가 단순하고, 정책상황의 전개가 안정성을 유지할 때에는 정부 공무원 조직에 의해서 정책설계가 주도되고, 구체적이고 세부적인 정책이 설계된다. 종합적인 정책설계가 이루어진다고 하지만 특별한 계기가 없는 한 기존의 패러다임

(2021). 중대재해처벌법 경과와 제정 법률에 대한 비판적 검토. 형사정책. 제32권 제4호.

29) 정부의 정책설계가 중요 사안에 대해 용역방식을 취하는 경우가 많다. 그래서 이런 상황에 대한 정책사례는 따로 싣지 않는다.

[그림 3-16] 정책이슈/정책상황 조합

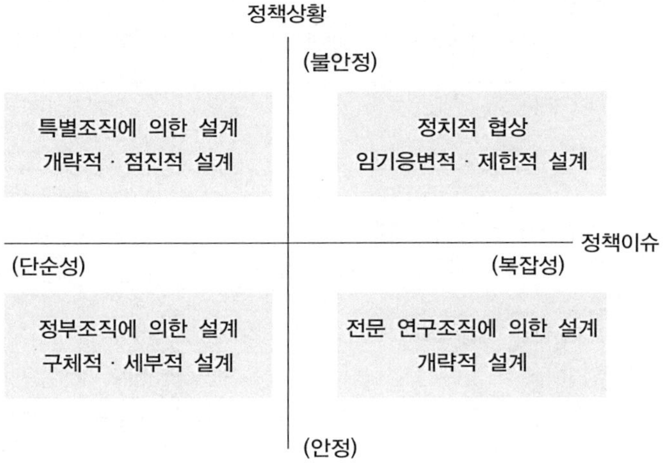

을 재생산하는 수준이 된다.

앞의 모형을 뒷받침하는 구체적인 정책사례는 다음과 같다.

사례 3-15

김대중정부 벤처기업육성 정책: 이슈 복잡/정책상황 불안정 → 임기응변적 정책설계[30)]

김대중정부는 외환위기 이후 당면한 경기침체와 실업문제 등 급박한 경제위기 상황을 타개하기 위해, 다른 한편으로 정보화에 기반을 둔 신경제에 적합한 산업구조 조정에 의한 국가경쟁력을 향상시키기 위해 벤처기업육성에 관한 특별조치법을 토대로 하여 대대적인 벤처기업 육성 정책을 펴기 시작했다.

김대중정부의 벤처기업 지원정책은 여덟 분야로 정리된다. 창업자금 및 운전자금을 지원하는 금융지원, 창업보육센터와 벤처기업집적시설 등을 조성하는 입지지원, 교수 · 연구원의 휴직제도, 교육 · 연구원의 겸직제도, 병역특례 연구요원 공급제도, 외부인력에 대한 스톡옵션제도 등의 기술 인력제도가 그것이었다. 또한 벤처기업 방송광고지원, 일반수출입금융, 수출자금 지원, 수출신용보증특례 및 보험우대지원 등 분야가 포함되었다.

위와 같은 벤처기업의 육성 정책을 1999년 8월 마련하여 추진하는데, 가히 총 망라적으로

30) 참고: 중소기업청(1999). 벤처기업 육성정책.; 유병남, 김선호(2000). 벤처기업 육성정책의 개선방향. 경영경제연구. 제5권.; 김태일, 도수관(2004). 벤처지원정책의 비판적 고찰. 정책분석평가학회보.

접근하여 많은 이슈에 대해서 대책들을 제시하고 있었다. 그러나 추진과정에서 그 구체적인 기준은 객관성이 떨어진다는 평가를 받아, 당시 산업자원부와 중소기업청은 현장의 문제점을 파악하여 개선조치를 취하였다. 집행과정에서 개괄적인 정책설계의 문제점이 발생한 것이었다.

사례 3-16

박근혜정부 부정청탁 금지법 제정: 정책이슈 단순/정책상황 불안정 → 개략적 정책설계[31)]

수백 명의 학생이 희생당한 세월호 사건은 전 국민을 분노하게 했고, 부정청탁으로 유발되는 공무원의 부패를 원천적으로 차단해야 한다는 여론을 들끓게 했다. 정부는 국민권익위원회에서 마련한 법안인 '부정청탁 및 금품등 수수의 금지에 관한 법률'을 국회에서 통과시키게 된다.

세상에서 흔히 하는 말인 '빽'을 동원하려고 하는 것을 막고, 빽이 있다고 생각하는 사람들이 남의 부탁을 받고 그 빽을 쓰려고 하는 것을 원천적으로 봉쇄하고자 했다. 이런 부정청탁이 이루어지는 과정에 개입된 공직자는 더욱 엄하게 처벌할 수 있게 됐다. 이법의 제정과정이 급박하게 진행되어 법률에 일부 미흡한 점이 있다는 주장이 있다.

사례 3-17

문재인정부 탈원전 정책: 정책이슈 단순/정책상황 불안정 → 특별조직에 의한 점진적 설계[32)]

문재인정부의 탈원전 정책 추진으로 과거 50년간의 원자력발전 정책이 새로운 국면을 맞이한다. 문재인대통령은 대선 후보 시절, '원자력 제로'를 목표로 신규 원전 건설계획 백지화, 노후원전 수명연장 중단 등 탈원전 정책을 공약으로 내세웠다. 전력의 30%를 담당하는 원전 비중을 2030년까지 18%로 낮추는 대신에 친환경 LNG는 20%에서 37%, 신재생에너지는 5%에서 20%로 끌어올리겠다고 내용이었다. 문대통령은 2017년 6월, 고리 1호기 영구정지 기념식에서 탈원전을 포함하는 에너지전환 정책 공약을 신속히 이행하기 위해 그 시작점으로 신고리 원전 5·6호기 공사 중단에 대한 사회적 합의를 도출하겠다고 밝혔다. 탈원전으로 전력파크 상황에 대응할 수 있겠는가? 하는 우려도 커졌다.

이를 위해 공론화위원회가 출범했다. 공사의 중단과 재개를 주장하는 측이 팽팽히 맞선 가운데 공론화위원회는 3개월간의 공론화 절차를 진행하였으며, 59.5%의 지지로 건설 재개가 최

31) 참고: 박계옥(2019). 기회가 열린 나라로 가는 길. 프린피아. pp.248-266.

종 결정됐다. 한편 공론화위원회는 숙의 결과, 신고리 원전 5 · 6호기 공사 재개에 대한 결정은 내렸지만, 장기적으로 원전 감축에 대한 사회적 합의 기반이 마련되었다고 결론지었다.

한국수력원자력 이사회는 2017년 10월, 신한울 3 · 4호기 등 원전 건설 백지화를 발표했다. 정부는 탈원전 로드맵을 발표하면서 원전의 지속적 감축과 재생에너지 확대라는 국가 에너지 정책의 기본 방향을 제시하였다. 재생에너지 발전량 비중을 2030년까지 20% 확대하는 등의 계획을 담고 있는 재생에너지 3020 이행 계획은 문재인정부 에너지 정책의 뼈대였다.

반면, 정책을 추진하는 과정에서 전력수급 불안정, 전기요금 인상, 산지 훼손 등 사회적 문제가 발생했다. 2018년 7월 폭염으로 인한 엄청난 전력수요로 인해 최저수준의 전력예비율을 기록하였고, 7월 20일 정부는 한빛3호기, 한울2호기의 재가동을 허용하고 원전 2기의 정비시점을 전력피크 시기 이후로 늦추겠다고 밝혔다.

같은 해 11월 24일, 대만의 탈원전 조항 폐지 이슈에 따라 탈원전 정책에 대한 공론화 필요성이 대두되기도 했다.

산지의 태양광 발전 설비로 인한 환경파괴 등의 이슈가 불거지자 산지 태양광 발전 설비 설치 기준 강화 방안을 마련하기도 했다. 문재인정부는 탈원전 정책 이행을 위한 자구책 마련 등 정책 추진의 후속 조치를 취했다.

사례 3-18

이명박정부 4대강사업 정책: 정책이슈 단순/정책상황 안정 → 정부조직에 의한 구체적 설계[33)]

4대강사업은 대운하 사업을 포기하고 4대강 하천 정비사업으로 변경된 사업이다. 단순히 하천 정비사업만을 보면 이슈는 단순하고 정책상황도 크게 불안하지 않은 정책시장이 형성되었다고 볼 수 있으나, 환경파괴 논란과 대운하 사업의 위장 추진 등 논란이 계속됐던 특이한 정책이었다. 그 이유는 정책시장 전환이 일어났기 때문이었다. 그래서 이슈가 단순하지 않고 복잡하다고 생각할 수도 있을 것이다.

4대강 사업은 2008년 12월 29일 낙동강지구 착공식을 시작으로 2012년까지 22조원의 예산을 투입해 추진한 대하천 정비사업이었다. 이명박이 2007년 대선 당시 대운하 공약을 내놓으면서 공론화 과정에서 뜨거운 이슈로 국민들의 관심이 컸던 정책이었다. 이명박정부 초인 2008년 5월 국토해양부장관 정종환이 대운하 사업에서 4대강 정비 사업으로 변경 의견을 제시하였으나, 그 실체는 대운하 사업이라는 의심은 계속되었다. 우여곡절을 거치면서 추진된 4대

---

32) 참고: 진상현(2021). 문재인 정부 에너지 전환 정책의 경로 고착: 탈원전 · 탈석탄 공약을 중심으로. 한국정책과학학회보. 25(3), 1-34. 10.31553/kpsr.2021.9.25.3.1.

33) 참고: 양승일(2014). 정책변동유형의 흐름 분석: 4대강정비사업을 중심으로. 한국행정학회. 동계학술발표논문집. pp.1116-1135.

강 정비사업은 2011년 10월 완료되었다.

이 사업은 대통령의 지대한 관심 속에서 주무부처인 국토해양부를 중심으로 추진되었다. 농림수산식품부, 문화체육관광부, 행정안전부 등이 이 사업과 연계해서 소관업무를 추진하는 방식으로 참여하였다. 이에 대해서 대통령이 이 사업에 지나치게 몰입했다는 비판이 있다.

5 재산권-정책학습 변인의 정책시장 유형별 정책설계 전략 모형

아파트 가격이 가파르게 상승하거나 그 반대로 폭락하는 현상이 일어날 때 재산권의 변동양상과 이에 대한 국민들의 정책학습을 변인으로 조합하여 그림으로 나타내면 [그림 3-16]과 같다.

먼저, 주택 가격이 전국적으로 상승하는 국면에 있고, 국민들이 그 현상이 일어나는 원인을 학습하고 있는 경우에 정부는 부동산 투기를 방지하는 차원에서 수요를 억제하고 공급을 확대하는 정책을 설계한다. 반대로 주택 가격이 하락하는 국면에 들어서게 되면 부동산 경기부양을 위해 부동산 수요확대를 위한 금리 인하, 취득세 인하

[그림 3-16] 재산권 변동/정책학습 조합

	정책학습(정책불신)	
	부동산 경기부양 정책설계 부동산 수요확대/공급억제 양도세, 취득세 비과세 확대 주택구입 대출요건 완화 **정책신뢰 낮다(불신)** 수요<공급(학습과잉)예측: 매도	**부동산 투기억제 정책설계** 부동산 수요억제/공급확대 양도세, 취득세 중과세 확대 주택구입 대출요건 강화 **정책신뢰 낮다(불신)** 수요>공급(학습과잉)예측: 투기 매수 → 용적률 상향 등 민간공급 유인대책
재산권(하락)		재산권(상승)
	부동산 경기부양 정책설계 부동산 수요확대/공급억제 양도세, 취득세 비과세 확대 **정책신뢰 높다(신뢰)** 수요>공급(학습적당)예측: 매수 → 미분양 해소 등	**부동산 투기억제 정책설계** 부동산 수요억제/공급확대 양도세, 취득세 중과세 확대 **정책신뢰 높다(신뢰)** 수요<공급(학습적당)예측: 매도
	정책학습(정책신뢰)	

등 정책을 설계하게 된다.

이처럼 부동산 경기가 출렁거릴 경우 정부는 다양한 정책을 설계하지만, 문제는 국민들이 정책학습을 통해서 그 정책을 신뢰하느냐, 아니면 불신하느냐?에 따라서 예기치 않은 다른 방향으로 주택을 매도하거나 매수에 나서게 된다. 이렇듯 정책학습 측면이 중요한 변수로 작용한다.

박계옥(2011)은 아무리 민주적인 선거를 통해 선출된 정치지도자의 철학과 가치가 반영된 정책이라고 할지라도 그 정책의 기본 방향이 시장경제의 원리에 맞지 않을 경우, 그 정책은 성공하기 힘들다고 주장한다. 우리나라의 경우 정권 초기에 자주 벌어지는 현상이다. 이런 단순한 원리를 무시한 정책은 기회비용만을 증폭시키는 결과를 초래하거나 사회구성원들의 기회주의적인 행태만을 양산하게 될 것이라는 점을 명심해야 한다고 강조한다. 차라리 정부가 주택시장에 개입하지 않고 시장에 맡기는 것이 문제해결을 더 효과적으로 하는 방법일 수도 있다. 주택공급을 확대하기 위해서는 용적률 상향 등 민간공급 확대유인책이 필용하다고 하겠다.

위의 모형을 뒷받침하는 구체적인 정책사례는 다음과 같다.

사례 3-19

박근혜정부 부동산 정책: 재산권 상승/정책학습 미흡 → 부동산 경기부양 정책설계

이명박정부가 주택공급 중심의 정책기조를 유지했다면, 박근혜정부는 주거복지 중심의 정책기조를 유지하면서 서민주거 안정을 중심으로 정책을 전개해 나가고자 하였다.

하지만 2013년 4월, 침체된 경기를 회복시키기 위해서는 주택시장의 안정이 필요하다고 판단하고 서민 주거안정을 위한 주택시장 정상화 종합대책을 발표했다.34) 이는 미분양 신축주택 외에 기존 주택도 양도세를 5년간 면제하는 내용 등을 담았다. 이 대책의 핵심은 청약가점 기준 완화와 주택구입자 양도소득세 한시감면 등을 통한 주택수요 창출이었다. 8월에는 전세수요를 매매로 전환하기 위해서 주택 취득세 인하와 다주택자 취득세 차등부과 폐지를 발표했다.

2014년 7월 하반기 경제정책 방향을 발표하면서 기존의 지역별로 달랐던 총부채상환 비율과 주택담보대출 비율을 각각 60%와 70%로 확대조정하고, 다른 한편으로는 9월에는 주택시장 활력회복 및 서민주거안 정화 방안을 발표하여 재건축 · 재개발 등 도시정비사업 관련 규제를 완화하였다. 2016년 4월, 대출에 대한 금리를 완화하고 대출한도를 증액하는 대책을 발표했다.

---

34) 참고: 문영환, 최민섭(2016). 부동산 정책이 정부 신뢰에 미치는 영향에 관한 연구. 박근혜 정부의 주택정책을 대상으로. 주거환경14권 3호.

이러한 박근혜정부의 수요확대 정책의 효과는 문재인정부가 들어서면서 아파트 가격의 폭등으로 나타나게 된다.

사례 3-20

문재인정부 부동산 정책: 재산권 상승/정책학습 풍부 → 부동산 투기억제 정책설계: 국민의 정책불신 초래, 역효과 발생

문재인정부는 집권 초기 주택 공공성 강화를 기조로, 주택시장 안정화를 부동산 정책의 주요 목표로 삼았다. 정부는 경기부양이나 경기조절의 수단이 아닌 서민주거안정과 실수요자를 보호하는 주택 정책을 추진할 것을 표방했다. 그러나 출범 이후 얼마 되지 않아서 서울 강남을 비롯해 전국의 아파트 값이 오르기 시작했다. 주택시장 안정과 투기 억제를 위해 23차례 이상 대책을 발표했음에도 수도권 아파트 매매시장은 폭등했다. 전국적으로 부동산 가격이 치솟아 양극화 현상이 심화되었다. 처음 정책의 타깃은 서울 강남권의 재건축이라는 면에서 노무현정부의 정책을 답습한 측면이 강했다. 주택시장의 반응도 노무현정부 시기에 반응했던 방식과 비슷했다.

문정부는 아파트 공급이 부족한 상황에서 공급은 늘리지 않고 투기수요만 억제했다. 문정부의 부동산 정책이 노무현정부의 실패한 정책과 유사하다는 정책학습은 정책불신을 심화시켰다. 다주택자들은 증여와 세금전가를 통해 규제를 우회하였고, 실수요자들은 영끌 매매로 대응하였다.

문정부의 주택 정책은 기본적으로 많은 문제가 있었다. 우리 주택시장의 독특한 기제인 매매시장과 전월세시장의 유기적인 관계에 대한 이해 부족, 본질적으로 원인 처방이 아닌 시장상황에 대한 반응으로 발생하는 투기적인 행태에 매몰된 과도한 규제대책, 1가구 1주택 소유의 구호성 목표와 다주택자의 긍정적 측면을 무시한 징벌적인 조세 정책 등 여러 가지 문제점을 안고 있다.[35] 앞서 노무현정부의 규제 정책과 공급확대 실패를 학습한 대부분의 국민들은 차가운 반응을 보였다.

2021년 9월 한국갤럽 여론조사 결과를 보면, 문재인정부의 부동산 정책에 대해 응답자의 79%가 '잘못하고 있다'고 답했고, '잘하고 있다'는 6%에 불과했다. 더불어민주당 지지자들 중에서도 '잘못하고 있다'는 64%로 높았다. 무당층은 75%, 국민의힘 지지자는 97%가 부정적으로 평가했다.[36]

35) 참고: 이창무(2020). 문재인 정부 부동산정책의 비판적 평가. 한국행정연구. 29(4): 37.
36) 참고: 갤럽리포트 데일리 오피니언 제466호(2021년 9월 5주)

6 정책시장 유형의 전환을 통해서 보다 쉽게 정책설계를 하는 전략

이슈가 복잡한 정책시장이 형성되어 국민들의 반감이 증폭된다면 이슈를 단순화시켜 정책시장의 유형을 전환하는 정책설계 전략을 구사할 수 있다.

이명박정부는 당초에 대운하사업을 통해 한반도 전체에 흐르는 강들을 운하로 연결하여 한반도 전체를 물길로 잇겠다는 정책을 발표하였다. 강을 교통로로 이용하고, 물류나 관광 사업을 일으켜 경제발전을 꾀하고자 하였다. 그러나 이에 대해서 야당을 비롯한 각계 각층에서 반발 움직임이 크게 일어났고, 그 반발이 예상을 뛰어 넘었다. 그래서 대운하사업을 4대강 정비사업으로 축소하여 추진하기로 정책을 수정한다. 정책시장의 전환을 유도한 것이다.

정책이슈를 복잡한 대운하사업에서 4대강 정비사업으로 단순화시키는 설계전략을 구사했다. 이는 정책설계에 대한 저항과 반발을 줄이는 전략이라고 할 수 있다.

국민연금 개혁에 있어서도 비슷한 전략을 사용하였다. 광범위한 이슈를 '더 내고 덜 받기'(또는 더 내고 더 받기)로 단순화시켜 정책설계를 진행하였다. 앞에서 소개한 정책사례 [3-9]와 [3-18]은 이를 잘 보여주고 있다.

제 8 절 정책시장의 거시적 대응연계모형과 미시적 합의모형의 적용방법

정책설계 과정은 강한 정치적 색채를 띠고 다양한 이해관계가 혼재되어 변화무쌍하게 역동적으로 전개된다. 그렇다고 하더라도 이 과정을 예측할 수 없는 오리무중의 암흑현상으로만 치부한다면, 정책학이 하나의 사회과학으로 발전할 수 있는 가능성을 포기하는 것과 같다. 오히려 복잡한 정책현상을 설명하고 예측할 수 있는 이론이 절실하다고 하겠다.

정책시장이 형성되었을 때 거시적, 객관적 접근이 가능하다면 지금까지 살펴본 대응연계모형에 터하여 정책을 설계하면 된다. 그렇지만 정책시장 유형을 객관적으로 설정하기 어려울 경우에는 이 모형을 활용하기가 어렵게 된다. 이런 상황에서는 제5장의 주관적·미시적 정책설계 모형을 적용하면 될 것으로 생각한다.

CHAPTER

04

정책수단 설계 모형

제1절 여는 글

정책수단은 정책목표를 달성하기 위해 정부가 의도적으로 활용하는 도구와 장치다. 우리는 어떤 사태가 발생하거나 상황이 벌어지면 일정한 프레임(frame)을 가지고 그 현상을 설명하고 이해하려고 한다. 개념적인 렌즈(conceptual lens)인 프레임을 통해서 세상을 설명하고 예측한다. 정책수단 설계 모형은 정책동학적 정책설계 모형과 같이 객관적 변수들 간의 인과관계를 중심으로 정책현상을 설명하고 예측하는 접근 방법이다.

이 모형의 기본적인 입장은 정책프레임(policy frame)이 짜여지면 그것에 맞는 정책수단을 선택하게 된다는 것이다. 정책설계자는 정책문제를 진단하고 먼저 자신들의 지식, 경험, 신념을 반영한 정책프레임을 짜게 된다. 정책프레이밍(policy framing)을 하게 되는 것이다. 그런 후에 짜여진 프레임(frame)을 바탕으로 그것에 맞추어 적절한 정책수단을 선택한다. 정책수단의 선택은 짜여진 정책프레임에 따라 달라진다.

예를 들어 보자. 고등학교에 입학한 학생이 3년 후 대학입시를 준비하기 위해 자신에게 맞는 입시방향을 프레이밍(framing)을 한다고 하자. '학교내신 위주의 수시전형이 좋은가?' 아니면 '수능시험을 준비해서 정시전형으로 대학에 갈 것인가?'를 고민하게 된다. 만약에 내신위주로 프레임을 짠 경우는 학교수업에 전념하는 수단을 선택할 것이다. 반면에 수능시험으로 승부를 보겠다고 프레임을 짠 경우는 학교 정규수업 외에 사설학원 수강과 EBS강의를 수단으로 선택할 것이다.

정책설계도 마찬가지일 것이다. 정책프레이밍(policy framing)에 따라 그것에 맞추어 정책수단을 선택한다.

제2절 왜 정책수단 설계 모형을 구성해야 하는가?

정책학은 정책설계자, 이해관계자를 포함한 정책행위자들에게 실질적인 원리를 제공해야 한다. 실질적인 정책내용에 관한 이론들을 제공해야 한다. 이제 가장 중요한 정책학의 구성요소가 무엇이어야 하는가에 대해서 진지하게 고민하고 이에 대한 연구를 진행해야 한다. 정책 그 자체가 정책학의 중심이 되어야 한다. 정책수단을 그 중심에 두어야 한다.

비유하자면, 어느 스포츠 이론이 선수모집, 훈련 절차, 경기 방식, 경기 후 평가 등에 일반적이고 형식적인 측면에 대해서만 설명하고, 실제로 어떤 유형의 팀과 맞붙을 경우에 어떠한 전략과 전술로 게임을 해야 하는지에 대해 입을 닫아버리는 것과 같은 실수를 범해서는 안 된다. 스포츠팀 감독과 선수들이 진정으로 원하는 것은 후자일 것이다. 이는 정책학에도 똑같이 적용된다.

최근 정책수단에 대해서 주목할 만한 저술을 꼽으라면 Salamon이 편집한 『The tools of government』이다. Salamon은 정책수단에 대한 연구가 필요한 이유를 정부의 일하는 방식이 바뀌고 있기 때문이라고 주장한다.

정부의 일하는 방식은 다양한 형태의 정책수단으로 구체화되고 있다. 정부가 나서서 명령・통제 위주의 규제를 하는 방식, 직접적으로 공공서비스를 전달하는 방식이 아직도 대세이지만 점점 줄어들고 있다. 간접적인 정책수단이 늘어나는 추세다.

최근 들어 공공서비스는 공무원이 국민에게 직접 제공하는 양자적 관계의 틀에서 벗어나 새로운 정책수단에 의존하는 경우가 늘어나고 있다. 기업과 비영리조직 등 다수의 민간조직을 통해서 간접적인 상호 의존관계를 바탕으로 공공서비스를 제공하는 경향이 커지고 있다.

1 정책수단 설계론의 이론적 구조

정부는 부강하고 조화로운 국가 공동체를 유지・발전시키면서 갖가지 사회문제를 해결하기 위해 바람직하게 정책을 설계하여 이를 올바르게 집행해야 한다. 대개 정책은 국민들의 선호가 반영된 정책목표와 그것을 실현하는 정책수단으로 구성된다.

사실 정부정책들을 세부적으로 분해하여 거름망으로 걸러낸다면 정책수단들만 남을 것이다. 정책수단에 대한 학자들의 견해를 살펴보자. Salamon은 정책수단을 공적 문제에 접근하기 위하여 집합적 행동이 구조화되는 판별가능한 방법(identifiable method)이라고 하였고, Schneider와 Ingram은 정책수단을 정책설계의 기본요소(elements in policy design)라고 하였다.

정책은 정책수단들로 구성된 덩어리, 즉 정책수단들의 집합체라고 할 수 있다. 정책결정은 정책수단들을 선정하여 조합하고 종합하는 형식을 띠게 된다. 이것이 곧 정책설계다. 정책수단들을 선택하여 조합하는 것이 정책수단 설계다. 정책설계는 정책수단들을 선택하여 조합하는 종합(complex)행위라고 할 수 있다.

정책설계의 기본요소로서 정책수단을 선택하는 정책수단 설계론은 하나의 공식을 성립시킨다. 바로 '정책수단 설계 모형 = 정책설계론 + 정책수단론'이라는 공식이다. 정책수단 설계론은 정책설계에 관한 이론과 정책수단에 관한 이론을 통합한 이론이다.

이 공식에 정책프레이밍(policy framing)을 추가할 수 있다. 프레임(frame)은 세상을 보는 의미의 해석 틀이다. 이러한 프레임을 짜는 행위가 프레이밍(framing)이다. 계획(plan)을 짜기 위한 행위를 기획(planning)이라고 부르는 경우와 같다. 정책프레이밍은 정책프레임 속에 어떤 요소를 선택하여 넣고 무엇을 강조할 것인가를 결정하는 과정이다. 정책현상의 특정 측면을 부각시켜서 선택, 강조, 집중하는 역할을 한다. 그래서 정책프레임은 정책현상을 특정 기준에 초점을 맞추어 해석하는 렌즈역할을 한다.

따라서 보다 더 포괄적인 공식을 만들 수 있다. 바로 '정책수단 설계 모형＝정책설계론＋정책의 프레이밍(framing)＋정책수단론'이다.

정책설계자는 정책수단을 선택해야 하는 상황에 직면할 때 정책수단을 취사선택할 수 있는 정책프레임(policy frame)을 갖추어야 한다. 정책프레임은 매우 다양한 유형으로 짜여질 것이다. 정책수단의 선택상황을 결정하는 요인들을 뽑아내어 변수화하면, 그 변인들이 상호작용하여 생기는 구체적인 정책프레임을 여러 가지 형태로 유형화할 수 있다.

이렇게 정책프레임이 짜여지면, 그 유형별로 상황에 맞게 정책수단(policy tool)을 선택하는 모델을 만들 수 있게 된다. 정책수단을 선택하는 데 필요한 정책프레임을 유형화하여 그것에 따라서 그것에 맞는 적절한 정책수단을 선택하는 예측모형을 만들 수 있다. 그렇게 되면 정책수단 설계론이 갖는 이론적이고 실무적인 유용성이 더욱 커질 것이다.

제대로 된 정책수단 선택 모형을 만들어야 한다. 그러기 위해서는 그동안 정부가 시행했던 수많은 정책사례들을 분석하여 몇 가지 기준에 따라 정책프레임의 형태를 분류하고 그것에 맞게 집행된 정책수단들을 추출하여 정책프레임과 정책수단 간의 대응관계모형을 만들어야 한다. 많은 정책사례를 분석하여 정책수단들의 표준적인 기능과 역할들을 추론해 낸다면, 보다 적합한 정책수단들을 선택하게 하는 가이드라인으로서 정책수단 설계 모형이 정립될 것이다.

2 민 · 관 거버넌스와 정책수단 설계론의 관련성

요즘 대세적 흐름이 거버넌스다. 전통적인 거버먼트(government) 시대는 가고 거버넌스(governance)가 큰 흐름을 형성하고 있다고 할 때, 그 실체는 무엇인가? 그것은 바로 공직사회의 일하는 방식의 근원적 변화다. 결국 정책수단의 다양화로 나타나게 된다. 이것이 거버넌스의 궁극적 귀결점이다.

거버넌스라는 흐름에 맞추어 일하는 방식의 변화들을 살펴보자. 과거에는 공공재화와 서비스를 정부가 직접 생산하고, 공권력을 바탕으로 규제정책을 펴는 직접적인 정책수단에 의존하였다. 하지만 거버넌스 시대에는 보조금 지급, 시정적 부담금 부과, 민간위탁 계약, 조세감면, 바우처, 정보제공, 표준화, 위법행위 신고자 보상제도 등 간접적인 정책수단이 새롭게 등장하게 된다.

이런 변화의 경향과 패턴을 거버넌스(governance)라고 할 때, 거버넌스와 정책수단 설계론의 연구는 깊은 관련이 있고 서로 일맥상통하는 면이 있다.

3 정책수단 연구의 기원과 연혁

1) 도구주의(instrumental)적 합리성에 의한 정책수단 연구

1970년대 정책수단에 대한 관심은 후생경제학의 영향을 받아 도구주의적 패러다임을 형성하게 한다. 도구주의적 합리성 모형은 정책수단을 정책설계의 기본요소로 보고 정책설계자로 하여금 정책목적을 가장 효율적으로 달성할 수 있는 정책수단을 선택할 것을 요구한다.

도구적 합리주의자들은 목수가 도구상자에서 톱과 망치를 골라서 집을 짓듯이 공무원 등 정책설계자들이 정책수단을 선정하여 정책을 결정해야 한다고 본다. 도구주의자들은 해결해야 할 사회문제를 상대적으로 명확하게 정의할 수 있다고 보고, 정의된 정책문제와 정책수단 간의 연결은 기술적 과정(technical process)으로 여긴다. 정책수단의 결정은 주어진 문제유형과 가장 효과적인 정책수단 간의 매칭(matching)으로 간주되었다.

다른 한편에서는 1970년대부터 1980년대에 걸쳐서 새로운 경향이 나타난다. 도구주의적 합리주의에 따르더라도 정책수단 개발에 귀납적으로 접근하는 연구의 경향이 생긴 것이다. Wildavsky 등이 제기한 '정책채택과 결과 사이에 도대체 무슨 일이 일어나는가?'라는 주제에 대해서 정책학자들은 새로운 퍼즐을 찾아 나서게 된다. 바로 정책집행(policy implementation)에 대한 연구가 그것이다. 이 연구가 활성화되면서 정책수단의 중요성을 재인식하게 되는 계기가 되었다.

정책집행의 효과성을 제대로 파악하기 위해서는, 이전까지 정책의 전체적인 구조 또는 프로그램 수준에 중점을 두는 연구경향에서 벗어나서 그 하위에 있는 분석단위인 정책수단 그 자체를 연구할 필요가 있다는 주장이 제기된다.

다양한 정책사례를 분석하여 정책수단들이 각기 가장 잘 수행할 수 있는 정책기능을 파악하여 도구적 교범을 제시하려는 노력, 즉 귀납적 접근방법에 의해서 그 효율성들을 검증하려는 연구가 진행되었다.

2) 공공선택론에 입각한 획기적인 정책수단 모색

1970년대 말에 Buchanan을 필두로 도구적 합리성을 강하게 비판하는 기류가 형성된다. 바로 공공선택론(public choice theory)의 등장이다. 공공선택론자들은 특정 정책문제를 해결하기 위해서 최적의 정책수단을 찾는 기술적 과정으로 이해하는 도구주의적 접근에 대해 강하게 비판한다.

공공선택론자들은 정책수단을 선택하는 가장 중요한 요인은, 공무원과 정치인의 사익추구이며 이들의 사적이익 극대화 동기라고 하였다. 지금까지 주장된 공익수호자로서 역할을 신랄하게 비판한다. 이들은 공무원과 정치인들의 사익추구 성향으로 인해서 정부규제의 확산과 세금의 증가, 민간기업의 국유화 같은 특정한 정책수단을 선호하게 된다고까지 주장한다.

특히 사익추구자인 공무원과 정치인은 예산의 증액을 통해서 영향력을 확보하거나 혹은 선거에서 승리와 같은 자기의 이권을 추구하고, 정치적 후원을 제공할 집단에게 지대(rent: 특혜)를 제공하는 규제를 도입하는 결과를 가져오게 된다고 비판한다.

따라서 공공선택론자들은 시장원리의 도입, 민영화, 감축관리, 규제완화, 자율화 등 정책수단을 주장한다[1]. 그러나 공공선택론자들의 이러한 주장은 충분한 경험적 증거에 의해서 뒷받침된다고 보기 어려운 점이 있다.

다른 한편으로, 시장의 실패는 정부의 개입을 요구하는 근거가 되지만, 그에 뒤이은 정부실패 상황은 이러한 실패를 교정하기 위한 다양한 정책수단들을 개발하도록 압력을 가하게 된다.

이렇게 해서 개발된 선진적인 정책수단은 자유경쟁시장의 형성을 위한 정책수단, 특정산업이나 집단에 대한 유인수단으로서 조세감면 · 보조금지급, 새롭게 시장의 규칙(rule)을 확립하기 위한 선진적 규제대안 방식, 시장기제를 통한 공공재의 공급 방안 등 다양하다.

제 3 절 정책프레이밍: 정책프레임 짜기

1 정책프레이밍과 이에 영향을 미치는 변인들

1980년대 중반부터 정치행정체제가 처해있는 특유의 맥락적 요인(contextual factors)이 정책수단의 선택에 미치는 영향을 귀납적으로 밝힌 결과들이 나오기 시작한다. 이

1) 이에 대해서는 앞의 제3장 제7절에서 설명하였다.

런 경향의 연구자들은 도구주의적 합리성에 기초한 정책수단의 선택모형은 이론적으로만 존재하는 신화에 불과하다는 비판을 제기한다.

프레이밍은 프레임 짜기이다. 인식론적으로 사람은 현실을 외부의 물질 그 자체로 받아들이지 않고, 사실을 재구성하여 자신의 틀로 재해석한다고 한다. 프레이밍을 통해서 어떤 대상이나 수단을 선택, 강조, 집중하는 현상이 일어난다.

실제로 정책수단의 선택은 정치적 요인을 비롯한 다양한 요인, 즉 시간·공간적 맥락성 속에서 이루어진다. 그렇다면 정책수단의 취사선택 프레임(frame of policy tool selection situation), 즉 정책프레임 짜기를 결정하는 주요 요인들은 무엇일까? 정책프레이밍은 구조적 맥락, 체계적 맥락, 상황적 맥락 속에서 이루어지게 된다. 이를 자세하게 알아보자.

① 정책문제 발생 당시 정책결정자의 정책철학

② 당시의 정책유행

③ 정책결정자의 리더십 유형: 실용적 아니면 이념형 리더십인가?

[그림 4-1] 정책프레임 짜기(정책프레이밍)에 영향을 미치는 변인들

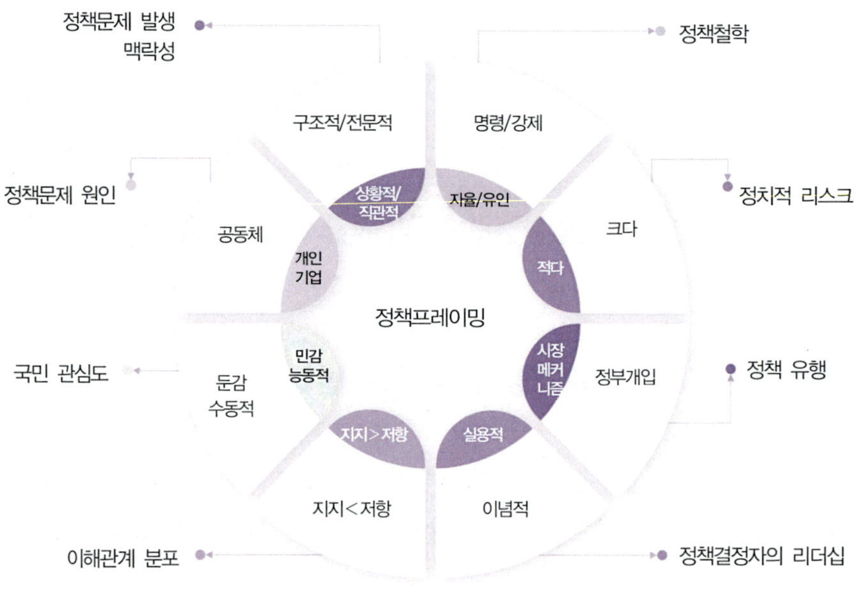

④ 정책수단의 정치적 리스크 정도

⑤ 이해관계의 분포, 이해집단의 지지 또는 저항

⑥ 국민의 관심도: 수동적으로 둔감한가, 아니면 능동적으로 민감한가?

⑦ 정책문제의 근본원인: 공동체의 문제인가 아니면 개개인의 문제인가?

⑧ 정책문제 발생의 맥락성: 상황적(사고나 재난 발생, 빠르게 생각 · 대처)인가 아니면 구조적 · 체계적(근원적인 문제 발생, 신중하게 생각 · 대처)인가?

등이다. 이를 그림으로 정리하면 [그림 4-1]과 같다.

2 주택정책분야의 구체적 정책수단

주택정책수단을 구체적으로 살펴보면, 우리가 학술적으로 다루는 정책수단들이 주택정책에서는 다양한 형태의 다른 용어로 시행되고 있음을 알 수 있게 된다. 정책수단의 이해 폭을 넓힌다는 의미에서 이를 알아보도록 하자.

주택정책수단들은 세 가지 정책목표 하에서 추진되고 있다. 첫째, 주택경기 활성화다. 절대적인 주택부족을 해결하기 위해 주택공급을 중심으로 하는 이 정책은 가장 오래된 역사를 지닌다.

둘째, 투기억제다. 1967년 부동산 투기억제에 관한 특별조치법이 제정되면서 투기억제 정책이 등장하였고, 대부분의 투기억제 정책은 정부규제 방식을 활용하였다. 1980년대부터 투기문제가 국민적 관심사로 대두되면서 투기세력들을 억제하기 위한 강력한 정책들이 추가되었다. 중장기적 시각에서 정책을 수립한 게 아니라 당시의 상황에 따라 투기억제 강화와 완화를 반복했기 때문에 사실상 큰 효과를 거두지 못했다는 평가가 많다.

셋째, 서민주거 안정이다. 1970년대 공영개발사업은 기존 토지수요자의 권리를 보호하는 장치가 없어 개발에 대한 저항이 거셌으며, 1980년대 진행된 재개발사업도 시행과정에 원주민이 소외되는 문제가 발생했다. 특히, 서울시는 주택정책들이 저소득층의 주거불안을 초래한다는 비판이 커지자 1988년부터 최저 소득층을 위한 영구임대주택을 공급하기 시작한다. 지금은 매입임대주택, 국민임대주택, 재개발임대주택 등 다양한 임대주택을 공급하고 있다. 2000년대 이후부터는 임대주택 공급대상이 서민과 중산층으로 확대되었다.

앞의 주택경기 활성화 및 투기억제라는 정책목표를 달성하기 위한 정책수단은 크게 수요와 공급측면으로 구분된다. 상위의 정책수단은 거래 활성화, 주택공급 · 거래 규제와 금융 · 조세 규제의 강화 또는 완화 등 포괄적인 형태로 설계된다. 실제로 사용되는 구체적 수준의 정책수단은 보다 세부적으로 설계되어 시행되고 있다. 주택거래신고제 폐지 또는 도입, 분양가상한제 도입 또는 폐지 등이 이에 해당된다.

반면 서민주거안정과 관련된 정책수단은 주택자금 지원과 임대주택 활성화 두 가지로 요약된다. 앞의 두 가지 목적의 정책과 비교할 때 상대적으로 정책수단이 적은 편이다. [표 4-1]을 보면 알 수 있다.

[표 4-1] 주택정책수단들

정책목표	정책도구1		정책도구2
주택경기 활성화	수요 (진작)	거래 활성화	• 주택거래신고제 폐지 • 청약자격 완화 • 분양권전매 제한 완화 • 투기과열지구, 투기지역 해제
		금융규제 완화	• 금리인하 • 주택담보인정비율(LTV), 총부채상환비율(DTI) 규제 완화
		조세 감면	• 취 · 등록세, 종합부동산세, 재산세 감면/면제
	공급 (확대)	공급규제 완화	• 재건축, 재개발 규제 완화 • 분양가상한제 폐지
		개발계획	• 신도시 개발계획
투기억제	수요 (억제)	거래규제 강화	• 주택거래신고제 도입 • 투기과열지구, 투기지역 지정 • 청약자격 제한 및 우선공급대상 지정 • 분양권 전매 제한
		금융규제 강화	• LTV, DTI 규제 강화
		조세 강화	• 부동산 관련 세제 과표 현실화 • 종합부동산세 및 재산세 강화
	공급(확대)		• 신규 분양 및 임대주택공급
	공급(규제)		• 재건축 규제 강화 • 소형 주택건설 의무화 • 분양가 상한제 도입
서민주거 안정	주택자금 지원		• 주택구입자금, 전세자금 지원 확대
	임대주택 활성화		• 임대주택 건설용지 확대 및 건설지원

학술적으로 정부규제임에도 청약자격 완화, 투기과열지구·투기지역 지정 또는 해제, 분양가 상한제 도입 또는 폐지, 분양권 전매 제한 강화 또는 완화 등 다양한 이름으로 시행되고 있다.

크게 보면 조세정책이지만 세부적으로 조세감면, 종합부동산세 및 재산세 강화 등이 있고, 보조금 등 지원정책은 주택구입자금·전세자금 지원확대, 임대주택 공급확대 등으로 구체화된다.

제 4 절 정책프레임 유형에 맞춘 정책수단 설계 모형

국민의 교육비 부담을 줄이기 위한 차원에서 대학등록금을 동결하는 정책수단을 결정해야 할 상황에 있다고 가정해 보자.

우선 정책프레이밍(policy framing)을 통해서 '이 정책문제를 어떻게 이해할 것인가'를 진지하게 탐색할 것이다. 대학재정을 학생등록금으로만 충당해야 하는가? 아니면 학교재단에서 일정부분 지원해야 하는가? 대학 교수들이 연구용역 등으로 재원을 마련해야 하는가?를 검토하게 된다.

등록금 관련 정책수단의 설계는 먼저 정책프레임을 짜고 그에 맞게 적절한 정책수단을 선택하는 합리적 분석과 정치적 판단이 동시에 요구되는 복합적인 과정이다. 이런 점을 감안하여 대학등록금 동결 방식을 모색하면 다음과 같은 세 가지가 있을 수 있다.

① 대학에 세금이나 보조금 혜택을 주는 인센티브(incentive) 방식

② 강압적으로 금지하는 방법

③ 도덕적으로 양심에 호소하는 행정지도

위와 같은 정책수단의 취사선택 프레임을 짜는 정책프레이밍을 좌우하는 변인들을 설정한다면, 정책설계자는 다음과 같은 변인들을 검토하게 될 것이다.

① 정책결정자의 리더십 성향 및 정책철학, 그리고 당시에 유행하는 정책수단 유

형은 무엇인가?

② 정책대상 그룹인 이익관계 집단의 지지 또는 저항 성향, 그리고 이익을 보는 사람이 더 많은가?

③ 정책문제가 개인이나 기업이 잘못하여 발생하였는가, 아니면 전체 공동체의 구조적 문제인가?

④ (급박한 상황)정책문제 발생의 맥락성으로서 어떤 사고나 재난이 발생하거나 사회적으로 큰 물의가 야기되었는가? 아니면 (잠재적 폭발성이 있는 상황)사회의 구조적 · 체계적인 불합리성이나 모순에서 발생하는가?

⑤ 정치적 리스크의 발생 가능성이 큰가? 한편으로 국민의 관심사인가?

⑥ 시장의 가격기제가 제대로 작동하여 그 산업의 외부효과를 통제하고 있는가?

위에서 설명한 정책프레이밍 변인들 중에서 대표적인 예를 든다면, 정책결정자의 정책철학과 그 당시의 정책유행 등 두 가지를 기준으로 [그림 4-2]와 같이 정책프레임 유형을 사분면으로 나타낼 수 있다.

이 두 가지 변인에 의한 정책프레임의 유형에 따라서 그것에 맞게 도입 가능한 정책수단을 논리적 · 경험적으로 추론할 수 있다.

먼저 정부가 개입하는 전통적인 정부규제로서 투입요소기준 규제와 성과기준 규

[그림 4-2] 정책철학/정책유행 변인을 고려한 사분면 정책프레임

제가 있다. 이와는 달리 보다 선진적인 규제대안적 정책수단이 있다. 인센티브 방식의 규제대안(regulatory alternative by economic incentives), 시장에 기반한 규제대안(market-based regulatory alternative), 정보공개가 이에 해당된다. 한편 정부가 어떠한 간섭도 하지 않고 시장에서 자율적으로 해결하도록 맡기는 자유시장의 자율규제가 있다.

정부규제 방식이 아닌 다른 정책수단도 많다. 정책프레이밍을 할 때, 정부의 정책철학과 정책문제 발생원인을 변인으로 삼아 그 정책프레임에 맞게 정책수단을 대응적으로 선택해 보자. 예를 들자면, 정부가 일정한 조건을 정하고 그에 합당한 경우에 보조금을 지급하는 정책수단을 택할 수 있다. 보조금 지급의 정책수단을 설계하는 정책프레임 모형은 다음과 같다.

[그림 4-3] 정책철학/정책문제 원인을 고려한 사분면 정책프레임

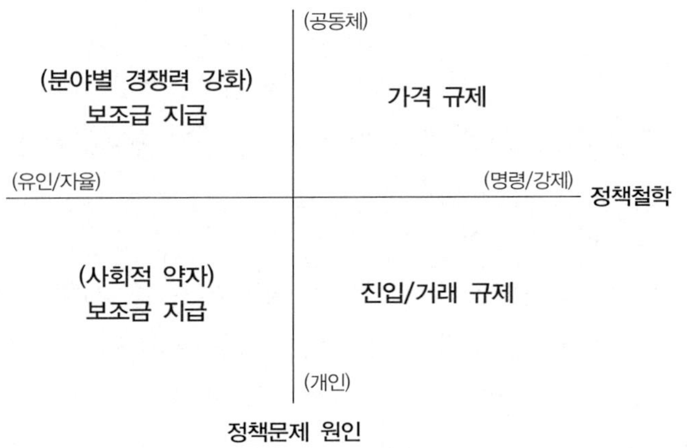

다음은 시장의 가격기제 작동여부와 당시의 정책유행을 변인으로 정책프레임을 설정하여 일반적 부담금, 시정적 부담금, 각종 인센티브 제공 등을 정책수단으로 채택할 수 있다.

[그림 4-4] 가격기제 작동/정책유행 변인을 고려한 사분면 정책프레임

제5절 정부규제 설계론, 그리고 선진적 규제대안 설계론[2)]

정부규제는 법령의 형태를 취한다. 법령의 형태는 법률, 시행령, 시행규칙, 조례, 규칙 등 다양하지만, 내용적으로는 실체적 법령(substantive rules)과 절차적 법령(procedural rules)으로 나눌 수 있다.

실체적 법령은 다시 크게 ① 규제기준(regulatory standards)을 규정하는 부분과, ② 규제의 강제력 확보를 위하여 규제위반자나 위반사항에 대한 벌칙을 규정하는 부분으로 구성된다. 대개 영업정지와 취소처분, 벌금이나 과태료의 부과 등이 이에 해당된다.

한편, 절차적 법령은 공청회 개최, 이해관계인에 대한 의견진술 기회부여, 기준의 변경절차 등이다. 규제기관의 의사결정 절차 또는 입법절차, 그리고 벌칙의 부과절차에 관한 사항 등으로 구성된다.

이처럼 규제법령의 구성요소는 여러 가지이지만, 핵심은 역시 의무를 부과하는

2) 참고: 최병선(2013). 규제수단과 방식의 유형 재분류. 정책수단론. 법문사.

부분이다. 이를 기준으로 삼는다면 다음과 같이 규제수단과 규제대안적 수단으로 분류할 수 있다.

전통적 규제방식은 기준(standards)을 정하는 규제방식으로서 투입요소기준(input standards) 규제와 성과기준(performance standards) 규제가 있다. 규제를 투입-전환-산출로 구성되는 시스템으로 볼 때, 시스템에 투입되는 요소에 대한 기준이 투입요소기준이다. 시스템에서 나오는 결과에 대한 기준이 성과기준이다.

이와 달리, 기준 형태를 취하지 않는 규제대안이 등장한다. 경제유인 규제대안(regulatory alternative by economic incentives), 시장기반 규제대안(market-based regulatory alternative) 등이 그것이다. 선진적 규제대안이라 할 수 있다.

1 투입요소 규제론

규제수단 중 가장 흔하고 널리 쓰이고 있다. 규제목표를 달성하기 위해 반드시 갖추어져야 할 요건이나 이행해야 할 행동에 대한 기준을 정하고, 피규제자가 이 기준에 부합되는 조치나 행동을 취하고 있는지를 확인・감시하는 방식이다.

투입요소기준은 규제목표 달성을 위한 구체적 수단이라는 의미에서 수단기준(means-based standards)이라 부른다. 문제의 원인에 대한 처방의 성격을 갖기 때문에 처방적 기준(prescriptive standards)이라고 부른다. 피규제자가 이행해야 할 사항들을 구체적으로 명령하고 지시하는 방식이기 때문에 명령지시 규제(command and control regulation)라고 부른다.

한편, 투입요소의 기술적 요소나 관계구조를 특정하는 형태의 규제라고 해서 기술기준(technology-based standards) 혹은 설계기준(design standards)이라 부르기도 한다.

예를 들어 보자. 자동차 배기가스를 규제하기 위해 흔히 사용되는 방법이 연료의 종류와 품질, 엔진의 성능과 규격 등의 지정, 특정 정화장치의 부착 명령, 자동차의 사용 연한 설정 등이 있다.

식품안전 규제에 있어서는 사용이 금지되거나 제한되는 원료나 성분, 유통 및 보관과정에서 사업자가 준수해야 할 사항들이 열거되어 있다.

작업장의 보건안전 규제에서는 작업장의 근무조건, 위험시설의 설치 및 관리방법,

작업자의 배치방법, 교대근무방법 등 안전사고나 직업병을 일으킬 소지가 있는 모든 요인을 통제하기 위한 취지에서 나온 무수히 많은 기준들이 규정되어 있다.

건축 규제에서는 입지의 지구지정(zoning)으로부터 시작하여 건폐율과 용적률, 이웃 건물과의 거리, 건축물의 안전 확보를 위한 각종 기준들이 사용되고 있다.

경제분야에서 업종의 진입규제의 경우 그 핵심은 인가, 허가, 지정, 승인조건(인허가조건)이나 등록 및 신고요건(등록요건)이다. 그 대부분이 투입요소기준에 속한다. 예컨대 사회복지시설, 학교, 병의원, 은행·보험·증권사, 백화점, 자동차정비소 등 산업과 업종의 인허가조건이나 등록요건은 시설의 설치기준, 인력의 고용 및 자격기준, 재정능력기준 등으로 구성되어 있다.

투입요소기준 규제가 이렇게 광범위하게 사용되고 있는 이유는 무엇일까? 상식에 부합되기 때문이다. 어떤 사고나 재난 혹은 사회적 물의가 야기되면 그런 결과를 낳은 원인을 직관적으로 추정하고 각각의 원인에 대한 대책으로서 상식수준에서 쉽게 제기할 수 있는 방안이 바로 투입요소기준이다. 투입요소기준 규제는 일반인에게 가장 친숙하고 동시에 너무나 당연시되는 규제유형이다.

이처럼 상식과 직관에 근거한 접근, 특히 검증되지 않은 가정을 근거로 하는 투입요소기준 규제는 다른 규제방식과 비교해 볼 때, ① 효과성(effectiveness)이 떨어지고, ② 불필요하게 높은 규제비용, 즉 규제집행 비용과 피규제자의 순응비용을 초래하며, ③ 혁신을 가로막고, ④ 형평성 측면에서도 열등하다.

이러한 문제점에도 불구하고 투입요소기준 규제에 대한 의존도가 높은 까닭은 무엇일까? 정부가 피규제자에 대해서 갖는 불신 때문이다. 사업자들이 사회문제를 일으키는 것은 사업자들이 부도덕하고 이윤추구 욕심에 사로잡혀 있기 때문이므로 이들이 준수해야 할 의무와 행동기준을 세세하게 규정하고 강제하는 방법 외에는 다른 방법이 없다고 보는 데서 출발한다.

그렇지만 세상을 보다 긍정적으로 보면, 사업자들도 나름대로 소비자의 불만을 최소화하고 환경오염을 줄이기 위한 노력을 하고 있다고 봄이 타당하다. 그러한 노력을 하지 않는 사업자는 경쟁시장에서 소비자로부터 외면당하고 결국은 도태될 수밖에 없다는 점을 누구보다도 사업자 스스로가 잘 알고 있다.

2 성과기준 규제론

투입요소기준 규제가 구체적인 수단과 방법을 특정하고 피규제자가 이를 준수하고 이행하도록 강제하는 방식이다. 이에 비해, 성과기준 규제는 피규제자가 도달해야 할 최소목표치(required outcome)를 설정하고 기준치에 도달하거나 부합하기 위한 수단과 방법은 전적으로 피규제자의 자율적인 선택에 맡기는 방식의 규제이다.

예컨대 자동차 배출 CO2는 30g/km 이하, 수질오염 BOD는 50ppm 이하, 휘발유를 사용하는 자동차연비는 20km/L 이상, 아파트 층간 소음은 60dB 이하, 휴대폰의 방출저주파(VLF)는 50펄스(pulse) 이하 등으로 규정하고 있다.

성과기준 규제의 장점을 살펴보자. 먼저 경제적 효율성 면에서 투입요소기준 규제보다 월등하다. 투입요소기준 규제는 규제목표 달성을 위한 구체적인 수단과 방법을 획일적으로 정하고 무조건 그 이행을 강제한다. 이에 반해, 성과기준 규제는 피규제자가 가장 비용 효과적인 수단과 방법(the most cost-effective options)을 선택하도록 자율성을 부여하고 있다. 동일한 규제목표를 달성하는 데 드는 비용과 부담은 성과기준 규제 하에서 당연히 크게 낮아지게 된다.

둘째, 혁신을 유도한다. 피규제자가 더 나은 수단과 방법으로 규제문제를 해결하도록 혁신을 유인하는 역할을 한다. 동일한 규제목표치에 도달하되 비용을 최대한으로 줄일 수 있는 다양한 방법을 모색하고 그 가운데 최적의 수단를 선택하기 위해 노력하면 할수록 그만큼 피규제자에게 이득이 된다.

셋째, 규제의 불공평성 문제를 완화할 수 있다. 투입요소기준 규제방식 하에서는 획일적이고 경직적인 규제기준으로 인해서 불공평성 문제가 생긴다. 이에 비해 성과기준 규제방식 하에서는 피규제자의 순응비용과 부담의 크기를 반영해 성과기준을 차등화하기가 훨씬 쉽다. 예컨대, 중소기업 대 대기업의 기업규모나 입지지역 등 정책적 고려의 필요성에 따라 성과기준올 적절하게 차등화하면 형평성이 확보된다.

3 경제적 유인방식의 규제대안 설계론

전통적 규제방식은 모든 피규제자에 대하여 동일한 기준(standards)을 이행하도록 강제하거나 동일한 수준의 성과를 내도록 강제하는 방식이다. 지금부터 소개할 경제적 유인방식의 규제대안(regulatory alternative by economic incentives)은 이러한 기준 자체가 없다.

피규제자가 규제목표의 달성에 기여하는 정도 또는 역으로 규제위반 정도에 맞추어 각자의 경제적 유인의 크기나 처벌의 수준이 각각 다르게 부여되거나 부과되도록 설계한다.

규제목표의 달성을 위해 요구되는 피규제자의 행동을 법적으로 강제하는 것이 아니라, 경제적 유인(economic incentives)을 제공함으로써 피규제자가 자신의 이익을 위해 자발적으로 정책목표의 달성에 참여하고 협조하도록 유도한다. 이 방식은 오늘날 다양한 분야에서 사용되고 있다.

우리에게 가장 친숙한 제도로 자리 잡은 쓰레기 종량제가 그 대표적인 사례다. 쓰레기 종량제는 참으로 간단하다. 쓰레기를 배출할 때에는 반드시 구청이나 군청에서 판매하는 규격봉투를 사용해야 하고, 이를 위반하면 과태료 100만원을 물어야 한다. 쓰레기 감량을 위한 어떤 투입요소기준도 없고, 호구당 혹은 업소당 배출허용량을 정하는 방식의 성과기준도 없다. 규격봉투의 값도 그리 비싸다고 말할 수 없는 수준이다.

쓰레기 종량제 하에서 규격봉투 구입비를 절약하려면 쓰레기 배출량을 줄이는 길밖에 없다. 쓰레기를 줄이면 줄일수록 경제적으로 이득이다. 따라서 사람들은 자발적으로 쓰레기 배출량을 줄이기 위해 모든 수단을 강구하게 된다.

4 시장기반의 선진적 규제대안 설계론

시장기반 선진적 규제대안(market-based regulation)은 경제적 효율성을 증진시키는 한 차원 높은 정책수단이다. 시장기반 규제대안은 규제목표 달성을 위한 의무와 권리가 시장 메커니즘을 통해 행위자 간에 적절하게 배분되도록 설계된다.

시장의 실패로 인해 규제가 도입되었다는 고식적인 인식에 사로잡혀 있는 한 구상하기 어려운 정책수단이 바로 시장기반 규제대안이다. 구체적으로 설명하면, 시장 자체를 규제문제의 해결을 위한 기본적인 제도적 틀로 삼고 있다. 새롭게 재산권(property rights)을 획정해 새로운 시장을 창출하는 방식이다. 시장이 갖는 가격기능과 교환기능을 활용하는 아주 새로운 규제대안이다.

규제대안적 정책수단을 도입하는 데 있어서 시장메커니즘에 다시 눈을 돌려야 할 이유는 분명하다. 규제문제를 효율적으로 해결하기 위해서는 피규제자들이 스스로 필요한 지식과 기술을 발견하고 활용하려는 강력한 유인을 갖도록 유도해야 한다. 하지만 인간의 이성으로 이런 유인체계를 설계하기는 어렵다. 어떤 지식과 기술이 이용가능한지 알지 못하고, 누가 이런 지식과 기술의 발견과 활용에 재능이 있는지도 알지 못한다. 이런 유인체계를 설계하고자 하는 정책설계자 앞에는 감당하기 어려운 엄청난 정보문제(informational problems)가 가로 놓이게 된다. 이런 문제를 거뜬히 해결하는 것이 바로 시장메커니즘의 신비다.

자유시장경제 체제에서 모든 행위자는 자신의 재산권의 가치를 극대화하려고 노력하며, 이를 위해 새로운 시도·혁신·실험을 계속하려는 강력한 유인에 따라 행동한다. 이러한 자유경쟁이 일상화된 시장에서는 새로운 시도를 통한 지속적인 변화와 재산권의 가치를 극대화하는 아이디어가 모색될 수밖에 없다. 시장경쟁을 통해 새로운 지식의 창출과 신기술이 나타나게 된다. 경쟁은 지식을 발견하는 절차가 된다.

시장기반 규제대안은 시장메커니즘을 이용하는 정책수단인 셈이다. 그 대표적인 정책설계 사례에는 ① 탄소 등 배출권거래 제도, ② 소비자보호 분야에서 널리 사용되고 있는 정보공개 제도가 있다.

1) 배출권거래 제도

그동안 환경 규제는 정부가 일방적으로 기준을 설정하고 이를 강제하는 방식이었다. 탄소세는 제품이나 물질에 포함된 이산화탄소 양에 따라 세금을 부과하는 방식이었다. 하지만 최근에는 시장메커니즘을 활용한 시장기반 규제가 새로운 대안으로 주목받고 있다. 바로 배출권거래 제도다. 정부 당국이 전체 탄소배출 총량을 정하고 이를 배출권(emission allowance)의 형식으로 개별 오염원들에게 할당한 후, 초과 배출이나 감축이 있는 경우에 시장에서 그 배출권을 구매 또는 판매할 수 있도록 허용해 주는 제도다. 시장 자체를 문제해결의 틀로 활용하는 Coase 정리를 그 이론적 배경으로 삼고 있다.

그는 경제의 외부효과를 해결하기 위해서 반드시 정부가 개입할 필요는 없고 재산권을 명확히 설정해 주고 거래비용을 충분히 낮추면, 당사자들 간의 자발적 협상과 거래(시장메커니즘)를 통해서 자원의 효율적 배분이 가능하다고 주장한다.

배출권거래(emission trading) 제도를 구체적으로 살펴보자. 이 제도는 특정 오염물질의 배출권을 신형의 재산권으로 설정해 줌으로써 오염의 제거의무가 시장에서의 배출권거래를 통하여 가장 효율적으로 배분될 수 있도록 하는 정책수단이다. 이를 cap-and-trade 방식을 통해서 설명한다면 다음과 같다.

먼저, 규제기관은 사회적으로 용인될 수 있는 특정 오염물질의 총량을 획정한 다음, 이를 산업별, 기업별 감소목표치로 배정한다. 이런 방식으로 의무적으로 줄여야 할 오염제거량(cap)을 할당 받은 기업은 두 가지 선택기로에 서게 된다. 그 방법 중 하나는 스스로 오염을 제거하는 것이고, 다른 하나는 오염배출을 줄이지 못할 경우 타기업으로부터 배출권을 사들이는 것이다

따라서 스스로의 노력에 의한 오염제거 비용이 시장에서 형성된 배출권 가격보다 높은 기업은 배출권을 사들여 규제의무를 이행하려 할 것이고, 이와 반대되는 입장에 있는 기업은 최대한의 오염을 제거하고 이로써 획득한 배출권을 시장에 내다 팔아 이득을 보려고 할 것이다. 이렇듯 배출권 시장을 통해서 서로 다른 입장에 놓인 기업들이 수요자와 공급자로 나뉘어 배출권을 거래하게 되고, 그 결과 오염제거의무가 사회적으로 가장 효율적인 방법으로 이행된다.

이 제도의 장점을 살펴보자. 첫째, 경제적 효율성이 매우 높다. 동일한 양의 오염물질을 최소의 비용으로, 혹은 동일한 비용으로 최대한 줄일 수 있게 된다. 배출권의 거래를 통해 상대적으로 낮은 오염감축 비용곡선을 가진 기업에게 이익이 귀착되는 방향으로 시장기구가 작동하게 된다.

둘째, 배출권은 새로운 유형의 재산권이다. 이런 새로운 재산권을 어떻게 정의하느냐에 따라 시장의 구조와 형태는 얼마든지 달라질 수 있다.

셋째, 적정가격이 시장에서 결정된다. 가격은 시장에서의 거래동향에 따라 자동적으로 결정된다. 이 가격은 수요·공급량의 변화, 기술혁신의 속도, 정책의 변화 등에 따라 계속 변동하게 된다. 변동되는 가격은 다시 신호가 되어 기업의 합리적 선택을 이끌게 된다.

[그림 4-5] 탄소배출권거래 제도

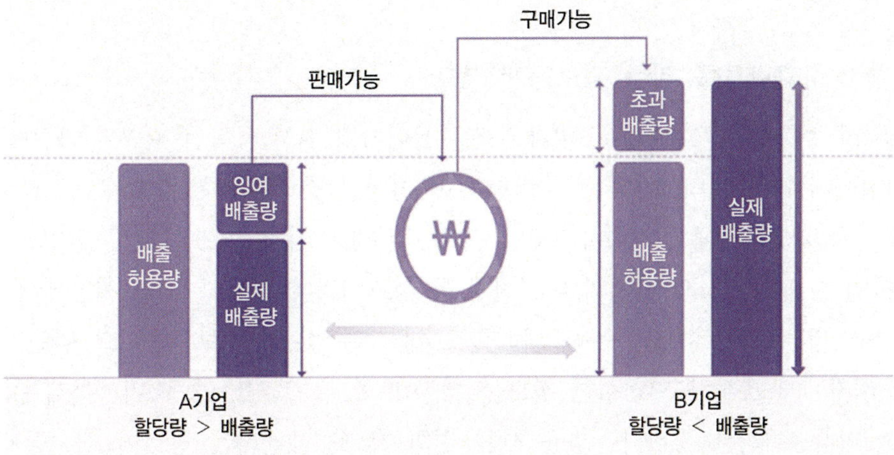

우리의 K-ETS(korea-emissions trading scheme)는 2015년 도입된 이후 점진적으로 확대되고 있다. 초기 무상할당에서 점차 유상할당으로 전환하는 등 시장원리를 강화하고 있다. 2025년 현재 약 700개 기업이 참여하고 있다.

2) 정보공개

상품구매자, 예금자, 투자자 등 소비자를 보호하기 위한 규제는 무수히 많다. 사실 소비자보호와 무관한 규제는 하나도 없다고 말해도 과언이 아니다. 그만큼 소비자는 다양하고 폭이 넓다. 이것만으로 소비자보호 정책의 복잡성을 충분히 짐작케 한다.

소비자마다 입장과 처지가 각각 다르고, 따라서 욕구와 기대 또한 천차만별이다. 흔히 소비자집단이라는 표현을 사용하기도 하지만 소비자집단은 하나의 집단, 동질적 집단이 아니다. 그 결과 예컨대 어떤 제품의 안전성 제고를 위해 규제정책을 펼 경우 그것이 과연 모든 소비자의 권익증진에 실제적으로 도움을 주는지 여부를 파악하기는 생각보다 어렵다.

상대적으로 높은 소득계층 소비자의 권익을 증진하는 데 도움이 되는 규제가 소득수준이 낮은 소비자에게는 오히려 불편과 부담을 줄 수도 있다. 제품의 안전성 제고에 따른 가격의 상승으로 소비기회 자체가 아예 박탈되거나 선택의 폭이 매우 좁아질 수도 있기 때문이다.

(1) 소비자보호를 위한 정보공개 제도

복잡한 이면을 갖고 있는 소비자문제를 풀어가기 위한 궁극적 해법은 역설적이지만 시장에서 찾을 수밖에 없다. 시장만이 이 엄청난 정보의 문제를 효율적으로 해결해 줄 수 있다. 시장에서 소비자문제가 빈발하는 데는 여러 가지 이유가 있지만, 가장 근본적인 문제는 정보의 부족과 비대칭성 등 정보의 불완전성에 있다. 시장에서 소비자가 합리적 선택에 이르지 못해 피해를 보게 되는 것은 정보부족이 그 원인이다.

소비자에게 충분하고 적절한 정보를 제공해 줄 수만 있다면, 소비자문제는 해결될 수 있다. 이러한 소비자문제를 시장 친화적으로 해결하는 방식이 정보공개(information disclosure) 제도다.

정보공개는 종래 경제 규제의 영역에서 사용하였으나 최근에는 소비자의 안전, 보건위생 등과 직결되는 사회 규제 영역으로 빠르게 확산되고 있다. GMO 식품 등 위험도에 대한 과학적 증거가 부족하지만 소비자들이 민감하게 관심을 갖는 품목에 대해서 원산지나 특수처리 여부를 표기하도록 하는 레이블링(labeling) 제도가 도입되고 있다.

종래에는 소비자보호를 위해 투입요소기준 규제 또는 성과기준 규제방식이 주로 사용되어 왔다. 하지만 과학적 증거가 확실하지 않은 경우에 위험이 내포될 수도 있는 품목에 대해서는 소비자가 스스로 판단하고 선택할 수 있도록 정보를 제공하는 것이야 말로, 인식의 전환이 가져온 새로운 정책수단이라고 할 수 있다.

(2) 정보공개 정책수단 설계론

정보공개 제도는 소비자의 자율적인 선택에 의해 의도한 정책효과를 내도록 하는 정책수단이다. 정책수단 중에서 가장 연성적이고 다른 정책수단과 조화성이 뛰어난 매우 포용적인 수단이다.

정보공개(information disclosure) 설계는 정보부재로 인해 발생하는 국민들의 비합리적인 선택을 예방하기 위해 정부가 직접 또는 제3자를 통해서 국민에게 관련 정보를 제공하는 방식이다. 정보제공 수단을 분류하면 다음과 같다.

[표 4-2] 정보제공 주체/강제성에 따른 정보제공 정책프레임

구분		정보제공 주체	
		정부	정부 이외의 기관 또는 민간
강제성	높다	정보공개법에 따라 정부정보를 공개 (예) 정부정책과 관련된 정보를 제공	근거 법률을 제정하여 기업 등에게 국민의 건강 정보나 기업의 재무사항이나 투자관련 정보를 공개하도록 함 (예) 식품에 들어가는 첨가물 정보공개, GMO 의무표시제(Lebeling)
	낮다	정책에 대한 수용성을 높이고, 특정 대상에게 필요한 정보를 제공하여 개인의 선택권을 제고 (예) 창업정보제공	국민들의 정보비대칭 문제를 해결하고 합리적인 선택을 지원하기 위해 정보공개 권장 (예) 전국 주유소 휘발유 가격 실시간 인터넷 공개

제 6 절 경제정책수단 설계 모형

1 거시경제 방정식(Y=C+I+G+(X-M)=C+S+T) 프레임에 의한 설계

정부와 시장의 관계를 함축적으로 나타내면, 장기적으로 시장을 이기는 정부는 없고, 단기적으로 정부를 이기는 시장은 없다는 말로 짧게 표현할 수 있다. 참으로 의미 있는 말이다. 그렇다면 정부가 시장에 영향을 줄 수 있는 방법은 무엇일까? 간단한 방정식을 활용해 보겠다.

방정식 Y=C+I+G+(X-M)=C+S+T는 복잡한 경제현상을 이해하기 쉽게 단순화시킨 매우 유용한 거시경제 방정식이다. 여기서 Y(yield)는 국내총생산(GDP)를 나타내고, C(consumption)는 가계의 소비지출, I(investment)는 기업의 투자지출, G(government expenditure)는 정부지출, X(export)는 수출, M(import)은 수입, 그리고 S(saving)는 저축, T(tax)는 세금을 의미한다.

이 식의 국민소득(Y)는 GDP로서 한 국가 영토 안에서 생산된 재화와 서비스의 총량이다. GDP를 경제주체들이 어떻게 지출하느냐, 즉 지출측면에서 보면, 최종소비

자인 가계의 소비지출(C)과 기업의 투자(I), 정부지출(G), 그리고 해외부문의 수출(X)과 수입(M)으로 이루어진다.

여기서 지출측면의 GDP는 Y=C+I+G+(X−M)다. 한 해 동안 국민들이 생산한 산출물은 민간이 소비하거나, 기업이 투자에 활용하거나, 정부가 공공사업을 위해 지출하며, 해외에서도 쓰고 있다는 의미다. Y=C+I+G+(X−M)은 총공급 방정식이고, 이를 그래프로 나타내면 총공급 곡선이다. 국가차원에서 보면 총공급에 해당된다.

다른 한편으로 GDP를 국가경제에 얼마만큼의 자금이 있느냐는 소득측면에서도 설명할 수 있다. 한 국가 안에서 생활하는 가계의 소비지출(C), 가계와 기업이 정부에 낸 세금(T), 그리고 그 나머지의 저축(S)을 더한 값으로 측정한다.

소득측면의 국민소득은 Y=C+S+T 식으로 나타낼 수 있고, 국민들이 벌어들인 소득(Y)은 소비를 하거나, 저축을 하거나, 아니면 세금을 낸다고 볼 수 있다. 여기서 한 국가의 조세정책의 중요성을 알 수 있다. Y=C+S+T는 총수요 방정식이다. 국가차원에서 보면 총수요가 된다.

이해를 돕기 위해 치킨가게를 한 나라로 생각하고 이를 예로 들어 설명해보자. 치킨가게가 닭고기와 밀가루, 식용유 등 원재료를 구입한 비용은 소비지출(C)이며, 치킨을 팔아 남은 돈으로 가게를 확장하거나 새 튀김기계를 구입한 것은 투자(I)다. 정부의 창업보조금(G)을 지원받을 수 있다. 치킨가게는 물량이 부족한 이웃 치킨가게에 치킨을 빌려 주거나, 반대로 빌려 올 수도 있다. 다른 치킨가게와의 거래를 국가차원으로 나타내면, 수출-수입(X-M)이다.

치킨을 팔아 번 돈으로 구입한 원재료 비용(C)과 국가에 낸 세금(T), 그 나머지 돈인 저축(S)의 합이 치킨가게의 소득총액이 된다.

국민 경제는 지출과 소득, 그리고 분배측면에서 총액이 같다고 전제한다면, Y=C+I+G+(X−M)=C+S+T라는 방정식이 항상 성립한다.

이 방정식에 따라 우리가 국가경제를 성장시키기 위해서는 가계가 소비를 늘리거나, 기업이 투자를 늘려야 한다. 또는 정부가 재정지출을 늘리면 GDP가 성장하고, 수출을 늘려도 똑같은 효과가 나타난다.

한 나라의 경제가 불황에 처해 있을 때, 이를 타개하기 위해서 쓸 수 있는 경제정책수단은 해외부문과 내수부문으로 나눌 수 있다. 해외시장을 개척하여 수출(X)을 증대시키든가, 아니면 내수시장을 부양해야 한다.

내수시장을 부양하기 위한 정책수단으로는 가계들이 소비(C)를 늘리도록 세금을 낮추거나 금리를 인하하고, 기업들이 적극적으로 투자(I)를 하도록 정책적 배려를 하고, 조기에 정부의 재정(G)을 지출하는 것 등이 있다. 다시 말해서 ① 소비진작 정책, ② 투자확대 정책, ③ 정부의 재정정책이 내수시장의 부양정책으로 쓰이고 있다

위의 소비진작 정책, 투자확대 정책을 뒷받침하는 또 다른 거시정책이 있다. 소비를 늘리고 기업의 투자를 확대시키기 위해서는 기준 금리를 낮추거나 통화량을 늘리는 방법이다. 이를 ④ 통화정책이라 한다.

다른 한편으로 민간분야의 소비와 투자에 영향을 미치는 중요한 변수는 세금이다. 국가운영의 재정적 기초가 되는 조세는 그 높고 낮음에 따라 가계와 기업의 경제활동에 많은 영향을 미친다. 여기서 ⑤ 조세정책의 중요성을 알 수 있다.

우리는 일정한 법칙성을 보이는 경제이론에 근거하여 정책수단을 설계할 수 있다. 정부는 특정 시기와 상황에 맞게 적절한 거시정책수단을 선택하여, 이것을 추진하는 방안을 설계해야 한다. 지금은 어느 때보다 현명한 경제정책수단의 선택이 요구되는 시대이다.

2 GDP갭에 기초한 금융통화 정책수단 설계론

GDP갭(gap)이란 잠재GDP와 실제GDP의 격차로서 산출갭(output gap)이라고도 한다. 잠재GDP는 노동, 자본 등 생산요소를 완전히 활용하여 달성할 수 있는 최대 GDP라고 정의할 수 있다.

실제GDP가 잠재GDP로부터 얼마나 차이를 보이고 있는지를 측정하는 GDP갭률의 계산방식은 다음과 같다.

$$\text{GDP}_{\text{gap}} = \frac{\text{실제GDP} - \text{잠재GDP}}{\text{잠재GDP}} \times 100$$

잠재GDP는 통상적으로 추가적인 인플레이션 압력을 유발하지 않으면서 달성할 수 있는 최대 생산능력을 의미한다. 적정 경제성장 수준이다. 따라서 만약 매년 3%

정도 성장할 수 있는 경제가 5% 성장률을 기록할 경우처럼 실제GDP가 잠재GDP에 비해 높다면 GDP갭률은 플러스를 나타내며, 이는 경기과열이나 인플레이션 발생의 신호로 해석할 수 있다. 수요측면에서 물가상승 압력이 나타나고 있다고 할 수 있다. GDP갭률이 플러스일 때는 금리를 올려서 경기를 조절하는 것이 보통의 경제정책 수순이다.

반면, 잠재성장률이 3%인 경제가 1%대의 성장률을 기록한 것과 같이 GDP갭률이 마이너스라면 실제GDP가 잠재GDP를 하회하는 것으로 인플레이션 압력은 낮으나 오히려 디플레 압력이 존재하면서 경기가 위축될 가능성을 나타냈다고 할 수 있다. GDP갭률이 마이너스일 경우에는 금리를 내려서 경기를 끌어올리려고 한다.

미국의 경우 2020년 GDP갭률이 -2.508%이었다. 코로나 여파로 1만 개를 만들 수 있는 실력이 경제가 9,749개밖에 못 만들고 있었다. 이 상황에서 미국은 기준금리를 1.75에서 0.25까지 인하한다. 그 결과 2021년 GDP갭률은 1.466%로 반전한다. 그러자 미국은 2022년에 급속히 금리를 인상했고 그 해의 GDP갭률은 1.377%로 소폭 내려오게 된다.

결국 GDP갭률은 초과수요 또는 공급애로에 대한 정보를 제공한다고 할 수 있으며 이러한 특성 때문에 물가 및 고용안정을 추구하는 중앙은행들은 정책수행과정에서 GDP갭률을 중요한 정보변수로 활용하고 있다.

그러나 우리의 경우는 GDP갭률을 활용하는 데 한계가 있다. 경제규모가 미국에 비해서 작고 개방경제 체제이기 때문이다. 한국의 GDP갭률 추이는 [그림 4-6]과 같다. 한국은 미국처럼 GDP갭률에 맞추어 금리를 공격적으로 올리거나 내리지 못하고 있다. 기준금리를 올리고 내리는 통화정책을 통해서 경기를 조절하는 기능이 제한적이고 통화정책에 일정한 한계가 있다. 만성적으로 GDP갭률이 마이너스를 보이는데도 불구하고 금리를 내리지 못하고 올려야 하는 경우도 있었다. 2022년에는 마이너스 상태에서 금리를 내려야 했으나, 기준금리를 2021년 1.00%에서 2022년 11월 3.25%까지 오히려 2.25%p 인상했다.

[그림 4-6] 한국의 GDP갭률

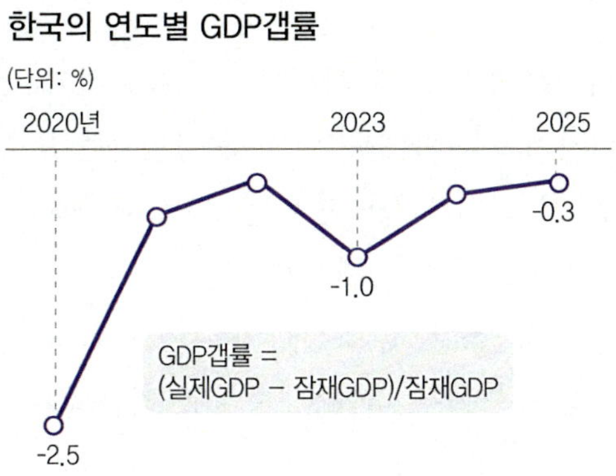

자료: OECD, 한국은행

제7절 정부보조금 지급 정책수단 설계론

1 보조금의 개념 및 유형[3)]

보조금(subsidies)은 그 역사가 길고 매우 광범위하다. 아직도 정책수단의 대세를 이루는 것은 정부규제 방식이지만, 보조금 지급의 정책수단이 비교적 넓게 활용되고 있다. 중요한 재정정책수단이다.

김준기(2007)는 중앙정부가 지방자치단체 및 비영리단체를 포함하여 기업, 가계 등에 교부하는 자금을 보조금이라고 정의한다.

정부보조금은 소비자로 하여금 재화와 서비스를 시장 가격보다 낮은 가격에 구입할 수 있게 하며, 생산자에게는 정부의 개입이 없을 때 벌어들이는 소득보다 그들의 소득을 더 끌어올려주는 수단이라고 할 수 있다.

법률적으로 그 개념을 정의하면, 반대급부를 요구하지 않고 중앙정부가 지방자치단체 또는 사인, 사기업에 대하여 일정한 금전을 지급하는 행정수단이다.

3) 참고: 권오성 · 박민정(2009). 정책수단으로서 보조금 현황 및 연구경향. 행정논총. 제47권 제1호.

2 보조금 근거논리와 종류

경제분야의 보조금은 특정 부문의 경제성장을 유도하고, 유치산업을 발전시키기 위함은 물론, 고용과 투자기회를 확대하고, 국내 생산자를 보호하여 외국의존도를 줄이는 데 있다. 이에 비해서 복지분야의 경우는 소득 재분배 차원에서 저소득 계층을 지원하고, 기초생활 여건을 보장하는 데 있다.

보조금은 지방재정, 국방, 철강 및 조선, 에너지 · 전력, 농수산업, 중소기업, 환경, 연구개발, 기술개발 등의 영역에서 다양한 형태로 지급되고 있다. 대표적인 보조금 종류를 살펴보자.

먼저, 농업 보조금이다. 다양한 형태의 직접 지불제가 있다. 둘째, 장애인 고용 보조금이다. 정부는 일정 수 이상의 근로자를 고용하는 사업주에게 의무적으로 장애인을 고용하도록 하면서 고용장려금을 지급하고 있다. 셋째, 환경 보조금이다. 정부가 오염배출자에게 오염방지시설 및 설비에 대한 투자를 유도하기 위하여 배출량 감축 단위당 일정액을 보상해 줌으로써 오염물질의 배출을 억제하고 있다. 넷째, 자치단체 재정지원 보조금이다. 중앙정부가 지방정부에 대해 보조하는 재원으로 지방지방교부세, 국고보조금, 지방양여금이 이에 해당된다. 이는 지방재정 조정제도로서 성격이 강하다. 다섯째, 산업 분야별 민간의 연구개발 투자에 대한 보조금이다. 만약에 기업이 연구개발을 확대하고 싶어도 현실적으로 자금의 부족과 자금조달의 어려움으로 이를 실행하지 못하는 상황에 놓일 때가 있다. 이럴 때에 연구개발의 촉매역할을 하고 투자를 유인하는 방안으로 보조금을 지급한다. 여섯째, 민간단체 지원 보조금이다. 정부는 사회단체의 자발적인 활동을 보장하고 건전한 민간단체로의 성장을 지원함으로써, 민주사회 발전에 기여하고자 「비영리민간단체지원법」을 제정하고 사회단체에 대한 재정지원사업을 하고 있다.

3 보조금 지급 정책수단 설계론

1) 보조금 지급 정책의 목적

보조금 정책은 다양한 목적을 위해서 설계되어 집행되고 있다. 그 목적들을 살펴보자.

먼저, 정부정책의 순응 확보수단으로서 보조금을 지급한다. 정부는 크게 처벌, 강압 등 직접수단, 그리고 유인, 보상 등 간접수단 이 두 가지 방식으로 정책대상 집단의 순응을 확보해 나가고 있다. 보조금은 후자에 속한다.

둘째, 시장의 불완전성을 상쇄하는 수단으로서 보조금을 지급한다. 시장이 자원을 효율적으로 배분하지 못할 경우, 차선책으로 이러한 분야에 정부가 보조금을 지급함으로써 현재의 시장구조를 변화시켜서 시장의 불완전성을 보완해 나간다.

셋째, 산업생산 부분에서 규모의 경제 달성을 목적으로 보조금을 지급한다. 정부는 특정 분야의 경제규모를 키워 경제적 능률성을 높이기 위해 그 분야의 생산자들에게 보조금을 지급한다.

넷째, 저소득층의 보호, 소득 재분배, 고용증진 등 사회적 목적을 위해 보조금을 지급한다.

2) 보조금 지급 정책수단 설계론

보조금 지급 정책수단의 설계론을 살펴보자. 먼저, 보조금을 가장 좁은 의미로 정의할 때 자금 급여형식에 의존한다. 정부가 국가재정 중 일부를 특정 개인 또는 기업에게 반대급부의 요구 없이 직접 지급하는 방식이다.

둘째, 정부가 기금 등의 형식으로 조성한 자금을 경제주체에게 장기저리 등 금융시장보다 유리한 조건으로 융자하는 방식이다.

금융지원제도는 지원된 자금의 상환을 전제로 하는 것이므로 「보조금 관리에 관한 법률」에서 규정하는 협의의 보조금에는 해당하지 않는다. 그러나 금융지원 방식도 국가기관이 조성한 자금을 일반금리보다 유리한 조건으로 보조금 수혜자에게 제공하는 수단인 점을 감안하면 보조금으로서의 특성을 갖는다고 할 수 있다.

셋째, 국유재산의 양여 또는 대여 방식이다. 국·공유재산을 사경제주체에게 무상으로 양여하거나 대여해줌으로써 특정 경제활동을 지원·촉진하고자 하는 방식이다. 이는 그 사용료에 해당하는 액수의 보조금 지급과 똑같은 결과를 가져온다. 넓은 의미의 보조금제도다.

제 8 절 시정적 부담금 정책수단 설계론

1 시정적 부담금 정책수단의 의의[4)]

경제학자들은 시장이 보이지 않는 손(invisible hand)에 의해서 작동된다고 한다. 누가 강제하지 않아도 경제주체들 간에 자율적 교환에 의해서 형성된 가격은 효율성의 신호등 역할을 한다. 가격기구는 사람들로 하여금 알아서 스스로 행태를 시정하게 만든다. 정부가 시장에 비해 비효율적인 이유는 공공서비스 분야에 이러한 가격기능이 작동하지 않기 때문이다.

한편, 경제학은 상품이나 서비스 생산과정에서 오염물질을 배출하거나 환경을 오염시킬 경우, 생산자의 사적 한계비용과 공동체의 사회적 한계비용에 격차가 생긴다는 점을 지적한다. 그 격차인 외부불경제 비용을 생산자에게 시정적 부담금으로 부담시킴으로써 자원배분의 효율성을 높일 수 있다. 전통적으로 정부는 시장의 가격기능보다는 명령 · 통제 방식의 규제에 의존해 왔다.

최근에 정부규제에 가격기능을 도입하여 정책의 순응도(compliance)를 높이려는 정책수단을 모색하고 있다. 경제적 인센티브에 기초한 규제대안(regulatory alternative by economic incentives)으로서 시정적 부담금제도가 그것이다.

정부가 어떤 행위를 무조건 금지하는 대신에 해당 행위를 하려면 그 행위정도에 비례하여 부담금을 내도록 하는 방식이 도입되었다. 특정 행위를 하지 않을 것인가, 아니면 돈을 내고 할 것인가 중에서 선택하도록 하는 방식이다. 특정 행위를 하는 것이 그에 대한 조건으로 지급해야 할 돈보다 더 이익이 된다고 판단하는 기업인은 돈을 내고 그 행위를 할 것이다. 특정 행위의 값어치를 높게 평가하는 사람일수록 더 많은 돈을 낼 것이다. 반대로 값어치가 없다고 판단하는 사람은 그 행위를 하지 않을 것이다.

---

4) 참고: 김태일(2009). 교정적 부담금 특성과 쟁점에 대한 논리. 행정논총. 제47권 제44호.

2 시정적 부담금의 목적

시정적 부담금의 목적은 정부가 금전적 부담을 통하여 사람들의 행위를 교정시키는 데 있다. 사회적으로 바람직하지 못한 행위는 줄여 나가고, 바람직한 행위는 늘려 나가려고 한다. 환경오염과 같이 사회적으로 바람직하지 못한 행위를 줄여나가는 정책은 대부분 외부불경제의 시정 등 효율성 향상과 관련이 깊다. 개인이나 기업 등이 발생시킨 외부불경제를 내재화하는 데 그 목적이 있다.

어떤 기업이 제품생산과정에서 오염을 배출한다고 할 때 오염배출은 사회에 비용을 초래한다. 그 비용을 오염배출 기업이 부담하지 않는다면, 개별 기업 입장에서의 제품생산 비용은 사회 전체적인 제품생산 비용보다 낮아지며, 그 차이만큼 사회 전체적으로 자원배분의 비효율이 초래된다. 사회가 부담하는 오염배출 비용만큼 해당 기업에 부담금을 부과한다면 개별 기업 입장에서의 비용과 사회 전체적인 비용이 동일해지므로 자원배분의 효율성이 높아지게 된다.

이에 비해서, 장애인고용 장려와 같이 바람직한 행위를 권장하는 정책은 사회적 형평성 증대와 관련되어 있다. 장애인고용 부담금은 장애인고용을 촉진하기 위한 선한 정책이다. 장애인고용 비율이 일정 기준 미만인 기업에 대해서는 부족한 규모에 비례하여 부담금을 부과한다. 이는 장애인의 사회통합이라는 가치를 위한 것으로 사회적 형평성을 증진시키는 데 그 목적이 있다.

실제로 외부불경제 문제를 다룰 때는 배분적 효율성 향상만으로는 부족하며 발생된 외부불경제를 제거하거나 외부불경제의 피해자에 대한 보상도 함께 해야 한다. 어느 면에서는 자원배분의 효율성 달성보다는 발생된 외부불경제를 해결하거나 피해자를 보상하는 것이 정책의 목적인 경우가 있다. 외부불경제로 생긴 사회문제는 이를 제거하거나 또는 피해의 보상이 이루어져야만 비로소 문제가 해결되었다고 할 수 있다. 이에 따라 시정적 부담금의 징수로 마련된 재원은 외부불경제를 제거하거나 그로 인한 피해를 보상하는 데 사용되고 있다. 물론 일반 재원을 사용해서 이루어질 수도 있다.5)

5) 시정적 부담금을 재원으로 하는 재정을 일반회계에 편입시킬 것인가 아니면 특정 목적에 사용할 것인가의 문제는 특정 사업과 관련하여 부과하는 일반적 부담금과 달리 시정적 부담금의 경우는 특정 사업과 특별한 관계에 있을 필요가 없다는 주장이 다수다.

3 시정적 부담금의 특성과 종류

시정적 부담금은 경제적 인센티브를 통해서 사람들의 행태를 교정하는 규제대안적 측면에서, 부담금이라는 측면에서 전통적인 정책수단과는 다른 특성을 갖는다.

전통적인 규제는 제한하려는 행동을 불법으로 규정하고 이를 위반하면 법적 제재를 가하는 명령·통제 방식이다. 이에 비해 시정적 부담금은 행위는 허용하지만 교정이 필요한 행위정도에 비례하여 부담금을 부과하는 방식이다. 무조건적 금지 대신에 제한 행위와 경제적 부담 사이에서 선택을 하도록 함으로써 정책순응 비용을 줄인다.

우리가 부과금을 설계할 때 주의해야 할 점이 있다. 일반적인 부담금은 특정 공익사업에 필요한 경비를 조달하기 위하여 해당 공익사업과 특별한 관계에 있는 자에게 부과하는 금전적 지급의무이다. 이에 비해서, 시정적 부담금은 사람들의 행위를 교정하는 데 있으며, 공익사업 경비조달은 부차적이다. 부담금 납부자가 그것을 재원으로 수행되는 사업과 특별한 관계에 있을 필요가 없다는 것이 다수설이다.

이처럼 시정적 부담금은 일반적인 부담금과도 다른 성질을 갖는다. 그렇지만, 시정적 부담금의 새로운 특징들이 기존의 관습과 충돌하기도 하며, 실제 집행과정에서는 변질되기도 한다. 실제로 부과금이라는 이름으로 시행되는 정책수단이지만 시정적 부담금이 아닌 경우도 가끔 있다.

1) 환경오염 감축을 위한 시정적 부담금

(1) 대기·수질오염 배출 부과금

배출 부과금은 「대기환경보전법」에 의한 부담금, 그리고 「수질 및 수생태계 보전에 관한 법률」 및 「오수·분뇨 및 축산폐수의 처리에 관한 법률」에 의해 부과되는 부담금 등 두 종류가 있다.

배출 부과금은 배출허용기준을 초과하여 배출하는 오염물질량에 대해 부과하는 초과배출 부과금과 오염물질이 배출허용 기준 이하라도 부과하는 기본배출 부과금으로 이루어져 있다. 배출 부과금은 1983년부터 시행되었는데 초기에는 배출허용 기준을 위반하는 업체에 대해서 부과하는 초과배출 부과금만 있었다.

이후 환경의식이 높아지면서 오염물질 배출량에 비례하여 부과하는 기본배출 부과금이 추가로 도입되었다. 초과배출 부과금의 경우 허용기준만 넘지 않으면 부담금을 낼 필요가 없지만, 기본배출 부과금은 조금이라도 배출하면 배출량에 비례하여 부담금을 낸다.

따라서 초과배출 부과금은 기준량을 초과하지 않도록 하는 유인이 되지만, 그 이하로 줄이려는 유인은 발생하지 않았다. 규제적 수단인 초과배출 부과금에 경제적 유인을 기반으로 하는 기본배출 부과금이 추가되면서 진정한 의미의 시정적 부담금으로 진화되었다고 할 수 있다.

(2) 수질오염총량초과 부담금과 그 문제점

수질오염에 대한 부담금으로서 사업장별로 할당된 오염 부하량 또는 지정된 배출량을 초과하여 배출하는 사업자에게 부과한다.

「수질 및 수생태계 보전에 관한 법률」, 「금강수계 물관리 및 주민지원 등에 관한 법률」, 「영산강 · 섬진강수계 물관리 및 주민지원 등에 관한 법률」, 「낙동강 수계 물관리 및 주민지원 등에 관한 법률」에 의하여 부과되고 있다. 정해진 기준의 초과량에 대해서만 부과된다. 따라서 본래 의미의 시정적 부담금이라고 보기는 어렵다는 견해가 있다.

(3) 환경개선 부담금과 그 문제점

경유차 소유자에게 부담금을 부과하고 있다. 그 논리는 오염물질을 많이 배출하는 경유를 사용하는 차량에 대하여 자신들이 발생시킨 오염의 복구비용을 부담시킨다는 데에 있다.

하지만 외부불경제 발생 행위 자체의 감소를 명시적인 목적으로 하고 있다고 보기는 어렵다. 우선 이 부담금은 오염물질 배출량과는 상관없이 부과되므로, 특정 차량 소유자에게 오염물질 배출을 줄이려는 유인이 발생하지 않는다. 물론 경유차 구입이 감소되면, 이는 오염물질 배출량 감소로 이어질 수 있다. 그렇지만 이런 효과는 미미할 것이다. 시정적 보조금으로서 성질이 약하다.

2) 교통혼잡 감소를 위한 시정적 부담금

(1) 혼잡통행료

교통혼잡을 억제하기 위하여 특정 지역을 통과하는 차량에 대해서 부과하는 부담금이다. 현재 서울시에서 도심 방향으로 남산 1·3호 터널을 통과하는(강남쪽으로 나가는 차량은 제외) 차량 중에서 오전 9시부터 오후 9시까지 통행하는 2인 이하 탑승 차량에 대해서만 부과하고 있다. 3인 이상이 탑승하는 경우는 부과하지 않고 있다.

(2) 교통유발 부담금과 그 문제점

상주인구 10만 이상의 도시에서 바닥면적 1000m^2 이상의 시설물을 소유한 사람에게 부과한다. 「도시교통정비촉진법」에 근거하여 부과되며, 그 목적을 '교통유발 원인자에게 경제적 부담을 부과하여 교통량 감축 유도 및 대중교통개선사업 재원 확보'라고 명시하고 있다. 시정적 부담금으로 설계되었지만, 교통혼잡 유발 원인자인 차량 운행자 대신에 시설물 소유자에게 부과함으로써 시설물 소유자가 주차요금을 인상하는 등 간접적으로 교통혼잡을 줄이는 효과는 있을 것으로 보인다. 하지만 시정적 부담금의 장점을 온전하게 갖추고 있다고 보기는 어렵다.

3) 사회적 형평성 증진을 위한 장애인고용 부담금

장애인고용 부담금은 근로자 50인 이상 기업에 대하여 2% 이상의 장애인 의무고용률을 충족하지 못하면, 그에 미달하는 장애인 근로자 수에 비례하여 시정적 부담금을 부과한다. 징수된 재원은 장애인을 2%를 초과하여 고용한 기업에게 그 초과 인원에 비례하여 장려금으로 지급된다. 징수된 재원은 고용지원금 이외에도 장애인고용촉진을 위한 다양한 사업 경비로 활용된다. 부담금으로 마련된 재원이 특정 사업에만 쓰이는 것은 아님을 알 수 있다.

4) 정책적 목적의 시정적 부담금

(1) 개발 부담금

토지개발 사업자에게 개발이익의 25%를 부과한다. 「개발이익 환수에 관한 법률」에 따르면 그 목적은 '토지로부터 발생되는 개발이익을 환수하여 이를 적정하게 배분

함으로써 토지에 대한 투기를 방지하고 토지의 효율적인 이용을 촉진하여 국민경제의 건전한 발전에 이바지하는 것'이다. 부동산 투기의 억제를 목적으로 하는 시정적 부담금이다.

징수된 재원의 절반은 해당 지방자치단체 일반회계에 귀속되며, 나머지는 국가균형발전특별회계에 귀속된다.

(2) 과밀 부담금

「수도권정비계획법」에 의하면 그 목적은 '수도권의 과밀을 효율적으로 억제하고 낙후지역 개발사업 지원 등 국가균형발전 및 도로・공원 등 도시개발・재정비촉진사업의 재원 확보'에 있다. 과밀억제권역 중 대통령령이 정하는 지역에 건축되는 일정 규모 이상의 건축물에 대하여 표준건축비의 5~10%를 부과한다. 징수된 재원의 절반은 해당 지방자치단체(서울시)의 도시개발특별회계 및 재정비촉진특별회계에 귀속되며, 나머지는 국가균형발전특별회계에 귀속된다.

(3) 수질개선 부담금

공유재산에 해당하는 지하수자원을 보호하고 먹는 물의 수질개선을 위한 부담금이다. 먹는 샘물 사업자에게 평균판매가액의 6.75%를 부과한다. 징수된 재원은 환경개선특별회계에 귀속되어 먹는 물 수질관리시책 사업비 및 먹는 물 수질검사비 지원 등에 사용된다. 수질개선 부담금은 공유재인 지하수의 보호에 있으므로, 환경오염을 줄이기 위한 목적과는 다소 차이가 있다.

4 시정적 부담금 정책수단 설계론

1) 시정적 부담금 부과 설계와 관련된 법률적 쟁점

「부담금관리기본법」에서 부담금을 '중앙행정기관의 장, 지방자치단체의 장, 행정권한을 위탁받은 공공단체 또는 법인의 장 등 법률에 의하여 금전적 부담의 부과권한이 부여된 자가 분담금, 부과금, 예치금, 기여금 그 밖의 명칭에도 불구하고 재화 또는 용역의 제공과 관계없이 특정 공익사업과 관련하여 법률이 정하는 바에 따라 부과하는 조세 외의 금전적 지급의무'라고 정의하고 있다. 특정 공익사업과 관련하여 법률이 정하는 바에 따라 부과한다고만 규정하고 있을 뿐 '부과대상자에 대한 특별한 조건'은 제시되어 있지 않다.

따라서 적어도 실정법만 고려한다면, 특정 공익사업과 특별한 관계에 있지 않는 사람에게 부담금을 부과하는 것이 위법은 아니다.

특정 공익사업과 관련성 여부에 대해서 일반적 부담금과 시정적 부담금의 차이를 살펴보자. 일반적인 부담금은 '특정 공익사업에 필요한 경비를 충당'하기 위하여 설치하고, '해당 공익사업과 특별한 관계에 있는 자'에게 부과한다. 일반적 부담금은 특정 공익사업과 부담하는 사람과의 관계에 따라 수익자 부담금, 원인자 부담금, 손괴자 부담금으로 구분된다.

수익자 부담금의 경우 공공사업으로 인해 이득을 보는 수익자에게 해당사업의 비용을 분담시킨다. 집단에너지공급시설 건설비용 부담금이 이에 해당된다.

원인자 부담금은 민간부문의 사업과 행위로 인하여 공공기관이 추가적인 비용을 부담하게 될 때 그 비용을 사업자 또는 행위자에게 부담시킨다. 하수도 원인자 부담금이 이에 해당된다.

손괴자 부담금은 공공시설을 파손시키는 행위를 하는 자에게 당해 시설물의 복구비용을 부담시킨다. 항만시설 손괴자 부담금이 이에 해당된다.

따라서 일반적 부담금 부과 타당성의 기본요건은 원인자 · 수익자 · 손괴자와 같이 특정 공익사업과 특별한 관계에 있는지 여부가 될 것이다.

이에 비해서 시정적 부담금은 정부가 국민들의 행위 또는 행태를 교정하기 위하여 부과하는 정책수단으로서 일반적인 부담금과는 그 목적이 다르다. 이처럼 목적이 다르다면 그 대상자도 다를 수 있는지, 다시 말해서 해당 공익사업과 특별한 관계에 없는 사람이라도 시정적 부담금을 부과할 수 있는지가 논란거리다.

이와 관련된 판례를 살펴보자. 「먹는물관리법」에 의한 수질개선 부담금을 먹는물 수입업자에게도 부과한 것이 정당한가에 대한 위헌소송이 있었다.

이에 대해 헌법재판소는 부담금 납부의무자는 재정조달 대상인 공적 과제에 대하여 일반국민에 비해 '특별히 밀접한 관련성'을 가져야 하며, 부담금이 장기적으로 유지되는 경우에 있어서는 그 징수의 타당성이나 적정성이 입법자에 의해 지속적으로

심사되도록 요구되고 있다.

다만, 부담금이 재정조달 목적뿐 아니라 정책실현 목적도 함께 가지는 경우에는 위 요건들 중 일부가 완화된다(「먹는물관리법」 제28조 제1항 위헌소원; 2004. 7. 15. 2002헌바42 전원재판부). 시정적 부담금과 같은 정책실현 목적의 부담금은 그 부담금이 목적으로 하는 공익사업과 특별한 관계가 없는 사람에게도 부과할 수 있다. 다시 말해 합헌 결정을 하였다.

2) 부담금의 부과 수준

일반적 부담금은 특정 국민에게만 금전적 지급의무를 부과하는 것이다. 법령에 따라서 부과되며, 과잉금지원칙, 포괄위임 입법금지, 평등권, 재산권 등 헌법적 원칙에 위배되어서는 안 된다. 시정적 부담금의 경우도 마찬가지임은 당연하다. 이론적으로 부담금은 외부불경제 문제를 해결할 수 있는지를 고려해야 한다. 하지만 실제로는 부과수준이 부과대상자가 수용할만한지, 부과금 재원이 얼마나 될 것인지에 더 관심이 있는 것 같다.

부담금 수준을 설계할 때 부과대상 행위로 인한 사회적 피해 크기도 고려해야겠지만, 그에 더하여 당사자들의 수용성이나 다른 금전적 제재수단과의 형평성을 감안하여 정해야 한다. 처음에는 어느 정도 보수적인 금액으로 부과했다가 정책효과를 평가하면서 금액을 조정하는 것이 현실적일 수 있다.

3) 의무이행을 위한 규제방식, 아니면 인센티브에 기반한 규제대안 선택문제

앞에서 오염총량초과 부과금 및 초과배출 부과금은 정해진 기준을 초과한 경우에만 부과하고 있음을 살펴보았다. 시정적 부담금 중에도 이처럼 정해진 기준을 충족하지 못했을 때만 부과하는 경우가 많다. 혼잡통행료는 3인 이상이 동승한 차량에 대해서는 부과하지 않는다.

이처럼 정해진 기준이 있고 이를 벗어날 경우 부담금을 부과하는 것은, 부담금을 과징금이나 이행강제금처럼 의무이행확보수단으로 활용하는 것에 해당한다.

그러나 시정적 부담금 부과는 조금이라도 오염물을 배출하는 기업은 배출량에 비례하여 부담금을 납부하도록 설계한다. 따라서 기존에 정해진 오염배출 기준을 충족하던 기업들도 부담금을 납부해야 하므로, 이들에게는 새롭게 금전적 부담이 발생하게 된다. 이 경우 기업들은 전통적 방식을 더 선호하고, 시정적 부담금의 부과 방식을 반대할 것이 당연하다.

따라서 무조건 오염배출량에 비례하여 부담금을 부과하는 것보다는, 기존의 일반적인 정책수단처럼 정해진 기준을 초과한 경우에만 초과량에 비례하여 부담금을 부과하는 것도 하나의 방법이 될 것이다.

제 9 절 조세지출(조세감면) 정책수단 설계론

1 조세지출[6]의 의미와 특징

많은 나라들이 주요 재정정책수단의 하나로 조세지출을 활용하고 있다. 과거에는 조세감면이라는 말을 많이 사용하였는데 요즈음은 조세지출이 널리 쓰이고 있다.

조세지출(tax expenditures)은 조세체계를 통해 이루어지는 정부지출(spending through the tax code)이다. 납세자에 대해 면세(exemption), 소득공제(deductions), 세액공제(credits), 저율과세(lower rates), 과세이연(deferrals) 등 조세특례(preferential tax treatment)를 의미한다.[7] OECD는 조세지출을 기준조세체계(benchmark tax system)를 벗어난 것으로서 특정 납세자집단을 위해 정부수입을 감소하거나 이를 연기하는 것으로 정의하고 있다.

정리하면, 조세지출은 국가가 특정한 정책적 목표를 달성하기 위한 정책수단으로서 개인이나 기업에 비과세·감면 등을 허용하여 부담해야 할 세금을 감소시켜 주는 모든 조세지원을 말한다. 조세지출은 본질적으로 조세부담을 낮춤으로써 해당 재화 및 서비스의 상대가격을 인위적으로 떨어뜨려 자원의 배분을 변화시킨다. 조세지출은 세수의 손실을 가져오며 그 규모나 대상이 명백히 노출되지 않는 간접적인 재정지출

---

6) 조세지출(tax expenditure)이라는 개념은 1968년 미국 재무부가 의회에 제출한 예산문서에서 처음으로 사용하였으며, 정부가 받아야 할 세금을 비과세, 감면 그리고 공제 등의 세제혜택을 통하여 받지 않고 포기한 액수를 조세지출이라고 하였다.

7) 참고: 유한욱(2020). 재정안정화를 위한 조세지출 정책방향. 시장경제연구. 제49집 1호.

의 성격을 갖는다.

조세지출은 일반적으로 과세대상인 개인 및 기업에게 바람직한 행동을 유인하기 위해서 사용된다. 조세지출은 기존의 소득·세금 신고절차를 활용하여 운영되는 경우가 많기 때문에 행정비용을 절감할 수 있고, 낙인효과를 유발할 가능성도 낮다.

그렇지만 단점도 있다. 예를 들면, 조세지출은 과세기반을 침해하고 각종 특례조항을 추가로 발생시켜 세법체계를 복잡하게 만든다. 조세지출은 사전에 미리 확정되지 않을 뿐만 아니라 납세자의 행태변화가 구체적으로 나타날 것인가에 따라서 각각 다르게 조세지출 규모가 결정된다. 따라서 조세지출 규모를 사전적으로 정확하게 추정하기 어려운 측면이 있다.

2 조세지출 정책수단 설계론

1) 조세지출의 정책적 목적

조세지출은 경제성장을 촉진하기 위해서 기업의 투자에 대해 세금감면 혜택을 주는 경우를 비롯하여 여러 가지 목적으로 시행되고 있다.

지역경제 발전이나 건설경기 또는 투자 진작을 목적으로 조세측면에서 우대하는 정책을 설계한다. 인구분산, 지역균형발전, 수출증대, 기타 정치·경제·사회문제를

[그림 4-7] 조세정책 프레임과 정책수단 선택

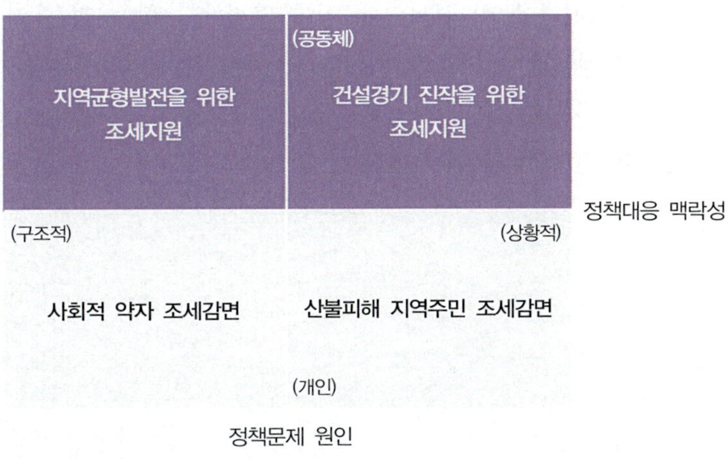

해결하기 위해서 조세 수단을 사용하는 경우가 많다. 과학・기술 발전을 위한 연구개발(R&D)에 조세를 감면하기도 한다.

한편, 조세의 공평성 차원에서 저소득층이나 재향군인, 기타 사회적 약자에 대해서 조세혜택을 주고 있다. 공익을 위한 비영리공익단체에 대해 세금우대를 하는 경우도 있다.

2) 조세지출 정책수단 설계론

조세지출은 민간이 부담해야 할 세금의 일부 또는 전부를 감면해 주는 것을 말한다. 국가 재정측면에서 보면 일정 수입을 포기하는 것과 같다. 감면방법에 따라 조세지출의 수단을 여러 가지로 나눌 수 있다.

보통 조세를 소득세, 법인세, 상속・증여세 등 직접세와 부가가치세, 교통세, 특별소비세, 주세, 인지세, 증권거래세 등 간접세로 구분한다.

직접세의 경우 비과세, 소득세・법인세 감면, 양도소득세・특별부가세 감면, 세액공제, 소득공제, 자율과세 등 직접감면 방식이 있다. 간접적으로 감면하는 경우도 있다. 기업이 특정한 목적을 위하여 준비금을 사내에 적립하는 경우에는 그 사내적립금을 일정기간 손비로 인정하여 과세를 연기해주고 있다. 이처럼 납세 기한을 연장하는 것이 과세이연이다.

간접세의 경우 부가가치세 면세, 특별소비세・교통세・주세・증권거래세・인지세 면제 등이 있다.

정책수단으로서 조세지출을 설계하는 데 있어 고려해야 할 사항은 다음과 같다. 첫째, 조세지출이 특정 정책적 목표를 달성하는 데 있어서 다른 정책수단, 즉 금융지원이나 정부의 보조금 지급보다 더 효율적인 수단이어야 한다. 둘째, 조세지출이 국제무역질서에 부합되어야 한다. WTO 체제에 배치되는 경우는 집행이 곤란해진다.

제 10 절 표준화 정책수단 설계론

1 표준화 개념과 의의

우리는 제3차 산업에 이어 제4차 산업 혁명시대를 맞아 디지털 기술, ICT, 빅데이터 분석, 인공지능, 로봇, 사물인터넷, 무인 자동차, 3D 프린팅 등 새로운 시대를 살아가고 있다.

정책수단으로서 표준화(standardization)는 새로운 기술혁신 시대의 핵심적 국가과제 중 하나다. 표준화는 일반적으로 두 가지 맥락에서 사용되고 있다. 전통적으로 표준은 구매자와 판매자 사이에 품질에 대한 비대칭적 정보가 존재할 때 품질을 인증하는 방법으로 사용되었다. 약품, 가공식품, 중고자동차 등의 경우에 제품이나 서비스 품질에 대한 비대칭적 정보가 문제를 야기할 수 있다. 이런 표준화의 예로 KS마크, ISO 인증 등이 있다.

이와 함께 새로운 기술혁신 시대에 활용되는 표준화는 호환성(interoperability)을 의미한다. 예를 들어, IT 산업에서 표준은 전형적으로 호환가능한 기술스펙들의 집합(a set of technical specifications)을 의미한다. 호환성은 한 제품의 구성요소 간 호환성(component interoperability)과 제품 간 인터페이스 호환성(interface interoperability) 두 가지로 나눈다.

2 표준화와 네트워크 외부성 효과

표준화는 호환성에 대한 정책을 의미한다. 호환성이 중요한 정책이슈가 된 것은 새로운 기술혁신 시대 상황과 관련이 깊다. 혁신산업은 기술혁신, 지적재산권(intellectual property right: IPR), 급격한 기술변화를 핵심적 특성으로 하는 산업이다. 우리는 혁신이 왕(innovation is king)이라고 말한다. 이는 중장기적 관점에서 볼 때, 대부분의 소비자 후생이 기술혁신에서 유래한다는 의미이다. 현재 통신, 반도체, 컴퓨터 소프트웨어, 인터넷 등 IT 산업과 바이오기술(biotech) 산업이 혁신산업이다.

혁신산업에서는 한 제품의 생산을 위해 다수의 보완적 구성요소가 필요하다는 점이 표준화를 이슈화 한다. 이러한 표준화(호환성)가 특별히 정책적으로 중요한 의미를 가지는 것은 다수의 ICT 산업에서 네트워크 외부성이 존재하기 때문이다. 네트워크 외부성은 채택의 수익체증을 유발하는 주요 요인으로 작용한다.

네트워크 외부성 효과(network externality)는 어떤 제품을 사용하는 소비자가 많으면 많을수록 그 상품의 사용가치가 더욱 더 높아지는 현상을 말한다. 컴퓨터 소프트웨어의 경우 컴퓨터 사용자가 MS사의 윈도우를 많이 사용하면 할수록 파일교환도 쉬워지고 부품공급도 쉬워지며, 문제를 해결해 주는 컨설턴트도 더 늘어나게 된다. 그 결과 더욱 더 많은 사람들이 윈도우를 사용하게 되는 효과가 발생한다.

3 표준화 정책수단 설계론8)

선진국은 표준화라는 새로운 정책수단을 진지하게 연구하여 그 수단을 다양하게 개발하고 있다. 대부분의 정부는 기존의 공공 정책수단에 표준화를 추가하고 있다. 표준화 정책은 재화시장에서 소비자의 선택과 기업의 경쟁 전략뿐만 아니라, 기업의 기술혁신에 대한 연구개발(R&D) 투자와 OSS(open source software) 채택여부 등에 많은 영향을 미치고 있다.

표준화를 실현하기 위한 정책수단 설계방법을 알아보자. 먼저, 정부는 직접 법적인 표준을 설정하거나, 여러 가지 표준들 중에서 특정 표준만을 인정함으로써 법적 표준화를 달성하는 경우가 있다. 이러한 법적 표준화는 정부가 표준화를 자국 산업의 보호 및 유치산업의 육성 같은 전략적 목적을 달성하기 위해 주로 사용한다.

다음으로 정부는 법적 표준화를 위한 직접적 정책수단을 사용하지 않으면서도 효율적인 표준화를 지원하기 위해 표준화 기구를 설치·운영하여 특정 표준의 설정업무를 담당하도록 하는 방식이다. 예를 들어, 한국정보통신기술협회(TTA)는 공식적인 국내 정보통신 관련 표준을 설정하는 기구다. 글로벌 시장에서는 공식적인 국제 표준화 기구(standard setting organization: SSO)를 통해서 표준이 설정되고 있다.

---

8) 참고: 박상인(2009). 표준화 정책. 행정논총. 제47권 제1호.

다른 한편으로, 위의 방법들과는 다른 시장 자율적인 표준화 방식이 있다. 정부는 표준설정에 개입하지 않고, 산업계의 기술개발 사업자들이 참여하여 자율적으로 결정하는 자발적 표준화(voluntary standardization), 또는 시장에서의 경쟁을 통한 사실상의 표준화(de facto standardization)가 이루어지도록 하고 있다. 이 경우에도 사업자 간 자발적 표준화의 위법성 여부에 대해서는 경쟁정책의 관점에서 표준화 당국이 결정할 수 있으며, 이런 경우는 공정경쟁 정책과 표준화 정책이 교차하는 영역이 된다.

더 나아가 표준화는 국내적 정책수단이면서 글로벌 패권시대에 우리가 살아남기 위한 생존전략이기도 하다. 스포츠 분야에서 골프의 경우 종주국인 영국 스코틀랜드에서 사용했던 birdie 등 경기용어가 지금도 그대로 사용되고 있다. 태권도의 경우도 경기용어로 한국말을 사용한다. 이렇듯 현대의 산업 분야에서도 기술혁신 선도국가가 표준화를 주도하고 있다.

글로벌 패권경쟁에서 시장을 선점하고 국제 공급망에서 우리가 주도권을 갖기 위해서는 표준의 선점이 필수적이다. 국제사회의 신뢰 확보가 필요한 표준의 경우는 장기적 투자가 필요한 만큼 핵심 디지털 기술의 중장기 표준화 전략을 세워서 체계적인 표준기술을 확보하고 지속적인 국제표준화 활동을 전개해 나가야 할 것이다.

제11절 공공서비스 민영화 또는 민간위탁 정책수단 설계론

1 공공서비스의 민영화 또는 민간위탁의 배경

공공서비스를 민영화(privatization)하거나 민간에 위탁하는 정책수단론은 그 이론적 기초를 신공공관리론(new public management)과 공공선택론(public choice theory)에 두고 있다.

신공공관리론은 전통적인 관료제의 비효율성을 극복하기 위하여 민간부문의 경영방식을 공공부문에 도입하고, 성과와 실적을 철저하게 평가하며, 권한의 위임과 이에 따른 관리적 책임을 중시하고 있다. 시장주의(marketism)와 신관리주의(new managerialism)를 결합하는 방식이라고 볼 수 있다.

시장주의는 공공부문에서 공공서비스를 제공할 때 시장의 가격 메커니즘과 경쟁의 원리를 도입하여 좋은 품질의 서비스를 낮은 가격으로 제공할 것을 강조한다. 정부에 경쟁원리를 도입하고, 경쟁을 제한하는 규제를 없애며, 민간부문에서 더욱 더 좋은 서비스를 제공할 능력을 갖추고 있다면, 공공부문의 직접 서비스 제공에서 벗어나 민간위탁이나 민영화를 실시하게 된다.

신관리주의는 민간기업의 경영원리와 관리기법들을 공공부문에 도입하여 정부의 성과를 높이고 관리의 효율성을 향상시키자는 관리원칙을 말한다. 신관리주의는 정부가 기업과 같은 방식으로 운영되어야 하며, 관료는 공공기업가(public entrepreneurs)가 되어야 한다고 주장한다. 따라서 기업가 정신, 성과지향적 관리, 권한이양(empowerment), 품질관리 기법, 유인(incentive) 메커니즘, 마케팅 기법, 고객만족 경영기법 등을 행정에 도입할 것을 주장한다.

요약하면, 신공공관리론은 공공부문에 시장 원리를 도입하자는 주장과 비능률적인 공공부문의 일부를 능률적인 민간부문에 맡기자는 주장이다. 신공공관리론과 정책수단론의 접점에서 형성된 정책수단이 바로 공공서비스의 민간위탁이라고 할 수 있다.

다른 배경은 공공선택론이다. 1980년대 영국의 Thatcher와 미국의 Reagon은 공공선택론(public choice theory)자들이 주창하는 정책대안인 공기업 민영화, 민간위탁 등을 적극 추진했다. 공공선택론은 정부가 공공서비스를 공급함에 있어서 시민의 편익을 극대화할 수 있는 방법은 공공부문을 시장경제화 할 때 가능하다고 보는 이론이다. 정부의 실패를 해결하기 위한 대책은 공공서비스를 시장경쟁 방식을 통해서 공급하는 것이라고 주장한다. 정부의 독점적 공급방식에 반기를 들고 있다. 민간기업과 공공기관이 경쟁하도록 하였을 때 공공서비스를 생산하는 단위비용은 줄어들고 효율성은 높아질 것이라고 한다. 이처럼 공공서비스의 민간위탁은 공공선택론에 기반을 두고 있다.

2 공공서비스 전달의 민영화 방식

민영화(민간화)란 공공서비스를 제공함에 있어서 정부의 역할을 줄이고 민간부문의 역할을 늘리는 상태로 변화시키는 것, 즉 ① 사유화(denationalization), ② 정부부담 축소(load shedding), ③ 생산의 민간화(privatization of production), ④ 탈규제/자율화(deregulation/liberalization), ⑤ 재정의 민간화(privatization of finance)로 구분된다.

생산의 민간화(privatization of production)가 민영화에 해당된다. 실제로 중앙정부는 공기업의 민영화에, 지방정부는 공공서비스의 민간위탁에 중점을 두는 경향을 보이고 있다.

민영화는 두 가지 얼굴을 갖는다고 한다. 좋은 얼굴은 능률성을 높이는 것이고, 나쁜 얼굴은 시민친화성과 지역사회성 측면에서 그 대응성에 자신이 없다는 것이다.

3 공공서비스의 민간위탁 정책수단 설계론[9)]

1) 민간위탁의 개념과 의의

공공서비스의 민간위탁은 민간의 전문성과 시장 경쟁원리를 공공부문에 적용함으로써 비용을 절감하고 정부기능을 효율화하고, 궁극적으로 그 목적이 예산절감 및 공공서비스의 질을 향상하는 데 있다.

정부조직법의 대통령령인 '행정권한의 위임 및 위탁에 관한 규정'에서 민간위탁은 각종 법률에 규정된 행정기관 사무의 일부를 지방자치단체가 아닌 법인·단체 또는 기관이나 개인에게 맡겨 그의 명의와 책임 하에 행사하도록 하는 것으로 정의하고 있다.

이러한 민간위탁은 때로 민영화와 동일한 의미로 사용되기도 한다. 그러나 분명한 차이가 있다. 민영화는 공공의 물리적 자산에 대한 소유권을 민간으로 이양하는 것을 말하고, 민간위탁은 그렇지 않다. 민간위탁은 공공서비스를 제공하는 과정에 경쟁이라는 시장적 요소를 도입한다는 점에서는 민영화와 유사하다. 그렇지만 계약을 통해 이에 대한 관리와 감독의 권한은 정부가 계속 그대로 가지고 있다는 점에서 차

9) 참고: 이승종(2013). 공공서비스전달의 민간화. 정책수단론. 법문사.

이가 있다.

2) 공공서비스 제공방식 유형론과 민간위탁 정책수단 설계론

공공서비스의 전달방식은 서비스 공급의 주체와 생산의 주체가 공공인지 아니면 민간인지에 따라서 네 가지로 유형화할 수 있다.

[표 4-3] 공공서비스의 생산과 공급 유형

구분		공급 주체	
		공공부문	민간부문
생산 주체	공공부문	정부 직접제공	정부 판매
	민간부문	민간위탁	자유시장

[표 4-3]에서 보듯이 공급주체가 공공부문이지만 생산주체는 민간부문인 경우가 민간위탁이다. 먼저, 민간위탁을 실시하는 공공서비스 분야를 살펴보자. 주로 지방자치단체에서 실시하는 민간위탁은 보건복지의료, 환경위생, 문화예술관광, 교통안전, 지역경제, 교육, 체육 분야 등으로 나눌 수 있다.

구체적 위탁설계 사례를 살펴보자. 생활폐기물 수거 · 운반 · 처리 위탁, 사회복지시설 운영 위탁, 하수처리장 운영 위탁, 지방의료원 운영 위탁, 공공도서관 운영 위탁, 공영주차장 운영 위탁 등이 있다. 수탁기관별 유형을 보면, 민간기업, 산하단체, 비영리법인, 시민단체, 개인 등이다.

행정기관에서 시행하고 있는 아웃 소싱(outsourcing)은 공공기관 내부에서 필요로 하는 재화나 서비스를 외부에서 조달하는 것으로 민간위탁과는 다르다.

제 12절 바우처 정책수단 설계론

1 바우처 개념과 종류

바우처(voucher)는 특정 상품 또는 서비스를 구매할 수 있는 권리를 부여하는 증서나 상품권 또는 지불인증권이다. 정부가 정한 자격기준을 충족한 개인에게 바우처를 지급한다. 바우처는 공공서비스 제공의 효율성을 높이고자 할 때, 재화와 서비스의 수요 및 공급을 조정하고자 할 때, 행정 효율성을 향상시키고자 할 때 활용되고 있다.

이러한 목적으로 정부는 1998년에 명시적 바우처를 도입한 이후 2007년에 사회서비스 바우처를 도입하였으며, 현재 운영 중인 바우처 사업은 총 31개 정도로 파악되고 있다.10)

우리나라의 바우처 실태를 보면, [표 4-4]에서 알 수 있듯이 바우처는 교육·보육·보건·주택·돌봄 영역에서 각종 서비스 사각지대에 놓여 있는 취약계층의 욕구를 채워주는 정책수단으로서 활용되고 있다.

[표 4-4] 부처별 바우처 사업 종류

소관부처	개수	바우처 사업	예산확보 방식
고용노동부	2	실업자 내일배움카드, 제직자 내일배움카드	기금
교육부	4	유아학비, 방과후학교 자유수강권, 치료지원 서비스	특별회계
		평생교육바우처	일반회계
국가보훈처	2	국가유공자 등 LPG차량 세금인상분 지원, 장기복무 제대군인 취업지원	기금
문화체육관광부	2	통합문화이용권, 스포츠강좌이용권	기금
보건복지부	18	만 0~5세 보육료 지원사업, 방과후보육료지원, 시간연장형보육료지원, 장애아보육료지원, 다문화보육료지원, 지역사회서비스 투자사업, 산모신생아 건강관리 지원사업, 가사간병 방문지원사업,	일반회계

10) 2022년 기준 바우처 사업 통계(출처: 김민정 외(2023). 평생교육 활성화를 위한 재정 확대 방안: 평생교육바우처 사업을 중심으로 평생학습사회. 제19권 제1호. 100)

		노인돌봄 종합서비스, 노인단기 가사서비스, 치매환자 가족휴가지원 서비스, 임신출산 진료비지원(건강보험, 청소년산모), 저소득층 기저귀 · 조제분유 지원, 장애인활동지원, 발달재활서비스, 발달장애인 부모상담지원, 언어발달지원사업	
산림청	1	산림복지 서비스 이용권	일반회계
산업통상자원부	1	에너지바우처	특별회계
여성가족부	1	아이돌봄서비스	일반회계
계	31		

2 새로운 정책수단으로서 바우처 의의

최근 공공서비스의 제공방식에 변화가 일어나고 있다. 시장에서의 자율적인 선택을 허용하는 방식인 이용자중심(user-centered)의 서비스 방식으로 변하고 있다. 바우처는 이용자중심의 시장에 기반을 둔 정책수단이다. 서비스 이용자에게는 선택권을 주고, 서비스 공급자에게는 경쟁을 유발시켜 공공서비스의 품질을 향상시키는 데 의미가 있다. 한편, 바우처는 일정한 재화나 서비스를 개인이 선택할 수 있도록 추가적으로 구매력을 제공해주는 보조금으로서 성격을 갖는다.

경쟁적 시장에서 공공서비스를 구매할 수 있도록 정부나 지방자치단체가 수요자에게 재정을 지원하는 방식의 새로운 정책수단이다.

바우처가 갖는 중요한 의미는 기존의 공급자중심의 전달체계의 틀을 깼다는 데 있다. 이용자중심 전달체계는 서비스 이용자에게 서비스 선택권을 주어 시장의 서비스 공급기관들로 하여금 이용자의 욕구에 민감하게 반응토록 하는 구조다. 이용자의

[표 4-5] 바우처와 다른 정책수단 비교

구분		재원조달	집행조직	수혜자 선택정도	공급자 경쟁정도	정부의 재정지원 대상
정부생산영역	직접생산	정부	공무원	낮다	낮다	정부기관
	위탁생산	정부	민간기업	중간	중간	위탁업체
	계약생산	정부	민간기업	중간	촉진	계약업체
	바우처	정부	시장	높다	높다	바우처 수급권자
	민간기업	시장	시장	높다	높다	해당없음

만족도를 높이고자 하는 데 그 목적이 있다. 새로운 정책수단으로서 바우처를 다른 정책수단과 비교하면 [표 4-5]와 같다.

3 바우처 정책수단 설계론11)

1) 바우처 설계에 있어서 검토해야 할 사항

바우처 도입을 위해 검토하는 과정에서 유의해야 할 사항을 살펴보자. 바우처가 갖는 시장성, 정책수단성을 검토해야 한다.

먼저, 시장성은 경쟁과 선택원리를 얼마나 충족하고 있는가를 의미한다. ① 공급자간 경쟁성 정도를 파악하기 위해 시장에 존재하는 공급자의 규모, ② 가격과 품질 경쟁이 공정하게 이루어질 수 있는지, ③ 공급자의 차별행위가 존재하는지, ④ 바우처 시장규모가 지역차원인지, 전국차원인지를 면밀하게 분석하고, ⑤ 시장의 계층성은 없는지를 검토해야 한다.

다음은 정책수단으로서 적절성이다. ① 바우처가 소외계층의 복리증진에 기여할 수 있는지, ② 다른 정책수단과 비교할 때 효율성과 형평성을 높일 수 있는지, ③ 낙인효과에 따른 부작용은 없는지 등이 고려되어야 한다. 특히 낙인효과가 발생하지 않도록 주의해야 한다. 문화 바우처의 경우 이용시간과 장소를 제한함으로써 그 수혜자들을 사회적 무능력자로 낙인찍는 안타까운 결과가 초래되지 않도록 각별한 주의가 요구된다.

또한 ④ 주관기관 선정문제와 선정된 기관의 전문성 및 공정성 확보방안, 바우처 유통이나 품질관리 등도 정책수단성 차원에서 다루어져야 한다.

2) 바우처 정책수단 설계론

먼저, 정책수단으로서 바우처가 시행될 경우에 해당상품의 제공자, 서비스 품질에 대한 충분한 정보가 소비자에게 제공되도록 기획해야 한다. 정보제공은 교육이나 의료분야에 있어서 매우 중요한 사항이다. 바우처의 서비스나 재화를 제공하는 공급자에 대한 정보의 부족은 바우처의 취지를 왜곡시키는 원인이 된다. 이러한 문제를 해

11) 참고: 정광호(2007). 바우처 분석: 한국과 미국을 중심으로. 행정논총. 45(1).

결하기 위해서 바우처 설계단계에서 보다 세심한 기획이 필요하다.

둘째, 바우처 소비자의 수혜과정에서 양극화 현상이 발생할 가능성을 철저히 분석해야 한다. 바우처 수혜집단 간에 계층성이 존재할 경우 바우처 편익이 취약 계층에 불리하게 배분되고 특정계층이나 집단만 혜택을 받을 수 있다. 학교나 보육기관 등 공급자가 자기 입장에서 선호하는 이용자만 선별하여 서비스를 제공하는 사례가 발생하지 않도록 설계해야 한다.

셋째, 바우처를 어떤 방식으로 운영하느냐에 따라 바우처의 효과가 달라진다. 예를 들면, 묶음형 바우처(bundled voucher)는 단일품목의 바우처에 비해 시너지 효과가 크다. 다양한 상품과 서비스, 즉 주택, 음식, 교육, 탁아, 새로운 직업을 위한 이사, 교통 등에 대한 묶음형 바우처를 이용해 사용자의 효용을 더 높일 수 있다. 이런 묶음형 바우처는 수혜자의 선택범위를 넓혀주고, 다양한 서비스를 스스로 결정하는 장점을 갖는다.

넷째, 바우처의 활용범위에 대해서도 융통성을 부여하는 것이 좋다. 예를 들면, 바우처의 일정금액을 적립한 후 이를 의료보험, 의료저축 구좌, 교육저축 등으로 활용할 수 있는 선택권을 부여하는 방식이다. 이렇게 하면 바우처에서 절약한 만큼 이를 다른 용도, 즉 아이들 교육이나 개인발전 혹은 주택이나 교통 등을 위해 사용할 수 있다.

제 13 절 신고 보상금(포상금) 지급 정책수단 설계론

1 신고 보상금(포상금) 개념과 의의

신고자에게 보상금(포상금)을 지급하는 방안은 전통적으로 사용되어온 한국적 정책수단 중에 하나다. 신고 보상금(포상금) 제도는 외국에서는 찾아보기 힘들지만 한국에서는 상당히 뿌리가 깊은 정책수단이다.

신고 보상금(포상금) 제도는 정부가 단속을 해야 하는 분야에서 국민들로 하여금 증거를 제시하여 신고하도록 하고 이에 대한 대가로 일정한 액수를 지불하는 제도다. 정부의 규제대상이 광범위해지고 정부 행정력이 부족하여 정부가 모든 대상에 대해 일일이 적발하여 처벌하기가 어려운 경우에 국민들에게 규제대상 행위의 위반 사항을 신고토록 하고, 그 반대급부로서 금전적 보상을 제공하는 보조적 정책수단이다.

환경, 안전, 고용, 보건, 부패방지 등 영역에서 발생하는 불완전한 법집행 체계를 보완하고자 하는 보조적 정책수단이다. 정부가 해야 할 일을 민간에게 위탁하는 최근에 유행한 신공공관리론적 정책수단이라고 할 수 있다

2 신고 보상금 · 포상금 종류

1) 간첩선 등 신고 보상금

남북대치 상황에서 북한의 은밀한 침투행위에 대해 일반 국민이 신고하게 함으로써 국가의 안보를 담보하려는 차원에서 운영되어온 매우 오래된 제도이다. 지금도 간첩선을 신고하는 경우 최고 1억 5천만원, 간첩을 신고하는 경우 최고 1억원, 그리고 좌익사범을 신고하는 경우 최고 3천만원의 보상금을 지급하고 있다.

2) 행정집행 편의를 위한 신고 보상금(포상금)

공정거래위원회의 공정거래위반행위 신고 포상금, 농림부에서 시행하는 원산지표시 부정 유통 및 부정 축산물 신고 포상금, 산림청에서 시행하는 소나무재선충병 신고 포상금 등이 있다.

3) 정치행정 관련 신고 보상금(포상금)

신고 대상은 문제 공직자다. 정치인이든 공무원이든 상관없이 민주적 제도 운영에 지장을 초래하는 탈법, 부정부패에 가담한 공직자를 대상으로 한다. 국민권익위원회에서 시행하고 있는 부패행위 신고 보상금 · 포상금 제도가 그 대표적 사례다. 중앙선거관리위원회의 선거법 위반행위에 대한 신고 포상금 등이 이에 해당된다.

3 보조적 정책수단으로서 신고 보상금(포상금) 설계론[12)]

신고 보상금(포상금)을 설계하기 위한 조건은 법령에 금지 또는 제한하려는 행위 규정이 있어야 한다. 신고자에게는 금전적 보상이 주어지고, 피신고자는 처벌을 받게 되는 등 국민의 권리·의무와 관련이 있기 때문에 법적 근거가 반드시 필요하다. 국민의 권리와 의무는 법률로서만 규제가 가능하므로 법적으로 규제하려는 대상행위가 없이 신고 포상금 제도가 성립하기는 어렵다.

실제로 정부부처의 신고 보상금(포상금) 근거는 법률, 시행령, 시행규칙 등으로 나누어진다. 어떤 것은 규제대상행위를 규정하는 법률 조문에 신고 보상금·포상금 제도가 규정되어 있는가 하면, 어떤 것은 그 법률을 시행하고자 제정된 시행령 등에 신고 보상금(포상금)이 규정되어 있다. 이처럼 신고 보상금(포상금) 설계를 위해서는 법적 근거 마련이 필수적이다.

신고 보상금(포상금)은 법적인 근거만 있다고 집행이 되는 것은 아니며 대부분의 경우 정부예산이 소요된다. 따라서 소요되는 예산을 미리 확보해야 한다. 과태료를 부과한다고 하더라도 국고수입으로 들어가기 때문에 보상금(포상금)으로 지불할 예산은 별도로 책정되어야 한다.

제 14 절 행정지도 정책수단 설계론

1 행정지도에 대한 두 가지 입장

'행정지도(administrative guidance)를 공식적인 행정작용인 정책수단으로서 인정할 것인가?'에 대해 행정학계와 행정법학계 간에 의견이 갈리고 있다. 경험적 측면을 강조하는 행정학에서는 그 실체를 인정해야 한다는 입장이다. 반면 규범론에 충실한 행

12) 참고: 임도빈(2009). 한국의 신고 포상금 제도 분석: 유형화와 확산이유를 중심으로. 한국조직학회보. 제6권 제1호.

정법학계에서는 행정지도의 법적 효과를 부정하려는 경향이 강하다.

그래서 단순히 행정지도의 법률성을 논의하기보다는 행정에 대한 시대적 요청과 흐름에 맞추어 행정지도의 발전 방향을 논의할 필요가 있다. 행정지도가 정책수단으로서 계속 활용될 수밖에 없다면 상반된 두 가지 입장을 절충하여야 할 것이다. 행정지도의 행사 범위와 방법을 제한하여 행사하도록 해야 할 것이다.

행정기관이 행정지도를 행사할 때 ① 목적의 공익과 법령에의 부합성, ② 행정지도를 받는 상대방이 이에 스스로 긍정하여 수용하는 자발성, ③ 행정지도 방식이 강박적이어서는 안 되는 비강압성 등 세 가지 제약 조건이 철저하게 지켜질 때만 정책수단으로 인정하면 될 것으로 생각한다.

2 행정지도 법적 개념

행정지도는 전통적으로 널리 쓰이고 있으나, 미국 행정학에서 중요하게 다루지 않는 경향에 따라 우리 행정학계에서는 별로 관심을 갖지 않았다. 1990년대 이후 불필요한 정부규제의 혁파와 시장경제 원리를 강조하는 정책기조에 따라 행정지도가 법적근거도 없이 자의적으로 강제력을 행사할 가능성이 크다는 이유로 규제개혁론자들의 거센 비판을 받게 된다. 폐지되어야할 제도로 지목받았다.

그러나 정부는 1996년 행정절차법을 제정하여 행정지도의 절차를 규정함에 따라 현실적인 존재 필요성을 공식적으로 인정하였다.

행정절차법에 따르면 행정지도는 '행정기관이 그 소관 사무의 범위 안에서 일정한 행정목적을 실현하기 위하여 특정인에게 일정한 행위를 하거나 하지 아니하도록 지도·권고·조언 등을 하는 행정작용'이다. 이는 행정지도의 남용과 그로 인한 법치주의의 공동화 현상을 방지하기 위한 규정이다.

3 행정지도 유형과 정책수단 설계론[13)]

행정지도는 주된 기능에 따라 규제적, 조정적, 조성적 행정지도로 구분한다. 먼저

13) 참고: 한승연(2008). 정책수단으로서 행정지도의 변화: 무에서 비공식수단으로. 한국행정사학지. 23.

규제적(regulatory) 행정지도는 공익일반 또는 행정목적에 위배되는 행위를 예방하기 위하여 행해진다. 위법행위에 대한 시정권고, 민원신청에 대한 철회권고 등이 이에 해당된다. 둘째, 조정적(reconciliatory) 행정지도는 서로 대립되는 당사자들의 이해관계를 조정하고, 사인 간의 분쟁을 해결하기 위하여 행정관청이 중개나 알선 등의 형식으로 개입한다. 사인 간에 발생하는 이해대립을 조정하는 것이 공익목적상 필요할 경우에 행해진다. 셋째, 조성적(promotional) 행정지도는 국민의 이익을 증진시키기 위한 봉사성격의 촉진적 행정지도다. 기술적 · 전문적 조언, 권고, 정보제공, 지식제공 등이 이에 해당된다.

행정지도를 기능에 따라서 위와 같이 나눌 수 있지만, 실제로 행정지도는 어느 하나의 기능만 수행하기보다는 양면적, 복합적 기능을 수행하는 경우가 많다.

합법성이란 법의 정신을 살리는 것이지 절차만 따지는 것은 아니다. 법치주의를 강조해도 법망을 빠져나가는 행위는 얼마든지 있을 수 있다. 반대로 법적 근거가 없는 행정지도를 시행한다고 해서 반드시 법의 정신에 어긋난다고 단정 지을 수는 없는 것이다.

물론 법에 위반되고 소수 이해당사자만의 이익을 위해 비밀리에 행하는 행정지도, 시대정신에 맞지 않는 행정지도는 당연히 폐지되어야 한다. 그렇지만 사회통념상 정의 관념에 부합하는 행정지도는 어느 정도 허용되어야 한다. 행정절차법이 신의성실과 신뢰보호의 원칙을 규정하고 있는 만큼 행정지도에 응했다가 피해를 본 국민의 권리는 마땅히 보호를 받아야 한다.

이러한 정신에 비추어 최소한의 필요영역에 행정지도 방식을 도입하는 정책설계는 국민들이 별 부담 없이 받아들일 것으로 생각한다.

상호주관성 이해와 합의에 의한 미시적 정책설계론(5장 · 6장 등)에 들어가며

우리는 선거철이 되면 각 후보와 정당이 내세우는 정책공약을 살펴보고 자기선호를 가장 잘 반영하는 후보에게 투표를 한다. 당선된 후보는 공약사항을 정부정책으로 설계하여 시행하게 된다.

평상시에는 직장 일을 마치고 친구들과 호프집에 앉아 치맥을 즐기면서 사회이슈에 대해서 이야기꽃을 피운다. 쉽게 의견일치를 볼 때도 있지만, 때로는 격하게 대립하고 밤늦게까지 토론이 이어지기도 한다. 이처럼 우리끼리의 담론이 전국 방방골골에서 벌어지면 일정한 방향으로 여론이 형성될 것이다. 갤럽과 같은 여론조사 기관이 그 흐름을 파악하여 발표하면, 정부는 그것을 반영하는 방향으로 정책을 설계하게 된다.

이런 현상을 이론적으로 접근하여 그 내면에서 작용하고 있는 원리를 밝히려고 한다. 정책을 합의해 나가는 현상을 상호주관적으로 이해하고 해석하는 접근방법이 유용할 것이다. 자연과학적 실증주의 접근이 아닌, 상호주관성의 이해에 바탕을 둔 현상학적 접근이 이에 해당된다. 개개인의 선호를 기반으로 한다. 현상학은 상호주관성이라는 이해의 폭을 넓혀 공동체의 선호를 도출하는 데 매우 적합하다.

숲을 보기 위해서는 그 속에서 자라는 나무를 보아야 하듯이 미시적 정책설계론을 구성할 수 있다. 서로 소통하고 숙의하는 공론장의 핵심인 미시적 정책시장에서 공동체 선호를 합의해 나가는 원리가 그것이다. 선거철에 각 후보자의 정책공약에 대해서 국민들이 투표로 자기의 선호를 표시하는 방식으로 정책방향을 정한다. 또는 협상테이블에서 공통점을 합의하여 정책을 설계한다. 이처럼 선거중심의 정책시장과 협상중심의 정책시장으로 나누어, 개인의 선호를 공동체 선호로 통합하여 동화된 정책으로 합의해 나가는 데 작용하는 원리를 밝혀내고자 한다.

위와 같은 미시적 정책시장론과 정책설계론에 이어서 합리성을 기준으로 정책현상을 설명하는 전통적인 도구적 합리성의 고정관념을 깨는 이론을 제시하고자 한다. 확대 진전된 종합적 합리성 모형에 따른 정책설계론이 그것이다.

먼저, 개인수준의 실질적 합리성에 따르면 개인의 선호를 형성하는 정책학습이 중요하다. 정책학습에 의한 정책설계를 살펴볼 것이다. 다음으로 공동체 수준의 실질적 합리성을 도출하여 협의해 나가는 과정으로서, 합의된 내용을 공동체의 정책으로 설계해 나가는 숙의민주주의 정책담론적 정책설계를 살펴보려고 한다.

CHAPTER

05

미시적 정책설계론

제1절 여는 글

우리가 제3장에서 논의한 정책동학적 정책시장은 거시적 정책설계의 공론장이었다. 여기서 논의할 미시적 정책시장은 국민의 상호주관적 이해를 반영하는 정책선호의 수요·공급 준칙을 중심으로, 때로는 투표를 하고 때로는 협상을 하는 공론장이다. 정책시장 안에서 현상학의 상호주관성 이론에 근거하여 개개인의 선호를 통합하는 데 작용하는 정책선호의 수요·공급 준칙, 정책좌표를 분석하여 합의가능성을 예측하는 원리 등을 설명할 것이다.

제2절 정책시장은 수요·공급 원리가 작동하여 투표와 협상이 이루어지는 공간

기존의 정책결정론과는 다르게 공동체 선호인 정책이 형성되는 과정을 새롭게 풀어가는 접근방식이 미시적 정책시장론이고 정책설계론이다.

정책은 합리성을 근거로 설계하여 나온 결과물이지만, 국민들이 스스로 자신의 선호를 공동체의 선호로 통합하여 합의(合意)한 정치과정의 산물이기도 하다. 정치과정으로서 대통령 선거 등 일정한 순환주기에 따라 투표를 통해서 주요 정책방향을 정하고 있다. 선거는 정책과 표를 교환하는 정치시장이다. 정치시장과 정책시장은 거의 같은 개념이라고 해도 무방하다. 사실 정치시장으로 명명하였지만, 정책을 사고파는 시장이라는 점에서 정책시장이라는 개념이 더 적절하다.

정치경제학자들이 주장한 정치시장은 선거중심의 정책시장이다. 하지만 이 시장을 통해서 정책이 완벽하게 결정되는 것은 현실적으로나 이론적으로나 어렵다. 유권자들은 정책에 대한 찬성 또는 반대만을 투표한다. 이론적으로도 집합적인 정치적 과정인 투표를 통해서 정책이 결정되기는 어렵다는 주장이 많다. 다시 말하면, 직접민

선거는 정책시장이다[1)]

우리가 치르는 선거란 유권자라고 하는 소비자가 표(票)라는 돈을 주고, 정당이라는 공급자로부터 정책이라는 상품을 선거라는 시장에서 구입하는 과정이다. (이하생략)

주주의는 Arrow의 불가능성의 정리에 의해서, 간접민주주의는 Condorcet의 투표모순에 의해서 개인선호가 공동체 선호로 결집되어 합의되는 데 한계가 있음이 밝혀졌다.[2)]

이러한 비판적 견해를 바탕으로 투표에 의한 정책시장을 보완하고, 선거가 없는 기간에 정파 간 협상에 의한 정책설계가 이루어지는 원리를 밝혀야 한다. 정책을 집행할 때에도 예상치 못한 갈등이 생겨 정책을 재설계해야 하는 경우가 생긴다. 그 원리를 밝혀야 한다.

이러한 점들을 긍정적으로 받아들여 별도의 협상테이블이라는 정책시장을 추가로 검토해야 한다. 선거중심의 정책시장과 함께 협상중심의 정책시장을 구성하여, 정책에 대한 수요인 '국민의 선호'와 정책에 대한 공급인 '정부의 대응역량'이 균형을 이루는 수준에서 정책을 설계하는 원리를 다루어야 한다.

선거중심의 정책시장이든, 협상중심의 정책시장이든 정책선호에 대한 수요 · 공급원리가 준칙으로 작동하는 미시적 정책설계의 원리가 다루어져야 한다. 이는 현상학적 입장에서 상호주관성인 각 개인들의 선호를 통합해 나가는 원리와 다름이 없다. 보다 과학적으로 국민의 선호에 바탕을 둔 정책선호의 수요 · 공급의 균형점을 찾아서 적절한 수준의 정책을 설계하는 이론을 구성해야 한다.

---

1) 참고: 이종수(2012.12.11). 포퓰리즘의 역습. 문화일보. p.31.
2) 제4절에서 Arrow의 불가능성 정리, Condorcet의 역설을 설명하고 있다.

제3절 국민선호에 기반을 둔 수요·공급 준칙과 미시적 정책설계 원리

제3장에서 다룬 거시적 정책시장은 국가 전체 맥락에서 총량적으로 형성된 집합적 정책시장이다. 개인이 좌지우지할 수 없는 객관적인 거대 공론장이다. 여기서 논의할 미시적 정책시장은 개개인이 참여하여 영향을 미칠 수 있는 주관적 공론장이다.

1 국민의 선호에 기초하여 공동체의 선호인 정책을 설계하는 새로운 접근방법

정책설계학은 어떤 사회적 이슈에 대한 국민의 선호가 각계 각층의 정책행위자들이 참여하는 선거의 투표 또는 공론장의 정책담론을 거쳐 국가공동체의 선호(정책)로 결집하는 현상을 규명하는 학문이라 할 수 있다. 미시적 정책시장론에 근거한 정책설계학은 공동체 선호를 형성하는 합의과정을 상호주관성인 각자의 선호를 이해하고 해석하는 현상학적 방식으로 접근하여 설명한다.

정책시장은 정치적 교환이 이루어지는 공간이다. 선거중심의 정책시장이든, 협상중심의 정책시장이든 각각 정책에 대한 주관적 선호에 해당하는 정책수요를 확인하고, 그것에 맞추어 정책공급의 수위를 조정하여 교환하는 공간이다.

국민의 선호로서 '정책요구(수요)'와 정부의 국민선호에 대한 대응역량으로서 '정책제공(공급)'은 하나의 교환관계에 있다. 국민의 선호인 수요와 정부 등 정치권의 대응역량인 공급이 교차하는 균형점에서 적정한 수준을 합의하여 정책을 설계한다.

이런 논리에 기반하여 정책학 논의의 시작점이자, 정책설계학의 출발점은 '선호(preference)'라는 개념이다. 개인의 선호이든, 집단의 선호이든 이런 선호를 통합한 결과가 공동체 선호인 정책으로 결정된다고 보기 때문이다.

선호는 경제학에서 주로 사용되는 개념이다. 선호는 가능한 대안들의 우선순위 사이에서 실제로 존재하거나 또는 상상되는 선택들을 가정하여 그 가운데 특별히 더 좋아하는 것을 의미한다. 이런 선호는 정책수요의 원천으로서 작용한다.

사람들이 자기 스스로 내생적(內生的)으로 선호를 갖게 되기도 하고, 바깥에서 영향을 받아서 선호가 외생적(外生的)으로 형성되기도 한다.

역사적 신제도주의는 역사라는 맥락과 구조 속에서 개개인의 선호가 형성된다고 한다. 역사적으로 형성된 관습과 전통에 따라 선호가 형성된다. 사회학적 신제도주의는 문화라는 인식 틀에 의해서 개개인의 선호가 형성된다고 한다. 비슷한 문화권 사람들은 비슷한 선호를 갖는다.

이에 비해서 합리적 선택 신제도주의는 외부환경이 변화함에 따라 개개인의 선호가 밖으로부터 주어진다고 본다. 선호는 외생적으로 주어지며 이 선호에 맞춰 정책을 전략적으로 설계해 나간다. 예를 들어 저성장 · 저금리 시대, 100세 시대가 되면서 노년층은 금융소득보다 근로소득에 의존하게 된다. 많은 노인들은 일자리를 찾아야 하고 이런 사례가 반복되면서 65세로 정년을 연장하는 정책이 논의되기에 이른다.

2 국민의 선호(수요)와 정부의 대응역량(공급) 간의 교환관계: 투표(선거), 협상

정책은 국가의 구성원인 국민 개개인의 선호가 국가공동체의 집단적인 선호로 통합(統合)적으로 동화(同化)되어 합일(合一)된 것으로 볼 수 있다. 공동체 선호의 집합인 정책은 선거의 투표에 의해서 또는 정치적 협상을 통해서 결정된다.

그렇지만 단순하게 정책이 선거를 통해서 결정된다고 주장하고 거기에서 끝나면, 이는 학문적으로 상당히 무책임한 자세임에 틀림 없다. 선거를 통해서 정책이 결정되는 내면의 원리에 대한 설명이 뒷받침되지 않았기 때문이다. 정치적 협상에 의해서 정책이 결정된다는 주장도 마찬가지다. 협상테이블에서 합의해나가는 원리를 밝혀야 한다.

정치경제학자들은 이런 원리들을 정치시장 모형에서 찾고 있다. 선거를 통한 정책설계는 시장메커니즘의 수요 · 공급 준칙에 따라서 이루어진다고 보며, 협상중심의 정책설계에도 똑같이 적용된다.

경제시장의 상품에 해당하는 것이 정치(정책)시장에서는 후보자들이 내세운 정책이다. 정책의 가격에 해당하는 것이 정치시장에서는 강한 규제냐, 아니면 약한 규제냐 등 정책의 높낮이이다. 수요는 정책에 대한 투표자가 선호하는 양이고, 공급은 정부나 정당에서 정책을 제공할 수 있는 대응역량의 수준이다.

정치시장의 투표기제(voting mechanism)는 경제시장의 가격기제와 거의 같다.3) 그래서 경제시장에서 상품을 교환하듯이 정책을 놓고 투표를 하여 선택하는 공간으로 정치시장을 설정할 수 있다. 정책시장은 각 정파 또는 집단들의 주관적 선호들이 협상에 의해서 조정되는 공간이다. 이 공간에서 국민의 선호인 정책수요와 정치권의 정책공급이 교환방식에 따라 조정되면서 개별선호들이 공동체 선호로 통합적으로 합일되어 간다.

3 미시적 정책시장에서 국민의 선호를 결정하는 요인

현상을 상호주관성을 기준으로 이해하고 해석하는 방법론이 현상학이다. 그 첫 단추로서 국민선호라는 개념을 도입한다. 국민선호는 정책설계 과정의 원천적 동기로서 역할을 한다. 선호는 시간과 공간적 맥락으로서 역사 및 문화, 정책학습 등에 의해서 형성되거나 영향을 받는다.

Douglas여사는 우리가 무엇을 선호한다는 것은 우리가 갖는 사회적 경험의 결과라고 하였다. 이러한 형성(구성)주의(constructivism)에 기초한 국민선호는 역사, 문화와 정책학습 등에 의해 영향을 받기 때문에 개인의 선호는 각자 차이가 날 수밖에 없다.

먼저 정치이데올로기를 보자. 기존의 중도우파 정부가 계속된 실책으로 국민의 외면을 받아 중도좌파 경향의 진보적 색채를 띤 정부가 들어섰다고 가정하자. 이때 공정성이라는 이슈가 부각되고 공정거래 정책에 호감을 갖는 방향으로 국민선호가 나타날 가능성이 커진다. 반대로 중도우파 정부가 들어설 경우에는 공정경쟁보다는 혁신을 통한 경제의 체질 개선, 성장을 통한 국부창출에 더 큰 비중을 두는 국민선호가 표출될 것이다.

다른 한편으로, 삶의 양식, 즉 문화차원에서 보면, 국가의 발전정도에 따라 계층

---

3) 정치시장은 여러 측면에서 경제시장과 다르지만, 투표를 통해서 후보자의 정책을 거래하고 이러한 과정에서 투표와 득표경쟁의 자유가 보장되고 어떠한 폭력도 배제된다는 점에서 시장적 성격을 갖는다고 할 수 있다.

주의적 국가주의를 선호하는 국민이 점점 줄어들게 되고, 개인주의적 성향의 다원주의적 선호를 갖는 국민이 더 많아지게 된다. 따라서 정부의 간섭보다는 시장의 자율성을 중시하는 국민선호가 대세를 이루게 된다. 이를 도표화하면 [그림 5-1]과 같이 나타낼 수 있다.

[그림 5-1] 국민선호 결정변인

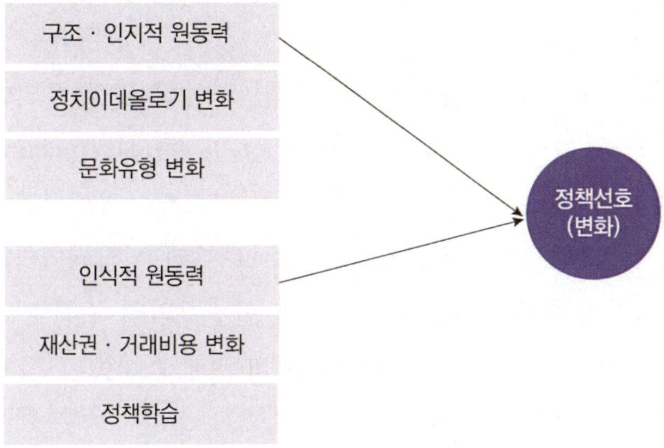

4 정책선호의 수요 · 공급 준칙에 입각한 정책설계 모형 구성

미시적 정책시장은 국민선호에 따라 다양한 정책담론이 진행되는 공간이다. 선거철이 되면 공식적 공론장인 선거중심의 정책시장이 서게 된다. 평상시에 사회적 이슈가 생기면 공식적 또는 비공식적인 협상중심의 정책시장이 열리게 되며, 선거의 투표와 협상에 의한 합의로서 정책설계가 진행된다. 이것을 정책설계 모형으로 만들 수 있다.

제 4 절 정책(정치)시장에 대한 이론적 논증과 실제적인 가능성 탐색

1 정치시장 근거이론은 공공선택이론 등 정치경제학

선거를 통한 정책설계 과정이든, 선거가 아닌 일상적 협상에 의한 정책설계 과정이든 이를 포괄적으로 설명할 수 있는 모형이 정치(정책)시장(political market)이다.

정치시장은 정치경제학자들이 주로 사용하는 개념으로 경제시장 개념을 정치분야에 도입한 것이다.[4] 정치시장 이론은 Schumpeter로부터 시작되었다(Schumpeter, 1942: 제4부). 그는 고전적인 민주주의론을 비판하면서 민주주의의 주된 기능은 정당이나 정치인들이 유권자를 대상으로 득표경쟁을 하는 과정에서 대중이 정치적 결정권을 획득하는 데 의의가 있다고 주장한다.

정치시장 모형은 민주주의적인 참여와 시장주의적인 선택을 동시에 고려하게 함으로써 실질적인 정책현상을 파악할 수 있게 해 주고, 정책의 정치성을 고려하게 한다. 또한 정책시장에서 국민과 공무원, 정치인, 이해관계인들이 서로 상호 간의 주관성을 이해하고 해석하는 폭을 넓혀가면서 정책을 설계하게 한다.

특히 정책시장인 선거에서 주권자들이 내린 정치적 결정은 정당이나 후보자를 선택할 뿐만 아니라 정치적 재화인 정책을 결정하는 역할을 한다. 정치시장에서는 후보자의 선거공약인 '정책'이 제시된다. 정책의 수요는 정책에 대한 찬성 표의 양이고, 그 선호는 '투표'로 표출된다. 투표는 상품인 정책의 구매행위에 해당된다.

정치경제학자들은 선거는 유권자인 구매자가 표(票)라는 돈을 주고, 정당이라는 판매자로부터 정책이라는 상품을 구입하는 과정이라고 주장한다. 그렇다면 이러한 정치시장 모형을 뒷받침하는 근거이론은 무엇일까? 공공선택이론[5]이다.

---

4) 런던대학교 Mark Pennington 교수가 주장하는 개념에 따라 설명한다.

5) 공공선택이론의 기초는 Duncan Black(1948)의 중위자 투표정리(median-voter theorem), Tullock(1959)의 투표담합(logrolling), Downs(1957)의 대표민주주의(representative democracy), Coase(1960)의 사회적 비용(social costs), Olson(1965)의 이익집단 활동(interest-group activity) 그리고 불가능성 정리의 Arrow(1951), 정치에서의 개인적 교환을 강조한 Buchanan(1949, 1954)

종래 정책학에서는 국가발전과 경제성장을 일차적인 목표로 삼아 공익실현을 위한 구성원들의 공적인 의무와 역할을 강조하는 경향이 강했다. 국회의원들은 공익의 대변자로, 공무원들은 공익의 봉사자로, 국민들은 공공심을 함양한 시민으로 각각 규정되고 있었다. 기존의 정부관련 학문분야는 이러한 인간관에 바탕을 두고 공공문제를 다루는 주류이론이 형성되었다(Tullock, Gordon 외. 김정완 역, 2005: 5).

하지만 이런 주류이론은 시장실패에 이어 정부개입으로 발생한 정부실패 문제를 진단하고 처방하는 데 한계를 보이기 시작한다. 이에 대응하여 새로운 대안으로서 제시된 이론이 바로 공공선택이론이다.

공공선택이론은 시장실패로 정부가 개입한다고 하더라도, 정부부문의 재정적자를 비롯한 비효율성, 부정부패, 규제강화, 정부조직의 비대화 등 정부실패가 나타난다고 지적하고 이를 신랄하게 비판한다. 공공선택론자들은 정부개입을 최소한으로 줄여야 한다고 주장한다. 정부에 대해 비판하면서 정치인과 공무원들이 자기 자신의 이익을 추구하는 이기적 행위자라는 경제학적 기본가정을 정치적·정책적 행위에 그대로 적용한다. 공공선택이론은 정치시장 모형의 기본 원리를 제공한다.

공공선택이론가인 Buchanan과 Tullock은 경제학적 사고방식을 공공부문에 원용한다. 기존의 경제학에서 개인들은 자기이익(self-interest)을 추구하고 기업가들은 이윤을 극대화하며, 소비자들은 효용을 극대화하는 데 목표를 두듯이, 공공선택이론은 공공분야에 근무하는 자들도 경제적 이익을 추구하는 행위를 한다고 가정한다. 시장에서 물건을 구입하는 소비자나 관공서에서 업무를 수행하는 공무원 모두가 자기이익을 추구하는 동일한 인간이라는 가정에서 출발한다. 쇼핑몰에서 물건을 구입할 때 개인이 갖는 욕구와 본능이 정부기구에서 일한다고 바뀌지 않는다는 것이다.

따라서 공공선택론에 의하면, 국회의원은 재선을 위한 득표극대화자로, 공무원은 재량의 증대를 위한 예산극대화자로, 국민은 효용극대화를 위한 소비자로 각각 규정된다.

공공선택이론은 기존의 주류이론이 간과했던 부문에 대한 새로운 시각을 제공한다. 경제시장의 개념을 정치적인 개념에 대입시켜 정치시장 이론을 구성할 수 있는

의 연구와 관련된다.

아이디어를 제공한다. 경제시장에서 상품을 놓고 교환하듯이 정책시장에서도 정책을 놓고 교환한다는 것이다. 이와 함께 공공선택이론은 정부실패에 대한 정책대안으로 민영화, 감축관리, 규제완화, 지방분권화 등의 이론적인 준거를 제공하고 있다. 이를 설명하면 다음과 같다.

첫째, 공직자는 공익추구자가 아니라 사익추구자로서 자신의 이익을 극대화하는 존재이기 때문에, 이러한 공직자를 대상으로 성과관리와 같은 새로운 메커니즘을 적극 시행해야 한다. 둘째, 공공부문은 비효율적임은 물론, 공공부문의 특수성을 인정하기 어렵기 때문에 조직, 인사 등에서 민영화 및 개방화를 추진해야 한다. 셋째, 공공선택이론이 공직자를 사익추구자로 설정함에 따라, 정부 역시 사익추구자들의 집합이다. 이들에 의해 제공되는 재화와 서비스는 시장에서 제공되는 것과 본질적으로 차이가 없다. 즉 공공부문의 서비스 특성을 인정하지 않는다. 기업의 주체와 행정부처의 주체는 동일하게 경제인이기 때문이다.

따라서 국민은 재화와 서비스를 활용하는 주체로서 재화의 제공자가 공공이든, 민간이든 상관없다. 국민 개개인은 오로지 자신의 비용을 줄이고 편익을 극대화하는 재화를 선택하려고 한다. 이에 따라 민간영역과의 경쟁이 강조된다.

2 선거중심의 정책시장 모형의 가능성에 대한 이론적 논증

어떤 학자가 '앵무새도 수요와 공급이라는 말만 배우면 경제학자가 된다'고 하였다. 농담이지만, 경제학을 대표하는 준거 틀을 함축적으로 말해주고 있다. 수요와 공급이라는 개념은 시장을 움직이는 원동력이다. 이런 수요와 공급은 각종 재화의 소비량과 생산량을 결정함으로써 그 재화의 가격이 형성되기 때문이다.

수요와 공급 개념 이외에도 시장, 가격은 경제학의 필수적인 요소라고 할 수 있다.

수요와 공급 원칙을 시장에서 재화를 사고자 하는 사람들과 이를 팔려고 하는 사람들 간의 상호작용이라고 정의할 때, 구매자들은 집단적으로 그 재화에 대한 수요를 결정하고, 판매자들은 그 공급을 결정한다.

이러한 경제모델을 정책결정 과정에 그대로 적용할 수 있다. 공공선택이론은 정치인 · 공무원(판매자)과 국민 · 유권자(구매자)들이 정치(정책)시장에서 자신들의 이익을 최대화하기 위해 교환활동을 하는 합리적인 행위주체라고 가정한다.

따라서 정책시장은 정책공급자(경제시장의 재화의 판매자)와 정책수요자(경제시장의 재화의 구매자) 간의 정치적 교환에 의해 정책이 결정되는 공간이라는 정의가 가능해진다. 정책시장에서는 '정책의 부담 또는 정책의 편익' 등 정책의 높낮이가 경제시장의 가격(price)과 같은 역할을 한다. '국민들의 정책 요구(수요)'와 '정부의 정책 제공(공급)'을 서로 교환하는 관계로 본다.6) 정책수요자와 정책공급자들 간의 정치적 교환에 의해 수요와 공급의 균형을 이루는 지점에서 정책이 설계되기에 이른다.

선거중심의 정책시장에는 두 가지 종류의 행위자가 있다. 하나는 수요측면의 유권자다. 유권자는 개별적인 유권자와 이익집단적 유권자로 나눌 수 있고 이들은 모두 자기의 효용이나 이윤을 극대화하려는 속성을 갖는다. 다른 하나는 공급측면의 선출직 공직자 또는 정치인이다. 이들은 정치적 지지를 극대화하려는 경향을 갖는다.

정책시장에서 두 행위자들은 정치적 지지와 정책적 만족을 서로 주고받는데, 유권자는 투표를 통해 정치적 지지를 선출직 공직자에게 제공하고, 선출직 공직자들은 유권자에게 정책을 되돌려준다. 이런 교환과정에서 조정이 이루어져 정책이 설계된다. 경제시장에서 상품을 놓고 교환관계가 성립되는 것처럼 정책시장에서도 정책을 놓고 교환하는 관계가 똑같이 성립된다. 동일한 원리가 적용된다.

지금까지 정책시장도 재화시장처럼 수요자와 공급자 간의 교환관계가 성립할 수 있음을 살펴보았다. 이 외에도 정책시장 역시 재화시장과 같은 시장의 게임 룰이 지배하게 된다는 점을 살펴보자.

정부가 주도하는 정책수립 절차가 공권력과 상・하 간의 명령체계를 통해 그야말로 경직되게 운영된다면 시장개념 자체를 도입할 여지가 없다. 그렇지만 정부가 중심이 되어 진행하는 정책과정에도 일정한 게임 룰(game rule)이 있고, 이에 따라 진행되어 그 결과로 정책이 도출된다.7)

큰 정책시장은 선거를 통해서 다수결이라는 게임 룰에 따라 중요한 정책방향이 결정되고, 중범위 정책시장은 행정부의 국무회의나 국회의 상임위원회에서 이견이 있을 경우, 정책을 보류(veto point)하거나 타협・조정안을 마련하여 다시 논의하는 등

---

6) 정책시장의 수요・공급곡선은 제3절에서 구체적으로 그림을 통해서 설명한다.
7) 행정은 명령, 수직적인 상하관계 등 경직성이 있으나, 민주주의가 성숙한 국가에서 정책과정은 수평적인 시장운영의 원리가 적용될 수 있다.

일정한 게임 룰이 적용되고 있다. 작은 정책시장은 대개 부처 등 행정기관 단위에서 이루어지고 해당 부처가 설계한 정책에 대해서 관계부처 간에 의견조율을 거쳐 이해당사자, 일반국민을 대상으로 입법예고 절차를 밟는다. 이때 반대나 저항이 심할 경우에 그 정책은 보류되거나 재설계되어야 한다. 작은 정책시장은 협상중심의 정책시장으로서의 성격이 강하다.8)

이처럼 각 단계별로 일정한 게임 룰이 적용된다는 점은 일반 재화시장의 게임 룰과 동일한 의미가 있다고 하겠다. 게임 룰에 의존하여 정책의 수요・공급의 균형점을 찾아 협상하고 합의를 한다. 이처럼 일정한 게임 룰에 의한 교환과 협상 그리고 합의가 이루어지고 있다는 점은 경제시장의 원리를 정치(정책)시장에 그대로 적용해도 무방하다 할 것이다.

3 선거중심의 정책시장 모형의 가능성 여부 탐색

이제 정치경제학적인 입장에서 제안된 정치시장 모형의 가능성을 실제 현상을 통해서 살펴보겠다. 먼저, 시장경제의 수요・공급의 원리를 정치시장의 투표 논리로 설명할 수 있는지를 증명하여야 한다. 이를 위해 '사표 크기'와 '사표기피 원칙'이 정책결정이나 정책설계에 미치는 영향을 구체적으로 살펴보자.9)

정치경제학자들은 정치(정책)시장에 있어 경제시장의 소비자가 하는 구매행위에 해당하는 것이 투표행위라고 한다(Lindblom, 1977: 177). 가격기제가 작동하는 경제시장에 참여하는 것과 투표를 통해 정치시장에 참여하는 것은 동일하게 교환적 의사결정 방식에 해당된다.

그렇다면, 다수결원칙인 투표논리로 시장경쟁을 설명할 수 있는가? 투표자의 사표기피 원리에 의해서 경제시장의 의사결정 방식을 설명할 수 있는가? 하는 질문을 통해 앞의 주장의 타당성을 논증해야 한다.

정치시장론의 기본도구인 투표논리, 사표기피 원리를 살펴보기에 앞서 사표의 개

---

8) 이 책은 거시적 정책시장과 미시적 정책시장으로 나누어서 이론을 전개하고 있다. 미시적 정책시장을 나눌 때 큰 정책시장, 중범위 정책시장, 작은 정책시장으로 구분하여 설명한다.

9) 참고: 박지웅(2000). 시장, 주식시장 및 정치적 시장의 의사결정방식으로서 투표에 관한 비교분석. 사회경제평론 15호.

념을 설명하면 다음과 같다.

예를 들어, 양당제 하의 대통령선거에서 두 후보가 출마하여 한 후보가 유효투표 중 60%의 지지를 받아 40%의 지지를 받은 후보를 제치고 당선되었다고 하자. 이때 낙선자가 얻은 득표 40%는 사표가 된다. 그리고 당선자가 얻은 60% 중 40%를 제외한 20%는 당선자가 필요 이상으로 획득한 무용의 잉여표라고 할 수 있다. 사표를 구분한다면, 낙선자가 얻은 표를 '제1사표'(40%)라고 하고, 잉여표를 '제2사표'(20%)라고 한다(박지웅, 2000: 218).

정치시장론에서 고려해야 할 부분은 정치시장에서 1인 1표가 평등하게 사회구성원에게 부여되지만, 경제시장에서는 1원 1표라는 투표권이 각 경제주체들에게 유동적으로 부여되는 차이점이 있다는 것이다. 그렇지만 1인1표 원리와 1원1표 원리를 동일 선상에 놓고 시장경제의 수요·공급의 원리도 다수결 원칙인 투표의 논리로 설명될 수 있다는 점을 논증하고자 한다.

시장의 수요·공급 원칙은 투표논리에서 사표를 줄여 나가는 것과 같은 의미를 갖는다. 먼저 제1사표를 줄여 나가는 과정에 비유해 보자. 예를 들어, 하나의 상품을 두고 소비자 A와 B가 각각 구매 의사를 밝히는 상황을 가정해 보자.

시장에서 소비자 A는 500원, 소비자 B는 300원을 지불할 의사가 있다면, 경제시장의 1원 1표 원리에 따라 더 많은 지불 의사를 표시한 A에게 그 상품이 판매된다. 이는 정치시장에서 다수의 표를 얻은 후보가 당선되는 것과 같은 논리다. 이때 소비자 B가 제시한 300원은 거래 성사에 영향을 미치지 못하지만, 경제시장에서는 그 금액을 판매자가 가지지 않고 그대로 B에게 돌려준다. 즉, 정치시장에서는 패배한 선택이 제1사표로 소멸되는 반면, 경제시장에서는 소수의 선택 역시 자원 손실 없이 보존된다.

정치(정책)시장에서 500원의 선택은 더 많은 재정 지원이나 혜택을 제시한 정책에 해당되고, 300원의 선택은 그보다 낮은 수준의 지원을 제시한 정책에 해당한다고 볼 수 있다. 결국 정치시장에서 더 많은 지지를 받은 정책이 채택되는 과정은, 경제시장에서 수요·공급 원리에 의해 균형가격이 형성되는 과정과 동일한 다수결의 논리로 설명될 수 있다.

다음으로 정치(정책)시장의 교환과정에서 제2사표가 어떻게 제거되는지를 살펴보자. 정치시장에서 어떤 정책(사과)의 가격이 500원으로 형성되었다는 것은, 500원만큼의 투표를 통해 그 정책을 선택할 수 있다는 의미이다. 그러나 500원에 투표하여 정책을 획득한 모든 유권자가 반드시 500원의 강도로 그 정책을 선호한다고 보기는 어렵다. 어떤 유권자는 그 정책에 대해 800원의 지지를 보낼 의사가 있을 수도 있기 때문이다.

이 점은 경제시장의 수요 · 공급 곡선을 통해 명확하게 설명된다. 수요 곡선은 소비자들이 상품을 얻기 위해 최대 얼마까지 지불할(투표할) 의사가 있는지를 화폐의 크기 순서대로 배열한 것이다. 시장에서 균형가격이 500원으로 형성되면, 그 가격보다 높은 지불 의사를 가진 소비자뿐만 아니라 정확히 500원 정도의 지불 의사를 가진 소비자 모두가 동일한 가격인 500원에 상품을 구매하게 된다. 즉, 실제로는 800원을 지불할 의사가 있는 소비자 역시 500원만 지불하고 사과를 획득한다.

만약 800원을 지불하겠다는 소비자만 존재하고, 사과 판매자가 이를 그대로 요구한다면, 시장의 경쟁원리가 작동하여 더 낮은 가격에 판매하려는 다른 판매자들을 등장시킨다. 그 결과 가격은 자연스럽게 500원 수준으로 낮아진다. 정치시장에서도 마찬가지로, 과도한 수준의 정책(800원)을 제시하는 후보자만 존재한다면, 그보다 낮은 수준의 정책을 제시하는 후보자들이 등장하여 정책수준은 중간값 근처에서 결정된다.

이때 정치(정책)시장에서 최종적으로 형성된 정책수준이 500원인데도 불구하고, 800원의 지지를 행사했다면 초과된 300원에 해당하는 투표는 실제 결과에 반영되지 않는다. 이 초과분이 바로 정치시장에서의 제2사표에 해당한다. 그러나 시장의 다수결원칙은 이러한 제2사표를 최소화하는 방향으로 작동하며, 그 결과 정책의 수준은 다양한 선호를 반영한 균형점에서 결정된다. 즉, 정치시장에서 정책 가격이 500원에 형성되었다는 것은 제2사표를 줄여 가는 과정 속에서 적정한 정책수준이 도출되었음을 의미한다.

제 5절 선거중심의 정책시장 모형이 갖는 한계와 협상중심의 정책시장 필요성

민주주의가 지배하는 공적 영역에서의 행위는 다수결원칙(majority rule)에 기초하게 되고, 시장주의가 지배하는 사적 영역에서의 행위는 개인의 자발적인 선택(voluntary choice)에 기초하게 된다.

선거중심의 정책시장에서 다수결 원칙에 의해서 정책설계가 충분히 이루어질 수 있는지를 살펴보자.

1 직접민주주의 하에서 국민합의 기반 정책형성 가능성

민주주의가 정당성을 갖기 위해서는 민주주의 그 자체가 제대로 기능하는 사회선호함수가 존재해야 한다. 실제로 다수결원리를 신봉하는 정치학자들은 민주주의가 비록 완벽한 제도는 아니지만, 그것을 통해 사회 구성원들의 개별적인 선호들을 이른바 공익이라는 이름으로 사회 전체의 선호체계로 변화시키는 데 아무런 문제가 없다고 주장한다.10)

공동체 선호를 통합적으로 결집할 필요성을 고려할 때, 이에 가장 적합한 민주주의 형태는 대의민주주의가 아닌 직접민주주의일 것이다. 고대 아테네에서는 평등을 기초로 전체 시민이 모인 집회에서 나랏일, 즉 정책을 결정했다.

기원전 500~300년경 아테네의 아고라 광장은 가끔씩 북적거렸다. 그 옆에 시장에서는 장사꾼들의 호객하는 소리와 물건을 사려는 사람들의 흥정소리로 항상 시끌벅적하였다. 그런데 이따금씩 장사는 접고 모두들 언덕 위의 아고라 광장으로 향할 때가 있었다. 그들은 대형 원형극장에 모였고 민회인 에클레시아가 열렸다. 6000명 가량의 민회 구성원들은 평의원 500명이 준비한 의제를 놓고 번갈아 가며 단상에 올라가 연설을 했다. 그런 후에 거수를 하거나 도자기 조각을 항아리에 던져 표결을 했

10) 주로 정치다원주의자들은 낙관적으로 정치과정을 다룬다.

다. 과세, 공공사업, 전쟁개시 등의 결단이 이곳에서 이루어졌다. 안건이 정리되면 시민들은 다시 일상생활로 되돌아왔다. 이런 현상은 열흘에 한 번 꼴로 반복되는 연중행사였다.

이처럼 국민들이 직접 나서서 당면한 사회문제의 해결방안을 스스로 결정한다면 현재와 같은 정책학 논의가 필요 없는 것 아닌가? 하는 의문이 든다. 이에 대해 정책학은 필요없고 민주적인 의사결정 절차 또는 주요정책의 선정기준만을 연구하면 충분하다는 정치학자들도 있고, 민주주의와는 별개로 진행되는 정책학적 절차가 반드시 필요하다는 정책학자의 주장도 있다.

전자의 학자들처럼 국민들이 직접 나서서 정책을 결정할 수 있다는 증명되지 않은 믿음은, Arrow의 '사회선택의 불가능성 이론'에 의해 여지없이 무너지게 된다.[11] 국민 대다수가 만족하는 최적의 사회문제 해결방안은 도출되기가 어렵다는 것이 그의 결론이다. 가장 초보적인 직접민주주의 하에서도 사회 전체의 문제를 합의에 의해서 해결하기 어렵다는 것이다.

단순 다수결원리 등 어떤 방식에 의해서도 사회 구성원들의 개별적인 선호를 제대로 반영하여 사회공동체 전체의 선호를 도출해 낼 수 없다는 것이다.

Arrow는 여러 가지 다양한 선호체계를 가진 주체들로 구성된 사회에서 어떤 공공문제의 해결책이 사회 전체의 후생의 크기를 증가시킬 수 있는가에 대해 연구했다. 사회후생함수는 특정 문제에 대해서 각 사회 구성원들이 자기 나름의 효용수준을 가지고 있을 때, 이를 결집하여 사회 전체의 효용수준을 계산해 내는 함수이다. Arrow는 단순 다수결의 원리뿐만 아니라 2/3찬성제(two-third majority rule), 만장일치제(unanimity rule), 순위투표제(rank-order voting) 등 어떤 방식을 통해서도 사회 전체의 효용을 구할 수 없다고 한다. 그는 낙관적 다원주의자들이 민주주의에 대해 내린 긍정적인 기대가 환상에 불과하다는 것을 수학적으로 증명했다.

그는 공정한 선호결집을 위해 필요로 하는 최소한의 전제조건을 충족시킬 수 있는 사회후생함수는 존재하지 않는다는 사실을 밝혀냈다. 사회후생함수로서 사회구성원들의 선호를 공정하게 결집해내기 위해서 반드시 지켜져야 할 다음의 다섯 가지 전제조건이 있다. 이들 모두를 충족하는 집합적 의사결정 과정(collective decision process)

---

11) 1951년, *Social Choice and Individual Values*라는 책을 펴냈다.

은 존재하지 않는다는 것을 수학적으로 증명하였다. 이것을 Arrow의 불가능성 정리(Arrow's Impossibility Theorem)라고 한다.

그렇다면 사회적 선택규칙이 윤리적으로 수용되기 위해서 최소한으로 준수되어야 할 조건들로서 Arrow가 제시한 다섯 가지 조건을 살펴보자.

첫째, 최소한의 합리성(minimum rationality)이다. 집합적 의사결정에서의 합리성이란 개인들이 어떠한 선호체계에 대해서도 완전성과 이행성을 충족하는 선호의 순서매김이 가능해야 한다는 것이다.

이때 완전성(competeness)이란 의사결정에 참여하는 사람들은 그들이 가장 좋아하는 것이 무엇인지를 알고 있다는 것을 의미한다. 따라서 완전성이란 모든 결과를 비교하여 순서지을 수 있어야 한다는 것을 말한다.

그리고 어떤 개인이나 사회가 B보다 A를 더 선호하고, C보다 B를 더 선호한다면 그 사회는 A를 C보다 더 선호하는 이행성(transitivity)을 가져야 한다.

둘째, 파레토의 기준(Pareto principle)이다. 적극적 연관성(positive association)이라고도 하는데, 어떠한 집단적 선택 규칙에서도 개인의 선호가 왜곡된 형태로 반영되어서는 안 된다는 것이다. 개개인들이 어떤 대안을 더 많이 선호하면 할수록 그러한 대안이 공동체의 정책이 될 가능성이 더 높아져야 한다는 의미이다. 예를 들면, 사회의 어느 한 구성원이 B보다 A를 더 선호하고, 나머지 다른 구성원이 그 문제에 대해 특별한 의견이 없다면 그 사회는 B보다 A를 더 선호한다. 만장일치로 결정할 때 모든 사람이 B보다 A를 선호하면 A는 사회적 선호가 된다. 이 조건은 모든 사람이 원하는 것을 민주적으로 선택해야 한다는 것이다.

셋째, 비독재 원칙(non-dictatorship principle)이다. 어떤 특정인의 선호가 사회적 선호로 대체되어서는 안 되며, 어느 누구의 선호도 다른 사람들의 선호로부터 영향을 받지 않고 사회적으로 선택되어서는 안 된다. 사회선호는 그 사회의 한 구성원이 선호하는 바에 의해 독재적으로 결정되어서는 안 된다는 것이다.

사회선호에는 개별적인 개인의 선호가 무차별적으로 반영되어야 한다. 민주적인 집합적 의사결정에서는 독재자가 존재해서는 안 된다.

넷째, 무관한 선택 대상으로부터의 독립성(independence of irrelevant alternatives)이다. 일련의 대안들 가운데서 행해지는 어떠한 집합적 선택도 해당 의사결정과 직접적으로 관계가 없는 다른 대안에 의해서 좌우되어서는 안 된다는 의미다.

다시 말하면, 특정한 두 가지 대안에 대한 사회적 선호를 결정할 경우에 그 두 대안과는 무관한 다른 대안들과 관련된 선호가 여기에 영향을 미쳐서는 안 된다. A와 B에 대한 선호의 우열을 결정하는 데 있어서, 현재 안건에 상정되지 않은 C는 A, B에 대한 선호결정에 영향을 주지 않아야 한다. 그리고 이때의 사회적 선호의 결정은 서수적 선호(ordering)에만 근거하여야지 선호의 강도(intensity of preference)에 영향을 미쳐서는 안 된다.

다섯째, 보편성(universal applicability)이다. 의사결정에 참여하는 각 개인의 선호에 어떠한 제약도 주어져서는 안 된다는 뜻이다. 개인선호에 대한 비제약성이다. 따라서 어떤 특정 형태의 선호를 가진 사람들도 사회적 선택과정에서 배제되어서는 안 된다. 사회후생함수는 특정한 상황에 있는 개인들의 선호만을 반영하는 것이 아니라, 모든 상황에 있는 개인들의 선호를 반영할 수 있는 것이어야 한다.

Arrow는 앞의 요건들을 모두 만족시켜야만 민주적인 사회적 선택이 이루어졌다고 보았다. 하지만 이를 만족시키는 사회후생함수(social welfare function)는 존재하지 않는다는 것이 그의 주장이다(조홍식, 2007: 48). 이와 같은 Arrow 불가능성 정리의 현실적인 함의는 매우 충격적이다.

이를 좀 더 설명하면 먼저, 민주주의 방식에 의해서 구성원들의 선호를 집약해서 이를 공동체 선호, 즉 공익(public interest)으로 표현하려는 어떤 노력도 결국 실패할 수밖에 없다는 것이다. 공익내용의 확정을 위한 바람직한 방법, 사회선호를 만들기 위한 개인선호의 바람직한 결집방법은 존재하지 않는다는 결론이다.

둘째, 이와 같은 이유로 구성원 개개인의 선호를 통합한 사회적 균형(social equilibrium)에 불안정성이 나타나 어떠한 대안도 안정적인 균형점이 될 수 없다.

셋째, 모든 구성원을 만족시킬 사회후생함수는 존재하지 않지만, 대안선택의 순서나 대안선택의 방법 등을 조작하면 어떠한 대안도 사회적 최적대안, 즉 공익을 위한 정책이 될 수 있다는 것을 의미한다. 정책결정권자에 의해 사회적 선택결과를 조작할 가능성(manipulability)이 있다.

Arrow는 불가능성 정리를 통해 비록 개인적으로 합리적인 선택이 가능하더라도 집단적으로는 사회구성원이 합리적인 선택을 하는 것은 불가능하다는 사실을 증명해

냈다. 별도의 조치나 대책이 마련되지 않은 상태에서 민주주의 방식에 의해 국민이 자발적으로 합의하여 사회선호로서 정책을 도출할 수 있다는 희망 섞인 기대는 버릴 수밖에 없다는 것이다.

결국 민주적 과정을 통해 국민의 합의에 의해 형성된다고 보는 공익적인 정책이란 것이 실체가 없고, 정책결정자들의 자의에 의해 언제든지 바뀔 수 있다는 결론에 이르게 된다.

이는 직접민주주의에서 조차도 다수결 등 선거중심의 정책시장과는 별개로 '협상중심의 정책형성과정(policy formation process)'에 관한 연구가 필요함을 강력히 시사해준다.

결론적으로 사회적 합의를 하는 데 있어 본질적으로 모순적인 원리를 내포하고 있는 민주 정치과정을 보완할 필요가 있다. 이를 위해 협상중심의 정책시장에서 합의에 근거한 정책설계가 별도로 이루어져야 한다.

2 Arrow의 불가능성 정리에 대한 비판과 그 정책학적 함의[12)]

집합적 의사결정의 합리성의 요건인 완전성(competence)과 이행성(transitivity)을 만족시키는 사회적 선호관계를 도출할 수 있는 완벽한 방법이 있을까? 하는 질문에 대하여 Arrow는 불가능성 정리를 통해서 '없다'라는 명확한 답을 던지고 있다.

그러나 Arrow 입장에 대해서 비판이 제기되고 있다. 그 비판을 두 가지 측면으로 나누어 설명하고자 한다. 하나는 사회적 선호(social preference) 그 자체의 존재에 대한 비판이다. 다른 하나는 집합적 선호를 도출하기 위하여 Arrow가 제시한 윤리적 기준에 대한 비판이다.

먼저, 개인의 선호에 견줄 수 있는 사회적 선호를 생각한다는 것 자체가 어리석은 짓이다. 사회는 자기 나름대로의 이해관계를 가진 개개인들의 단순한 집합체에 지나지 않기 때문에 사회적 선호를 생각할 필요 자체가 없다. 개인들이 지니는 특성들을 사회에 귀속시키는 것은 인격화(personification)의 논리적 오류를 범하는 것과 같다.

다음은 Arrow가 집합적 의사결정시에 갖추어야 한다고 주장한 조건 중에서 이행

12) 참고: 전상경(2001). 정책분석의 정치경제. pp.93-97.

성 조건에 대한 비판을 살펴보자.

Arrow는 기본적으로 Bentham류의 공리주의 입장을 취하고 있다. 즉, 이행성 조건을 중시한다. 이에 대해 Feldman(1980)은 이 이행성의 조건도 생략하거나 비순환성(acyclicity)의 조건으로 완화할 수 있음을 주장한다. 만약 이행성 조건을 완전히 생략한다 해도 다수결투표는 수용될 수 있으며, 투표의 순환성(voting cycle)이 발생하지 않기만 하면 된다는 것이다. 그러한 순환 가능성이 있다고 하더라도 의사결정 규칙 등을 통해서 그런 상황이 발생되지 않도록 하면 된다는 입장이다.

특히 Buchanan은 Arrow의 불가능성 정리가 민주적 정치과정의 생동력에 대해서 아무런 시사점을 주지 못한다고 비판한다. 그에 따르면 다수결 투표는 민주사회에서 얼마든지 수용될 수 있는 제도라는 것이다. 만장일치가 적용될 수 없을 경우에 다수결은 몇 가지 대안들 중에서 한 가지 실험적 채택을 가능하게 해 주기 때문이다.

요컨대, 경쟁적인 대안들 중 하나가 한시적으로 채택되어서 검증을 받게 된다. 채택된 대안은 언제나 끊임없이 새롭게 구성되는 다수 집단들에 의해서 새로운 타협적 대안으로 대체될 수도 있다.

3 대의민주주의 하에서 투표를 통한 정책결정 한계

직접민주주의 하에서 사회적 선택의 불가능성 때문에 개인들의 선호가 집단적인 사회의 선호로 전환되기 힘들다는 점을 살펴보았다. 현대 국가에 있어 직접민주주의는 현실여건상 시행되기 어렵기 때문에 대부분의 국가들이 대의제 간접민주주의를 택하고 있다. 간접민주제에서는 대표를 선출하기 위해 주기적으로 선거를 하는 과정에서 정책시장이 열려 중요정책을 논의한다.

그렇다면 선거를 통해서 국민들이 어떻게 집단적인 선택에 도달하게 되는가? 하는 문제를 살펴보아야 한다. 이에 대한 답을 찾기 위해 우리는 투표의 기능을 정책형성과 관련해서 검토 분석해 보아야 한다.

먼저, 대의민주주의 주요 특징인 선거의 기능을 '투표역설 이론'을 통해 검토해 보자. 만약 어떤 개인이 선거 입후보자의 정책대안 x, y, z 중에서 $x>y$, $y>z$, $z>x$라는 선호를 갖고 있다면 그의 선호는 일관성이 없으며 그의 선호의 표현은 비합리적이다. 이때 x>y, y>z의 선호를 갖고 있으면 당연히 x>z의 선호를 나타내야 하기 때문이다.

이렇듯 집단적인 선택에 있어서도 개인적 선호의 합이 이와 같은 전이성을 보여주지 못한다면 합리적이고 민주적인 선택은 불가능하다. 예를 들어 설명하면, 투표자 A, B, C가 후보자의 정책 x, y, z에 대해 [표 5-1]과 같은 선호도를 갖고 있다고 하자. 이 경우 x는 y를 2 : 1로 패배시키고 y는 z를 2 : 1로 이기고 z가 2 : 1로 x를 이김으로써 어떤 후보자도 유일무이한 승자가 될 수 없다. 하나의 정책이 선정될 수 없다. 이 경우 투표의 순환(cycling)이 일어나 다수결 균형점을 만족시키는 합리적 선택이 불가능해진다(임혁백, 1997: 36).

[표 5-1]을 그림으로 나타내면 [그림 5-2]와 같다. 여기서 투표자 A, B, C가 대안(x, y, z)에 대해 갖는 선호도를 선으로 표시하고 있다. 선의 높이가 높으면 선호도가 큰 것으로 보면 된다.

[그림 5-2]를 분석하면 그 결과는 [표 5-1]에서와 같다. 다시 말해 어느 대안도 선택될 수 없는 투표역설이 발생한다. 이를 좀 더 구체적으로 설명해보자. 정책대안

[표 5-1] 선호의 전이성이 없을 때 투표순환

투표자 / 공약 선호 순위	A	B	C
1	x	y	z
2	y	z	x
3	z	x	y

[그림 5-2] 이중봉두선호가 나타날 때 투표순환

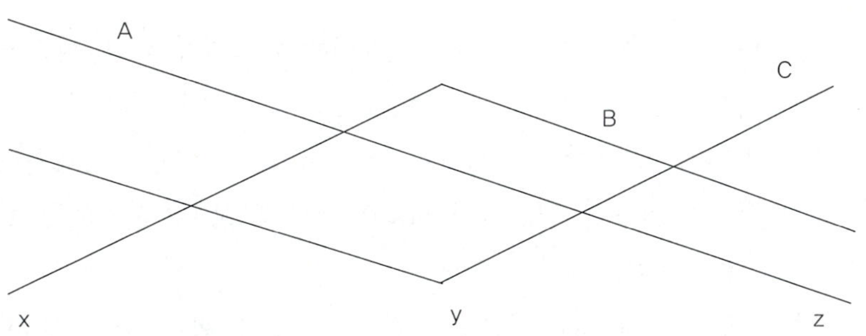

x, y, z는 댐의 규모를 나타내는 것으로 x는 낮은 댐, y는 중간 댐, z는 높은 댐 건설을 공약으로 내세우고 있다.

이때 유권자 A, B, C 중에서 A와 B의 선호는 선택대상 사업의 규모에 따라 선호가 일률적이다. A는 낮은 댐을 제일 좋아하고 그 다음으로 중간 수준의 댐 그리고 높은 댐 순으로 선호를 보이고 있다. B는 중간 댐, 높은 댐, 낮은 댐 순으로 선호도를 보이고 있다. A와 B는 최고 봉우리가 하나 뿐인 단수정상선호(단일봉두)의 형태를 보이고 있다.

이에 반해 C는 높은 댐을 제일 지지하고 그 다음은 도리어 낮은 댐을 지지하고 중간 댐을 최하위로 지지함으로써 선호의 봉우리가 두 개 형성되고 있다. C는 그 선호체제가 단수정상선호(단일봉두)라고 할 수 없다.

여기서 개인선호 체계에서 단수정상선호란 그 주위의 모든 점들보다 더 높은 점을 말한다. 어떤 개인이 그가 가장 선호하는 점으로부터 어떤 방향으로든지 벗어나면 그의 효용이 언제나 줄어들게 될 경우에 우리는 단수정상선호를 가지고 있다고 말한다. 그렇지만 어떤 개인의 효용이 그가 가장 선호하는 대안으로부터 벗어남에 따라 일단 감소하였다가 다시 증가하게 되는 경우에는 그의 선호체계가 단수정상선호라고 할 수 없다. 이중봉두선호(double-peaked preference)에 해당된다.

이처럼 어떤 구성원이 단수정상선호(single-peaked preference)가 아닌 복수정상선호(multi-peaked preference) 또는 이중봉두선호(double-peaked preference)를 가지는 경우에 단순다수결에 의한 투표의 결과는 순환(cycling)현상이 나타나게 된다.

유권자의 선호가 일률적이지 못하고 선호의 봉우리가 두 개로 나타나는 이중봉두선호에서는 투표의 순환성(cycling)이 발생한다. 다수결에 의한 사회적 선택이 이루어질 수 없는 상황이 되고 만다.

이런 현상 때문에 투표행위로 이루어지는 민주적 절차에 대해 비판이 가해지고 있다. Riker(1982)는 모든 투표절차는 투표자의 선호와 관계없는 자의적인 결과를 산출해 낸다고 주장한다. 비록 각 투표제도가 민주주의의 절차적 공정성을 만족시킨다고 하더라도, 모든 투표제도는 투표자의 선호와는 관계없는 자의적인 사회선택을 낳는다는 것이다(임혁백, 1997: 38).

이를 구체적으로 증명해보자. 여론 조사결과, 후보자(공약) a, b, c, d, e에 대한 투표자(1, 2, 3, 4, 5)의 선호도가 [표 5-2]와 같이 나타나고 있다고 가정하고 콩도르세(Condorcet) 규칙, 보르다(Borda) 방식, 단순다수결 등 여러 가지 투표방식에 의해 표를 계산할 때, 그 결과는 각각 다르게 나오게 된다.

[표 5-2] 5명의 투표자의 서수적 그리고 계량적 효용

선호도 \ 투표자	1	2	3	4	5
높음 1	a(1.00)	d(1.00)	e(1.00)	b(1.00)	b(1.00)
2	d(0.90)	a(0.61)	c(0.80)	d(0.90)	e(0.96)
3	b(0.60)	b(0.60)	a(0.70)	a(0.75)	c(0.70)
4	c(0.55)	e(0.59)	b(0.55)	e(0.74)	a(0.60)
낮음 5	e(0.50)	c(0.50)	d(0.50)	c(0.50)	d(0.50)

* (　　)안이 계량적 효용.

먼저, 콩도르세 규칙은 어떤 후보가 일대일 경쟁에서 다른 모든 후보를 물리칠 때(pairwise winner) 승자가 된다. 콩도르세 규칙에 따르면 a가 승자가 된다. [표 5-3]에서 a는 일대일 경쟁에서 다른 모든 후보들(b, c, d, e)을 3 : 2로 이기고 있으므로 승자가 된다.

[표 5-3] 후보별 일대일 경쟁 결과

후 보 자	상대 후보	일대일 경쟁	승자
a(4승)	b	3 : 2	a
	c	3 : 2	a
	d	3 : 2	a
	e	3 : 2	a
b(3승)	a	2 : 3	a
	c	4 : 1	b
	d	3 : 2	b
	e	4 : 1	b
c(4패)	a	2 : 3	a
	b	1 : 4	b
	d	2 : 3	d
	e	1 : 4	e

d(2승)	a	2 : 3	a
	b	2 : 3	b
	c	3 : 2	d
	e	3 : 2	d
e(2승)	a	3 : 2	e
	b	1 : 4	b
	c	3 : 2	e
	d	2 : 3	d

다음으로 보르다(Borda) 방식에 의하면 선호의 서수적 순위에 점수를 매기고 이 점수의 합을 계산해서 가장 많은 점수를 받은 후보를 승자로 선출한다. 이 방식에 의하면 1순위에 4점을 주고 다음 차례로 3, 2, 1, 0점을 줄 경우, b가 13점을 얻어 승자가 된다.

[표 5-4] 후보별 점수표

후보자	점수	합계
a	4+3+2+2+1	12
b	2+2+1+4+4	13
c	1+0+3+0+2	6
d	3+4+0+3+0	10
e	0+1+4+1+3	9

끝으로 단순다수결(plurality rule)에 의하면 제1선호도를 가장 많이 확보한 후보자 b가 승자가 된다. 구체적으로 a후보: 1표, b후보: 2표, c후보: 0표, d후보: 1표, e후보 : 1표를 얻는다.

앞에서 이론적으로 살펴본 모순은 2000년 미국 대선에서 Al Gore가 미국 전역에서 얻은 실제 득표수는 앞섰으나 선거인단 확보에서 밀려 패배한 사례에서도 엿볼 수 있다. 선거인단 선거제도에서 발생한 모순이다. 이와 같이 투표방식에 따라서 상이한 결과가 나온다면, 투표를 통한 유권자의 선택이 국민의 의사를 대표할 수 있다는 결론은 수정되어야 할 것이다.

공익내용이 민주적 과정에 의하여 왜곡될 수 있는 위험성이 있음이 밝혀지고 있는 데, 이를 혼돈의 정리(chaos theorem) 또는 콩도르세 역설(Condorcet paradox)이라고 한다.

다음으로 또 다른 문제인 중위선호이론(median preference theorem)을 살펴보자. 현대정치는 대부분이 대의민주주의 형태를 취하고 있고, 중요한 정책결정이 선거를 통해서 투표에 의해서 이루어진다. 하지만 민주적인 정책결정을 왜곡시키는 문제가 중위선호이론에 입각한 투표행태에도 나타난다. 중위선호 현상이 나타나는 경우의 투표자들의 선호도는 [표 5-5]와 같다.

[표 5-5] 중위선호도

순위 \ 투표자	A	B	C
1	X	Z	Y
2	Y	Y	Z
3	Z	X	X

위의 [표 5-5]를 선호 그래프로 나타내면 [그림 5-3]과 같다.

[그림 5-3] 중위선호 그래프

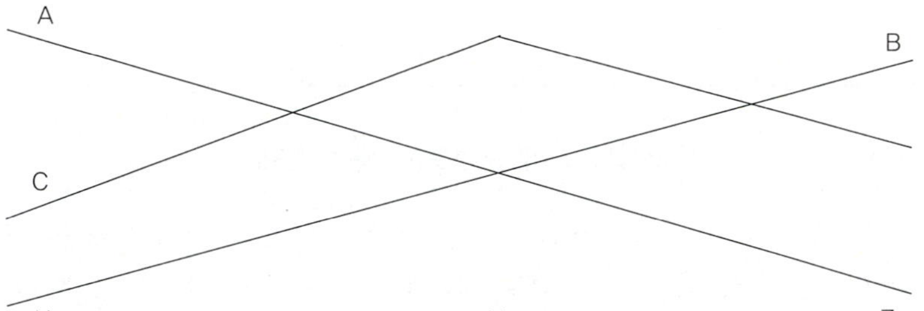

위의 [그림 5-3]에서는 세 명의 투표자의 선호를 나타내는 선이 [그림 5-2]와는 다르게 제시되어 있다. 여기서는 투표의 역설은 발생하지 않는다. 중간에 위치한 대안 Y는 다른 두 개의 대안 X와 Z에 비해서 더 선호될 수 있기 때문이다. 이때 Y를 중위선호라고 부르고 중위선호이론이 성립하게 된다.

여기서 개인들이 단일한 정점을 갖고 있어 정점으로부터 멀어짐에 따라 선호가 감소한다고 가정하자. 각 대안들을 수평축을 기준으로 정리하여 수평축을 중심으로 선호가 집중된다면, '중위선호이론'이 적용될 수 있고 투표의 역설은 발생하지 않는다.

중위선호이론은 상당히 단순한 이론이다. 만약에 두 정당의 후보가 선거에서 승리하기 위한 간절한 목표를 갖고 있고, 투표자는 자신들이 선호하는 정치적 견해에 가까운 정책을 제시하는 후보자에게 투표한다고 가정하자.

이런 상황에서 어떤 후보자도 양 극단에 있는 정책대안을 공약으로 제시하지 않는다. 어떤 후보자가 투표자들의 선호 분포에서 양 극단을 취한다면 선거에서 패배할 가능성이 크기 때문이다. 선거에서 패배하지 않기 위해서는 양쪽 후보자는 중도적인 입장을 취하게 될 것이다. 현명한 후보자는 자신이 상대에게 압도당하거나 선거에서 패배하는 것을 피하기 위해 중간에 가까운 위치의 정책대안을 제시하게 된다. 이에 따라 상대후보도 마찬가지로 중앙으로 이동하게 된다.

양당제를 취하고 있는 대부분의 국가에서 여당과 야당의 선거공약이 서로 수렴하는 경향을 보이는 점은 이를 증명하고 있다. 선거에서 정책동조화 현상이 나타나기 쉽다.

요약하면, 각 정당이나 후보자들은 선거에서 승리해야 한다는 당면 목표 때문에 정책공약에 있어 서로 수렴하려는 경향을 보인다. 이것이 중위선호이론이 주는 함의

사례

선거에서 여야 후보들의 정책동조화

여당의 박○○후보는 2012년 7월 대선 출정식에서 원칙을 잃은 자본주의가 중대한 도전에 직면해 있다고 세계경제를 진단하면서 경제민주화에 이어 일자리와 복지를 강조하였다.

야당의 문○○후보는 9월대선 후보 수락 연설에서 우리사회에 양극화가 심화되고 있는 것은 시장만능주의와 성장지상주의가 빚어낸 결과라고 주장하면서 일자리 창출을 먼저 꼽았고 복지와 경제민주화를 덧붙였다.

무소속의 안○○후보는 9월 출마선언 연설에서 한국의 경제위기 상황을 걱정하면서 경제민주화와 복지는 성장동력과 결합하는 경제 혁신을 만들어야 한다고 주장했다.

이처럼 세 유력후보가 경제민주화, 일자리, 복지를 순서만 바꾸어서 주장하는 것은 정책동조화 현상을 보이는 것이다.

이다. 대의민주주의 하에서 선거를 통한 정책설계는 이런 중위선호경향 때문에 그 의미가 크게 퇴색된다. 선거를 통한 대의민주주의 하에서 정책시장은 왜곡될 가능성이 있다. 따라서 선거중심의 정책시장에서 큰 방향이 결정되면 협상중심의 정책시장에서 이를 조정하는 세부적인 정책설계가 필요하다고 하겠다.

4 협상중심의 정책시장 모형 추가 구성

앞에서 여러 가지 투표역설을 살펴보았다. 이러한 비판적 이론을 반영하고, 선거가 없는 기간에도 정책설계가 이루어지는 현실을 감안하여 별도의 정책시장을 추가로 구성해야 한다. 협상중심의 정책시장이 필요하다는 이유를 살펴보자. 공동체 선호를 도출하는 방안으로서 협상중심의 정책시장에서 정책설계가 이루어져야 하는 근거를 구체적인 사례를 통해서 설명해 보겠다.

홍길동은 다음과 같이 큰 단독주택에서 3대가 함께 살아가는 다복한 대가족의 5남매 중 넷째다. 현재 한강 이북의 북한산 자락의 강북에서 행복하게 살고 있다. 그런데 사정이 생겨서 이사를 가게 됐다. 어디로 이사를 갈 것인가? 할아버지를 비롯한 아버지 등 나이 드신 분들은 바로 집 근처의 강북으로 이사 가기를 원한다. 반면에 누나, 큰형, 작은 형은 강남에 직장이 있기 때문에 이참에 강남으로 이사를 갈 것을 원하고 있다. 나 홍길동과 동생은 서쪽으로 경계를 맞대고 있는 강서에 있는 학교에 다니기 때문에 강서로 이사 가기를 희망하고 있다.

[표 5-6] 가족 구성원의 선호도

	할아버지, 할머니, 아버지, 어머니	누나, 큰형, 작은형	나, 동생
1순위	강북	강남	강서
2순위	강남	강서	강남
3순위	강서	강북	강북

이사 갈 곳을 정하는 데 있어 선거중심의 정책시장을 통해서 대책을 마련해 보자. 먼저, 단순다수결방식의 투표를 실시해보자. 9표 중 할아버지 등 노장들이 4표를 얻어 강북으로 이사를 가는 방안이 결정된다. 그러나 유권자들 간에 연합이 이루지면

그 결과는 달라진다. 누나와 형들이 주도하여 동생들에게 용돈을 더 주기로 약속하고 연합을 하게 되면, 강남으로 이사 가는 방안이 결정된다. 나와 동생이 주도하여 읍소를 통해서 동정을 얻어 누나, 형들과 연합하게 되면, 강서로 이사 가는 방안이 결정된다.

결국 선거연합으로 이사 갈 곳을 선정하는 결정은 실패로 끝났다. 이에 대한 대안을 마련하기 위해서 가족회의를 열어서 협상을 할 수밖에 없는 상황에 부딪히게 된다. 가족 구성원들은 가족회의를 통해서 그들의 다양한 선호를 통합적으로 동화시켜 합일된 대안을 마련해야 한다. 가족회의에서 협상과 합의를 통해서 강북과 거리가 멀지 않고 강남과 강서에서 가까운 동작구로 이사를 가기로 결정하게 된다. 여기서 가족회의는 협상중심의 정책시장에 해당된다.

선거중심의 정책시장이 제대로 작동한다고 하더라도 그것은 큰 방향을 설정하는 특성이 강하고, 이에 비해 협상중심의 정책시장은 구체적 결정 또는 현실화를 위한 조정적 형태를 띤다. 후자는 정책내용의 세부 조정과 현안 대응을 위해 필요하다고 하겠다. 정책설계 과정을 '선거중심의 정책시장'과 함께 '협상중심의 정책시장'을 추가하여 논의해야 할 필요가 있다.

제 6 절 정책선호의 수요 · 공급 준칙에 의한 미시적 정책시장 기반 정책설계론

1 정책시장은 어떻게 열리고 있는가?

선거중심의 정책시장은 공직에 나가고자 하는 후보자와 국민 간에 정책을 놓고 설득하고 흥정하고 교환하는 공론장으로서 역할을 한다. 선거는 국민들이 각자의 선호를 표로 투표하여 후보자의 정책을 선택하는 정책시장(policy market)의 성격을 띤다. 선거는 다수결 등 게임 룰 아래에서 각종 정책공약을 제시하고(정책의 공급측면), 이에 대해 국민들은 투표를 통해 선택하는데(정책의 수요측면) 이러한 교환과정이 큰 규모의 정책시장 역할을 한다.

우리는 주기적으로 대통령 선거, 국회의원 선거, 지방자치단체장 선거를 한다. 선거는 유권자인 국민들이 정책공급자인 중앙정부 또는 지방정부를 구성할 후보자를 결정하는 절차다.

선거중심의 정책시장은 후보자들이 중앙정부 또는 지방자치단체의 미래정책을 공개적으로 표명하여 국민의 표를 더 얻을 수 있는 방향으로 정책을 설계하고 수정하는 공간이다. 후보자 간의 정책토론회 등 정책담론의 장이 열리고, 각 후보자는 정책에 대한 국민의 수요정도를 파악하거나 예측하여 정책을 설계하고 재설계 해 나간다.

선거철이 아닌 평상시에는 협상중심의 정치적 정책시장이 열린다. 국민들의 선호가 표출되는 갖가지 공론장이 열리게 된다. 예를 들면, 사회병폐를 지적하거나 고발하는 기자 회견장, 전문가들이 TV방송에서 주요 현안에 대한 대책을 논의하는 토론회, 정부가 마련한 정책에 대해서 국민다수가 참여하여 토론하는 공청회 등 공식적 공론장, 그리고 물리적으로 힘을 보여주기 위해 대규모 집회를 하면서 자기들의 주장을 관철시키려는 아스팔트 공론장 등이 열린다. 이 정책시장에서도 수요와 공급의 준칙에 따라서 정책이 설계된다.

이제 범위를 좁혀서 행정부의 협상중심의 정책시장을 살펴보자. 우리나라의 경우 연도별 정부정책이 어떻게 결정되어 시행되는가를 보면 다음과 같다.

먼저 대통령실에서 당해년도에 중점적으로 추진하거나 역점을 두어야 할 정부의 정책기조를 선정하여 중앙 행정기관에 연도별 정책수립 지침으로 통보하면, 각 부처에는 소관별로 자기 영역에서 추진할 수 있는 세부적인 하위정책을 수립하여 연두보고 형식으로 대통령에게 보고한 후 정부정책으로 시행하게 된다.

예를 들면, 대통령실에서 공정사회 구현을 주요 정책기조로 제시하면 교육부에서는 소외계층의 교육기회 확대정책을 마련하고, 기획재정부에서는 중소기업 육성을 위한 세제 개선방안 등을 내놓게 된다. 범정부 차원에서 큰 규모의 협상중심의 정책시장이 열려 정책이 설계되는 사례다. 이때 각 부처들은 자기들이 기획하고 있는 정책에 대한 국민의 선호를 파악하여 그 수준에 맞게 정책을 공급하는 설계를 하게 된다.

앞의 경우는 하향식 정책과정을 나타내는데 이와는 반대로 부처로부터 상향식으로 정책과정이 전개되는 경우도 있다. 이를 협상중심의 작은 정책시장이라고 하자. 이해관계인 등 정책행위자들과 국회의원, 행정부 공무원들 간의 협상과 타협, 조정 그리고 합의가 이루어지는 과정이다.

앞에서 살펴본 큰 정책시장과 작은 정책시장의 중간에 중범위(meso) 정책시장이 열린다. 중범위 정책시장은 행정부의 국무회의나 입법부의 상임위원회를 통해서 법령 수준의 정책을 설계하는 과정이라 할 수 있다. 이때 일정한 절차와 룰에 따라 정책을 토론하고 타협하고 조정하면서 공식적인 정책으로 합의해 나간다. 이때 적용되는 게임 룰은 만장일치, 다수결원칙 또는 비토권 행사 등이다.

2 상호주관성인 선호에 기초한 정책시장의 수요 · 공급 준칙

정책시장은 경제시장의 수요 · 공급과 같은 원리가 준칙으로 적용된다. 경제시장의 가격과 같은 역할(수요공급 곡선의 y축)을 하는 것이 '정책 부담(policy burden) 또는 정책편익(policy benefit)'의 높낮이이고, 정치적 시장에서 '정책의 선호양'은 경제시장(수요공급 곡선의 x축)의 상품의 양에 해당된다.

정치시장에서 정책은 국민에게 부담을 주는 '규제정책'과 국민에게 편익을 주는 '지원정책'으로 크게 나누어진다. 규제정책의 수요는 재화시장의 경제재(goods)와 같은 모습을 보이지만, 이와 반대로 지원정책은 지원금이 많아지면 많아질수록 한계효용이 더 커지는 경향을 보여 경제시장의 경제재와는 다른 모습을 보일 것이다. 이를 그림으로 나타내면 [그림 5-4]와 같다.

먼저, 그림에서 정책시장의 수요곡선을 살펴보자. 정책부담으로서 규제정책의 경우는 정부가 국민에게 행하는 규제의 강도가 높은(또는 규제 양이 많은) 수준 → 규제의 강도가 낮은(또는 규제 양이 적은) 수준으로 내려올 때, 즉 그래프 y축의 위쪽 강한 단계에서 아래쪽 낮은 단계로 내려올 때에 x축의 정책에 대한 선호의 양은 점점 늘어난다. 정책선호의 한계효용(편익)이 점점 체감한다.

이에 비해서, 지원정책의 경우에는 정부가 국민들에 대한 지원을 더 높일수록, 다시 말하면 그래프 아래쪽의 적은 지원에서 위쪽의 많은 지원으로 지원이 높아질수록 선호의 한계효용(편익)이 한계적으로(또는 평균적으로) 체증한다는 점을 고려해야 한다.

[그림 5-4]에서처럼, 규제정책의 수요곡선은 우하향하지만, 지원정책의 수요곡선은 반대로 좌상향한다.

[그림 5-4] 정책시장의 선호 수요 · 공급 곡선

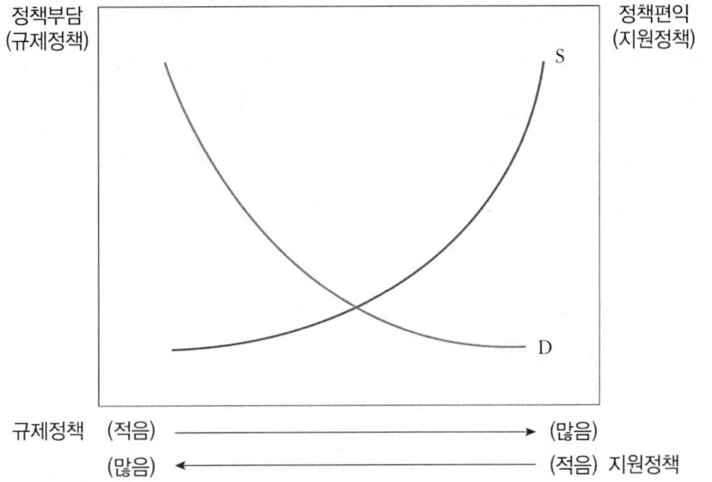

다음은 정책시장의 공급곡선을 알아보자. 한계비용의 체증 또는 체감여부에 따라 기울기의 형태가 결정된다. 정책시장에서 정책의 공급곡선의 형태는 재화시장의 형태와 일치하지 않는다.

정책부담을 주는 규제정책의 경우에는 정책제공의 한계비용이 상승하여 공급곡선이 우상향한다. 이에 반해 지원정책의 한계비용은 점점 체감하여 공급곡선이 좌하향하는 곡선 형태를 띠게 된다. 실제로 예산 등 제약조건이 일정하게 정해져 있을 경우에는 그 공급곡선이 수직선에 가까울 것이다.

1) 정책시장에서 국민의 선호인 수요를 결정하는 변인

일반 재화시장의 경우 한계효용(편익)이 체감하는데 그 이유를 경제시장의 아이스크림 사먹기와 같은 행위를 통해서 생각해보면 간명해진다. 처음 아이스크림 한 개를 사 먹었을 때 만족도(한계효용)는 그 다음에 계속해서 아이스크림을 사먹을 때 보다 높다. 이처럼 점점 만족도가 줄어든다.

정책시장의 경우에는 각 개인의 선호가 수요를 결정한다. 고등학생들의 교복과 두발 정책을 예로 들어보자. 어떤 사람은 반듯하게 교복을 입고 엄격하게 두발을 유지할 것을 선호하고, 어떤 사람은 굳이 교복을 입을 필요는 없고 자유로운 복장에 개성있는 두발을 유지할 것을 주장한다. 이처럼 강한 규제를 주장하는 사람부터 약한 규제를 주장하는 사람까지 선호는 다양하다. 이것이 수요로 표출된다.

정책시장의 경우에 고려해야 할 점이 있다. 재화시장의 상품은 대개 경제재(goods)이지만, 정책의 경우는 규제정책(손실)과 지원정책(이익)으로 나누어 살펴보아야 한다.

먼저 [그림 5-4]에서 알 수 있듯이, 규제적 성격의 정책은 재화시장의 수요·공급곡선의 형태를 취하지만, 지원적 성격의 정책은 재화시장의 수요·공급 곡선과는 반대의 형태가 나타날 것이다.

한편, 수요 곡선 자체가 움직이는 경우를 생각할 수 있는데 그 요인으로는 국민의 선호수준 향상, 정책적 선호의 획기적 전환 등을 들 수 있다.

2) 정책시장에서 정부의 대응역량인 공급을 결정하는 변인

일반적으로 정책을 제공하는 양이 증가함에 따라 한계적 정책비용은 상승한다고 할 수 있다. 공무원들이 정책집행 등 정책활동을 하는데 여기에는 기회비용이 수반되기 때문이다. 예를 들면, 국회의원이 입법활동을 하는 데 소요되는 시간을 유권자들과 접촉하는 지역구 활동에 사용할 수도 있다. 이 경우에 입법활동에 소요되는 비용은 지역구 활동에 대한 기회비용이 된다.

규제정책의 경우에는 정책을 제공하는 양을 늘리는데 그 한계비용은 더 늘어나고 공급곡선은 우상향한다. 이에 반해, 지원정책의 경우에는 우하향 곡선이거나 직선에 가까운 형태를 띠는데, 이는 정책제공의 양을 늘리더라도 한계비용이 거의 변하지 않기 때문이다.

정책시장의 공급곡선에 있어서도 주의해야 할 점이 있다. 정책시장의 공급곡선의 경우 공급자의 구조가 경쟁구조라기 보다는 독과점적인 성격을 띠게 된다는 점에 유의해야 한다. 대개 집권당과 행정부는 독과점 형태를 띠는데, 정부는 국민에게 각종 정책정보를 제공하는 데 소극적인 자세를 취할 가능성이 크다. 따라서 이런 정보제공의 불충실로 인해 수요자의 정보수집 비용이 늘어나게 되고 합리적 무지 현상[13]이 발생하게 된다.

13) 어떤 사안이 생길 때 최소한의 비용으로 최대한의 효과를 얻으려고 하는 경제원리를 적용하는데, 경우에 따라서는 어떤 정보는 얻지 않고 차라리 무시하는 것이 합리적일 때가 있다. 이런 경우를 설명하는 경제학 용어다

3 미시적 정책시장의 수요(국민선호) · 공급(정부 대응역량) 준칙에 의한 정책설계

1) 시장메커니즘(market mechanism)을 활용한 쓰레기 종량제 규격봉투 가격 결정

우리가 쓰레기를 배출할 때는 반드시 구청이나 군청에서 판매하는 규격봉투를 사용해야 하고, 위반할 경우 과태료 100만원이 부과된다. 따라서 쟁점은 쓰레기봉투 가격을 얼마로 책정할 것인가에 있다. 다음과 같은 수요 · 공급 곡선을 통해서 국민들의 주관적 선호를 파악하여 이에 대응하는 가격을 책정해야 할 것이다.

[그림 5-5] 규제정책의 수요 · 공급 곡선

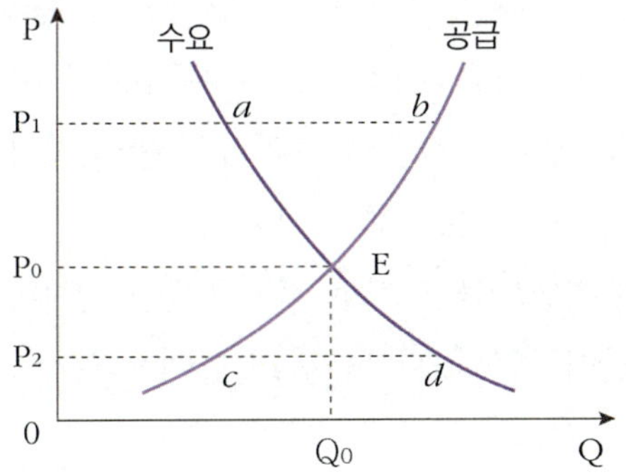

P는 규제의 정도를 나타내고 Q는 그 규제를 국민들이 수용하는 정도를 말한다. 정부는 국민생활에 간섭하는 규제를 확대하기를 원하지만, 대부분 국민들은 정부의 개입에 반대한다.

현재 봉투 값이 500원(P_0 Q_0)으로 정부의 규제정도와 국민의 수용정도가 균형을 유지하고 있다고 하자. 이를 변경할 사유가 생겨 시장이나 구청장이 규제를 P_1(1000원)으로 강화하려고 한다면, 즉 봉투 값을 대폭 올리면 a~b만큼의 국민들의 반발이 예상된다. 어떤 사람은 봉투 값이 부담되어 은밀한 곳에 쓰레기를 몰래 버리려고 할 것이다. 그래서 P_1보다 낮은 수준(700원)으로 조정을 해야 한다. 이처럼 수요와 공급 사이의 간극이 좁혀질수록 그 정책이 채택될 가능성이 커진다. 이 균형점에서 정책수위가 정해진다.

2) 정책선호의 수요 · 공급 분석을 통한 막걸리 판매구역 제한규제 폐지

우리의 전통 술인 막걸리는 맛이 비슷비슷하고 오래둘 경우 맛이 쉽게 변질되어 마실 수 없게 된다. 그래서 오래전부터 시 · 군마다 양조장을 두었고 주세법으로 다른 시 · 군에 가서 판매할 수 없도록 제한을 두고 있었다.

그러나 특정지역의 막걸리가 유명세를 타면서 일부러 그곳까지 찾아가는 일이 빈번해지면서 전국 어디서나 다양한 지역의 막걸리를 맛볼 수 있는 기회가 주어지기를 원하는 국민들의 수가 급격히 늘어났다. 정책시장의 수요 · 공급 준칙에 의하면 1990년대부터 막걸리 소비자들의 선호(욕구)가 크게 변한 것이다.

[그림 5-5]에서 c~d만큼의 초과수요가 발생하여 타 지역으로의 막걸리 반출 금지규정을 어기는 사례가 빈발했다.

다른 한편으로, 공급측면에서도 [그림 5-5]의 d~c만큼의 막걸리 초과공급이 가능해졌다. 막걸리를 보관하는 기술이 발전하고 유통구조가 선진화되어 막걸리를 원거리까지 공급할 수 있게 되었다. 막걸리의 보관과 유통의 문제가 해결된 것이다. 전국 어느 지역이라도 막걸리를 공급하는 데 장애가 없어졌다.

이처럼 정책시장의 여건변화를 계기로 기존규제를 폐지하게 된다. 1999년 주세법 시행령에 있던 막걸리 판매구역의 제한규정을 없애게 된다.

3) 의대정원 확대정책에 있어 정책선호의 수요 · 공급 균형점에 대한 의견차이

윤석열정부는 2025년부터 의사부족 문제와 지역의료 공백을 해소한다는 명분으로 의대정원을 대폭확대(2000명 증원)하기로 결정했다. 그러나 집행단계에서 의료계가 크게 반발하고 저항한다. 의료단체는 의료수요의 왜곡, 특정 지역 및 분야에 과도한 의료진 집중문제, 의료교육 인프라 부족 등을 이유로 정책철회를 요구하며 집단행동, 단체 사직, 진료거부 등으로 맞섰다. 이에 대해서 정부는 정책을 일부 수정하여 단계적 정원확대, 지역의사제, 의대 교육과정 개선 등 협상을 통해서 합의를 하려고 한다.

[그림 5-5]에 의하면, 국민의 입장이 아닌 강력한 이익집단인 의료계의 입장에서 보았을 때, 기존의 정원인 3000여명(P_0)을 5000명(P_1)로 증원할 경우, 초과공급이 a~b만큼 생기게 되는데 이는 너무 과도하다는 입장이었다. 그래서 P_0과 P_1 사이에서 적절하게 조정되었어야 했다. 그러나 협상이 진전되지 못했다. 당초 정책설계가 합리

적으로 이루어지지 않았기 때문이다.

4) 정책선호 수요 · 공급원칙이 적용되지 않는 독특한 정책분야

국회의원이 받는 보수를 일컫는 세비(歲費)는 상당히 높다. 그래서 국회에서 자신들의 세비를 인상하려는 움직임을 보이면 언론에서 많은 비판을 가하며 논란거리가 된다. 자기들의 잇속을 자신들의 손으로 직접 챙기려고 하기 때문이다.

이런 문제는 정책시장의 수요 · 공급 준칙을 적용할 수 없는 정책설계 영역에서 발생한다. 급여인상 정책의 수요자와 공급자가 동일한 국회의원이기에 그렇다.

국회의원이 자신들의 임금을 자신들이 정한다는 것이 말이 되지 않는다는 의견이 많다. 이와 같은 사익과 공익이 충돌하는 상황에서는 자기 관련 정책설계를 스스로 하지 않고 다른 사람들에게 위임하여 결정하도록(회피) 해야 한다. 이것이 이해충돌 관리원칙이다.

따라서 국회의원의 세비를 정하기 위해서는 다양한 분야의 전문가들로 구성된 특별위원회로 하여금 이를 설계하도록 하면 될 것이다.

제 7 절 선거중심의 정책시장 투표논리에 의한 정책설계 원리와 그 모형

사람들이 어떤 결정을 할 때 누군가의 의사를 배제해야 할 상황이 생긴다. 선거를 통해 공직자를 선출할 때 더욱 그렇다. 선거는 다름 아닌 낙선자를 지지한 유권자의 의사를 배제하는 과정이라고 할 수 있다.

예를 들어, 대통령선거에서 ◇◇◇후보가 대통령에 당선된 것은 ○○○후보를 지지했던 사람들이 선거결과에 승복했기 때문에 가능하다. 이와 같이 정치적 시장의 투표절차는 승복을 끌어내는 과정이다.

한편 정치시장의 투표는 사표발생에 의해 누군가의 의사를 배제시키지만 의사결정 과정에서 야기된 갈등의 심화를 방지하는 기능도 한다.

여기서는 사표와 정책설계 간의 관계를 살펴보고자 한다. 제2사표 기피원칙에 따른 정책설계의 원리와 양상을 살펴볼 것이다. 이를 위해 두 후보가 출마한 대통령 선거에서 유력후보가 60 : 40으로 큰 표 차이로 이긴 경우와 51 : 49로 박빙의 표차로 어렵게 이긴 경우를 사례로 상정하여 정책설계의 형태를 살펴보고자 한다. 국민의 관심이 집중되는 이슈와 관련된 정책이 어떻게 설계되는가를 다룰 것이다.

1 제2사표가 큰 경우(표차가 큰 경우): 차별적 정책설계 모형

대통령선거 후보에 대한 여론조사 결과 지지율이 60 : 40이라면, 유력한 후보자가 당선되는 데 필요한 득표를 제외한 잉여표에 해당하는 20% 정도의 제2사표가 예상된다.

만약 여당후보의 지지율이 60%일 때는 기존의 정책을 더욱 과감하게 밀고 나갈 것을 밝히면서도 제2사표 층(20%)을 끌어들이기 위한 새로운 정책을 개발하여 발표할 것이다.

이에 반해, 만약 야당후보가 60%대의 높은 지지율을 유지할 때에는 현정부의 정책을 과감하게 바꾸겠다고 천명할 것이며, 정책의 대전환이 일어날 것이다. 예를 들면, 대통령선거에서 큰 표 차이로 승리한 우파진영의 야당후보가 그동안의 좌파정권의 포용적 대북정책을 대결적 대북정책으로 과감하게 전환하는 경우를 들 수 있다. 결론적으로 여러 가지 상황이 발생할 수 있지만 선거에서 큰 표차 승부가 전개될 때에는 정책의 차별성이 커진다.

2 제2사표 해당자들의 잠재적 정책선호 표명 가능성과 다양성에 기초한 정책설계 모형

일반적으로 유력후보자들은 선거에서 제2사표를 끌어들이기 위한 노력을 기울인다. 그럼에도 불구하고, 다른 제3당의 유망한 후보자가 있을 경우에 유권자들은 자기 표가 제2사표로 사장되지 않게 하기 위해 그 후보자에게 투표를 하려는 경향이 생긴다. 이는 단순히 유력후보에 대한 지지를 철회하더라도 그 후보의 당선이 가능하기 때문만은 아니고 미래지향적인 투표경향에서 그 원인을 찾을 수 있다.

자기가 지지하는 제3당의 후보가 당선될 가능성은 낮지만 그 후보자에게 투표함으로써 그들의 정책선호를 분명히 해둘 필요가 있는 경우에 이처럼 미래지향적인 투표가 행해진다. 유력야당후보가 크게 앞설 경우에 일부 야당지지자들은 또 다른 전도양양한 야당후보를 지지하는 경우가 이에 해당된다. 현재는 승리할 가능성이 없지만 그가 선호하는 정당에 투표하여 미래의 정책선호를 표출하는 미래지향적 투표를 한다는 것이다. 잠재적인 정책선호를 미리 표명하는 것이다.

이러한 유권자의 성향을 무시하고 유력후보자가 60%의 지지자 중에서 잉여표 20%을 제외한 40% 지지자의 이해만을 반영하는 편파적인 정책으로 일관하기는 어려울 것이다. 제2사표에 해당하는 지지자들이 다음 번 선거에서 집권당에 대한 지지를 철회하고 자신들의 이해관계를 보다 더 잘 반영하는 후보를 찾아 투표할 경우, 정권을 넘겨줘야 할 상황이 올 수도 있다.

따라서 어리석은 정당이 아니라면 20%에 해당하는 제2사표 층에 맞추어 새로운 정책을 설계해야 할 것이다. 정책설계의 다양화가 이루어진다.

3 제2사표가 거의 없는 박빙 승부의 경우: 동조화 정책설계 모형

범여권과 범야권의 지지율이 51 : 49인 박빙의 대결구도가 나타날 수 있다. 우파진영과 좌파진영으로 나뉘어 여・야후보가 팽팽한 대결을 펼치는 경우다. 소수야당의 지지자들은 집권당의 재집권을 막기 위해 자신이 진정으로 좋아하는 후보자에 대한 지지를 철회하고 상대적으로 지지율이 높은 야당후보자에게 투표를 하게 된다. 이때 유력한 후보조차도 자신의 지지자들의 이해만을 반영하는 편파적인 정책을 취할 수 없게 된다.

투표자는 자기가 선호하는 정당이 승리할 가능성이 거의 없을 때에는 그가 가장 싫어하는 정당의 승리를 저지할 수 있을 것으로 판단되는 다른 정당에 투표하게 되는 경우도 있다.

이런 박빙의 승부 상황에서 야당의 제휴강도가 높아질수록 집권당은 정권유지에 필요한 50%(이때 제2사표는 0이다)에 근접하는 지지자들의 호응을 얻어내는 정책을 제시할 것이다. 이런 상황에서는 어느 정당이 집권하든지 정책이 거의 동일하게 수렴되어 유권자들은 정책의 차별성을 못 느끼게 되는 정책의 수렴현상, 즉 정책설계의 동조화현상이 나타나게 된다.

2022년 대통령선거에서 여·야 간의 부동산 정책공약은 선거기간이 경과할수록 서로 수렴하는 현상을 보였다. 당시 문재인정부의 부동산 정책실패에 대한 원인분석에서 대책제시까지 상당한 공감대가 형성된 것이 그 이유이기도 하지만, 국민들의 표를 얻기 위해 동조화현상을 보였다. 아파트 값 폭등에 대한 반성에서 나온 주택공급의 대폭확대, 민간주도 주택공급 등 서로 비슷비슷했다. 여당과 야당은 주거약자에 대한 지원강화 그리고 부동산 세제 완화 등도 공약으로 제시했다.

이런 현상은 2024년 미국 대선에서도 나타났다. '여성의 낙태권을 인정할 것인가?'에 대한 정책이 민주당 Harris와 공화당 Trump 간에 서로 수렴하는 현상을 보였다. 정책동조화 설계가 이루어진 것이다.

결국 정치시장은 때로는 후보자가 난립하고 제휴하는 다소 혼란스러운 일들이 벌어지지만 결국 50 : 50의 세력의 균형을 가져와 투표자의 편익을 소수에게 집중시키는 결과를 막는 기능을 수행하게 되는 장점도 있다.

여기서 다당제일 경우에 50 : 50의 세력균형은 아니지만 정치적 연합세력, 즉 우파연합과 좌파연합 간에 50 : 50의 세력균형을 이루게 해 줌과 동시에 정책의 수렴이 일어나게 될 가능성이 커진다. 이런 경향으로 선거중심의 정책시장에서 현실에 맞는 바람직한 정책설계를 기대하기 어려운 상황이 발생한다.

제 8 절 정책시장의 정책좌표 분석으로 파악된 합의가능성에 기초한 정책설계론

1 정파별 · 집단별 정책좌표 차이 분석

정책설계자는 어떤 사안에 대한 정파별 · 집단별 주관적 선호를 정책좌표 차이 분석을 통해서 구체적으로 파악해야 한다. 그들의 쟁점별 좌표에 어느 정도의 차이가 있는지를 파악해야 한다. 정책설계자는 각 쟁점(issue)에 대해서 정파별 또는 이해집단별로 그들이 지향하는 정책방향의 좌표가 어떠한지를 파악해야 한다. 그리고 정파별 좌표 차이를 조정하고 절충할 수 있는지 등 합의 가능성을 분석해야 한다. 그 결과를 토대로 현실성 있는 정책목표를 설정할 수 있고 적절한 정책수단을 설계할 수 있게 된다.

정책좌표 차이의 정도와 원인을 분석하여 그 차이들이 너무 크고 극명할 경우에는 정책설계가 어렵다고 판단하여 결국 보류될 것이다.

이제 정책좌표 분석에 의한 정책설계 사례를 살펴보자. 외교 · 군사 정책과 사회복지 정책의 구체적인 좌표 분석 사례를 살펴보겠다.

2 쿠바 미사일 위기 딜레마 상황의 정책좌표 분석

1962년 10월 15일 미국 백악관의 Kennedy대통령에게 '소련이 쿠바에서 핵미사일 기지를 건설하고 있고, 대서양으로 핵탄두를 실은 군함이 쿠바를 향해 오고 있다'는 보고가 들어온다. 이에 대해 강경파는 전쟁을 불사하겠다는 군사적 대응을 주장하고, 온건파는 전쟁이 발발하면 세계 제3차 핵전쟁이 일어나게 될 것을 우려하여 외교적 해결방안을 제기한다. 좌표를 통해서 두 대안을 비교하면 공통적으로 겹치는 부분보다 겹치지 않는 영역이 커서 절충이 쉽지 않은 딜레마 상황에 직면하게 되었음을 알 수 있다. 제3의 대안적 정책설계가 필요했다. [그림 5-6]을 통해서 이를 확인할 수

[그림 5-6] 딜레마 상황의 정책좌표 분석

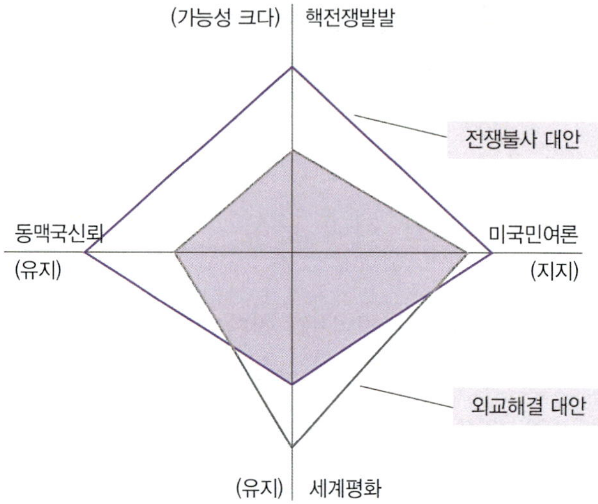

있다.

그림에서 알 수 있듯이 전쟁을 불사하겠다는 정책안과 세계대전이 발발할 것을 우려하여 외교적인 방식으로 대응하자는 정책 사이에는 간극이 매우 크다.

이럴 경우에는 제3의 대안을 설계할 수밖에 없게 된다. 실제로 해상봉쇄－최후통첩안이 설계됐다. 그 과정을 보면, 온건노선에서 강경노선으로 전환, 침공안 부각, 다시 외교안 부각, 제3의 대안으로 해상봉쇄안 모색, 또 다시 제한된 공습안, 기습 공격안 등이 계속 제기되었다.

결국 Kennedy대통령이 주재하는 회의에서 국방부장관, 국무장관, 안보특별보좌관, 법무부장관(Robert Kennedy) 등이 논쟁하고 협상한 결과물이 바로 해상봉쇄-최후통첩안이었다.[14)]

3 한국 우파와 좌파 간의 대북정책 좌표 분석

우리가 북한에 대한 정책을 설계하는 데 있어 우파진영과 좌파진영 간에 입장 차

14) 제7장에서 자세히 설명하고 있다.

이가 상당히 크다. 첫째, 우파는 대한민국 수립 이후에 확립된 자유민주주의와 시장경제에 기반을 둔 국가정체성에 중점을 둔다면, 좌파는 같은 민족이라는 민족정체성을 우선시하는 경향이 있다. 둘째, 우파에서는 남북한 간의 상호주의 입장에서 강경책을 견지하려고 한다. 이에 비해 좌파에서는 북한에 대한 햇볕정책 등 포용정책을 유지하려고 한다. 셋째, 북한의 위협적 행동에 대한 인식에 있어서도 우파는 북한에 대해서 적대적일 뿐만 아니라 뿌리 깊은 두려움과 적개심을 갖고 있다. 군사력을 사용하는 것에 더 적극적이라 할 수 있다. 반면에 좌파는 같은 민족이라는 입장에서 우호적인 접근을 하려는 경향이 강하다. 남북한 간의 평화유지에 더 강조점을 둔다.

이러한 경향을 [그림 5-7]과 같이 우파와 좌파 정당 간의 정책좌표에 표시하여 분석하면 여·야 간 합의에 기초한 대북정책 설계가 매우 어려울 것이라는 예측이 가능해진다.

[그림 5-7] 대북정책의 좌표 분석

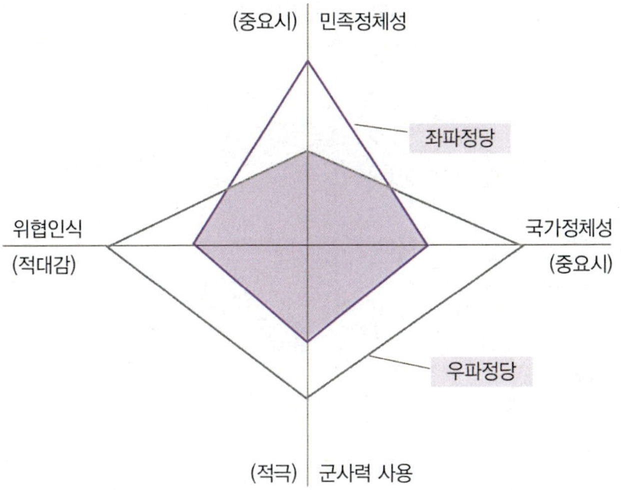

4 국민연금 개혁정책에 대한 정파 간의 좌표 분석

국민연금을 현행대로 계속 유지하면 머지않아 기금이 바닥날 것이라고 한다. 이를 막기 위해 연금개혁을 추진했다. 정파 간의 협상이 진행되어 더 내고 덜 받는(사실 더 내고 더 받는) 방향에 어느 정도 공감대가 형성되었다. 그래서 국민이 내는 보험료율을 현재 9%에서 13%로 인상하는 데 여・야가 합의한다. 문제는 현행 40%인 소득대체율을 얼마나 올릴지에 있다. 이를 두고 여야는 힘겨루기를 하였다. 국민의힘은 42~43%를 주장하는 반면, 민주당은 44~45%를 고수하였다. 다만 당시 여당은 자동조정장치 도입을 전제로 44% 수용 가능성을 열어놨다.

[그림 5-8]에서 알 수 있듯이 국민여론의 추이에 대한 여야 간의 민감성 정도에 차이가 있다. 야당은 서민의 여론에 더 민감하다. 그렇지만 여・야 간에 합의가 이루어졌다. 정책 좌표상 큰 차이가 없기 때문이다.

국민연금의 보험료율을 기존 9%에서 13%로, 소득대체율을 기존 40%에서 43%로 인상하는 것을 골자로 하는 연금개혁정책이 확정됐다. 물론 젊은 층의 반발이 있었다.

[그림 5-8] 국민연금 개혁정책설계 좌표 분석

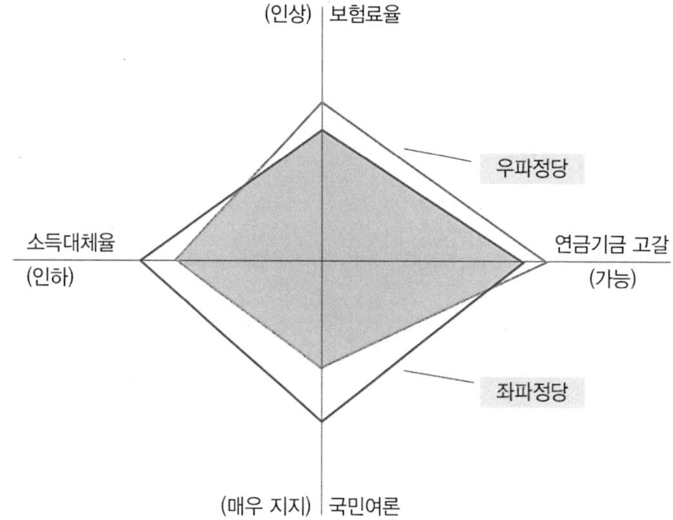

CHAPTER

06

정책학습과 정책담론에 의한 정책설계 모형

제1절 도구적 합리성과 단계별 정책과정론

Plato는 인간이 갖는 이성이 감정보다 우위에 있으며 인간은 감정보다 이성에 기초해서 판단해야 한다는 입장을 취했다. 사리에 맞게 판단해야 한다는 것이다. 이성은 논리적으로 추론하고 계산하며 미래를 설계하고 더불어 감정을 통제하는 역할을 한다. 감정이 아닌 이성을 사용하여 자연과 사회현상을 사리에 맞게 파악하는 사람의 특성을 합리성(rationality)이라고 한다.

1 도구적 합리성에 기반을 둔 정책결정 모형

공직자가 정책결정을 할 때 중요한 관심사는 '어떻게 하면 합리적으로 정책수단을 결정할 것인가'일 것이다. 보통 정책에는 정책목표와 수단이 포함되는데, 합리적으로 정책을 결정한다는 것은 정책목표에 부합되게 정책수단을 결정한다는 의미다. 이때 합리성은 도구적 합리성이다.

여기서 도구적 합리성(instrumental rationality)을 판정하는 기준인 효과성과 능률성을 설명해보자. 효과성(effectiveness)은 일반적으로 목표달성의 정도를 의미한다. 이를 식으로 나타내면 다음과 같다.

$$\text{효과성} = \frac{\text{달성된 목표}}{\text{계획된 목표}}$$

능률성(efficiency)은 투입(input)과 산출(output)의 비율이다. 이는 다음 식으로 나타낼 수 있다.

$$\text{능률성} = \frac{\text{정책대안의 (기대)효과}}{\text{정책대안의 (추진)비용}} = \frac{\text{정책효과(effect)}}{\text{정책비용(cost)}} = \frac{\text{편익(benefit)}}{\text{비용(cost)}}$$

도구적 합리성은 '무엇이 최선의 수단인가?'에 관심을 둔다. 어떤 대책이 목표달성에 적합한 최적의 수단인가를 선택하려는 개념이다. 일반적으로 선택의 맥락에서 합리성의 개념에는 세 가지의 구성요소가 요구되고 있다.

먼저, 선택의 상황에서 목표달성이 가능하다고 인식되는 선택가능한 대안에 대한 지식, 둘째, 특정대안이 초래할 결과에 대한 지식, 셋째, 대안의 결과에 대한 주관적인 평가의 기준 역할을 하는 선택자의 일관된 선호체계(consistent preference ordering)가 있어야 한다.

이처럼 선택의 중요한 기준인 도구적 합리성이 분석적인 요소와 결합하여 합리적 정책설계 모형이 만들어지는데, 이 모형에 따르면 최선의 정책수단을 결정하는 데 다음과 같은 논리적인 단계를 밟게 된다. 사실 이 모형은 합리적 정책결정 모형과 크게 다르지 않다.

첫째, 해결할 정책문제를 명확히 정의하고 바람직한 정책목표를 설정한다(정책문제분석 및 목표설정). 둘째, 정책대안을 광범위하게 탐색하거나 개발한다(정책대안 탐색). 셋째, 각 정책대안들이 가져올 결과를 예측한다(정책대안의 결과예측). 넷째, 정책대안들의 결과를 비교 평가한다(정책대안의 비교·평가). 다섯째, 최선의 정책대안을 선택한다(최적대안 선택).

실제로 정책설계자는 어떤 사태가 발생하거나 상황이 벌어지면 지금 무엇이 일어났는가(what happened?), 왜 일어났는가(why did it happen?), 그리고 앞으로 어떻게 될 것인가(what will happen?)를 고민하게 된다. 이때 일정한 이론적인 틀을 통해서 관찰하고 현상을 이해하게 되는데, 프레임을 통해서 세상을 이해하는 경우가 많다. Allison은 이것을 개념적인 렌즈(conceptual lens)라고 하였다(정정길 외, 2023).

합리적 정책결정 모형은 정책현상 특히 정책결정 과정을 이해하는 데 개념적인 렌즈 역할을 톡톡히 해 왔다. 하지만 이 모형의 합리성은 어떤 목표 달성의 극대화를 의미하는 도구적인 합리성을 의미한다는 점에서 비판받고 있다.

정책설계의 실제를 보면, 정책결정자들이 항상 주어진 목표 하에서 최선의 대안을 선택하는 일만 하는 것은 아니다. 정책은 기계적으로 설계되는 것이 아니기 때문이다. 때로는 목표 그 자체를 발견하는 과정을 거쳐야 하고, 사회 구성원들의 선호가 어떻게 형성되고 또 바뀌고 있는가에 대해서도 관심을 가져야 한다. 그럼에도 불구하고, 도구적 합리성에 기반을 둔 합리적 정책결정 모형은 이런 의문에 시원하게 답을 못한다.

2 도구적 합리성과 단계별 과정이론

Lasswell에 의해서 개발된 전통적인 단계적 과정모형(the stages heuristic)은 정책과정의 단계를 문제인지-의제설정-정책결정-정책집행-정책평가 등으로 구분하고, 이런 일련의 결정과 행동을 통틀어 정책과정(policy process)이라고 하였다. 초창기 대부분의 정책학 교과서가 이런 순서에 따라 서술되었고, 그 내용이 상식에 가깝다는 비판을 받아 왔다.

이런 정책단계를 단순화하면, ① 정책의제설정(agenda setting), ② 정책형성(policy formation), ③ 정책집행(policy implementation) ④ 정책평가(policy evaluation)로 나누어진다. 그러나 실제 모든 정책이 반드시 이런 단계를 연속적으로 거치는 것은 아니다. 그럼에도 불구하고 단계적 접근은 도구적 합리성에 입각한 분석도구로서 역할을 톡톡히 하고 있다.

먼저, 정책의제설정 단계를 설명하면, 어떤 사회문제가 발생하면 정부가 관심을 갖게 되고 급기야 이를 정부의 공식적 의제(어젠다)로서 정부가 진지하게 고려할 대상에 포함시키게 된다. 이처럼 정부가 사회문제를 정부의 공식의제로 수용하는 것을 정책의제설정 단계라고 한다.

둘째, 정책형성 단계는 정책의 공식화를 가리킨다. 정책결정 주체인 공무원이나 국회의원들이 정부의 의제로 선정된 문제에 대한 대안을 선택하는데 목표와 수단의 도구적 합리성 모형에 따라 가장 효율적인 대책을 마련하게 된다. 이때 바람직한 정책결정을 위하여 수행되는 지적 작업이 정책분석에 의한 정책설계다. 물론 이 과정에서 협상과 타협이 이루어지고 그 산물로 정책이 산출되며, 이는 법률이나 정부지침의 형태를 띠게 된다.

셋째, 정책집행 단계에서는 정해진 법률이나 정부지침을 실행하게 된다. 각급 행정기관들은 법률의 집행을 위한 조직을 만들고 각종 행정서비스를 제공하게 된다. 이러한 정책집행과정을 거쳐서 당초에 의도한 정책목표를 달성하거나 아니면 그런 목표를 달성하는 데 실패할 수도 있다.

끝으로 정책집행이 끝나면 그 성과를 평가하게 된다. 정책이 추구하는 원래의 목표를 어느 정도 달성했는지를 평가하는 것이다. 이런 정책평가의 결과에 따라 정책이 완전히 종결되거나 수정되어서 다시 시행된다.

이와 같은 정책과정의 단계를 그림으로 나타내면 [그림 6-1]과 같다. 여기서 타원형 속에는 정책과정의 핵심적인 정책활동이 표시되고, 사각형 속에는 정책활동을 통해서 나온 산출물이 표시된다. 점선으로 표시된 타원형 속의 정책분석은 합리적인 정책결정에 필요한 지식과 정보를 제공하는 역할을 한다.

[그림 6-1] 정책단계별 과정모형[1]

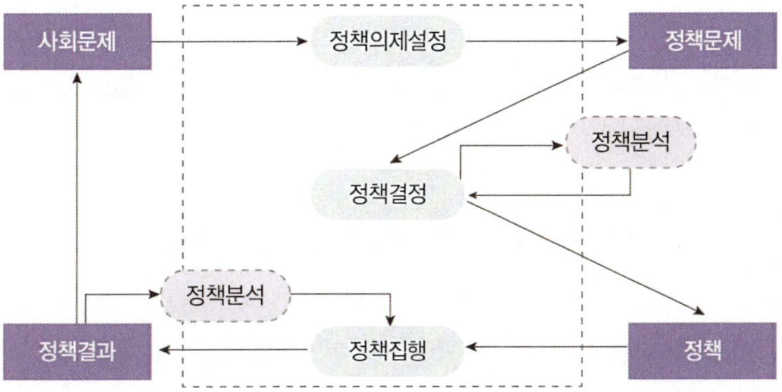

도구적 합리성에 입각한 전통적인 정책단계 모형을 살펴보았다. Sabatier는 이러한 모형에 대해 다음과 같이 비판한다(Sabatier, ed., 2007: 6-7).

첫째, 정책단계 모형은 인과관계 모형이 아니다. 그 자체는 예측에 도움이 되지 않으며 한 단계에서 다른 단계로 어떻게 넘어가는지를 설명하지 못한다. 둘째, 인과관계 모형이 아니기 때문에 경험적 가설을 검증하는 데 명확한 기초를 제공하지 못한다. 셋째, 정책과정 전반에 걸쳐서 일어나는 정책지향 학습과 정책분석의 역할을 제대로 설명하지 못한다.

정책단계별 과정모형은 지하철 노선도와 같은 역할을 한다. 정책 현상을 그대로 설명하는 데에는 한계가 있고 미래를 예측하는 데에도 설명력이 떨어지지만, 정책담당자에게는 그런대로 지침(heuristic)으로서의 역할을 하고 있다.

1) 참고: 정정길 외(2010). p.14를 그대로 옮긴 것이다.

하지만 이 모형은 정책목표의 설정과 관련된 합리성이나 개인의 선호가 형성되는 과정, 개인선호가 사회 전체의 선호로 통합되는 과정 등이 논의되지 않고 있다는 이론적 한계점을 보이고 있다.

특히 도구적 합리성 모형은 정책의 정치화 현상을 다루는 데 결정적 한계를 드러내고 있다. 사실 정책의 정치화 현상은 선·후진국을 막론하고 어느 나라에서나 관찰되고 있다. 내편과 네편을 나누어 경쟁하는 현대정치에서 정책은 자기들의 정치이데올로기를 실현하는 수단이 되고 있다. 이에 대한 이론적 접근이 부족하다.

제 2 절 도구적 합리성 모형에서 종합적 합리성 모형으로 진전과 발전

1 형식적 그리고 실질적 합리성 수준별 함수모형[2)]

도구적 합리성은 과학과 기술을 발전시키고 효율적인 생산을 가능하게 하는 등 현대사회의 성립과 발전에 크게 기여하였지만, 그 자체가 완벽한 것은 아니며 많은 한계를 갖고 있다. 이런 비판 가운데 도구적 합리성의 편협성을 보완하여 합리성 이론의 새로운 지평을 열게 한 Elster의 합리성 모형에 주목하고자 한다

Elster가 제시하는 얇은 합리성(narrow rationality), 넓은 합리성(broad rationality) 등 네 가지 유형의 합리성[3)]은 합리성의 종합모형이라 할 수 있다. 한 단계 높은 수준의 매우 진전된 합리성 모형이라고 평가받아 마땅하다.

Elster는 도구적 합리성이 목적을 이미 정해진 것으로 전제할 뿐 목적 자체의 좋고 나쁨이나 옳고 그름에 대해서는 별 관심이 없다는 점을 지적한다. 그는 도구적 합리성을 기술적 합리성(technical rationality)과 동일시하면서 약한 합리성(thin rationality) 이라고 비판하고 있다(Elster, 1986).

이처럼 Elster는 도구적 합리성의 협소함을 비판하면서 합리성을 개인수준의 합리

2) 필자가 Elster 이론을 재구성하여 만든 함수모형이다.
3) 참고: 최종원(1995). 합리성과 정책연구. 한국행정학회보 4 : 2.

성과 집단수준의 합리성(2)으로 나눈다. 이를 다시 얇은 합리성(형식적 합리성)과 넓은 합리성(실질적 합리성)(2)으로 나누어 네 가지 유형(2×2)의 합리성 모형을 제시하고 있다.[4] 개인수준의 형식적 합리성, 집단수준의 형식적 합리성, 개인수준의 실질적 합리성, 집단수준의 실질적 합리성이 그것이다.

앞의 네 가지 합리성 모형의 특징은 무엇인지 살펴보자. 먼저, 합리성에 있어서 '개인수준의 형식적 합리성'은 개인의 선호가 외부조건이나 환경에 의해서 주어지는, 즉 외생적으로 주어진다고 가정한다.

'집단수준의 형식적 합리성'은 개인의 선호가 외생적으로 주어진다는 점은 그대로 가정한다. 그렇지만 집단수준에서 개인의 선호가 공동체의 선호로 통합가능한가 여부에 관심을 갖는다. 각자 다른 집단구성원의 선호체계를 적절히 통합하는 방법이 있겠는가? 우리는 일반적으로 다수결 원칙에 의해서 집단선호를 결정하고 있다.

이와 달리 실질적 합리성은 선호가 외생적으로 주어진 것이 아니고 내생적으로 형성된다고 보는 점에 의의가 있다. 이때 '개인수준의 실질적 합리성'은 개인의 선호가 얼마나 합리적인가? 개인의 선호가 얼마나 합리적인 경로를 통해서 형성되는가?에 관심을 갖는다.

'집단수준의 실질적 합리성'도 역시 집단선호의 내용적 합리성에 관심을 갖는다. 개인선호들을 단순히 통합하여 집단선호로 전환하는 데에 관심을 두기 보다는, 바람직한 집단선호를 도출해내는 방법론에 더 중점을 둔다.

그래서 자유롭고 공개적인 숙의[5]와 담론[6]이 집단의 공동선(common good)을 발견할 수 있을 것인가에 논의를 집중한다. 목표 달성의 합리성에 머물지 않고 목표를 설정하는 과정의 합리성, 즉 집단선호가 도출되는 과정에 관심을 갖는다. 무엇을 목표로 할 것인가를 함께 정하는 목표형성의 합리성을 추구한다. 앞의 네 가지 합리성을 그림으로 나타내면 다음과 같다.

4) Weber가 합리성을 형식적 합리성(formal rationality)과 실질적 합리성(substantive rationality)로 나누고 있는 점과 유사한 점을 발견할 수 있다.
5) 곰곰이 깊이 생각하여 충분히 의논함을 의미한다.
6) 증거에 기반한 논증적 토론을 말한다.

[표 6-1] 네 가지 합리성 모형

구분	개인수준	집단수준
형식: 선호의 외생성	개인수준의 형식적 합리성 $r_1 = f(\bar{p}, k, i)$	집단수준의 형식적 합리성 $R_3 = f(\overline{P}, K, I), \overline{P} = \sum \bar{p}$
실질: 선호의 내용적 합리성	개인수준의 실질적 합리성 $r_2 = f(p, k, i)$	집단수준의 실질적 합리성 $R_4 = f(P, K, I), P = \sum p$

합리성 모형을 함수관계로 나타내면 다음과 같다.[7] 합리성은 개인별 또는 집단별 선호, 지식 정도, 정보량의 함수라고 할 수 있다.

① r_1(개인수준/형식적 합리성) = $f(\bar{p}, k, i)$

② r_2(개인수준/실질적 합리성) = $f(p, k, i)$

③ R_3(집단수준/형식적 합리성) = $f(\overline{P}, K, I)$ 그리고 $\overline{P} = \sum \bar{p}$

④ R_4(집단수준/실질적 합리성) = $f(P, K, I)$ 그리고 $P = \sum p$

여기서 p는 preference(선호)를 의미한다. $\bar{p}$ 는 외생적으로 주어졌음을 의미한다. $\overline{P}$는 집단의 선호로서 개별 선호의 합($\sum \bar{p}$)을 의미한다. 특히 p와 $\bar{p}$ 는 선호가 외생적으로 주어졌느냐의 여부에 따라 구별되는데, 이는 형식적 합리성과 실질적 합리성으로 구분하는 중요한 기준이 된다. 형식적 합리성에서는 그 선호($\bar{p}$)가 외생적으로 주어진다고 보는 데 비해, 실질적 합리성에서는 선호(p)가 형성되는 과정과 그 내용에 대해서 관심을 갖는다.

k는 지식(knowledge)의 정도를 의미하며, i는 정보(information)량을 의미한다. p, k, i 세 변수는 독립변수로서 작용하여 종속변수인 합리성을 결정한다.

1) 개인수준의 형식적 합리성(r_1)

개인의 선호가 외생적으로 주어졌다고 가정하기 때문에 일관성이 중요시된다. '합리성=일관성'이라는 도식이 가능해진다. 이 모형에서는 두 가지의 일관성이 요구된다. 첫째 개인의 선호와 실제 행동 간에 일치성, 둘째 개인선호체계의 일관성이다.

먼저, 어떤 정책설계자가 정책대안의 종류와 각 대안의 집행결과에 대한 일정한

7) 이 함수식은 필자가 Elster모형을 재구성하여 만든 것이다.

선호체계를 갖고 있다면, 정책설계자는 특정 대안을 선택하여 주어진 선호를 달성하는 데 최선의 대안임을 보여주어야 한다.

둘째, 개인의 일관된 선호체계는 선호의 발현이 행동으로 나타나야 한다. 예를 들어 사과와 배 중에서 배를 선택하는 행위는 배를 사과보다 좋아하는 선호로써 설명될 수 있어야 한다.

2) 개인수준의 실질적 합리성(r_2)

이 모형은 개인수준의 형식적 합리성 모형이 추구하는 일관성과 더불어 개인의 선호와 지식의 내용적 합리성을 추가로 요구한다. 내용적 합리성은 개인의 선호 및 지식의 형성과정이 합리적이어야 한다는 말이다.

이 모형에서는 우선적으로 지식과 관련하여 가용할 수 있는 정보를 충분히 수집하고 활용하여 형성되었는지 여부를 중요시 한다. 구체적인 조건으로는 첫째, 합리적인 지식이 주어진 정보 하에서 최적의 귀납적인 추론을 통해서 얻어져야 한다. 둘째, 지식은 우연성이 아닌 정보에 근거하여 형성되어야 한다. 셋째, 정보가 지식형성에 미치는 영향은 적절한 방법으로 반영되어야 한다는 것이다.

따라서 개인이 합리적인 선호를 형성하는 것은 정보의 적정성과 관련된 문제로서 얼마나 많은 정보를 획득하여야 하는가가 그 관건이 된다. 그렇지만 합리적 선호에 필요한 정보의 양과 관련하여 최적수준의 정보량을 요구하는 것은 불가능하기 때문에 만족할 만한 수준에서 정보량이 결정될 수밖에 없다.

다음으로 합리적 선호의 내용은 개인의 효용을 극대화시키는 선호여야 한다. 선택 가능한 대안에 최적으로 적용된 선호여야 한다. 또한 개인의 의지에 의하여 의도적으로 선택되거나 얻어지고, 그렇지 않을 경우는 자율적으로 수정된 선호라는 요건이 충족되어야 한다.

이 모형이 정책학에 주는 시사점은 합리적인 선호 형성에도 적응(adaption)과정은 필요하다고 보는 데 있다. 특히, 그 적응과정이 의도적인 것인지 아니면 무의식적인 것인지를 구분하고 있다는 점에서 정책학에 주는 시사점은 크다. 이러한 의도적인 적응을 학습(learning)이라 하고, 정책설계에서는 정책학습(policy learning)의 중요성이 강조되고 있다. 정책학습에 기초한 정책설계론의 구성이 가능해 진다.

3) 집단수준의 형식적 합리성(R_3)

합리성 모형에 의해 집단행동을 설명하는 경우, 대부분의 이론들은 집단의 선호체계가 외생적으로 주어졌다고 가정한다. 집단의 선호체계를 유기체의 선호체계와 유사하다고 보고 논의를 전개하는 경향이 있다. 앞에서 살펴본 '일관성' 조건이 집단수준에서도 그대로 적용된다.

이런 경향이 타당성을 인정받으려면, 개인들이 모여서 형성된 집단을 유기체로 보고 개인의 선호가 하나의 집단선호로 통합가능한가에 대한 답이 긍정적이어야 한다. 하지만 이 질문에 대한 답은 부정적이다. 집단수준의 형식적인 합리성은 관념적으로는 가능하다고 하더라도 실제로는 존재하기 어렵다는 것이다. Arrow의 불가능성의 정리에 의해 집단적인 의사결정이 쉽지 않음이 입증되었다.[8)]

한편, 이와 같은 합리적인 사회선택의 불가능성과는 달리, 주류 경제학에서는 집단선택의 합리성은 합리적인 개개인의 선택결과가 모든 집단구성원의 후생증진에 기여하거나 적어도 해를 주지 않을 경우에 달성될 수 있다고 주장한다. 이처럼 집단의 합리성이 달성된 구체적인 예는 외부효과가 존재하지 않을 경우 경쟁적인 시장기능을 통해서 이루어지는 균형상황을 들 수 있다.

4) 집단수준의 실질적 합리성(R_4)

앞에서 살펴본 집단수준의 형식적 합리성의 주요 관심은 대체로 외생적으로 주어진 개인들의 선호를 집계하거나 통합시켜 집단의 선호를 발견하는 데에 있었기 때문에 집단선호의 내용적 합리성은 관심 밖의 주제였다.

이를 인식한 일부 학자들 사이에서 집단선호의 내용적 합리성에 대한 관심이 커지기 시작했다. 이런 경향에서 나타난 개념이 바로 집단수준의 '실질적' 합리성이다. 이때 정책설계자의 고민은, 개인들의 선호를 바람직한 집단선호로 어떻게 전환시킬 것인가에 있게 된다.

이에 대한 논의의 기초를 제공한 사람이 바로 Habermas이다. 그는 공개적이고 합리적인 공공토론(open and rational public debate)을 통해서 이기적이며 돌출적인 개인의 선호를 순화시켜 사회구성원들로 하여금 사회의 공동선을 지향하도록 유도함으

---

8) 제5장에서 자세히 설명하였다.

로써 합의도출이 가능하다고 주장하며, 숙의민주주의적 정책담론에 의한 합의를 역설한다. 정책담론적 정책설계론을 구성할 수 있다.

그러면 공개적이며 합리적인 공개토론이 어떻게 바람직한 결과를 가져올 수 있다는 것인가? 이를 알아보자.

첫째, 공개적인 토론은 사람들로 하여금 자신의 순수한 이기적인 주장을 여과 없이 펴기 어렵게 만든다. 따라서 자신들의 주장을 보편적인 사회의 일반원칙에 근거하도록 함으로써 보다 객관적인 논의가 이루어지게 된다.

둘째, 사람들은 처음에는 자신들의 특수이익을 그럴듯하게 포장하기 위하여 사회의 공동선을 가장하지만, 시간이 지남에 따라서 사회의 공동선을 자신도 모르게 믿게 되고 그것을 추구하게 된다.

2 진전된 합리성 종합모형이 정책학 연구에 주는 시사점

이제 앞의 네 가지 유형의 합리성이 정책학 연구에 준 영향을 살펴보기로 하자. 먼저 개인수준의 형식적 합리성은 우리가 흔히 말하는 도구적 합리성이다. Lasswell 이후 전통적인 정책단계 모형(the stages heuristic)이 이런 관점에서 개발되었다고 할 수 있다. 집단수준의 형식적 합리성도 이 범주에 포함되어 논의되었다.9)

반면, 개인수준의 실질적 합리성은 정책설계 과정에서의 정책학습의 중요성에 대해 관심을 갖도록 하였다. 더 나아가 집단수준의 실질적인 합리성은 절차적 합리성이다. 정책결정의 결과 보다는 결정이 이루어지는 과정을 중시하고, 이 과정에 정책담론(policy discourse)의 필요성을 일깨워 주었다. 그 결과 숙의민주주의 정책담론 방식을 정책설계에 적용할 수 있다.

9) 여기서도 개인수준의 형식적 합리성과 집단수준의 형식적 합리성을 같은 도구적 합리성 범주로 보고 집단수준의 형식적 합리성을 따로 논의하지는 않는다.

제3절 개인수준의 실질적 합리성을 습득하는 정책학습과 이에 기초한 정책설계론

1 정책학습에 의한 개인수준의 실질적 합리성 형성

개인별로 형성되는 실질적 합리성은 정책학습 이론과 관련이 깊다. 정책학습은 Stein이 분류한 것처럼 선형적 학습(linear learning)과 혁신적 학습(revolutionary learning)으로 나눌 수 있다(이민창, 2001: 72).[10]

먼저 선형적 학습은 지속적인 지식의 축적과정을 통해서 이루어진다. 사람들은 선형적 정책학습을 통해서 정책에 보다 순응하게 된다. 이와 달리 혁신적 학습은 기존의 정책이 사회적 환경의 변화에 따라가지 못하고 적응에 실패할 경우에 이루어진다. 이런 혁신적 학습과정을 거쳐 새로운 정책이 모색된다.

정책학습 논의의 필요성은 이를 통해서 개인별 선호가 바뀌고, 개인은 물론 집단수준의 실질적 합리성이 형성된다는 데에 있다. 정책학습은 궁극적으로 합리성 내용에 있어 그 수준을 높여준다.

2 일반적 학습이론[11]

학습의 정의는 이에 관한 연구경향이 다양할 뿐만 아니라 연구영역도 각각 달라서 모호하기까지 하다. 학습의 정의를 개관하면, 심리학과 교육학에서 다루는 개인차원의 학습, 경영학과 행정학에서 주로 다루는 조직차원의 학습이 큰 흐름이라 할 수 있다(이민창, 2001: 67).

개인차원의 학습(individual learning)은 주로 직관(intuition)에 의한 인지적 학습, 행태적 학습, 모방학습이 있다. 조직학습(organizational learning)은 조직이 환경에 적응하

---

10) Stein은 제도학습을 선형적 학습과 혁신적 학습으로 분류하였으나 여기서는 정책학습의 분류로 사용하였다.

11) 참고: 박계옥(2011). 제도적 학습과 정책변동.

는 과정에서 발생하는 학습, 그리고 지식의 축적 차원에서 조직적으로 이루어지는 학습을 말한다. 조직학습의 유형은 분석적 학습, 조합적 학습, 실험적 학습, 상호적 학습, 구조적 학습, 제도적 학습으로 분류된다.

학습이론을 바탕으로 개인수준에서 실질적 합리성이 형성되는 과정을 정책학습이라 할 수 있다. 개인의 정책선호의 형성, 즉 개인수준의 실질적 합리성(r_2)은 정책학습을 통해서 이루어진다.

3 정책학습에 의한 정책변동이론

정책학습에 대하여는 여러 분야에 걸쳐서 다양한 관점의 연구 성과물이 나오고 있다. 정책학습을 중요하게 다루는 모형(framework)을 찾는다면, Sabatier의 정책지지(또는 저지)연합 모형, 합리적 선택 신제도주의 이론, Birkland의 사건관련 정책학습 모형(event-related policy learning: ERPL)을 들 수 있다.

1) 정책학습과 정책지지연합 모형

Sabatier의 정책지지(또는 저지)연합 모형을 살펴보면, 이는 장기간에 걸쳐 정책이 형성되거나 특정 정책이 변동되는 과정을 설명하는 모형이라 할 수 있다.

이 모형은 외생변수와 내생변수들 간의 상호작용에 의해 정책이 형성되거나 변동된다고 본다. 외생변수는 정책을 둘러싼 환경이나 제도적인 특성의 변화를 말한다. 내생변수는 정책 하위체제 내에서 활동하는 정책활동가 등으로 구성된 정책지지 또는 저지연합들의 역할이다.

정책지지연합에는 근원적 가치, 문제인식 등 특별한 신념체계를 공유하고, 지속적으로 상당한 정도의 지지 활동을 하는 정책행위자들이 참여한다. 정책행위자는 선출직 및 임명직 공무원, 이익집단, 전문가 등 다양한 지위의 사람들로 구성된다.

이들의 주요활동이 정책학습(policy-oriented learning)을 통해서 이루어진다. 정책학습은 정책지지연합의 구성원들이 경험을 통해서 정책지지연합체의 구성원으로서 자신들을 묶어주는 믿음체계를 변경하거나 보완해 가는 과정이고, 믿음체계와 관련된 생각이나 행태를 변화시키는 과정이다. 정책학습은 전문적이고 공개적인 포럼이나 공청회가 활발히 개최될 때에 더욱 촉진된다(정정길 외, 2023: 716). 정책학습은 정책지지연합 내에서도 이루어지지만, 다른 지지연합으로부터 영향을 받아 이루어지기도 한다(유훈, 2006: 94).

이 모형은 정책변화의 분석단위로 정책 하위체계(policy subsystem)를 설정하고 있다. 그 체제 내에는 믿음체계(belief system)를 공유하는 2~4개 정도의 정책지지(또는 반대)연합(policy advocacy coalition)이 활동한다.

정책 하위체계의 정책행위자들은 자신들의 믿음체계와 대책방안이 국가정책에 반영되도록 노력한다. 그들이 갖고 있는 다양한 자원을 최대한 동원한다. 정책행위자들의 가치와 전략들은 정책중개자(policy brokers)의 중재를 받아 정책에 반영되게 된다. 이를 그림으로 나타내면 [그림 6-2]와 같다.

[그림 6-2] 정책지지연합 모형의 구조틀(2005)

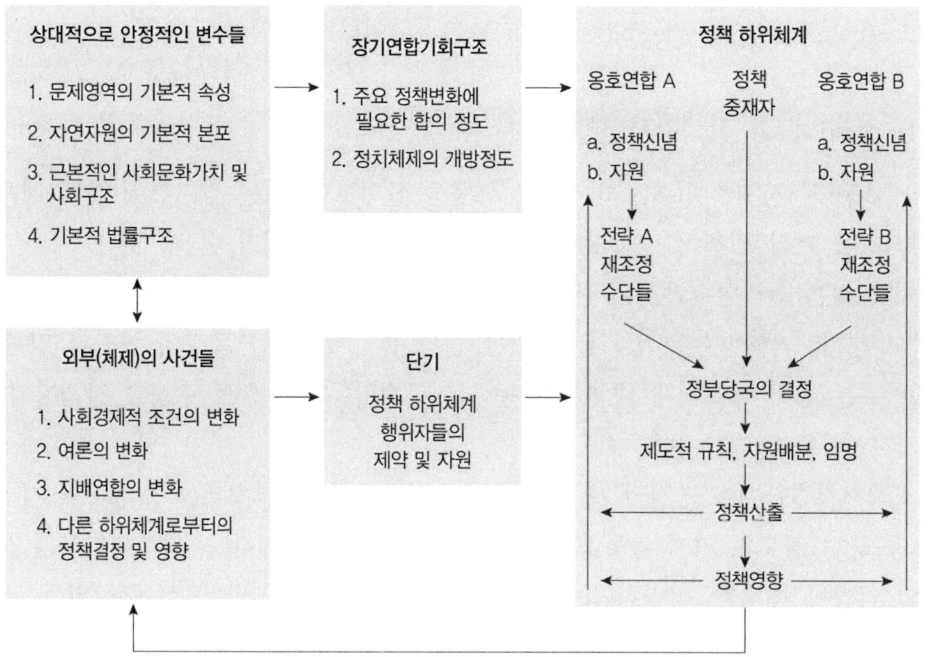

정책학습을 통해서 형성되거나 변화하는 믿음체계를 정리하면 다음 표와 같다. 믿음체계는 기저 핵심가치부터 더 낮은 단계의 정책핵심, 이차적 측면의 가치로 구분

할 수 있다. 낮은 단계의 믿음은 정책학습에 의해서 더 자주 변한다. 매년 정부가 세우는 연도별 정책은 이차적 측면의 가치변화에 기초하여 수립된다고 해도 과언이 아니다. 정책핵심 변화에 기초한 정책변동은 IMF 사태와 같은 경제적 충격사건(serious anomalities)이 발생할 때에만 가능하다.

[표 6-2] 정책지지연합과 3차원 구조의 믿음체계

	기저 핵심가치 (deep core)	정책핵심(policy core)	이차적 측면의 가치 (secondary aspects)
특징	근본적 규범 또는 공리	핵심가치 성취하기 위한 기본적인 전략들과 관련된 근본적인 정책 입장	정책핵심 집행에 필요한 도구적인 결정과 정보탐색
영역	모든 정책영역에 대해서 적용	특정 정책영역(subsystem)에 적용	특정 정책영역(subsystem)의 특별한 분야(part)에 적용
변화에 대한 민감성	매우 어려움: 종교 개종과 비슷함	어려우나 심각한 변혁이 일어나면 변화가능	비교적 용이: 대부분 행정부와 입법부의 정책결정의 주제에 해당

2) 정책학습과 합리적 선택 신제도주의

이 모형은 독특한 행태적 가정(behavioral assumption)을 가지고 정책학습을 설명한다. 여기서는 사람들이 완전한 합리성을 가질 수 없으나 그런대로 합리적이며 자기이익을 추구한다고 가정한다. 행위자들의 일련의 선호체계는 외생적으로 주어져 있고(외생성), 이를 바탕으로 자신들의 이익을 최대로 달성하기 위한 광범위한 계산 하에 고도의 전략적인 행동을 함으로써 제도나 정책을 만들어간다고 본다.

이처럼 선호의 외생성을 주장하는 이유는 전통적인 경제학에서처럼 미시적인 접근을 하기 때문이다. 이는 역사적 신제도주의나 사회학적 신제도주의가 선호의 내재성을 주장하는 것과 대조된다.

그렇다면 정책학습의 핵심적인 요소는 무엇인가? North는 학습(learning), 지식(knowledge), 선호(preference) 그리고 신념체제(belief system)을 들고 있다. 학습을 통해서 지식이 개별 주체들에게 전달되어 축적되면 이를 토대로 개인들의 인식구조가 바뀌거나 신념체계가 새롭게 형성된다는 것이다.

정책학습은 정책의 이해당사자들이 특정 정책으로 인해 발생하는 재산권 변동,

거래비용 절감여부 등 정책의 핵심요소를 스스로 파악하여 대응해 나가는 과정이다.

정책학습을 통해서 형성된 신념이나 가치는 행위자들이 앞으로 어떻게 행동하여야 할 것인지를 결정하는 데 커다란 영향을 미치게 된다. 정책학습을 통해서 행위자들은 자신들의 행위유인을 파악하게 되고 행동양식을 바꾸어 나가게 된다.

하지만 어떤 정책으로 인해 자신의 재산권과 거래비용에 있어 손해가 발생한다고 생각할 때에는 기회주의적인 행태를 취하면서 반전을 노릴 것이다.

이제 합리적 선택 신제도주의의 정책학습 모형을 조금 더 알아보자. 학자에 따라서 정책학습을 수단적 정책학습(instrumental policy learning)과 사회적 정책학습(social policy learning)으로 나누기도 한다. 전자는 기존의 정책목표의 테두리 안에서 정책의 실적 향상 또는 실패의 원인을 이해하는 데 도움을 준다. 이에 비해 사회적 정책학습은 정책의 목표, 정책의 범위, 정책문제 등 테두리 밖의 학습을 포함한다.

여기서는 사회적 정책학습의 입장에서 선형적 또는 혁신적 정책학습 모형을 소개하겠다.[12] 일반적으로 정책 이해당사자들은 정책의 형성 또는 변동 과정에서 자기들의 재산권과 거래비용이 어떻게 변화하는지, 그리고 그 변화에 대해서 어떻게 대응해 나가야 하는지에 관심을 갖고 정책학습을 한다. 이런 측면에서 정책학습의 과정을 정책 형성기－점진적 변화기－정책 급변기 등 세단계로 나누어 볼 수 있다.

첫째, 정책 형성기는 정책 담당공무원이나 국회의원들에 의해서 정책이 입안되고 정부 공식정책으로 확정되어 이것이 집행되는 단계다. 정책은 대개 재산권을 확대시키거나 아니면 제한하는 내용으로 구성된다. 실제로 정책으로 인해 재산권 유형에 변화가 초래된다. 거래비용에 있어서도 행위 주체별로 거래비용이 증가되거나 혹은 감소되는 경우가 발생하게 된다. 이런 변화를 학습한 이해당사자들은 정책지지(또는 저지)연합을 결성하게 된다.

둘째, 점진적 변화기는 변동된 정책의 특성에 따라 행위 주체들이 자기의 선호 및 행위를 적응적으로 변화시켜 순응적 정책선호가 형성되는 시기이다. 선형적 학습이 이루어지고 지속적인 지식의 축적과정을 통해서 선호체제의 변화가 일어난다. 사람들은 선형적 정책학습을 통해서 정책에 보다 순응하게 된다.

셋째, 정책 급변기는 기존의 정책이 사회적 환경의 변화에 따라가지 못하고 적응

12) 참고: 이민창(2001). 정책변동의 제도론적 분석: 그린벨트와 영월댐 사례를 중심으로. pp.77-79.

에 실패하는 경우다. 이 때에는 혁신적 학습이 이루어진다. 이런 혁신적 학습과정을 거쳐 형성된 정책선호들이 외부에 표출되고 정책행위자들은 자신들의 재산가치의 극대화와 거래비용 최소화를 추구하는 새로운 정책을 모색하게 된다. 이를 그림으로 정리하면 다음과 같다.

[그림 6-3] **정책학습 모형**

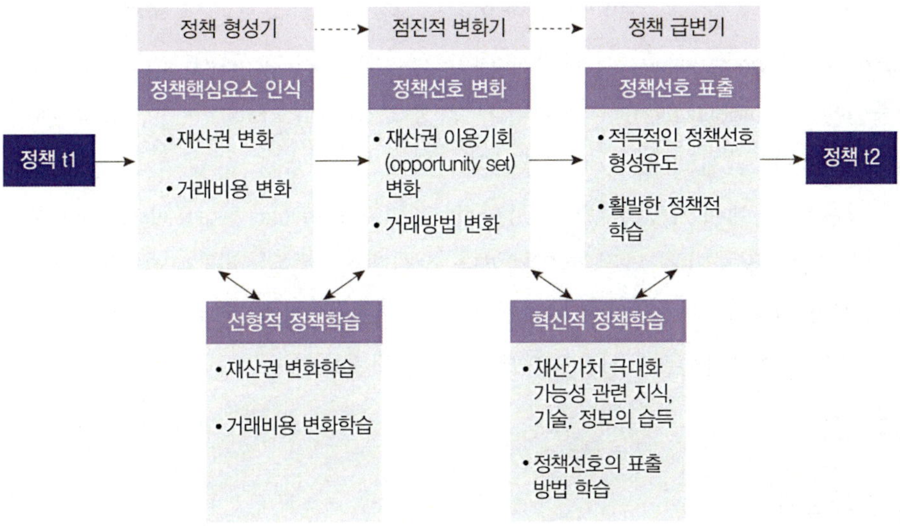

3) 사건관련 정책학습 모형(ERPL)

기존 정책변동 이론들이 안정적인 정책환경 하에서 장기간에 걸쳐 정책이 변동되는 것을 다루었다면, Birkland(2006)가 주장하는 ERPL(event-related policy learning) 모형은 갑작스러운 사건으로 인한 급격한 정책변동을 설명한다. 사회적으로 문제가 되는 충격사건으로 유발된 정책변동을 행위자들의 촉진된 정책학습을 매개로 하여 설명하는 모형이다. 문제가 되는 초점사건(focusing event)이 발생하면, 수년 간의 정책개선 활동으로는 변동시킬 수 없었던 특정사안에 대해서 대중의 관심이 갑자기 폭증하게 된다. 이에 따라 촉발된 정책학습이 기폭제가 되어 즉각적인 정책변혁이 일어난다.

문제가 되는 충격적인 초점사건은 위기, 재난, 사고 등 통제 불가능한 사건으로 아주 강렬한 형태로 발생하여 미디어와 세간의 이목을 집중시킨다. 미국의 9 · 11 테

러사건, Columbine 고교 총기난사사건, 한국에서는 2021년 LH 공사 직원들의 제3기 신도시 사업지역 부동산 투기 사건 등이 이에 해당된다.

Birkland 모형에서 정책학습이란 정책의 미비로 충격적인 사건이 발생할 경우에 정책의 실패원인과 한계를 신속히 파악하고 이를 개선하기 위해 논의된 아이디어를 정책변동 설계에 즉각적으로 적용하는 행위를 말한다. 단계별로 이루어지는 정책학습 과정을 알아보자.

초점사건(focusing event)의 발생 → 이전의 사건에서 축적된 정책경험(accumulated experience from prior events) → 의제에 대한 관심의 증가(increased agenda attention) → 집단동원(group mobilization) → 아이디어 논쟁(discussion ideas) → 신규정책 채택(new policies adopted) 단계로 빠르게 진행된다.

이 모든 단계에서 수단적 또는 사회적 학습(instrumental or social learning)이 이루어진다. 이러한 정책변동 과정의 단계마다 정책행위자들은 정책 아이디어 논쟁을 통해서 정책학습(policy learning)을 한다. 이 모형의 정책학습은 충격적 사건이 계기가 되어 새로운 정책이 빠르게 산출되도록 하는 정책변동의 중요한 기제(mechanism)로서 역할을 한다.

[그림 6-4] ERPL 모형

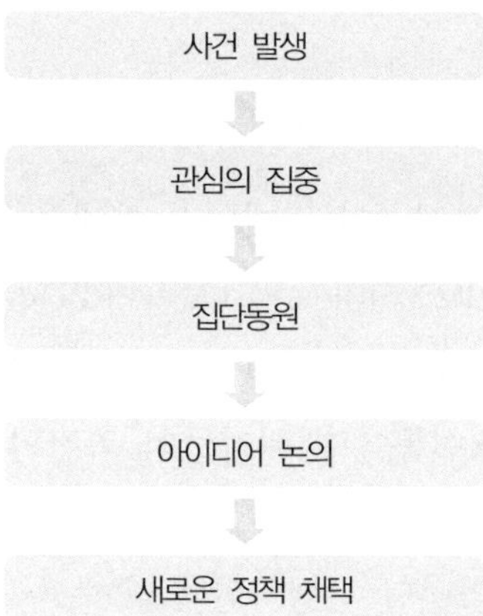

ERPL은 정책학습에 의한 정책변동을 초점사건→ 정책학습→ 정책변동 단계에 입각하여 설명하고, 정책변동이 가능한 지점을 예측할 수 있게 해 준다.

4 소결론: 정책학습의 핵심요소와 개인별 선호함수

정책학습을 '정책과 관련된 행위자들이 개별 행위주체의 편익을 극대화하기 위하여 정책의 내용과 특성에 관한 지식, 정보, 기술을 습득하여 적응해나가는 과정'으로 정의할 수 있다. 자신의 편익을 극대화하려는 행위자들은 정책학습을 통해서 새로운 정책의 내용이나 이에 따른 행위규칙이 어떻게 구성되어 있는지, 더 나아가 그로 인해서 제약받는 자기 이익의 범위는 어떠한지를 알게 된다. 정책학습을 통해서 정부의 정책에 적응해나가게 된다.

그렇다면 정책학습의 핵심적인 요소는 무엇인가? 앞에서 설명하였듯이 North는 학습(learning), 지식(knowledge), 선호(preference) 그리고 신념체제(belief system)를 들고 있다. 학습을 하여 일단 지식을 획득하고 이것이 자기에게 체화되면 이에 따라 사안을 바라보는 인식구조가 바뀌게 되고, 새로운 선호가 형성되어 종국적으로 새로운 신념체제가 구축된다는 것이다.

따라서 개인수준의 실질적 합리성(r_2)은 개인별 선호, 지식 그리고 정보의 함수라고 볼 수 있다. 개인별 선호, 지식, 정보는 학습을 통해서 습득되는 학습(L)의 함수이다. 이를 식으로 정리하면 다음과 같다.

(합리성 함수)개인수준의 실질적 합리성(r_2) $= F(P, K, I)$,

개인별 선호(P)$= f_1(L)$, 지식(K) $= f_2(L)$, 정보(I) $= f_3(L)$.

여기서 L은 독립변수로서 학습(learning)이다. P는 선호(preference)를 의미하고, K는 지식(knowledge)의 정도를 의미하며, I는 정보(information)량을 의미한다. 이들은 종속변수로서 독립변수인 학습의 영향을 받는다.

결국 개인수준의 실질적 합리성(r_2)은 선호, 지식, 정보에 의해 결정되며, 이를 결정하는 원동력은 학습에 있다고 하겠다.

5 정책학습에 기초한 정책설계론

1) 정책학습에 기초한 정책이전 방식의 설계론

정책이전(policy transfer)이란 자의적으로 또는 강압에 의해서 타 국가나 타 지역의 정책을 벤치마킹해서 옮겨오는 것을 의미하며, 정책학습을 통해서 이루어진다. 선진국의 의료보험 제도를 우리의 상황에 맞게 수정하여 도입한 것은 자의적 정책이전에 해당된다. 강압적인 방식에 의한 정책이전은 우리의 경우 외환위기 상황에서 IMF의 정책 권고를 받아들였던 사례를 들 수 있다.

정책이전은 지방자치단체 간에도 이루어진다. 주민참여 예산제도의 확산은 정책이전에 의해 이루어졌다. 2000년대 초반부터 광주광역시 북구에서 시작하여 울산광역시 동구, 대전광역시 대덕구 등으로 확대되었고, 2011년 지방재정법 개정을 통해 모든 지방자치단체에서 시행하도록 제도화하였다.

2) 충격적 사건 발생으로 촉발된 정책학습에 기초한 정책설계론

정책적 믿음체계나 가치에 큰 변혁을 가져오는 ERPL 모형의 초점사건(focusing event), 즉 충격적 사건(serious anomality)이 발생하면 정책학습이 빠르게 진행되고 정책변동적 설계가 이루어지게 된다.

초점사건(focusing event)이 발생한 사례를 살펴보자. 2021년 3월, 한국토지주택공사(LH) 직원들이 제3기 신도시 개발지역에 땅 투기를 한 사건이 언론에 대서특필 되었다. 일부 LH 직원들이 내부 개발정보를 이용하여 조직적으로 부동산 투기를 한 사건이 드러나 국민의 공분을 불러일으켰다. 이 사건으로 수년간 국회에 계류 중이었던 「공직자의 이해충돌방지법」이 제정되기에 이른다. LH사건에 대해서 국민들의 관심과 분노가 들끓어 올랐고 국민들은 빠른 정책학습을 통해서 즉각적인 법률제정을 촉구한데서 온 결과다.

국회는 LH사건을 계기로 공직자들의 투기근절을 위해 설계된 국민권익위원회의 공직자의 이해충돌 상황관리 정책을 긍정적으로 검토하여 이를 법제화한다. 부동산업무를 담당하는 LH 임직원과 같은 공공기관 임직원들이 업무처리 중 알게 된 미공개 정보를 이용하여 투기하는 것을 금지하는 정책이 설계된 것이다. 이를 법제화한 것이

「공직자 이해충돌 방지법」이다. 구체적인 내용을 살펴보자.

도시개발사업 인가를 담당하는 A국장이 해당 개발지역에 가족명의의 부동산을 소유하고 있다면 어떻게 할 것인가? A국장은 해당 부동산 매수 · 보유 사실을 안 날부터 14일 이내에 소속 기관장에게 신고해야 한다. 건축허가 담당자인 B주무관의 시아버지가 건축허가를 신청했다면 어떻게 해야 할 것인가? B주무관은 직무 관련자가 자기와 사적 이해관계에 있는 시아버지임을 안 날부터 14일 이내에 소속 기관장에게 신고하고 직무에서 스스로 회피해야 한다.

이해충돌 방지법은 공직자가 직무수행 중 알게 된 비밀 또는 소속 공공기관의 미공개정보를 이용하여 재물 또는 재산상의 이익을 취득하거나 제3자로 하여금 재물 또는 재산상의 이익을 취득하게 한 경우에는 7년 이하의 징역 또는 7천만원 이하의 벌금에 처하는 규정을 두고 있다.

제 4 절 집단수준의 실질적 합리성을 도출하기 위한 숙의민주주의적 정책담론

우리는 개인들의 선호를 집단선호로 통합하기 위한 목표설정의 합리성에 주목해야 한다. 목표 자체가 정해져 있다는 가정은 비현실적이다. 우리가 목표를 설정할 때 합리성을 어떻게 도모할 것인가에 대한 해답을 찾아야 한다. 목표 자체의 합리성을 고려해야 한다면 그 합리성의 성격은 기존의 도구적 합리성과 전혀 다른 것이고, 그에 대한 접근방식도 새롭게 모색되어야 한다. 그 학문적 고민의 결과가 '집단수준의 실질적 합리성 모형'이다.

최근 대안적 민주주의로서 주목을 받는 숙의민주주의(deliberative democracy)의 기초를 확립한 Habermas의 공론장(public sphere)이론과 담론윤리가 바로 집단수준의 실질적 합리성을 이루어내기 위한 방안이라고 할 수 있다.

1 세종대왕의 소통 · 숙의적 합리성에 기초한 공론정치

세종은 즉위 후 관직 임명에 앞서 제일성으로 "과인이 인물을 잘 알지 못하니 함께 의논하여 정하고자 한다"라고 했다. 세미나식 회의인 경연을 본격화하고 이를 국정토론의 중심으로 삼았다. 어전회의를 단순히 지시나 의견을 전달하는 형식적 절차에 머물지 않고, 다양한 아이디어와 해법을 도출해 내는 창의적인 토론의 공간으로 적극 활용했다. 어전회의를 할 때면 항상 숙의하는 공론정치 방식으로 건설적 토론을 조장했다. 그 때에 사용한 방법이 바로 '견광지'였다. 견(狷)은 하지말자는 뜻이다. 반대 의견이다. 이에 대해 광(狂)은 해보자는 뜻이다. 찬성 의견이다. 지(止)는 잠깐 쉬어 다시 생각해 보자는 뜻이다. 결론적으로 견광지는 반대 의견과 찬성 의견을 충분히 듣고 이를 절충하는 방식이었다.

어전회의에서 고위 관료들은 대체로 '아니 되옵니다'를 외칠 때, 집현전 학자들은 '해 봅시다'라고 우기는 광경을 상상해보자. 세종은 어느 한쪽 편에 서는 것이 아니라, 안 된다는 이유와 해야 할 이유가 무엇인지 자세히 들어 보고 이 두 가지 의견을 통합할 방법은 없는지를 고민했을 것이다.

무엇보다 소통을 중시했다. 소통은 막히지 아니하고 잘 통한다는 뜻이며 오해가 없다는 의미다. 소통은 사람들 서로가 가진 생각을 전달하여 서로를 이해해나가는 과정을 말한다.

공론정치는 세종시대 정치과정의 핵심 메커니즘이었다. 공론은 국가의 원기이며 간쟁이 공론의 근저를 이루었다.

2 민주화 이후 우리에게 요구되는 숙의민주주의와 공론장의 정책담론

집단수준의 실질적 합리성을 형성하는 것은 '다양한 이해관계자들의 선호를 사회 전체의 선호로 이끌어 사회적 합의를 도출하는 과정'이라고 할 수 있다. 사실 이 과정은 정책설계 과정과 똑 같다고 할 수 있다. 그렇다면 현실에서 집단수준의 실질적 합리성이 어떻게 형성되는지 살펴보아야 할 것이다. 이를 한국사회의 민주주의 과정을 통해 접근해 보자.

지난 세기에 근대화론이 단선적 경제발전 경로로 취급되었던 것처럼 민주주의는 권위주의적 정치체제에서 벗어나기 위한 정치발전의 경로로서 주목받아 왔던 것이 사실이다. 그렇지만 권위주의 체제에서 벗어나 민주주의의 형식적인 절차와 제도적인 틀이 갖추어 짐에 따라 민주화 이후 시대를 다시 준비해야 한다는 목소리가 커지고 있다.

한국은 지금 아시아에서 가장 민주화된 나라로 우뚝 서 있다. 우리는 완전한 민주주의 선진국가의 반열에 올라섰고, 과거와 비교할 때 시민참여의 기회와 폭이 확실히 넓어졌음에도 불구하고, 우리의 정치적 만족감은 여전히 낮은 수준이다. 정파별・계층별・세대별 가치갈등으로 인해 시급하게 추진되어야 할 중요한 과제들이 여전히 표류하고 있다.

우리가 당면한 과제는, 대표선출의 절차적 정당성 확보의 차원을 넘어 이제는 국민 생활에 직・간접적으로 영향을 미치는 주요 정책을 어떻게 결정할 것인가에 있다. 더 나아가 다양한 이해당사자들로부터 자발적인 합의형성을 이끌어 낼 수 있는 보다 숙의적인 정교한 정책설계 논리를 개발해야 할 때가 되었다. 자발적인 합의를 형성하고 집합적 의사결정의 질을 높일 수 있는 숙의민주주의는 정책담론과 공론장 이론과 함께 현실성 있게 논의되어야 한다.

3 민주화 이후 대안으로서 숙의민주주의 정책담론

대의민주주의 하에서 생기는 참여결핍 문제와 참여민주주의에서 발생하는 심의부재(담론부재)의 문제를 해결하기 위해 제안된 것이 바로 숙의민주주의(deliberative democracy)다(주성수, 2007). 국정과제가 복잡다기해지고 정치체제의 규모가 거대해 짐에 따라 대의제 민주주의와 기술관료적 행정체제는 여러 가지 한계를 드러내고 있다.[13] 그럴수록 숙의민주주의는 더욱 더 각광을 받게 될 것이다.

숙의민주주의는 정책결정 과정에 폭넓은 이해당사자들이 참여할 수 있고 참여자들이 반성적이고 자기 성찰적인 자세로 진정한 숙의적 심의를 함으로써 그 힘이 발휘된다. 참여자들이 그들의 선호를 공동체 전체의 선호로 통합하여 동화시킴으로써 결

13) 대의민주주의 한계가 대표의 실패라면 직접민주주의 한계는 숙의부재라고 할 수 있다.

과적으로 정책설계의 질을 높이게 될 것이다.

숙의민주주의에서는 담론이론(discourse theory)이 중요시된다. Habermas의 의사소통행위 이론에 의하면 담론은 일반적 대화와는 달리 참가자들 간의 상호이해, 즉 합의(agreement)에 도달하는 것을 목적으로 하는 전문적인 논증대화다. 쉽게 말하면 개인이나 집단들이 사회적 이슈에 대해 허심탄회한 논의를 거쳐 이성적인 해답을 구하는 토론을 가리킨다.

제 5 절 숙의민주주의 정책담론: Habermas의 소통적 합리성, 공론장, 담론윤리

1 Habermas의 소통 · 숙의적 합리성[14)]

Habermas는 1962년 '공론장의 구조변동'을 통해 공론장 이론의 기초를 제시하고, 1981년 '의사소통행위 이론'을 통해서 소통적 합리성에 대한 체계적인 분석을 하는 등 많은 업적을 남겼다.

그의 숙의민주주의는 정책설계 결과에 대한 이해당사자들의 수용성을 높여주는 동시에 자기결정성 원리에 부합되어 규범적으로도 긍정적인 평가를 받고 있다. 이와 같이 호평을 받고 있는 숙의민주주의의 사상적인 배경으로서 의사소통에 기반을 둔 소통적 합리성 이론과 이를 뒷받침하는 공론장 이론, 담론윤리를 조금 더 자세히 살펴보자.

서양이 근대에 들어와서 이룬 괄목할 만한 성과를 이룬 기반은 이성과 합리성에 있었다. 그러나 빛나는 성과 뒤에 숨겨진 인간소외 문제, 두 번에 걸친 세계대전과 핵무기 개발, 그리고 히틀러의 나찌, 유태인 대학살 사건 등으로 이성과 도구적 합리성은 비판의 십자포화를 받게 된다. 세계를 오로지 정신과 이성으로 해석하는 사조에

14) Habermas는 소통적 합리성이라는 용어를 사용했으나, 필자가 이를 보완하여 소통 · 숙의적 합리성으로 재개념화했다.

반대하는 새로운 흐름이 거세진다. 근대(modernism)의 이성적 본질론을 통해서 새로운 시대인 현대를 해석해 내기에는 한계가 있다는 비판이 일어난 것이다.

마침내 포스트모던(post modernism)시대가 열리게 된다. 이런 흐름을 주도한 철학자로는 Feuerbach를 선두로 Marx, Freud, Darwin, Nietzsche가 있다.

Feuerbach는 헤겔류의 이성(理性) 왕국으로서의 사유세계를 정면으로 반박한다. 이 세계는 물질로 이루어졌기 때문에 자연계는 인간의 의식에 의해서 변하는 것이 아니라고 주장한다.

한편, Darwin은 진화론을 주장하여 기존의 사유체계를 완전히 흔들어 놓는다. Darwin 이전에 인간은 이성을 가진 매우 특별한 존재이기 때문에 동물과는 확연히 구분되어야 한다고 보았다. 그러나 그는 인간도 어류, 파충류, 포유류 단계를 거쳐 진화하였다고 주장한다. 인간과 동물을 하나의 틀 안에서 해석하려고 한다.

앞의 두 학자의 주장으로 인해 서양 근대철학의 근간인 인간의 이성에 대한 맹목적인 신뢰구도가 붕괴되기 시작한다. 바야흐로 현대철학의 서막이 오르게 된 것이다. 공산주의 이론가인 Marx는 이성이 본질적인 것이 아니고, 그보다 더 근본적인 존재성인 물질의 부산물에 불과하다고 주장한다. 물질이라는 하부구조가 정신적인 상부구조를 결정한다는 파격적인 주장을 한다.

Freud는 성적 충동(리비도)이 어린 유아부터 성인에 이르기까지 모든 인간의 중요한 본능 가운데 하나라고 주장한다. 무의식이야 말로 인간의 의식 활동을 지배하는 큰 힘이라고 강조한다. 그는 우리 내면에 자아(ego)라는 실체 대신에, 그 깊이를 알기 어렵고 성적(sex)인 의미가 강한 무의식이 그 심연에 있다는 충격적인 사실을 폭로하기에 이른다.

끝으로 현대철학의 대명사인 Nietzsche는 세상에 고통이 사라질 날이 없다고 하면서 모든 사람이 자신의 힘을 증대시키기 위해 투쟁하고 갈등하는 데, 그 모습이야말로 세상살이의 실상이라고 주장한다. 세상살이가 이러한 모습이기에 우리는 정신력을 강화하고 고양해야만 이 세상을 긍정할 수 있다고 주장한다. 자신의 힘을 고양시키고 강화하고 싶은 충동을 힘(power)에의 의지라고 하면서 이를 역설한다.

이러한 현대철학의 흐름은 과학계에 양자물리학의 등장과도 맞물려 있는데, 그것은 '세계는 끊임없이 변화하고 또 변화가 멈추는 극점은 없다'는 점을 인정하는 데서 구현되었다. 결론적으로 근대의 본질론(실체론)은 점점 설자리를 잃어가고, 이제 관계론적 철학이 그 자리를 대신하게 되었다.

이러한 움직임에도 불구하고 근대의 합리성을 보완해서 계속 사용할 것을 주장하는 사람이 있었다. 바로 Habermas다. 그는 의사소통에 의해서 형성되는 소통적 합리성을 주장한다. 이러한 입장은 1962년 『공론장의 구조변동』이란 책에 잘 드러나 있다. 그는 '목욕물이 더러우면 물만 버리면 되지 아기까지 같이 버리는 실수를 하면 안 된다'면서 합리성에 대한 희망을 버리지 않았다. 그는 절대군주 시대에는 과시적이고 형식적인 공론장이 있었다면, 18세기에 들어서서 영국의 커피하우스, 프랑스의 살롱 등을 무대로 활약한 이성적 공중들이 참여하는 공론장이 열리게 되었다고 주장한다. 제약 없는 토론을 통해서 진리와 공동선을 추구하며 자유롭고 평등한 시민들의 자발적 연합체를 형성하게 되었다고 강조한다.

이러한 공론장은 지적 근대화와 민주주의 형성에 크게 기여하였다. 공론장(public sphere)은 현재 상업주의와 독재성향 등으로 충분히 실현되지 않았지만 이성적 토론의 이상을 추구하는 데 있어 매우 가치가 있는 개념이다. 이를 통해 미완의 근대를 완수할 수 있고 또 완수되어야 한다고 Habermas는 역설하고 있다.

이제 숙의민주주의를 태동시킨 Habermas(1996)의 유명한 논문 '민주주의의 세 가지 규범적 모델[15]'을 살펴보자. Habermas는 개인의 권리에 기반을 둔 자유주의적 민주주의, 그리고 공동체의 윤리적 정체성에 기반을 둔 공화주의적 민주주의 사이의 중간 지점에 절차주의적 숙의민주주의 모델을 제시한다.

이 모델은 우리의 삶을 지배하는 정책과 법은 우리가 자유롭게 선택한 한도 내에서만 정당하다는 근대 이후 민주주의의 핵심에 그 근거를 둔다. 민주주의의 이상은 자율성에 근거하여 그 정당성을 확보하는 데 있다. 정당성 확보 논리는 정책에도 그대로 적용되어야 한다. 실제로 숙의민주주의가 작동하는 공론장의 담론적 의사소통행위는 여러 가지 문화적 배경과 이해관계의 다양성에도 불구하고 국민들이 스스로를 정책의 설계자이면서 정책집행의 대상자로 자리매김하게 한다. 국민들로부터 정책의 정당성을 얻도록 길을 열어 주고 있다.

15) 참고: 조주현(2022). 하버마스와 롤스의 심의민주주의 연구. 한국윤리학회 동계 학술대회.

2 상호주관성과 의사소통행위 그리고 공론장

Habermas는 상호주관성(intersubjectivity)을 바탕으로 공론장에서의 담론행위, 즉 의사소통행위를 통해서 합의된 내용이 소통·숙의적 합리성을 형성하게 된다고 주장한다.

우리는 나 자신과 타자 간에 생각들을 교류함으로써 다른 자아(타자)를 알게 되고, 다른 사람과 공감대를 형성하게 된다. 이것이 상호주관적 이해의 형성과정이다. 사람들은 아는 만큼의 수준에서 보고 싶은 대로 보려는 경향이 있다. 상호주관성 이해를 통해서 타자의 구체적인 생각들을 파악할 수 있다. 내가 다른 사람(타자)을 이해하고, 다른 사람이 나(자아)를 이해하면 상호주관적 이해가 생긴다. 역지사지(易地思之)를 통해 이해의 폭을 넓히게 된다. 상호주관적 이해에 근거하여 공동체의 합일된 선호인 정책이 형성되기에 이른다.

이렇듯 공론장은 다양한 배경을 가진 국민들이 모여 의사소통을 하면서 상호주관적 이해의 폭을 넓혀 가는 담론의 장이다. Habermas는 국민들이 공론장에 모여서 자유롭고 자발적인 토론과 논의를 하여 여론을 만들어 가고 이것이 공식적인 정책으로 채택되도록 영향을 미쳐야 한다고 주장한다. 공론장의 담론에 의해서 공동체 수준의 실질적 합리성이 형성되어야 한다는 것이다.

자율적 공론장은 의회와 같이 정해진 절차를 통해 운영되고 정책결정을 주요기능으로 하는 공식적인 담론의 공간이 아니다. 비공식적 공론장은 공식적 정책결정에 영향력을 미치는 여론을 형성하는 것이 그 핵심이다. 이런 공론장을 통해 국민들은 새로운 문제를 더 민감하게 지각하게 되고, 자기이해의 논리를 더욱 풍부하게 계발하게 된다. 이런 비공식적인 담론의 장이 활성화되지 못하고 공식적인 담론의 장과 단절될 때 참신한 여론형성의 활력이 사라지게 되어 공식적인 담론의 장 역시 제 기능을 수행하지 못하게 된다(Habermas, 한상진, 박영도 역, 2000).

Habermas는 공론장을 내용과 태도의 표명 등 의견들을 소통하기 위한 네트워크로 본다. 이 네트워크를 통해 의사소통의 흐름이 걸러지고 종합되어 급기야 주제별로 묶인 공적 여론들이 한 묶음의 더미로 집약된다.

3 공론장에서 형성된 여론은 여론조사 기관의 중개로 정부 정책설계에 반영

국민들이 자발적으로 참여하는 공론장은 과거 18세기에는 영국과 프랑스의 Salon 등이었고, 현대 사회는 생맥주집 친목모임이 이에 해당된다. 여기에서는 계급장을 뗀 상태에서 자유롭게 현안을 논의하고 토론한다. 이런 담론의 장이 전국에서 밤마다 자연스럽게 열리게 되면 한 방향으로 여론이 형성될 가능성이 커진다. 갤럽 등 여론조사 기관이 이런 여론을 파악하여 발표하면 정부는 여론흐름에 맞추어 정책을 설계하게 될 것이다.

Habermas는 비공식적 공론장이 어떻게 정부의 정책결정과 연결되는지에 대해서 설명하지 않고 있지만, 필자는 여론조사 기관이 중간 매개체역할을 한다고 덧붙이고 싶다. 여론조사 결과가 중간 매개역할을 하는 이러한 메커니즘을 통해서 비공식적이며 자율적인 공론장에서 형성된 여론이 정부의 공식적인 정책설계에 반영된다. 이러한 점을 감안할 때 여론조사 기관의 공공성과 공정성이 철저히 보장되어야 하고, 여론조사의 왜곡 등을 방지하기 위한 제도적 장치가 필요하다고 하겠다.

제6절 디지털 및 온라인 플랫폼 공론장의 새로운 구조변동

Habermas는 1962년 『공론장의 구조변동』에 이어 2022년판 『공론장의 새로운 구조변동』이라는 책을 펴낸다. 그는 공론장의 새로운 구조변동을 날카롭게 지적한다. 그는 디지털화된 미디어 환경에서 숙의민주주의의 공론장이 다시금 그 원칙을 상실해 가고 있다고 통탄한다. 무엇보다도 공론장의 원칙 중에 포용성, 보편성, 진실 추구가 뒷전으로 밀려나고 공(公)과 사(私)의 경계가 허물어지고 있다는 것이다. 이는 사이비 공론장, 파편화된 공론장, 반쪽짜리 공론장이 횡행하는 원인이 되었고, 포퓰리즘이 배양되는 온상으로 변모되었다. 공론장의 오염이 심각하다는 것이다.

한국사회는 물론 지구촌에서 민주주의는 위기를 맞고 있다. 미국에서는 트럼프의 등장 이후 민주주의의 근간이 흔들리는 충격적인 일들이 연이어 벌어지고 있다. 극단적인 포퓰리스트들은 민주주의 질서를 공격하면서 대중 선동을 통해서 민주주의의 근간을 허물고 있다. 사이버 공간에 가짜뉴스가 난무하고, 차이와 다양성에 대한 혐오와 폭력이 위험 수준으로 반복되면서 민주주의 사회의 관용과 포용의 가치는 심각한 도전을 받고 있다. 자신들의 정치적 선호를 절대적인 잣대로 삼아 민주주의의 보편 원리들을 노골적으로 무시하거나 공격하는 정치가 횡행하고 있다.16) 현실에서의 공론장이라고 불릴 법한 미디어들은 양극화된 정치진영의 전쟁터로 전락하고 있다. '왜 공론장인가'에 대해 다시 한 번 숙고해 보아야 할 시점이다.

그렇다면 Habermas가 제시한 합리적이고 이성적인 소통이 민주주의를 성숙시킬 것이란 기대를 포기해야 하는 것인가? 이를 부정하는 대답이 훨씬 많다. 이와 같은 온라인 공론장의 구조변동 현상에도 불구하고 디지털 공론장이 유효한 것인지, 어떤 공론장이 최선인지에 대해 의견이 갈릴 수도 있지만, 공론장이 필요하지 않다는 주장은 아직까지 없다.

디지털 혁명으로 인한 뉴미디어의 발달은 개방적이고 참여적인 소통 공간을 넓혀주고 있다. 동시에 공론장의 분열적이고 파편화된 소통흐름을 촉진함으로써 합리적이고 이성적인 공론장에 검은 먹구름을 드리우는 부작용이 생기고 있다.

무엇보다 소셜 미디어 등 디지털 공간, 그리고 중개매체로서 플랫폼에 기반한 소통환경은 우리에게 수용자의 파편화(audience fragmentation), 필터 버블(filter bubble), 에코 챔버(echo chamber) 등 예상치 못한 상황에 직면하게 하였다. 특히 공론장이 정치권력과 미디어 자본에 의해 왜곡되는 현상이 나타나고 있다. 공론장의 재봉건화(refeudalization) 현상이 나타나고 있다. 데이터화(datafication)의 진전, 알고리즘(algorithm)과 인공지능(AI)의 확대에 의해 공론장, 담론윤리 등 숙의민주주의의 필수적 요소들이 어떤 도전을 받는지에 대해서 고민하고 해결해야 할 숙제들이 더 많아지고 있다.

앞으로 오염된 공론장은 폭력과 전체주의가 아닌 인간이성과 담론윤리에 근거하여 국민 개개인이 여기에 모여 공동의 문제를 토론하고 해결해 나가는 건전한 사이버 공간으로 거듭나야 할 것이다.

---

16) 참고: 유용민(2024). 하버마스, 공론장 그리고 최후의 믿음: 공론장의 새로운 구조변동에 관한 최근 논의에 부쳐. 언론과 사회. 32권 1호, pp.48-85.

1 공론장의 담론윤리 필요성

Habermas는 현대사회에 포퓰리즘이 성공하는 이유가 있다고 걱정한다. 사회적 지위하락으로 스스로 고통을 받고 있다고 느끼는 계층들이 급진화된 유권자 집단을 형성하게 되는 경우가 늘어나고 있다. 그들은 포퓰리즘 지지층이 된다. 그렇다고 하더라도 Habermas는 포퓰리즘이 부상한 이유는 정상적인 민주주의의 결핍에서 기인하고, 담론부재, 소통 · 숙의적 합리성의 미숙에서 기인한다고 진단한다.

Habermas는 의사소통의 숙의적 합리성을 실현하고 이를 통해 민주주의를 꽃피우는 전제조건으로서 담론윤리를 강조한다.

2 정책담론을 활성화하기 위한 공론장의 담론윤리

세상에 어떤 제도도 저절로 그 기능을 다하는 경우는 없다. 제도가 제대로 운영되기 위해서 지켜져야 할 원칙들이 있다. 공론장의 오염을 방지하고 건강한 공론장을 조성하는 길잡이 역할을 하는 것이 담론윤리다. 공론장의 소통 · 숙의적 담론은 사리에 맞는 주장, 비판적 청취, 진지한 결정과정 등을 포함하는 토론이지만, 현실적으로 이 모든 요건을 충족시키는 의사소통은 쉽지 않다. 성공적으로 담론이 정착되기 위한 조건과 원칙을 소개하면 다음과 같다.

먼저, 비판의 제도화다. 정책설계 과정에서 제시된 정책에 대해서 참여자들 간에 서로 경쟁적으로 비판하는 기회가 보장되어야 한다. 비판은 이성적 판단의 출발점이며, 비판을 통해 정책설계 절차의 여러 지점에서 부적절한 추론이 시정되도록 하여 부당한 정책을 배제시키게 된다. 이런 절차를 통해서 어떤 정책에 내재되어 있는 독단과 편견을 걸러낼 수 있다.

둘째, 공식적 공론장의 담론내용은 공개되어야 한다. 공론장에서 토론된 내용이 다른 사람에게 알려져야 한다.

공개성은 담론과정에서 제기되는 주장이 증거에 의존하도록 견인차 역할을 한다. 다만, 공개성이 모든 사람의 참여를 허용한다는 의미는 아니다. 문제의 성격에 따라 한정된 사람만 참여할 수도 있다. 한정된 사람이 참여하더라도 참여자들의 주장을 모든 사람에게 공개하면 담론은 증거에 의존할 수밖에 없게 된다. 공개성은 토론이 진행되기도 전에 특정인의 의도에 따라 토론의 결론이 미리 정해져버리는 부조리를 방지하기 위한 필수조건이다.

셋째, 담론절차의 공평성은 정책결정의 참여자들에게 자기의 주장을 전개할 수 있는 기회가 균형있게 제공되어야 한다는 것이다. 물론 담론에서 개별 참여자들은 자기의 주장이 더 타당하다는 이유를 경쟁적으로 제시하기 때문에 모든 의견에 대해 기계적으로 동등한 대우를 하는 것은 현실적으로 불가능하다. 공식적 담론절차의 공평성은 토론의 결론을 미리 알 수 없도록 한 상태에서, 절차에 따라 토론을 진행하는 것을 말한다.

넷째, 담론절차의 적절성은 어떤 유형의 문제를 해결하는 데 모든 절차가 똑같이 유효한 것은 아니기 때문에, 경우에 따라서는 특정 절차가 유효하다는 것을 인정하고 그 절차에 의존해야 한다는 조건이다.

3 디지털 혁명시대에 온라인 공론장에서 정책담론이 나아갈 방향

최근 숙의민주주의 공론장에 국민들의 능동적인 참여가 증가하고 있다. 이런 추세에 발맞추어 공론장을 구분한다면 세 가지로 나눌 수 있다. 첫째, 물리적인 장소가 필요한 대인적인 담론의 장이다. 둘째, TV, 신문 등 대중매체를 활용한 담론의 장이다. 셋째, 디지털 공간인 온라인(on-line)상에서 이루어지는 담론의 장이다.

대인적 담론의 장과 대중매체를 활용한 담론의 장은 무대 위의 전문배우와 객석의 관객으로 분명하게 구분되고 이때 관객은 전문배우들이 제시하는 주장들에 단순히 '예 또는 아니오'로 양자택일을 하게 된다.

그렇지만 온라인상에서의 공론장은 다르다. 참여자들 간의 직접적인 상호작용이 가능하다. 온라인에 연결된 사람들이라면 누구나 어떤 방향에서든지 원하는 사람들과 연결하여 관심있는 이슈에 대해 대화하고 토론할 수 있다. 온라인 공간에서는 물리적으로 분산되어 있다고 해도 원하는 사람은 누구나 직접 무대에 올라가서 자신의 목소리를 낼 수 있다(한혜경, 2010: 619-620).

이와 같은 시대상황의 변화에 발맞추어 디지털 공간, 플랫폼 공간 등 온라인상 담론의 장을 공론장으로 활용하는 노력이 요구된다. 온라인상의 정책담론을 정책설계를 위한 공식적인 숙의과정으로 제도화하는 노력이 뒤따라야 한다.

숙의민주주의는 이제 거스를 수 없는 대세다. 소수의 정치 엘리트나 오피니언 리더들이 대중을 이끌어가던 시대는 지나갔다. 정부는 물론 정당도 국민들의 자발적인 정책참여를 이끌어내기 위해 인터넷 정책담론의 장을 활성화하는 노력을 해야 할 것이다.

제 7 절 숙의민주주의 정책담론을 통한 정책설계론

1 숙의민주주의 정책담론 논리와 역할

숙의민주주의는 기존의 대의제 민주주의, 그리고 이에 대한 대안으로서 제시된 참여민주주의와 비교 검토할 때 그 필요성이 분명해진다.

먼저, 대의제 민주주의는 선거를 통해서 사회 구성원들의 전체 의사를 확인하는데, 이때 개인들의 이해관계를 동일한 가중치로 취급하여 합산한 결과에만 관심을 갖는다. 보통 다수결원칙이 적용된다.

이는 합리성 모형 중에서 도구적 합리성, 즉 개인수준의 형식적 합리성(r_1)과 집단수준의 형식적 합리성(R_3)에 기초한다고 할 수 있다. 따라서 대의제 민주주의는 그 목적을 정치적 균형달성에 두고 있을 뿐이고 문제해결이나 해법의 정당성 확립에는 관심을 두지 않고 있다.

한편, 참여민주주의는 정책에 의해 영향을 받게 될 개인이나 집단들이 정책과정에 많이 참여하는 데 초점을 맞추고 있다. 민주주의의 폭을 넓히는 데 많은 공헌을 하였다. 그렇지만 참여과정에서 그들의 선호나 의견이 반영되지 않은 이해관계자들(unmediated interests)이 직접 참여하는 것이 무슨 의미가 있을 것인가? 하는 비판이 제기된다.

따라서 정책설계 과정에 참여의 폭을 넓히는 것은 정책결정의 질을 제고하는 데 중요한 전제조건이 되지만, 이와 함께 참여자들의 자발적인 성찰에 기초한 학습과정이 뒷받침될 필요가 있다. 담론적인 소통을 통한 인식의 지평을 넓힘은 물론 소통·숙의적 담론이 정상적으로 진행되어야 한다. 이렇게 볼 때 참여민주주의 역시 집단수준의 실질적 합리성(R_4)을 만족시키는 데 부족하다는 결론에 도달하게 된다.

이런 점들을 고려하여 참여민주주의의 이념을 계승하면서 대의제 민주주의의 한계를 극복할 새로운 대안적 민주주의가 모색된다. 바로 숙의적 민주주의다. 따라서 숙의민주주의는 대의민주주의의 참여결핍과 참여민주주의의 담론부재를 보완하는 제도적 장치로서의 역할을 한다.

숙의민주주의는 집단수준의 실질적 합리성을 도출할 수 있는 정치제도다. 숙의민주주의 이론에 따르면 국민 개개인이 자기의 선호를 표명(articulation)하고, 이것들을 소통·숙의적 정책담론을 통해 국민적 선호로 결집(aggregation)하여 정책으로 결정하게 된다. 숙의민주주의 정책설계는 시간이 많이 소요되더라도 그 효과성 못지않게 중요한 정책의 정당성을 얻어가는 방식이다.

2 숙의민주주의 대전제: 전환적 힘 발휘

정치적으로 과거 권위주의 정권에 대항하여 민주화를 요구하는 과정에서 생겨난 극단적 투쟁관행, 머리띠 두르고 하는 집단농성, 정치 진영 간에 편협한 진영논리에 얽매여 무조건 반목질시하는 행태는 이제 없어져야 한다. 이런 풍토는 머지않아 사라지게 될 것으로 보인다. 경제적으로 생활수준이 좋아지고 정치적으로도 국민들의 인식수준이 높아져 극한 갈등상황이 발생할 가능성이 점점 줄어들고 있기 때문이다. 데모나 시위방식 보다는 대화를 통해서 설득과 협상, 합의를 이루는 것이 더 효과적일 때가 많아졌다.

숙의민주주의 정책담론은 집합적 수준의 실질적인 합리성(R_4)을 달성하기 위한 가장 효율적인 방법이다. 이는 공론장에서 진정한 정책담론을 하여 자발적으로 합의를 이루는 진리합의론[17]에 기반을 두고 있다.

우리는 숙의민주주의 이상과 가장 부합하는 정책설계의 새로운 준거 틀을 모색할

17) 참고: 정대성(2023). 하버마스의 진리합의론의 의미연구. 현대유럽철학연구. 제71집. pp.129-156.

필요가 있다. 그 준거의 틀로 제시된 것이 진정한 담론이론(authentic discourse theory)이다(강신택, 2005: 189). 여기서 담론은 참여자들 간에 강제되지 않은 토론과 논의(unconstrained dialogue)를 의미하며, 증거에 기반을 둔 논증적 토론을 전제로 한다. 숙의민주주의는 정책담론의 참여자들로 하여금 서로의 이해관계를 다시 평가하고 자신의 선호를 스스로 조정하는 등 보다 합리적인 숙의적 심의자세를 갖도록 요구한다.

정책담론은 자기편의 논리와 증거도 중요하지만 상대편의 입장을 경청하여 상호주관적 이해의 폭과 깊이를 더해가는 과정이다. 여기서 '전환적 힘(transformative power)'이 발휘된다. 자신의 인식과 입장을 바꾸고 상대방과 조정해 나가는 위대한 힘이 발휘된다.

협상에 임하는 당사자들이 먼저 상대방이 처한 입장과 논리를 이해하려고 노력하고, 상대방의 자료와 데이터를 가감 없이 받아들여 객관적으로 파악하고, 편향됨이 없이 해석하는 자세를 갖춘다면 협상과 타협의 문화가 꽃피게 될 것이다.

정책담론을 통해서 참여자들이 스스로 가치체계와 선호를 조정하여 집합적 공동체의 선호를 형성하도록 만드는 담론과정의 전환적 힘이야말로 숙의민주주의 정책설계 과정의 핵심적인 요소다. 허심탄회한 토론으로 서로 상대방 정책의 장·단점을 이해하고, 자기의 대책과 상대방의 대책을 절충하거나 아니면 자신의 대책을 과감하게 양보함으로써 전환적인 힘이 발휘되도록 해야 한다.

3 숙의민주주의 정책설계를 위한 공식적 정책담론 제도들

숙의민주주의에서 국민들이 담론적인 정책설계 과정에 참여할 수 있는 기회를 확대하는 방안이 모색되어야 한다.

정부 주관의 공식적인 담론제도를 정리하면 [표 6-3]과 같다. 일반적으로 정책담론 제도들은 자문적 또는 협의적 성격을 갖는다. 의제설정은 시민들이 직접 제안하는 것이 아니라 정부나 의회가 제시한 것에 대하여 국민들이 참여하여 자기들의 선호를 제시하거나 조언하는 방식을 취한다. Top-Down 방식의 한계를 갖는다.

이런 점을 감안할 때, 합의회의와 시민배심제 등은 잘 알려진 담론적 민주제도이다. 이 제도들은 대의민주제의 단점을 보완하는 데 많은 도움이 된다는 평가를 받고 있다. 그렇지만 이 제도들 역시 통제된 심의제도라는 한계를 갖는다.

공공서베이는 정부에서 그 조사결과를 수집하여 정책결정에 참고하는 일종의 소비자주의(consumerist)적 민주주의에 지나지 않는다는 지적도 있다.

[표 6-3] 숙의민주주의 기반 공식적 담론제도[18)]

제도	참여자	정책결정 특성
공청회	관심있는 모든 시민들	법률안, 정책대안에 대한 공개적인 토론으로 발제와 토론 및 질의응답 등으로 의견수렴
공공서베이	비교적 많은 수의 시민들	주최측이 제시하는 설문 내용에 대해 시민들이 의견을 제시하거나 문항을 선택
포커스그룹	소규모 5~12명 시민대표	특정 의견과 행태에 대해 진행자의 조절을 받으면서 자유롭게 토론
시민자문 위원회	정부 등 주최자 선정 소집단	이해관계자들의 참여로 정부, 기업측 입장을 지역사회 차원에서 승인하는 의사결정
기획배심제	정부 등 주최자 선정 소집단	임의·공식 선발된 시민대표들이 도시계획 등 이슈에 관한 공개세미나에서 대안을 선택
규제적 협상	이해당사자 소집단	규제에 직접적 이해당사자들이 참여해 규제안에 대한 토의를 거쳐 합의 모색
중재위원회	이해당사자 소집단	환경분쟁 등 분쟁 당사자들의 자발적인 참여와 중재자의 중재에 의해 합의 모색
합의회의	12~20명의 시민대표	시민패널이 전문가패널의 의견을 듣고 며칠간 수차례 토의를 거쳐 의사결정
시민배심/ 평가단	12~20명 시민들 이해당사자	배심원/평가단은 며칠간 집중적인 문제분석, 수차례 토의를 거쳐 대안에 대한 의사결정

4 숙의민주주의적 정책담론을 통한 정책설계론: 공론조사 방식에 의한 정책설계론

공론조사(deliberative poll)는 숙의민주주의적 공론장 이론에 기존의 여론조사 방법을 가미하여 결합시킨 제도다. 공론장에서 소통·숙의적 정책담론을 진행하고 그 전후에 여론조사를 실시하여 변화추이를 분석하면서 정책설계를 한다.

---

18) 참고: 주성수(2007). 직접, 대의, 심의 민주주의 제도의 통합: 주민투표와 주민발안 사례를 중심으로. 심의적 직접적 대의적 의사결정 참여제도 비교. 한양대학교 제3섹터연구소. p.194.

[표 6-4] 여론조사와 공론조사의 차이점[19)]

구분	여론조사	공론조사
개념	• 순간적인 인식수준 진단	• 1차 조사 → 학습 · 토론 → 2차 조사
방법	• 전화, 우편 웹 사이트 등 매체 활용 • 수동적 참여	• 과학적 표본추출기법 • 학습과 토론 필수, 능동적 참여
결과	• 고정된 선호의 단순 취합	• 학습과 토론을 거쳐 선호변경
장점	• 많은 수의 시민을 대상으로 의견수렴	• 학습과 토론을 통한 신중한 의사결정
단점	• 비교적 단순하고 피상적인 의견수렴 • 대표성과 정확성 결여	• 비용과 시간 소요 • 복잡한 절차, 적은 표본 집단 • 집단 내 다수의견 동조현상 발생

구체적으로 신고리 5 · 6호기 원자력 발전소 건설을 재개할 것인가, 아니면 중단할 것인가를 결정했던 공론조사 과정을 살펴보자. 2017년 6월 국무회의에서 결정하여, 7월에 신고리 5 · 6호기 공론화위원회가 공식 출범하였다. 2017년 8월 28일부터 9월 9일까지 1차 설문조사를 실시하였다. 1차 조사 응답자 20,006명 중 시민참여단에 참가의향이 있는 5,981명을 대상으로 무작위추출 하여 최종적으로 9월 13일 시민참여단 500명을 선정하였다.

공론화위원회는 소통 · 숙의적 공론장을 마련하여 다양한 의견을 교환하고 설득하는 절차를 진행한다. 숙의적 정책담론 전 · 후를 비교하고 최종 결론을 도출하기 위해 1차 조사를 통해 선정된 시민참여단을 대상으로 네 차례에 걸쳐 설문조사를 하게 된다.

먼저 9월 16일 시민참여단을 대상으로 오리엔테이션에서 진행된 2차 조사에서는 시민참여단의 의견과 지식수준을 파악하였다. 이후 숙의자료집을 통한 정책학습, 이러닝(e-learning) 등의 숙의과정을 약 1개월 정도 진행한 후, 10월 13일부터 2박 3일 동안 종합토론회 방식의 정책담론을 가졌다. 본격적인 공론조사를 위해서 종합토론회에 앞서 3차 설문조사를 실시했고, 전문가 발표와 질의응답, 분임토의 등 정책담론 이후에 4차 및 최종 설문조사를 진행했다. 최종조사에서는 판단유보 없이 건설재개 또는 건설중단 중에서 양자택일하여 응답하도록 하였다. 그 결과 건설재개가 59.5%, 건설중단이 40.5%로 나타났다. 네 번에 걸친 설문조사 결과는 다음과 같다.

19) 참고: 김선희(2006). 공론조사기법: 학습과 토론을 통해 공론 확인하기. 국토. p.295.

[표 6-5] 건설 재개 및 중단에 대한 의견 추이

구분		건설재개	건설중단	판단유보
1차(20,006명)		36.6	27.6	35.8
시민참여단	3차	44.7	30.7	24.6
	4차	57.2	39.4	3.3
	최종	59.5	40.5	

앞의 설문조사 결과에 근거하여 일시 중단중인 신고리 5·6호기의 건설을 재개할 것을 권고하게 된다. 이에 따라 정부는 건설을 계속하는 정책을 설계하게 된다.

제8절 아스팔트 공론장에서 보여준 집단적 소통행위와 정부의 정책설계 변동 사례

1 아스팔트 공론장이 열리게 된 배경

2008년 4월 18일, 미국산 소고기 수입을 위한 '소고기 수입 위생조건' 개정안에 대한 협상이 타결되었다는 소식이 전해졌다. 언론들은 미국산 소고기 수입에 따른 한우농가의 피해를 중심으로 협상의 문제점을 다룬 기사들을 내보내기 시작했다. 4월 29일 MBC의 PD수첩도 긴급취재 방식으로 '미국산 소고기 과연 광우병에서 안전한가?'를 내보냈다. 5월 2일에는 성난 시민들이 청계광장에 모여 이명박 탄핵을 위한 촛불 문화제를 열었다. 그 후에 참여시민이 급속히 늘어나는 예상 밖의 사태를 맞는다. 언론의 관심이 집중되면서 파장은 전국으로 빠르게 확산된다. 이렇게 해서 광우병 위험으로 점화된 촛불은 100일이 넘게 타올랐다.

돌이켜보면, 우파진영의 압도적 우세가 드러난 2008년 초엽 한국정치 지형의 재편과정에서 좌파의 패배감과 무력감은 심각했다. 그러나 저변에 흐르는 민심 분포는 우파 30%, 중도 40%, 좌파 30%의 균형추에 본질적 변화가 생긴 것은 아니었다. 이러한 민심의 향배와 한국 민주주의에 내장된 역동성을 함께 고려하면 우파보수의 헤게

모니는 애당초 결코 안정적이라고 할 수 없었다. 이념만능을 넘어서야 한다면서 현실적 실용주의를 앞세웠던 이명박정부가 빠른 시일 내에 가시적 결과를 내놓지 못할 때 균열의 위기에 직면하리라는 건 쉽게 짐작할 수 있는 상황이었다.

2 집단적 소통행위로서 촛불시위

손쉬운 대선 승리로 오만에 차 있었던 이명박정부는 민심의 지지가 조건부라는 사실을 망각했다. 정권인수위 시기부터 미국산 소고기 협상에 이르는 동안 계속된 헛발질은 국민들의 기대를 저버리기에 충분했다. 계속되는 인사실패와 정책오류가 누적되는 가운데 있으면서 국민의 목소리에 귀를 닫아버리는 행태는 2008년 촛불에 불을 당기기에 충분했다. 이명박정부가 미국산 소고기 수입 협상과정에서 드러낸 졸속과 무신경, 그리고 리더십과 철학의 부재는 디지털 민주주의 시대를 살아가는 국민을 경악시킬 만한 것이었다. 시대에 뒤떨어진 정치적 이해력과 상상력은 민주화 과정에서 축적된 우리 사회 특유의 실천의 공간을 제대로 이해할리 만무했다. 정권지지도의 극적인 추락에 이은 민심의 대폭발은 그런 의미에서 거의 필연적인 결과였다. 소통두절 상태에서 국민들은 공론장으로서 아스팔트 촛불시위 방식을 선택했다.

3 정책설계 변동

결국 2008년 6월 18일 이명박대통령은 국민 앞에 무릎을 꿇게 되었고 대국민 사과 성명을 내게 된다. 그 내용은 다음과 같다.

> "존경하는 국민 여러분, 지난 6월 10일 광화문 일대가 촛불로 밝혀졌던 그 밤에 저는 청와대 뒷산에 올라가 끝없이 이어진 촛불을 바라보았습니다. (중략)
>
> 식탁 안전에 대한 국민의 요구를 꼼꼼히 헤아리지 못했습니다. 자신보다도 자녀의 건강을 더 걱정하는 어머니의 마음을 세심히 살피지 못했습니다. 아무리 시급히 해결해야 할 국가적 현안이라 하더라도, 국민들이 결과를 어떻게 받아들일지, 또 국민들이 무엇을 바라는지, 잘 챙겨봤어야 했습니다. 저와 정부는 이 점에 대해 뼈저린 반성을 하고 있습니다.

저는 미국 부시 대통령에게 우리의 요구사항을 구체적으로 분명히 밝혔습니다. 이를 계기로 지금 이 시각에도 양국 대표들이 모여 협상을 하고 있습니다. 국민들이 원하지 않는 한 30개월령 이상의 미국산 소고기가 우리 식탁에 오르는 일이 결코 없도록 할 것입니다. 미국 정부의 확고한 보장을 받아내겠습니다. 미국도 동맹국인 한국인의 뜻을 존중할 것으로 기대하고 있습니다. 정부는 이번 일을 계기로 모든 식품의 안전성을 담보하기 위해 철저한 조치를 취하도록 하겠습니다."

CHAPTER

07

딜레마 상황에서 정책설계 모형

제1절 딜레마 이론은 우리의 토종이론이다

딜레마 이론은 1991년 이종범교수가 중심이 되어 '정책분석에 있어서 딜레마 개념의 유용성'이라는 논문을 통해 행정학계에 처음 소개됐다. 이 이론은 합리성 모형, 만족모형, 점증모형 등 당시의 지배적인 정책결정이론으로는 설명되지 않은 정책현상이었던 '쉽게 결정할 수 없는 선택의 상황'[1]에서의 선택을 설명하기 위해 개발되었다. 토종이론으로서 의미가 크다.

정책을 설계할 때 양자택일을 해야 하는 상황에서 한 가지 대안만을 선택하기가 어려운 딜레마 상황에 직면할 경우가 종종 있다. 이런 상황에서 정책설계가 어떻게 이루어지는가에 대한 이론으로 개발된 것이 바로 딜레마 이론이라 할 수 있다.

딜레마 이론은 크게 딜레마의 구성조건과 딜레마 상황에 대한 대응방안 등 두 가지로 나누어진다. 서로 양립할 수 없는 두 대안 중에서 하나를 선택해야 하는 상황에 놓이게 됐을 때 한 대안을 선택할 경우 다른 대안을 포기하는 대가인 기회비용이 너무 크기 때문에 이러지도 저러지도 못하는 상황이 딜레마 상황이다.

선택이 어려운 상황에서 정책결정자는 대부분 소극적으로 대응한다. 지연 대응, 형식적 대응, 상징적 대응이 그것이다. 경우에 따라서 적극적으로 이해집단 상호 간에 협상과 타협을 시도한다. 그러나 대부분 협상이 성사되기 어렵다. 그래서 양자택일이 아닌 제3의 대안을 마련하여 대응하는 것이 최선이라고 할 수 있다.

제2절 딜레마 상황이란 무엇인가?

이종범은 처음 딜레마를 '비교 불가능한 가치나 대안이 선택 상황에 나타날 때,

1) 이종범교수의 논문에서는 선택 '곤란한' 상황으로 정의하고 있으나 필자는 이를 '쉽게 결정할 수 없는' 상황으로 재정의하였다. 그 이유는 제2절에서 설명한다.

한 가지의 선택으로 인해 다른 가치가 가져올 기회손실이 크기 때문에 선택이 곤란한 상황'이라고 정의한다. 딜레마의 조건으로 ① 주어진 맥락에서의 선택을 전제로 하여 ② 상충된 가치가 선택 상황 속에 동시에 나타나고, 그것이 대안으로 표상될 수 있으며 ③ 대안들 간의 비교가 불가능하지만 그 중요성이 비슷하기 때문에 ④ 대안의 선택이 '곤란한' 점을 제시하였다.

소영진(1999)은 딜레마의 논리적 구성요건을 좀 더 분명히 하여 ① 대안 간 분절성(절충적 선택 불가능), ② 상충성(동시 선택 불가능), ③ 결과가치의 균등성(비교 선택 불가능), ④ 선택 불가피성(선택 회피 불가능)을 제시한다.

이에 따라 윤견수(2006)는 딜레마를 두 개의 대안이 존재할 때, 두 개의 대안을 동시에 선택할 수 없으며, 그 중 한 개의 대안을 선택하기도 '곤란하지만' 제한된 시간 내에 선택을 하지도 않을 수 없는 상황이라고 정의하고 있다.

이 책에서는 딜레마 상황을 두 개의 대안에 내포된 가치가 분절성(discreteness)을 띠기 때문에 절충할 수 없고, 대안 자체가 상충성(trade off)을 갖기 때문에 두 대안 끼리 맞교환하기 어려우며, 한 대안을 선택하면 다른 대안을 포기해야 하고, 한 대안을 선택한다고 해도 포기한 대안의 기회손실이 너무 크기 때문에 '쉽게 결정할 수 없는' 양자택일의 선택 상황이라고 정의하고자 한다. 딜레마 상황을 '선택이 곤란한 상황'이라고 정의하면 딜레마의 결과가 파국으로 갈 수밖에 없게 되고, 이는 정책이론으로서 함의를 잃게 된다는 점을 감안한 개념 정의이다.

이에 따라서 딜레마의 논리적 구성요건을 ① 두 가치의 분절성(단절성): 절충적 선택이 불가능한 경우, ② 두 대안의 상충성: 동시에 선택이 불가능한 경우, ③ 두 대안의 결과가치(또는 기회손실)가 크고 대등한 경우, ④ 쉽게 결정하기 어려운 양자택일 선택상황으로 한다. 이 네 가지 요건이 충족되면 딜레마 상황에 처했다고 판단하게 된다.

대안 간에 상충성이 있더라도 결과가치(기회손실)에서 차이가 나거나 가치적 분절성까지는 이르지 않는 경우를 준(準)딜레마(quasi-dilemma) 상황이라고 한다.

제 3 절 딜레마 이론의 정책학적 의의

딜레마 이론은 정책결정 자체를 어렵게 하는 상황적 조건 또는 맥락에 주목하고, 새로운 접근방법을 모색하려고 한 데에 그 의의가 있다. 이 이론은 사람이 선택을 하는 상황을 다루는 정책이론으로서 몇 가지 특징과 시사점을 보이고 있다.

먼저, 기존의 정책결정이론들은 완전한 합리성 하에서 최적의 대안을 선택하든, 아니면 제한된 합리성 하에서 만족할 만한 대안을 선택하든 간에 선택자체가 가능하고 자유로웠다.

그러나 정책결정자의 선택이 항상 자유로운 것은 아니다. 종종 선택 그 자체가 어려운 상황이 발생한다. 이런 상황에서 어떻게 정책결정이 이루어지는지를 설명하는 이론이 드물었다. 이러한 한계를 극복하기 위해 개발된 딜레마 이론은 선택이 쉽지 않은 상황에서의 정책결정(정책설계)을 설명하려고 한다. 따라서 어떤 정책상황이 발생하였을 때 상징적 대응, 형식적 대처, 결정 미루기, 한정적 대응, 무마용 자원확대, 시·공간의 분리 대처, 리프레이밍(reframing), 메타프레임(meta-frame) 형성 등으로 대응하는 이유를 설명할 수 있게 된다.

두 번째, 정책학은 선택을 다루는 학문이었지만 그동안 정책이론은 진정으로 선택을 하는 정책결정자인 사람은 존재하지 않는 것으로 여기는 진기한 현상 속에 있었다. 이에 대한 반성에서 개발된 딜레마 이론은 기존의 정책이론이 간과한 정책을 결정하는 사람 자체에 대해서 관심을 갖고 이론을 전개한다. 정책결정자 등 행위자를 현실적으로 상정하여 정책설계 과정을 분석할 수 있게 되었다.

기존의 정책결정이론은 선택을 정보와 지식의 함수로 보고 정책결정자의 가치중립성을 가정하지만, 딜레마 이론에서는 선택을 하는 정책결정자를 과거 경험이나 가치에 의해 영향을 받는 주체로 가정한다. 정책결정자가 내리는 선택을 이해하는 데 있어 그 사람의 가치와 선호를 중요한 변수로 고려한다.

이처럼 딜레마 이론은 실제적인 정책상황을 고려한다. 실제로 최고 정책결정자인 대통령은 특정 가치를 선호하고 그 가치에 영향을 받는다. 우리는 주어진 조건이나 상황이 동일함에도 정책결정자가 누구냐에 따라서 각각 다르게 정책이 결정되는 경우를 자주 본다. 정책결정자가 개발론자인가, 아니면 환경론자인가에 따라 다르게 정책을 결정하게 되는 사례가 자주 있었다. 특히 원자력 발전 정책이 그랬다.

세 번째, 보다 현실적이고 설명력이 높은 정책이론을 구성하기 위해서는 어떤 변수(독립변수)들이 정책결정자의 선택(종속변수)에 영향을 미치는지를 고찰하여 이론화하여야 한다. 딜레마 이론은 기존의 이론에서는 생각지도 못했던 변수인 딜레마를 정책결정자의 선택에 영향을 미치는 새로운 독립변수로 상정하고 있다. 정책결정자가 내리는 선택을 제한하는 독립변수로서 딜레마 상황을 다루고 있다. 딜레마 상황이 정책설계자의 선택에 영향을 미칠 수 있음을 보여주고, 이를 이론화하고 있다.

제 4 절 맥락지향적 인식 · 해석론과 딜레마 상황 간의 관계

1 정책설계에 있어 시간적 · 공간적 맥락성을 고려해야 하는 이유

지구에 사는 인간들은 모두 태양계의 중력에 의해 제약을 받고 있다. 중력이 우리에게 작용하듯이 우리가 어떤 것을 선호하거나 선택하는 데 영향을 미치는 그 무엇이 있다면 그것은 제도(institution)일 것이다. 이론이 정교해지는 것은 모든 학자가 바라는 바이겠지만, 그 이론이 주는 설명력과 적합성은 오히려 줄어들 수도 있다. 시간 · 공간적 맥락성으로서 제도를 넘어서서 보편성을 추구하는 논의나 연구가 그렇다. 정책문제를 둘러싼 맥락들을 파악하여 정책현상의 구체성과 특수성을 찾아내는 노력이 무시되어선 안 된다.

세상을 살아가면서 맥락(context)을 고려하지 않는다면, 사람들은 자연인과 같이 개별적으로 거침이 없는 삶을 영위하게 될 것이다. 사회현상을 자세히 들여다보면, 우리 개개인은 맥락으로 작용하는 구조(structure)나 문화(culture)의 틀 속에서 생각하고 대안을 선택한다. 우리는 국가 공동체의 영향을 받고 있으며 그 속에서 개개인의 역할을 수행하고 있다.

정책설계는 원초적인 자연 상태가 아닌, 역사적으로 전개되어온 정치적 또는 경제적 국면의 특정 시점에서 이루어지고 있다. 시간적 맥락성[2]의 영향을 받는다.

국가가 현재 어떠한 국면(conjuncture)에 놓여 있느냐에 따라서 정책설계는 다르게 진행된다. 공간적 맥락성[3]의 영향을 받기 때문이다. 국가에 따라 개인의 자유를 강조하는 정책이 설계되기도 하고, 국가의 사회적 책임을 강조하는 정책을 설계하기도 한다.

예를 들면, 1990년대에 설계된 미국의 가족보조제도(aids to families with dependent children: AFDC)는 혼자 아이를 키우는 엄마들에게 수당을 지급하면서 직업훈련에 참여하거나 일정한 노동을 하도록 조건을 부여했다. 그러나 자유주의 성향의 미국시민들은 AFDC의 직업훈련 또는 일정한 노동 규제에 대해 강하게 반발했다.

2000년에 설계된 한국의 국민기초생활보장제도에서는 근로능력의 여부를 떠나 일정한 소득액에 미달하면 생활지원비를 지급하는 제도다. 여기에 직업훈련 또는 노동 조건이 부여되고 있는 점은 미국과 비슷하다. 이에 대해서 한국의 사회단체들은 국가의 생활지원비 지급을 긍정적으로 평가했다. 사뭇 미국과 다른 반응을 보였다.

유사한 상황에 놓여 있는 데 어떤 행위자는 그 상황을 딜레마로 보는데, 다른 행위자는 왜 딜레마로 보지 않는가? 똑같은 딜레마 상황에 처해 있는 행위자들이 왜 각각 다르게 반응하는가? 그 해답은 행위자들이 시간 · 공간적 맥락성에 의해서 영향을 받으면서, 이에 따라 생각하고 판단하는 데 있을 것이다.

2 맥락지향적 인식과 해석에 의한 딜레마 상황 확대 재생산

정책을 설계하는 단계에서 관련 이해당사자들의 필요와 요구를 정확히 파악한 증거자료가 있으면 딜레마 상황에 빠지지 않을 수도 있다. 그러나 현실에 있어서 완전한 정보를 갖추는 것은 매우 이례적이고 불가능에 가깝다.

우리는 사회현상을 관찰과 실험을 통해서 인식하든, 아니면 이해 · 해석을 통해서 인식하든 어떤 문제를 풀려고 할 때 그것을 둘러싼 시 · 공간적 맥락의 영향을 받으

2) 역사적 신제도주의의 핵심인 '역사'와 '맥락'을 말한다. 시간적 맥락에 대한 이해 없이 사회현상을 설명하는 것은 불가능하며, 이러한 맥락성을 형성하는 것이 다름 아닌 역사적 관습이다.

3) 사회학적 신제도주의는 우리가 상호간에 자기 행위에 대한 해석기준을 공유해야 한다고 주장한다. 의미해석 틀을 공유해야 한다는 것이다. 그것이 다름 아닌 문화다.

면서 그 해답을 찾게 된다. 일반적으로 역사적인 관습, 개인의 경험 또는 트라우마, 유행하는 문화흐름이 그 맥락성으로 작용한다.

우리는 현상을 어떠한 선입견도 없이 사실을 있는 그대로 관찰하기도 하고(소박한 실증주의), 앞에 놓인 현상을 자신의 주관적인 프레임, 즉 세계를 보는 준거틀을 통해서 인식하기도 하고(현상학적 입장), 어떤 객관적인 사안이 생길 경우 그것으로부터 사회문제를 추론하고 해석하여 어떤 주장을 형성해 나가기도(해석학적 입장) 한다. 이 입장들을 접근방법으로서 정리해 볼 수 있다.

먼저, 현상을 보이는 대로 보고 관찰하는 실증주의적 입장이다. 객관적 현실을 있는 그대로 기술하거나 분석하면 된다고 보는 시각이다. 정책문제를 바람직한 상태와 현재의 상태 간에 차이로서 단순하게 개념 짓는다.

둘째, 현상학적 접근방법이다. 사람은 자기 나름의 가치를 추구하는 경향이 있다. 현상을 자기가 아는 수준에서 보고 싶은 대로 보고 이해한다. 따라서 사회문제를 사회 구성원들의 소통적 담론에 의해 축조된 것으로 본다.

셋째, 형성(구성)주의적 접근이 있다. 정책문제의 제기를 다름 아닌 구성원들이 사회적 주장을 형성해 나가는 해석활동으로 본다. 사회문제라는 것이 객관적으로 존재하는 것이 아니다. 어떤 식으로 추정되고 있는 사실에 대해서 개인 또는 집단이 자기들의 주장이나 불만을 반영하여 사회문제로 증폭시켜 나간다.

이렇듯 현상학적 또는 형성주의적 접근방법에 의해서 어떤 상황이 갈등상황으로 인식되고 더 진전하여 딜레마 상황이 되는 경우가 생긴다. 상황적 딜레마가 구조적 딜레마로 악화되어 결정이 쉽지 않은 정책설계 마비상태에 이르게 되는 경우도 있다.

우리는 초기의 단순한 상황적 딜레마가 현상학적 인식과 형성주의적 해석에 의해서 중간 맥락의 딜레마적 상황으로 진전되고, 이것이 상위 맥락의 가치적 이슈의 딜레마로 부각되는 경향에 유의해야 한다. 초기 단순 맥락성 → 중간 맥락성 → 상위 맥락성으로 진전되기 쉽다. 우리가 생각하는 것보다 맥락성이 확대 재생산되는 사례가 많다.

예를 들어보자. 우리는 주변의 강이나 바다에 단순한 수질오염 사건이 발생하면 그것을 단순한 오염으로 보기 보다는 환경문제로 확대 해석하고, 더 나아가 사람의 생명문제인 생존권 문제로 확대 재생산되는 경우를 수없이 보아 왔다.

맥락성이 확대 재생산되지 않는 경우는 심각한 딜레마 상황까지 이르지 않고 비교적 쉽게 해결된다. 그 사례로서 타다택시 문제를 해결하기 위한 대책으로 혁신산업 육성과 기존규제 확대적용 사이의 준(準)딜레마(quasi-dilemma) 상황을 살펴보자.

보통 혁신을 통한 신기술은 기존의 산업영역과는 다른 새로운 산업(industry)의 출현으로 이어진다. 신산업은 기존의 사업자는 물론 소비자에게 큰 영향을 미친다.

구체적으로 보면, 정보기술 플랫폼산업의 발달과정에서 나타난 e모빌리티 플랫폼을 이용한 새로운 운송 서비스사업, 즉 TNC(transportation network company)는 택시운수업과 충돌하게 된다. 한편, 산업의 규제와 혁신을 담당하는 정부에게 정책적 대응책을 요구하게 된다.

결국 타다택시 문제를 전통적인 운수업 체계 안에 포함시켜서 규제를 할 것인가? 아니면 ICT 기술기반 서비스를 제공하는 새로운 형태의 신산업으로 인정할 것인가? 하는 딜레마 상황에 놓이게 된다.

이에 대해서 택시업계는 TNC를 기존의 여객 유상 운송사업 영역에 포함시켜 택시와 함께 「여객자동차법」에서 다루어야 한다고 주장한다. 운송 분야 서비스 관리 차원에서 「여객자동차법」에 포함시켜 규제를 해야 한다는 입장을 강하게 표명한다.

이에 반해서 타다택시 등 모빌리티 플랫폼(mobility platform) 사업자는 TNC를 정보사회 서비스 또는 IT 서비스 같은 신산업에 포함시켜 TNC관련법을 새로 제정해야 한다고 주장한다. 새로운 정보사회 서비스 차원에서 TNC를 혁신사업으로 육성하기 위해 별도로 TNC법을 제정해야 한다는 입장이었다.

타다택시 관련 딜레마 상황에서 정책행위자 그룹은 두 그룹으로 형성됐다. 기존 택시사업자 지지 그룹에는 택시운수업체, 개인 또는 법인택시운전자 등이 참여 했고, 국토교통부, 경찰, 검찰, 서울시 등 다수 기관이 우호적으로 지원했다.

그 반대편에는 모빌리티 플랫폼 사업자지지 그룹으로 우버코리아, 카카오모빌리티, 쏘카 자회사 VCNC, 기타 중소카풀 업체 등이 참여했고, 이에 우호적인 기관은 공정거래위원회, 중소벤처기업부, 기획재정부, 4차산업혁명위원회 등이었다.

그렇다면 두 정책 대안 간의 갈등을 편익과 비용 측면에서 분석해 보자. 편익은 고객인 소비자층에게 간다고 하지만 그 분포가 대단히 넓어서 체감이 어렵다. 이에 비해 비용은 택시종사자에게 집중될 수밖에 없다. 이를 직감한 택시업계는 생존권 차원에서 민감한 반응을 보이면서 격렬하게 반대투쟁을 벌이게 된다.

여기에 결정적인 변수가 있었다. 2020년 4월에 있을 총선이었다. 선거를 앞두고 여 · 야 정치권은 절대 다수인 택시업계의 표를 의식하여 「여객자동차법」 개정을 통해서 규제하는 방식을 택함으로써 결국 택시업계의 손을 들어주게 된다. 「여객자동차법(제4장의2)」에 여객자동차 운송 플랫폼사업을 추가하여 사업을 기존의 택시와 같은 방식으로 규제하고, 플랫폼 운수종사자에게도 면허를 취득하도록 의무화하였다. 앞의 모빌리티 플랫폼 신산업 진행 경과를 정리하면 다음과 같다.

2013. 08: 우버 한국진출.

2014. 10: 일반인 참여 승차공유 서비스 UberX 시작.

2014. 12: 국토부는 우버의 영업행위는 여객자동차법상 유상운송, 운전자 알선행위규제에 저촉된다고 판단, 서울시는 우버서비스 신고포상금(신고당100만원) 조례제정, 서울 경찰청은 우버 관련자 등을 불구속입건, 중앙지법은 벌금부과(2017).

2015. 03: UberX 서비스종료.

2017. 11: 카카오카풀 출퇴근 시간선택제 시범서비스 시작.

2018. 07: 택시업계, 카풀반대 성명서발표, 4개 택시단체 카풀 비상대책위 구성.

2018. 10: 쏘카산하 VCNC, 렌터카기반 승합차 호출서비스 타다택시 출시

2018. 11: 민주당정책위 택시-카풀 TF 구성.

2018. 12: 카카오카풀 서비스개시. 택시업계 대규모 데모, 택시 운전기사 분신 자살.

2019. 01: 카카오카풀 서비스 잠정 중단 발표. 택시와 플랫폼의 상생발전을 위한 사회적 대타협기구 출범

2019. 03: 대타협기구, 출퇴근 시간 카풀 허용 등 합의.

2019. 07: 국토부, 혁신성장과 상생발전을 위한 택시제도 개편방안 발표.

2019. 10: 타다택시의 서비스 확장 발표와 택시업계 반발. 민주당, 여객자동차법 개정안 발의(기존택시보호). 검찰, 쏘카 대표 불구속 기소.

2020. 03: 여객자동차법 개정안 국회 의결.

맥락성을 기준으로 상황이 점점 확대 재생산되어 딜레마 상황에 이르게 되었는지

여부를 살펴보자. 타다택시에서 시작된 혁신산업 육성정책안과 기존택시 차원의 규제 정책안이 상충적으로 대립한 준딜레마 상황에서 눈여겨 볼 점이 하나 있다.

기존 택시업계의 경우 심한 반발과 이에 대한 공감대가 형성되면서 상위 맥락성으로 진전되어 확대 재생산됐다. 사실 택시업계의 생존권 문제가 상위맥락으로 부각되어 공감대를 형성하는 데는 한 택시기사의 분신자살이 한 몫 했다.

이에 반해, 모빌리티 플랫폼(Mobility Platform) 사업자들은 자기들의 사업이 단순한 사업에서 혁신적 산업 차원으로 이어가는 상위 맥락으로의 확대 재생산에 실패했다. 결국 혁신 산업육성이라는 상위맥락으로 공감대를 형성하지 못했고, 여론의 지지를 받는 데에도 실패하고 말았다.

제 5 절 딜레마 상황을 미연에 예방하는 방안들

일반적으로 딜레마 상황에 봉착하게 되면 이해관계자들이 정책에 반대하는 불응 움직임을 보인다. 대안을 선택하기가 더욱 어려워지게 된다. 그래서 딜레마 상황의 발생을 예상하고 이를 예방하는 것이 매우 중요하다. 딜레마를 발생시키는 사회적 조건인 가치 간의 갈등과 양자택일 조건 등을 개선하여 딜레마 상황의 발생을 사전에 예방하는 선제적 조치를 취해야 한다.

먼저, 가치차원의 분절성이 생기지 않도록 하는 정책설계를 하는 것이 중요하다. 특정 사안에 있어 이익과 비용의 부담주체 간의 갈등이 야기되면 정부는 즉각적으로 피해집단에 대한 구체적인 손실 보상대책을 제시하여 불만을 잠재우도록 해야 한다.

정책대안이 순전히 있는 그대로 받아들여지지 않고 그것에 내재된 보호가치가 이슈화되어 가치적 상징성이 부각될 경우에는 딜레마 상황으로 급진전된다. 따라서 똑같은 사안이 발생해도 그것이 가치적 이슈가 아닌 이해관계의 절충 문제임을 부각시키고, 그 문제의 쟁점을 단순화시켜 설득해 나가야 한다.

또 다른 분절화 예방법은 정책상황의 재정의, 즉 리프레이밍(reframing)이다. 기존의 프레임을 바꾸거나 조정하여 국민들의 생각이 전환되도록 해야 한다. 리프레이밍은 현상을 바라보는 시각을 다른 시각으로 전환하는 전략이다. 리프레이밍을 통해 가치의 문제로 비화되거나 전환되지 않도록 예방해야 한다.

둘째, 상충성을 미연에 방지하는 방안이다. 양자택일이 아닌 양자 모두를 선택할 수 있도록 하기 위해서는 자원이 충분해야 하지만, 자원이 부족할 경우에 딜레마 상황으로 악화될 가능성이 크다.

실제로 두 정책대안이 시간·공간적으로 동시에 충돌할 경우 딜레마 상황이 된다. 이런 상황을 바꾸기 위해 정책결정 구조를 시간·공간적으로 분리하는 디커플링(decoupling) 전략을 쓸 수 있다. 딜레마를 전가하는(dilemma toss) 방식이다. 결정주체 A의 딜레마를 어떠한 매개를 통해 제3의 결정주체 B에게 넘겨주는 방식이다. 예를 들면, Costco와 같은 기업형 대형슈퍼마켓과 소상인 집단 간의 갈등상황에서 중소기업청은 기업형 슈퍼마켓(SSM) 규제 권한을 시·도지사에게 넘겨주는 사업조정 제도를 통해서 딜레마를 전가하는 방식으로 딜레마 상황을 극복했다.

제 6 절 딜레마 상황에서 정책을 설계하는 모형들

우리가 정책을 설계해야 할 시점에 딜레마 상황이 발생할 경우에는 어떻게 대응할 것인가? 이에 앞서 딜레마 상황의 구성요건을 좀 더 자세히 살펴보자.

먼저, 두 가지 정책대안 중 양자택일을 해야 하는 상황에서 가치적 분절성(discreteness)이 없다면 두 개의 대안은 절충에 의해서 통합될 수 있다. 그러나 각 대안에 대한 가감이 불가능하여 절충안을 찾을 수 없는 경우에 분절성 문제가 생긴다.

예를 들면, '물에 빠진 쌍둥이 중 누구를 구할 것인가?' 문제에서 양자택일 상황 자체가 두 대안 간에 절충이 불가능하다. 이처럼 정책문제에서의 분절성은 대안의 본질적 성격에서 오는 경우는 물론, 다양한 상황적 조건들 속에서 분절화 될 수도 있다.

둘째, 두 가지 정책대안 중에서 하나의 대안을 선택하면 다른 대안은 포기해야 하는 경우다. 이것이 상충성(trade off)이다. 동시에 두 가지 선택이 불가능하고, 두 대안을 맞교환하기도 어려운 경우를 말한다. 공업단지 등 특정 시설의 입지허가를 둘러싸고 제기되는 문제로서 개발이냐? 환경보호냐? 처럼 본질자체가 상충되는 경우에는 순수한 딜레마(pure dilemma) 상황에 놓이게 된다.

경제발전 프레임과 환경보존 프레임은 항상 존재하지만 그 자체로 딜레마가 되는 것은 아니다. 선거 등 특정 상황에서 대립하는 정당들의 공약 형태로 이슈화하면, 즉 선택의 불가피성이 발생하면 딜레마 상황이 초래된다. 특정 정치적 국면에 있어 양자택일을 강요하는 경우에는 조장된 딜레마(constructed dilemma) 상황이 발생한다. 예를 들면, 전국 지자체장 선거에 즈음하여 영남권 신공항의 입지를 밀양으로 할 것인가, 혹은 부산 가덕도로 할 것인가를 놓고 대구 · 경북권과 부산 · 경남권이 대립하고 있는 경우가 이에 해당된다.

셋째, 두 개의 정책대안이 가져올 결과가치의 크기는 대등하고 매우 커야 한다. 달리 말하면, 다른 대안을 포기할 경우에 초래될 기회손실의 크기가 똑 같이 커야 한다.

만약, 대안들이 가져올 결과가치에 차이가 있다면, 결과가치가 낮은 대안을 포기하고 높은 대안을 선택하면 되고, 결과가치들이 균등하더라도 두 대안의 결과가치가 생각보다 크지 않으면 선택이 비교적 자유로워질 것이다.

넷째, 두 정책대안 중에서 하나만을 선택하기가 쉽지 않고 어렵지만, 이런 상황 속에서도 제한된 시간 내에 양자 간에 선택을 해야 하는 상황이 바로 딜레마 상황이다. 두 대안이 비록 분절적이고 상충적인 성격을 갖더라도 선택이 강요되지 않으면 딜레마는 발생하지 않는다.

이와 같은 딜레마 상황의 구성요건이 현실화되어 이해집단 간의 갈등이 표출되는 상황이 도래하면, 어떻게 대응할 것인가 살펴보자. 대개 세 가지 방법이 있을 것이다.

먼저, 정책결정자는 선택을 미루고 상징적 대응 등 임시적 조치를 취하는 방법, 둘째, 상충하고 있는 두 대안을 포용하는 제3의 대안을 마련하여 설계하는 방법, 셋째, 정면대응 돌파방식으로 과감하게 대안 중 하나를 선택하여 밀어붙이는 방법 등이다.

실제에 있어서 딜레마 상황의 초기에 정책결정자는 소극적으로 대응하여 시간을 벌게 되는 경우가 많다. 대개 정책결정자들은 아무런 행동도 취하지 않는 무결정(do nothing) 상황을 유지한다. 정확한 실태파악이 안 되어 있기 때문에 정책결정을 내리지 않고 관망하는 경우가 이에 해당된다.

정책결정을 계속 지연시키기 어려워 딜레마 상황에 적극적으로 대응하기로 결정한 경우에도 임시조치를 취하는 경우가 많다. 대체로 상징적 대응을 한다. 이해당사자와 전문가, 정부 대표가 참여하는 위원회를 구성하여 내용적 합리성보다는 절차적 합리성에 의존하여 실마리를 찾으려고 한다. 다음으로, 형식적 대응이다. 어떤 대안을 선택한 것처럼 보이지만, 실제 그 내용을 보면 실효성이 없기 때문에 대안으로 선정된 것으로 보기 어려운 경우다. 이러한 대응은 집단의 저항정도를 낮추고 새로운 제도를 도입하는 데 기여할 수도 있다. 공익의 관점에서 환경규제의 필요성은 크지만 이익집단의 반발이 심해서 딜레마에 빠진 경우에 형식적으로 대응하여 향후 규제도입에 유리한 상황을 만들어 갈 수도 있다. 셋째, 비일관적 대응이다. 선택된 정책을 중단하거나, 규제의 완화 또는 강화를 반복하거나, 사안별로 서로 다른 결정을 내리는 경우이다.

앞에서와 같이 갈팡질팡하지 않고 곧 바로 최고 정책결정자가 중심을 잡고 결단을 내리는 경우도 있다. 카리스마 리더십을 갖고 정면 돌파하는 방식이다. 아무리 딜레마 상황에 놓일지라도 미래를 위한 결단, 정의와 공정 등 중요한 가치를 천명해야 할 상황에서는 그에 합당한 정책을 선택하여 밀어붙여야 한다. 정책결정자는 결단력, 기백, 용기 등 담대한 리더십을 갖춰야 한다.

딜레마 이론의 전문가인 윤견수는 앞의 내용들을 모형으로 표현하여 프레임에 의한 딜레마 모형을 제시하고 있다.[4] 이 모형에 딜레마 상황이론이 주장하는 기회손실L과 무시, 지연, 선택 등 세 가지 대응방안을 추가하면 다음과 같은 '프레임에 의한 딜

[그림 7–1] 프레임에 의한 딜레마 상황의 거시적 진단 및 대응모형

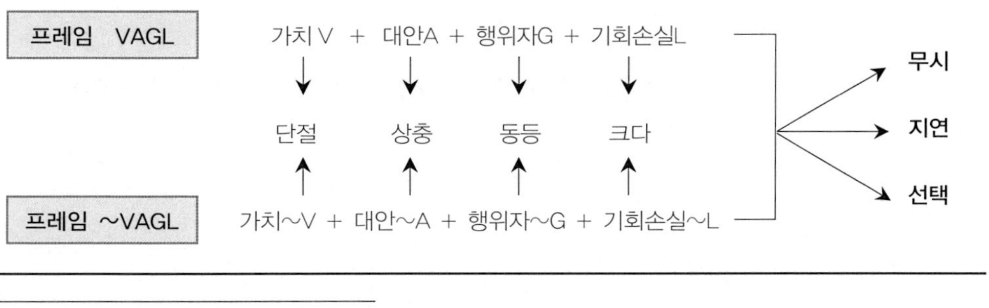

4) 참고: 윤견수, 김다은(2021). 혁신과 규제사이의 딜레마: 타다 사례를 중심으로(김태은 외) 딜레마 이론과 정책. p.261. 대영문화사.

레마 상황의 거시적 진단 및 대응모형'이 된다.

정책설계자가 당면한 정책상황을 딜레마 상황으로 진단하였다면 어떻게 대응하는 것이 가장 적절하겠는가? 여기서 필자는 보다 적실성 있는 딜레마 상황의 정책설계 모형을 제시하고자 한다. 이른바 '딜레마 상황의 거시적 진단과 제3의 대안정책설계 모형'이 그것이다. 그 내용은 다음과 같다.

딜레마 상황에 직면하여 두 가지 정책대안 중에서 양자택일이 쉽지 않을 경우에 두 가지 정책안을 아우를 수 있는 상위수준의 포용적 제3의 대안을 모색하는 것이 최적의 대응방안이다. 그 모범사례는 쿠바 미사일 위기 상황에서 Kennedy 대통령이 내린 제3의 대안인 쿠바 해상 봉쇄정책이다. Kennedy는 외교적 해결방안과 군사적 침공방안 중에서 어느 정책도 선택하기 어려운 상황임을 직시하고 대안적 제3안을 설계하여 대응정책으로 발표했다. 이처럼 제3의 대안을 마련하여 이해집단들 간에 극단적인 갈등을 최소화하면서 해결해나가는 지혜가 필요하다. 이 모형을 그림으로 나타내면 다음과 같다.

[그림 7-2] 딜레마 상황의 거시적 진단과 제3의 대안정책설계 모형

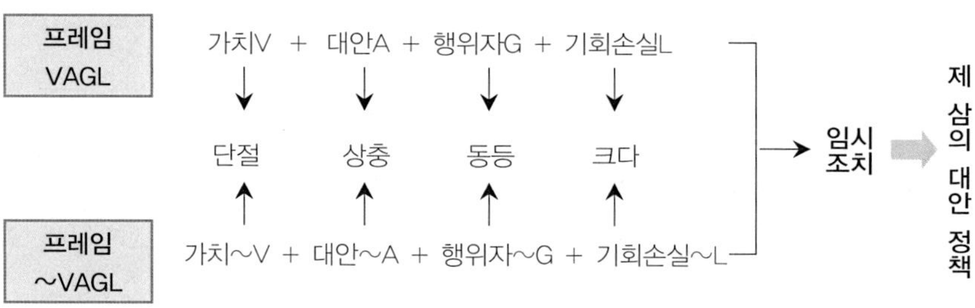

딜레마 상황에 처하게 되면 먼저 임시조치를 취하고, 선택하기가 쉽지 않은 두 가지 정책대안을 아우르는 상위 맥락에서 제3의 대안정책을 설계하여 대응해나가야 한다는 모형이다.

제 7 절 딜레마 상황에서 제3의 대안정책설계 사례

1 쿠바 미사일 위기 상황에서 제3의 대안적 군사정책설계 사례

1) 쿠바 미사일 위기 상황의 전개과정

딜레마 이론을 통해 쿠바 미사일 위기 상황에서 어떻게 정책설계가 이루어졌는가를 살펴보자.

1961년 Kennedy 행정부는 이탈리아와 터키에 주피터 탄도 미사일을 배치하고 모스크바를 겨냥한다. 그 이듬해 소련 국방장관 Malinovsky는 터키에 배치된 미국의 중거리 미사일은 발사로부터 10분 이내에 모스크바를 강타할 수 있다고 Khrushchev에게 보고한다.

1962년 5월 Khrushchev는 두 나라 사이에 세력균형을 유지하는 가장 효과적인 방편으로 미국에 근접해 있는 쿠바에 은밀하게 중거리 탄도 미사일을 배치하기로 결정한다. 미국이 모르게 비밀리에 핵무기를 탑재한 미사일을 쿠바로 보내서 미국 앞마당인 쿠바에 설치하자는 결정을 내리게 된다. 이 결정으로 역사상 가장 위험한 핵전쟁의 벼랑 끝으로 몰고 가는 위기상황이 초래된다.

Khrushchev는 그동안 미국이 쿠바 Castro 정권을 전복시킬 것에 대해 염려해 왔다. 이는 쿠바의 스폰서 역할을 하는 소련에게 치욕적인 일로서, 쿠바에 핵 탑재 미사일 설치는 이를 막을 수 있을 것으로 생각했다. 소련 군부는 즉각 Khrushchev의 결정을 열정적으로 수행하게 된다. 미국에 기운 군사적 균형을 좁히는 카드가 될 것으로 생각했던 것이다. 물론 Fidel Castro 쿠바 혁명정부도 이에 동의했다.

소련 정부 내에서 미국이 미사일 이동 상황을 포착했을 때 벌어질 상황에 대해 관심을 갖고 Khrushchev에게 이의를 제기한 사람은 한 명도 없었다. 플랜B가 없었다. 소련 군부는 42기의 핵탄두를 장착한 중거리 미사일을 미국과 영국의 정보당국의 눈을 속이고 대서양을 건너 쿠바로 보내기로 결정했다.

그러나 1962년 10월 14일 미국 U-2 정찰기에 의해 쿠바 미사일 건설 현장이 포착되어 덜미를 잡히게 된다. Khrushchev의 도박은 Kennedy 행정부를 발칵 뒤집어 놓는다.

이렇게 시작된 쿠바 미사일 위기는 미・소간의 핵전쟁의 문턱까지 가게 된다. 쿠바는 미국의 플로리다 반도의 끝에서 불과 145km 밖에 떨어져 있지 않으며, 쿠바에 반입할 42기의 소련 핵미사일은 미국의 본토를 사정거리에 두기에 충분했다. 당시의 미국은 소련에 대해 대륙 간 탄도 미사일(ICBM)의 수에서 우위에 있었지만, 쿠바에 반입된 소련의 핵미사일에 전략적 위협을 받을 수밖에 없었다. 당시의 정책상황 전개를 일자별로 살펴보자.

1962년 10월 15일부터 16일까지 미국의 상황은 쿠바에 건설중인 소련 핵미사일 기지의 발견에서 시작된다.

미국 중앙정보국(CIA)은 10월 15일 U-2 정찰기가 촬영한 항공사진을 통해서 핵미사일을 설치하고 있음을 확인했다. 10월 16일 Kennedy는 정보국으로부터 긴급하게 올라온 보고를 접한다. 소련이 쿠바에 중거리 공격용 핵미사일을 설치하고 있다는 보고였다.

10월 17일부터 20일 사이에 대책회의를 통해서 긴박한 정책설계가 진행됐다. Kennedy 대통령은 10월 17일부터 핵심참모회의를 소집하여 쿠바와 소련에 대한 대응방안을 계속 협의한다. 처음에는 소련을 상대로 핵무기로 선제 타격을 해야 한다는 주장이 힘을 얻었다. 그러나 다행히도 Kennedy 행정부는 무책임하지 않았고 그 파장과 초래할 결과 및 부작용에 대해 상세히 검토했다.

선제타격을 하더라도 소련이 배치한 미사일을 전부 없앨 수는 없다는 내용을 Kennedy에게 보고하였다. 이에 백악관은 냉정을 되찾았고, 쿠바의 해상을 봉쇄하는 방식으로 대응방안을 전환하게 된다.

10월 20일부터 21일 사이에 쿠바 해상봉쇄와 최후통첩안을 결정한다. 20일 쿠바에 대한 공중폭격과 상륙이라는 강경작전을 펴지 않는 대신, 중거리 핵미사일을 실은 소련 상선이 쿠바에 접근하지 못하도록 저지하는 해상봉쇄안을 결정한다. 한편으로는 강력한 군사적 조치를 취할 수 있음을 엄중하게 경고하기(최후통첩)로 결정한다. 소련이 핵미사일 기지의 철거・파괴에 응하지 않으면 미국은 소련과의 전면전쟁도 불사하겠다고 엄포를 놓자는 것이다. 핵전쟁만은 막아야 한다는 고뇌에 찬 결정이기도 했다.

Kennedy는 22일부터 행동을 개시한다. 공개 기자회견을 통해서 사태의 심각성을 강조하고 미국은 쿠바 해역을 봉쇄한다는 정책을 대외에 천명한다. 동시에 Khrushchev에게도 서한을 보낸다. 소련의 Khrushchev도 탈출구를 찾기 시작했다.

10월 24일에 해상봉쇄 작전이 실행에 옮겨졌고 미국의 군함과 소련의 핵잠수함이 충돌할 수 있었던 일촉즉발의 순간이 전개되기도 했다. 그러나 다행히 물리적인 충돌은 발생하지 않았다.

10월 26일에 소련은 미국이 쿠바를 침공하지 않는다는 것을 약속한다면 쿠바에서 미사일을 철거하겠다는 뜻을 미국에 전달하였고, 미국은 이 제안을 수락했다.

10월 27일에는 쿠바의 소련 미사일기지와 터키의 미국 미사일기지를 상호철수하는 방안을 협의했다. 그동안 주미 소련 대사와 Kennedy의 동생인 미국 법무장관이 막후 채널역할을 하였다. 소련은 미국으로부터 터키에 설치된 미국의 주피터 구식 미사일을 비밀리에 철수하는 협상안을 제안 받았다. 백악관은 Khrushchev가 비밀거래에 동의하도록 유도했다. Khrushchev도 이 제안을 긍정적으로 받아들이게 된다.

해상봉쇄 작전 중에도 막후협상은 계속되었고 협상이 타결되면서 위기상황은 타개국면에 접어들게 된다.

10월 28일 Khrushchev가 미국의 요구를 전적으로 받아들이기로 결정하면서 미사일 핵탄두 42기를 실은 16척의 선단을 소련으로 되돌아오도록 철수 명령을 내렸다. 이것으로 세기의 핵전쟁 위기는 13일 만에 끝을 맺게 된다.

2) 쿠바 미사일 위기 딜레마 상황에서의 군사정책설계 모형

먼저 앞 절에서 소개한 '딜레마 상황의 거시적 진단과 제3의 대안정책설계 모형'에 맞추어 쿠바 미사일 상황을 분석하면 다음과 같다.

- ▸ (V)세계평화(핵전쟁 방지) – (A)[외교적 해결] – (G)국방장관, 외교라인 – (L)핵전쟁 예방(자국 안보 훼손, 동맹국 신뢰 상실).
- ▸ (~V)미국안보(핵전쟁 불사) – (~A)[군사적 접근] – (~G)합동참모부, 해군 · 공군 – (~L)핵전쟁 발발 위험(자국 안보 유지, 동맹국 신뢰 유지).

Kennedy와 그의 측근보좌관, 법무장관은 이 상황을 딜레마 상황으로 인식하고 대응한 것으로 보인다. Kennedy는 '무슨 행동을 취하든 가급적 핵전쟁의 가능성을 낮추어야 한다고 하면서, 핵전쟁이야말로 최대 실패'라고 역설했다. 그러면서도 쿠바의 핵미사일 배치를 그대로 방치하면 미국은 '아랫배에 칼을 꽂고 사는 격이 될 것(미국안보 훼손)'이라고 걱정했다. Kennedy는 딜레마 상황이라고 인식했다. 이러지도 저러지도 못할 선택의 딜레마 상황에 놓이게 되었음을 직감했던 것이다.

딜레마 상황의 구성요소들을 '딜레마 상황의 거시적 진단과 제3의 대안정책설계 모형'에 따라 분석해 보자. 두 가지 정책대안인 외교안과 공격안이 분절성과 상충성을 갖는다. [외교적 해결]은 세계평화를 유지하고 핵전쟁을 막을 수 있으나, 미국의 안보에 치명상을 입힐 가능성이 큰 대안이다. [군사적 접근]은 미국안보에는 유리하지만 핵전쟁을 유발할 가능성이 매우 큰 대응방안이다. 뒷감당이 어려운 매우 위험한 대안이다.

두 가지 정책대안에 대해 각각 찬성했던 행위자 그룹을 살펴보자. 군사적 접근을 선호하는 그룹은 해군, 육군, 합동참모본부 등이었다. 외교라인이나 문민장관들은 외교적 접근에 무게를 두었다.

두 가지 정책대안이 초래할 결과가치(기회손실)를 살펴보자. [외교안]이 가져올 결과가치는 핵전쟁 방지에 있었으나 미국의 지위가 국제적으로 훼손되고, 서방 동맹국들의 신뢰에 손상을 가져올 가능성이 컸다. 이에 비해서 [공격안]은 가장 치명상인 핵전쟁을 일으켜 지구의 파멸을 가져올 것이지만, 동맹국의 신뢰유지 등을 확보할 수 있다. 그러나 그것은 부질없는 기대로 끝날 것이다.

앞의 딜레마 상황을 분석한 결과에 따르면, 이런 상황에서 정책을 설계하는 가장 바람직한 방법은 제3의 군사적 정책대안을 개발하여 갈등없이 이를 추진하는 것이다. Kennedy 대통령은 외교적 해결방안으로 그냥 묵인하기, 외교적으로 압박하기, 카스트로와 비밀접촉을 통한 해결 등은 시간끌기에 불과할 뿐이며, 자신과 미국에 불리하게 돌아간다는 점을 들어 이런 방안들을 폐기시켰다. 그렇다고 기습적인 공습이나 전면공격 방안도 핵전쟁 위험 때문에 택할 수 없는 상황이었다.

따라서 10월 19일부터 제3의 정책대안으로 외교안과 공격안을 아우르는 상위수준의 제3의 대안정책을 모색하게 되었다. 이 때 해상봉쇄-협상안과 해상봉쇄-최후통첩안을 두고 논의를 진행한 결과 최종적으로 '해상봉쇄-최후통첩안'을 채택한다. 바로 제3의 정책 대안이 설계된 것이다. 해상봉쇄-최후통첩안은 쿠바 해역에서 해상검역 방식의 강한 물리적 압박을 가하면서, 소련이 빠른 시일 내에 미사일을 철수하지 않을 경우 더 큰 군사적인 조치를 취할 수 있다는 협박성 최후통첩을 하게 된다.

이제 공은 소련으로 넘어가게 되었다. 결국 소련은 꼬리를 내리고 미국의 제안을 받아들여 철수를 한다.

2 영풍석포제련소 낙동강 수질오염 대응 제3의 정책설계 사례

1) 어떻게 딜레마 상황이 발생하였는가?

영풍석포제련소는 1970년 10월 경북 봉화군에 설립된 아연 생산 기업이다. 아연 생산량은 단일 공장 기준 세계 4위 규모다. 2024년 영풍의 제련 부문 매출은 1조 5400억 원으로 2,000명 정도의 근로자가 근무하고 있다.

2000년대 초반부터 환경오염, 노동자들의 직업병 문제 등이 사회문제로 대두되었다. 이에 대해서 석포제련소는 설비를 개선하여 환경오염을 막겠다는 입장을 밝혀왔다.

그러던 중 2017년에 큰 사건이 터진다. 석포제련소와 안동댐 중간 지점에서 물고기가 떼죽음을 당한다. 이에 대응하여 환경부는 낙동강 상류 환경관리 협의회를 운영하게 된다.

시민단체를 중심으로 석포제련소를 폐쇄하거나 이전해야 한다는 주장이 제기되었다. 이 경우에 봉화군, 태백시 그리고 경북에 미치는 고용 및 지역경제에 미치는 손실이 크기 때문에 그 실현이 쉽지 않았다. 그러나 석포제련소를 그대로 유지할 경우, 낙동강 본류에서 생활용수를 취수하고 있는 1,300만 명 이상의 낙동강 유역 주민들의 생명권과 건강권이 위협받기 때문에 이 대안도 받아들이기가 녹록치 않았다.

낙동강 상류의 환경오염 기업을 폐쇄하거나 이전하지도 못하고, 그렇다고 공장가동을 계속하기도 어려운 딜레마 상황이 발생한 것이다.

2) 영풍석포제련소를 둘러싼 딜레마 대응과정

석포제련소가 환경오염을 일으켜 딜레마 상황으로 전개되는 과정을 일정별로 정리하면 다음과 같다.

2017. 4: 중금속 오염 원인으로 추정되는 물고기 떼죽음 발생
2017. 9: 환경부, 민관공동조사단을 포함한 환경협의체 구성
2018. 2: 폐수처리공정 중 침전조 폐수 70여 톤 낙동강 유출사고 발생
2018. 4: 경북도청, 석포제련소에 조업중지 20일 행정처분, 석포제련소는 경북도 상대 취소소송 제기
2018. 4: 영풍제련소 피해 공동대책위, 제련소 폐쇄를 촉구하는 청와대 상경 집회
2019. 5: 환경부, 경북도에 120일 조업정지 처분 요청
2019. 8: 대구지법, 조업정지처분 취소소송에서 원고인 석포제련소의 청구를 기각.

국무총리실(행정협의조정위원회)은 환경부와 경북도의 이견을 조정하여 4개월 조업정지를 2개월로 감경할 것을 권고하였다.

2021년 5월 석포제련소는 세계 제련소 최초로 무방류 시스템인 폐수 재이용 시설을 도입하는 등 대대적인 환경 개선을 실시하겠다고 발표한다. 제3의 대안으로서 폐수 100% 재이용 시설인 ZLD(zero liquid discharge)를 도입해 현재까지 운영하고 있다.

3) 딜레마 상황의 구성요건별 쟁점 분석과 제3의 오염방지 정책방안 모색

먼저, 가치 간의 분절성으로 환경보존의 가치와 지역경제 유지의 가치가 대립하고 있다. 환경보존파들은 낙동강 상류의 수질을 보존하여 낙동강 유역 주민들의 생명과 건강을 유지해야 한다고 주장했다. 이에 대해서 지역경제 유지파들은 봉화군, 태백시 인근의 일자리 유지, 그리고 경북의 지역경제에 파급효과를 최소화해야 한다고 주장했다.

둘째, 대안의 상충성도 매우 강하다. 공장을 폐쇄해야 한다는 정책대안과 지역경제 유지를 위해 공장을 계속 가동해야 한다는 정책대안이 뚜렷이 대립하고 있는 실정이었다.

셋째, 행위자 그룹 간에 대립도 나타나고 있다. 공장의 폐쇄(이전)를 주장하는 영풍제련소유치반대추진위원회, 영풍제련소 환경오염 및 주민건강피해 공동대책위원회, 환경부 등이 있었고, 이에 대립각을 세우고 공장을 계속 유지할 것을 주장하는 경상북도, 봉화군, 석포지역현안대책위원회 등이 활동하고 있었다.

넷째, 정책대안들의 결과가치(기회손실)를 보면, 공장폐쇄(이전)의 경우에 낙동강 수질은 보존되지만, 지역경제는 상당한 타격을 받을 것이다. 계속 공장을 가동할 경우에는 지역경제는 유지되지만, 낙동강의 수질오염이 우려됐다.

끝으로, 딜레마 상황의 진행 상황을 살펴보자. 물고기 떼죽음 이후 낙동강 유역 주민들의 집단적인 반발이 나타나지 않고 소규모의 반발로 딜레마 강도가 상대적으로 약했다.

이 사안에서 특이한 점이 발견된다. 석포제련소는 잦은 환경파괴 문제를 일으키고 기업 이미지가 극도로 악화되면서 자발적으로 제3의 대안을 제시한다. 공장폐쇄와 공장유지 간의 양자택일이 아닌 제3의 대안인 무방류 폐수 처리시설을 설치할 것임을 발표하였고 현재도 운영 중에 있다.

이에 대해 일부에서는 아직도 믿지 못하고 여전히 석포제련소 발표에 의구심을 보인다. 앞으로 석포제련소는 주변 환경문제 해결에 진정성 있게 나서고 첨단기술을 활용한 제3의 대책이 실효성이 있음을 보여주어야 할 것이다.

4) 리프레이밍(reframing) 설계 전략

프레임 효과란 맥락과 평가기준 등에 따라 사람들의 저각과 선택이 변하는 현상이다. 프레임 효과는 리프레이밍에 의해서 나타나는 경우가 많다. 리프레이밍은 특정한 대상을 바라보는 하나의 시선(perspective)을 다른 시선으로 전환하는 전략이다.

석포제련소 사례의 경우는 특이하게 기업이 스스로 제3의 정책대안을 제시한다. 기업이 살아남기 위해 몸부림치면서 내놓은 제3의 대안일 것이다.

환경훼손이라는 맥락과 지역경제 유지라는 맥락 두 가지를 아우르는 상위 맥락으로 첨단 과학기술을 제시하였다. 상위맥락이면서 미래지향적 맥락이라고 할 수 있다. 무방류 폐수처리시설의 설치를 상위맥락으로 설정하고 실제로 폐수 100% 재이용 시설인 ZLD(zero liquid discharge)를 도입하겠다는 입장을 천명한다.

딜레마 상황의 특징인 갈등적 프레임을 상생적 프레임으로 전환하는 노력을 보인 셈이다. 상생적 프레임의 중심은 미래지향적인 맥락을 형성하여 제3의 대안을 제시하는 데에 있다.

관리 감독 기관인 환경부와 경북도청은 이 시설이 제대로 운영되도록 감시와 지도를 철저히 해야 한다. 좋은 정책 사례로 발전시켜야 한다. 다른 지역의 비슷한 상황에서 모델로서 활용될 수 있도록 말이다.

제 8 절 제3대안을 모색하는 혁신적 메타프레임의 창발성 발휘 사례들

여기서는 세계적인 혁신 기업가들이 내놓았던 창발적인 발상들을 소개하려고 한다. 메타프레임(meta-frame)은 한 차원 높은 아이디어 또는 한 발 앞선 구상이다. 이러한 발상의 전환을 공공부문의 정책설계에 도입하여 적용한다면 딜레마 상황을 더 쉽게 극복할 수 있을 것이다.

애플의 창업자 Steve Jobs는 스마트 폰이라는 새로운 시장을 창출했다. Jobs는 일상적이고 보편적인 사고를 좋아하지 않았다. 그는 "사람들은 자신이 무엇을 원하는지 모른다. 우리가 여론조사를 통해 아이폰을 만들려 했다면 더 큰 키패드와 더 많은 버튼을 원한다는 대답을 들었을 것이다"라고 말할 정도였다. 소비자들의 일반적 경향을 무시해서가 아니었다. 정반대로 혁신을 이끌기 위해서는 사람들의 진짜 욕구를 파악할 줄 알아야 한다는 깊은 통찰력 때문이었다.

그는 '우리의 임무는 아직 페이지에 쓰이지 않은 것을 읽어내는 것'이라고 말하며, 고객 스스로도 알지 못하는 욕구까지를 발견하려고 노력했다. 급기야 2007년 Jobs의 손에는 모바일 터치스크린과 앱 스토어가 함께 장착된 아이폰이 들려 있게 된다. 그 이후로 우리의 일상이 크게 바뀌는 대변혁이 일어난다.

Elon Musk도 마찬가지다. 그는 전통적인 자동차 산업이 소비자들의 요구사항인 더 좋은 연비나 더 큰 차에만 초점을 맞추고 있을 때, 전기차와 자율주행차라는 새로운 패러다임을 제시했다. 만약 소비자들에게 '당신이 원하는 차는 무엇이냐?'라고 물었다면, 아마 더 좋은 연비나 더 강력한 엔진이라는 답변을 들었을 것이다. 그러나 머스크는 이를 뛰어넘어 지속가능성과 첨단기술이라는 새로운 기준을 제시하고 나섰다.

이렇듯 정책설계자들은 일반 국민이 미처 표현하지 못한 필요와 욕구를 읽어낼 줄 알아야 한다. 일반적 욕구를 뛰어 넘는 메타프레임을 구상할 줄 알아야 한다. 그래야 딜레마 상황에서 제3의 정책 대안을 형성하여 어려운 상황과 난국을 슬기롭게 극복할 수 있게 된다.

CHAPTER

08

Q방법론을 활용한 미시적 정책설계론

제1절 현대사회에서 데이터가 갖는 의미

반도체가 미래 산업의 쌀이라면, 데이터는 21세기 미래 산업의 황금이고 원유라고 할 수 있다. 값어치가 큰 데이터를 중심으로 국가 간에도 견제와 대립이 일상화되고 있다. 이른바 데이터 주권론, 디지털 패권경쟁이 그것이다.

데이터와 플랫폼에 대한 이해가 없이는 현대의 정치·경제·사회 현상을 설명하기 어렵다. 데이터는 연구, 조사, 발견을 위한 일종의 기초자료에 해당된다. 이는 정보를 만들기 위한 원자재와 같은 것이다. 데이터에 의미와 가치를 부여하여 조직화하고 변화시킨 것이 정보다.

보통 데이터는 디지털 전환(digital transformation)과정을 거치게 된다. 아날로그 형태를 디지털 형태로 변환하는 전산화(digitization) 단계에 이어 산업에 정보통신기술을 활용하는 디지털화(digitalization) 단계를 거친다.

제2절 데이터증거기반 정책설계론

1 증거기반 의료에서 착안

증거기반 정책이라는 개념은 본래 의학분야에서 논의되던 증거기반 의료(evidence-based medicine)에서 차용한 것이다. 영국 Blair정부가 발간한 정부현대화 백서(The modernizing government white paper, UK cabinet office, 1999)에서 구체적으로 명시되었다. 증거기반 정책은 정책을 설계하고 집행할 때 그 효과를 추정할 수 있는 증거를 근거로 해야 한다는 개념이다. 과학적 증거, 엄밀하게 검증된 증거를 경쟁적으로 이용해야 한다는 것이다. 이처럼 영국에서 시작된 증거기반 정책의 흐름은 미국 Obama 정부에서 주요 정책철학이 되었으며, 우리나라 역시 현재 디지털플랫폼 정부론이 데이터증거기반 정책설계 흐름을 따르고 있다.

일반적으로 증거는 어떠한 주장이나 제언, 가설 등이 진실인지 혹은 타당한지를 나타내주는 정보 또는 사실의 집합이다. 이러한 증거를 크게 네 가지 유형으로 분류한다. ① 과학적 지식, ② 이슈나 어젠다 관련 정보 및 자료, ③ 실무자의 전문성, ④ 이해관계자의 입장이 그것이다. 우리나라 증거기반 정책의 역사를 살펴보면, 네 가지 유형 중에서도 과학적 지식, 이슈나 어젠다 관련 정보에 해당하는 통계를 중요하게 여겼다.

정책설계에 활용되는 증거는 강건성(robustness), 객관성과 진실성이 필수적이다. 이를 확보하기 위한 제도는 ① 승인통계 제도이다. ② 통계기반 정책 관리제도이다. 정책설계의 기반이 되는 통계지표를 구비함으로써 통계와 정책 간 연계를 강화하고 정책의 효과성을 높이는 데 그 목적이 있다. ③ 통계지표의 구비여부 확인제도이다. 정책을 도입하거나 변경하는 경우 필요한 통계지표를 갖추도록 하는 것이다. ④ 통계기반 정책 평가제도이다. 통계개발(개선) 계획의 타당성을 평가하는 제도다.

2 데이터증거기반 정책설계

증거기반 정책결정은 1990년대 말부터 전 세계적으로 정책의 핵심적인 패러다임으로 작용하였다. 그동안 정책결정이 이데올로기에 기반(ideology-driven)을 두거나 이익집단의 의견(opinion-based)에 따라 이루어지고 있음을 지적하고, 그래서는 안 된다는 반성에서 시작됐다.

증거기반 정책설계는 정책설계자의 주관적 의견 혹은 정치적인 이유로 정책을 결정하는 것이 아닌 과학적 · 객관적으로 설명할 수 있는 근거를 기초로 하여 정책을 설계하려는 흐름을 말한다. 이는 정책의 효과성과 신뢰성을 향상시키고, 정책결정의 주관적 판단에서 오는 오류를 최소화여 정책실패의 위험을 줄이는 데 그 목적이 있다.

과학적 데이터증거는 신속한 정책결정을 가능케 하고, 이해관계자들 간의 갈등을 해결하는 단서를 제공한다. 한편, 정책이 집행된 이후에 당초 설정한 목표를 달성했는지를 평가하는 데도 활용되고 있다. 이렇듯 증거가 정책설계 및 목표관리에 단초가 되기도 하지만, 새로운 정책이슈를 발굴하는 데도 유용한 방법이다.

정리하면, 각종 데이터증거는 매우 중요한 역할을 한다. 데이터증거는 해결해야 할 사회문제가 무엇이고, 해결할 수 있는 대안들이 어떤 것이 있으며, 어떤 대안을 선택해야 하는가를 우리에게 알려준다.

결정된 정책을 집행하는 과정에 있어서도 필요한 인적·물적 자원과 구체적 시행 방법은 물론 정책집행 이후에 어떠한 결과가 나왔는지를 알게 해준다. 데이터증거를 잘 활용할수록 불필요한 피해를 줄일 수 있고 자원낭비를 막을 수 있다.

증거기반 정책설계는 이론기반 정책설계(theory-driven policy design)와 데이터증거기반 정책설계(data-based policy design)가 있다.

이론기반 정책설계는 연역적 접근방식에 의존하여 이론, 모형, 개념적 지식(conceptual knowledge)을 토대로 하여 정책을 설계하는 접근방식이다. IS-LM 곡선 등 거시경제학 이론, 행동경제학 이론 등을 활용하여 정책을 설계하는 경우다.

이에 비해서 데이터증거기반 정책설계(data-based policy design)는 데이터 및 통계분석 등을 통해서 얻은 귀납적 증거를 활용한다.

3 데이터증거기반 정책설계를 바라보는 견해들

이와 같은 데이터증거기반 정책설계에 대한 옹호론과 비판론[1]이 있다. 이를 살펴보자.

1) 데이터증거기반 정책설계 옹호론

사회문제를 해결하기 위해 과학적인 증거를 엄격하고 정확하게 사용하여 정책을 설계(결정)·집행하는 증거기반 정책은 다음과 같은 것을 기대할 수 있다.

첫째, 증거를 더 많이 사용하면 할수록 더 나은 정책결과를 얻을 수 있고, 사회문제에 대해 보다 효과적인 해결방안을 선택할 수 있다. 정책집행에서도 인적·물적 자원을 절약할 수 있다.

둘째, 혁신 프로그램을 확대할 수 있다. 아직 검증되지 않은 새로운 정책프로그램

1) 참고: 김길수(2022). 증거기반정책에 관한 연구: 증거의 편의(bias)를 중심으로. 한국자치행정학보. 제36권 제3호.

에 대해서 엄격한 평가를 받도록 요구하게 되면, 더 나은 정책성과를 얻게 됨은 물론 더 적은 집행비용을 들이는 혁신적 정책설계가 가능해 진다. 무엇보다 혁신적인 프로젝트에 집중할 수 있게 된다.

셋째, 정책의 집행 및 결과에 대한 데이터를 폭 넓게 수집하여 평가하면, 각급 행정기관과 공무원이 정책집행 결과에 대해 더 적극적으로 책임감을 갖게 된다. 다시 말해 정책의 목표를 명확하게 설정한 다음 이 목표가 얼마나 달성되었는지를 데이터를 근거로 객관적으로 평가하면 책임성을 확보하기가 훨씬 용이해 진다.

2) 데이터증거기반 정책설계 비판론

정책에 있어서 증거의 사용은 임상의학과 같은 기술적(技術的)인 영역에서 증거를 사용하는 것과는 질적으로 다른 차원이라고 주장한다. 정책설계는 경쟁적인 관계에 있는 여러 가지 사회적 가치들을 절충하는 측면이 강해서 증거는 아주 낮은 비율로 고려된다. 한편 정책설계 과정에서 사회문제를 해결하기 위해 과학적 증거를 찾는 것은 그렇게 쉬운 일이 아니다.

특히 다원주의 사회에서 사회문제를 해결하는 정책은 옳고 그름이 없고, 성공과 실패를 가늠하는 기준이 없으며, 공공선이나 사회적 형평에 대한 객관적인 정의가 존재하지 않는다. 어떤 증거가 정책의 기초가 되는 올바른 증거인가에 대해 사회적 합의도 없다. 다원주의 사회에서는 이해관계의 조정을 통해 사회문제를 해결할 뿐이고, 과학적 증거나 실험 결과를 근거로 하는 객관적 해결책은 드물다.

요컨대, 정책설계 과정이 아이디어와 가치에 대한 정치적 투쟁과정이기 때문에 증거기반 정책설계는 신화에 불과하며, 기술적인 소망에 지나지 않는다고 비판한다.

3) 엄밀성 · 포괄성을 갖춘 증거기반 정책설계론

어떤 증거가 좋은 증거일까? 대개 엄밀성(rigorousness)을 강조한다. 엄밀성은 과학적이고 체계적으로 분석되고 검증되었는지 여부에 따라 판단된다. 하지만 실제로 정책설계는 엄밀성을 갖춘 증거만으로 충분하지 않을 때가 많다. 실현가능성을 판단하는 증거를 비롯한 설득력 있는 증거가 더 필요하다. 이런 의미에서 실무자들은 좋은 증거는 포괄성(comprehensiveness)을 가져야 한다고 주장한다. 증거의 포괄성은 그 증거가 정책을 설계하는 데 요구하는 해답을 얼마나 충실하게 제시하고 있는가에 따라 평가된다.

우리가 정책설계를 할 때 좋은 증거를 충분히 수집하여 활용하면 할수록 더 바람직한 정책이 설계된다. 이때 증거의 깊이에 해당하는 엄밀성, 이와 더불어 당면문제를 충분히 해결할 수 있는 넓이에 해당하는 포괄성이 함께 요구된다.

4) 소결론

정책을 설계하는 데 있어 신경을 써야 할 점은 정책은 연쇄적이고 복합적인 인과관계를 갖고 있다는 것이다. 그 정책을 통해서 의도된 결과를 얻는다고 해도 또 다른 부정적인 효과가 연쇄적으로 파생될 수 있다. 따라서 상황이 단순하고 불확실성이 적은 경우에는 데이터증거만으로 설계할 수 있지만, 정치경제적으로 복합적인 상황에서 데이터증거에 기반한 정책설계만으로 부족하다. 상황이 복잡하고 불확실성이 강한 문제에 대한 정책을 설계할 때에 증거가 채우지 못하는 공간은 생각보다 크다. 데이터증거가 모든 문제에 대한 해답을 제시하지 못한다.

이러한 한계를 보완하는 방법은 정책설계자가 합리적이고 엄밀한 증거를 기초로 하여 정책을 설계하고, 이에 대해 다양한 의견을 수렴하는 소통적 숙의민주주의 정책담론을 통해서 최종적으로 합의에 도달하는 것이라는 점을 정책시장론에서 확인한 바 있다.

또한 데이터를 분석하는 방법론에 있어서도 사람이 겉으로 드러내는 객관적 사실을 설명하는 방식(R 분석 등)이 필요하지만, 사유하는 사람의 내면에 해당하는 상호 주관적 속성을 이해하는 방법론(Q방법론 등)에 의존하여 사회실상을 파악하는 것도 데이터의 포괄성을 넓혀주는 데 중요한 역할을 한다.

정리하면, 엄밀성에서 포괄성까지 확장된 증거기반 정책설계론은 현대의 불확실성을 극복할 수 있게 해주고, 실현가능성이라는 추가적 증거를 보충시켜줌으로써 정책설계를 더 풍요롭게 해 주는 역할을 한다.

제3절 실증주의 방법론과 현상학적 방법론

설명(explanation)과 이해(understanding)라는 두 가지 관점은 과학논리에 있어 오랫동안 논쟁거리였다. Newton과 Goethe 간의 차이를 상기시키는 논쟁이다. 과학자로서의 Newton은 설명하고 예측하길 원하지만, 시인으로서의 Goethe는 세상을 이해하고 해석하기를 바랬다.

사회과학의 연구에 있어서 주관과 객관, 이해와 설명이라는 대립적 전통은 Aristoteles 패러다임과 Galilei 패러다임으로부터 시작된다. 전자는 인간행위를 목적지향적으로 간주하며, 후자는 인과론적 법칙에 부합시켜서 이를 설명하고자 했다. 이에 대해서 Descartes는 정신세계에는 목적론을, 물질세계에는 인과론적 기계관이 타당하다는 이원적 방법을 제시하기에 이른다.[2)]

먼저, 객관적 현상을 설명·예측하는 실증주의의 연구대상은 인간의 행태이고, 연구방법은 관찰과 실험에 의한 경험적 실증(empirical positive)이다. 인간 행동의 드러난 모습을 관찰하고 그것들을 변수로 치환하여 인과관계를 밝히는 데 주력하는 방법론이다.

이에 비해서, 상호주관적 속성을 이해·해석하는 현상학적 연구대상은 사유하는 인간의 내면세계이고, 그 연구방법은 상호주관성의 이해와 해석이다. 생각을 하는 사람을 대상으로 상호주관적 속성을 이해하고 서로 토론하여 합의를 이루는 데 주력한다.

이러한 대립적 전통은 19세기에 들어 실증주의와 반실증주의(또는 역사주의)로 이어지고, 또한 20세기에는 신실증주의로 뿌리를 내림으로써 그 대립이 더욱 첨예화 된다.

자연과학적 진리관에 충실하려는 입장에서 사회과학은 사회현상을 과학적인 방법으로 연구하는 학문이라고 말한다. 사회과학은 다양한 사회현상을 객관적이고 체계적으로 설명(explain)하고 예측(predict)하는 것을 목적으로 한다. 정책학은 정책현상을 과학적 방법으로 연구하는 학문에 해당된다.

---

2) 참고: 정재동(2007). Q방법론의 주관성 연구와 행정학적 함의. 한국정책학회. 2007권. pp.7-24.

사회현상은 일상 속의 인간, 인간들 간의 상호작용, 사회구조에서 생기는 모든 현상을 망라하는 용어다. 현상은 관찰할 수 있는 실체를 의미한다. 이러한 현상을 수량화할 수 있을 때 이를 변수(variable)라고 부른다. 정책학을 비롯한 사회과학은 변수 그 자체의 속성을 연구하기도 하고, 변인들 간의 관계에 초점을 맞추어 연구하기도 한다.

변수란 특정한 분류기준이나 측정의 틀에 의해 수치로 전환할 수 있는 대상이나 사건을 말한다. 여기서 측정(measurement)이 필요하다. 측정은 일정한 법칙에 따라 대상에 특정 값을 부여하는 것을 의미한다. 측정을 통해서 대상에 대한 관찰을 좀 더 쉽고 객관적으로 할 수 있다. 이렇게 측정된 변수들의 값은 연구를 위한 기초자료로서 활용된다. 이것이 데이터(data)다.

사실 데이터는 팩트일 뿐이다. 누적된 데이터는 시간·공간의 변화현상을 객관적으로 보여준다. 데이터는 현재의 공간을 기록하지만 누적되면 역사성을 띠게 된다. 몇 십 년간 축적된 패널 데이터가 그렇다. 데이터에는 시간이 있다. 시간을 기반으로 데이터를 분석한다면 변화하는 세상의 흐름을 객관적으로 볼 수 있게 된다. 이처럼 시·공간적 데이터를 체계적으로 파악할 수 있게 하는 것이 R분석 등 통계분석이다.

앞에서 본 것처럼 자연주의에 근거한 실증주의 연구는 객관성(objectivity) 원리를 기초로 하여 보이는 세계를 계량적(quantitative)으로 설명하려고 한다. 반면에 인본주의에 입각한 해석학, 현상학, 비판이론은 인간의 주관성(subjectivity)을 강조하고 세계를 질적(qualitative)으로 이해하고 해석하려는 데 초점을 맞추고 있다. 대개 Q방법론에 의존한다.

Stephenson는 Q방법론을 통해 인간을 이해하고 해석하려는 시도를 한 학자다. 연구자와 연구대상자, 연구의 각 주체 사이의 단절성을 극복하려고 했다. 행위자가 스스로 수집된 진술문들을 분류하여(Q-sorting) 자신을 투사하고, 그것을 자결적 틀(operant framework) 안에 투영시킴으로써 설명이 아닌 이해의 폭을 넓히고자 한다. Q방법론의 과정에서 우리는 자신에 대한 사실들을 스스로 그려 나간다. 그 그림은 우리가 본 현실에 대한 모델과도 같은 역할을 한다. 이와 같이 피험자 자신이 스스로의 언어로 자신을 드러내고 스스로 결정한다는 의미에서 Q방법론은 자결적(自決的, operant)이라 할 수 있다.

이해와 설명 간에 대립의 문제는 기본적으로 연구자가 관찰자 자신이 될 수 없기 때문에 발생한다. 연구자가 다시 스스로를 묘사하듯 인간 행위를 연구할 수 있다면, 설명과 이해의 구분이 없어지고 인간행위를 총체적으로 파악할 수 있을 것이다.

오랫동안 논쟁거리였던 이해와 설명의 근본적인 차이는 연구대상을 감지하고 파악하는 방법과 그 매개물에서 기인한다. 현상학적 관점에서는 사회현상을 의미의 구조로서 파악하고 그 매개체 역할을 하는 몇 가지 개념적 도구를 이용한다. 이러한 개념도구를 통해서 사람의 생각을 이해하려고 한다.

우리가 일상에서 쓰는 현상이라는 말은 보이거나 나타나는 것을 의미한다. 이와 달리 현상학에서 현상은 주관적으로 우리의 의식(consciousness) 속에 나타나는 것을 말한다. 외부에 실제로 존재하는지 보다는 의식 속에 어떻게 주어지는지에 관심을 갖는다. 실제로 의식바깥에 실제로 존재하는 것이 의식 속에 나타나는 것, 수학 공식 같은 추상적인 것, 용이나 봉황처럼 상상의 동물로서 실체가 없는 것 등 모두를 포함한다.

현상학은 의식 속에 나타난 대상을 파악하여 이를 지각하는 주관주의적 인식론

[표 8-1] Q방법론과 R분석방법론 비교

비교관점	Q방법론	R방법론
연구대상	주관적인 가치유형	객관주의적 행동패턴
개념정의 특성	• 조작적 정의보다는 자결적 반응(operant response) • 응답자가 자발적으로 어떤 개념이나 정의를 스스로 만들어 냄	• 조작적 정의와 타당도가 필수적임 • 연구자의 연구목적에 따라 관찰과 측정에 용이하도록 개념을 구체화
대상영역	연구 대상자의 특정 주제 및 주관적 의견이나 인식구조(견해, 개념, 가치 등)를 확인	모집단의 객관적이고 측정 가능한 견해, 행태의 특성, 구조 및 대상자의 배경적 특색(학력, 나이, 성별 등)을 발견
연구자	피험자들이 제시한 결과의 해석자	외부의 직접적 관찰자
피험자	• 각 개인의 자율적 의사에 의해 특정 주제에 대해 견해, 사고, 태도 등을 총체적으로 유형화하는 역할 • 연구에 있어 능동적인 역할자	• 다수의 표본 중 하나의 표본으로서 연구자가 임의로 조작한 변인 속에 단절적으로 점수를 부여하는 역할 • 연구에 있어 수동적인 역할자
피험자규모	연구목적에 관련된 소수의 주체 (1명에 대한 심층적 분석 가능)	다수의 무작위 표본을 대상으로 대상의 배경적 특색을 유형화하려는 포괄적 연구
변수	사람	측정항목이나 자극

(Descartes)의 전통을 이어받고 있다. 현상학은 상호주관성 이해(intersubjective understanding)의 필요성을 강조한다. 이 학파는 Husserl의 지향성, 간주관성(inter subjectivity) 등의 개념적 도구를 활용하면 일상생활에서의 상징적 이해 구조를 밝힐 수 있다고 주장한다.

이제 Q방법론에서 주장하는 주관성과 관련된 논의를 정리해 보자. 첫째, 자연현상에는 가치구조가 개입되지 않지만 사회생활을 하는 인간은 특수한 의미와 적합성의 구조를 가진다. 인간의 주관성을 배제하고 인간의 본질과 사회현상을 제대로 연구할 수 없다. 그래서 Q방법론은 응답자 스스로가 진술문을 비교하여 순서를 정함으로써 이를 모형화하고 결국 그의 주관성(subjectivity)을 스스로 표현(operant)해 나간다.

둘째, 논리 실증주의에서는 사회현상이 자연현상과 마찬가지로 독립적으로 존재하는, 이미 구성된(pre-constituted) 것으로 간주한다. 그러나 인간은 사회적 현실을 의미적으로 형성하기(constructing) 때문에 의미의 해석을 통한 이해방법이 필요하다. 이러한 의미에서 Q방법론은 이해방법으로 통칭되는 해석학과 현상학의 방법론에 의존한다.

Q방법론은 '외부로부터 설명'하는 방법이 아니라 '내부로부터의 이해'하는 방법이다. 연구자의 가정이 아니라 행위자의 관점으로부터 Q방법론은 시작된다. 따라서 여기에 사용되는 진술문(Q-statement)은 모두 응답자의 자아 참조적(self-referent) 의견 항목으로 구성되어야 한다.

이렇듯 사회과학 연구는 인간의 주관적 영역으로 확장되어야 한다. 소위 인간의 객관적 영역만이 타당한 과학적 범주라는 주장은 액면 그대로 받아들일 수 없게 되었다.

제 4 절 Q방법론을 활용한 IT산업 정책설계 사례

1 상호주관성을 파악하는 Q방법론

Q방법론은 인간의 신념체계인 자결적 주관성(operant subjectivity)을 측정하고 이

를 토대로 인간의 공통적 관점을 추출하는 통계적 기법이다. Q방법론은 인간의 주관성이 전달가능하다고 전제한다. 인간의 마음을 보편적, 객관적으로 측정하는 방식이 아니다. 사람들이 갖고 있는 서로 다른 마음의 내적 특징을 중요하게 다루고 개인적인 다양성을 파악하는 질적 분석방법이다.

R방법론이 수리능력, 언어능력, 지능과 같은 객관적 속성을 측정하기 위한 방법이라면, Q방법론은 인간의 주관적 속성에 해당되는 선호, 감정, 아름다움, 취향 등을 측정하는 방법론이다. Q방법론은 일종의 요인분석법의 하나이지만 분석의 기본단위가 사람이라는 점, 인간의 주관성이라는 점에서 여타의 통계방법과 근본적으로 차이가 있다.

1) Q표본 진술문 구성방법

Q방법론에서는 전통적인 R분석기법으로 측정하기 어려운 인간의 자결적 주관성을 Q표본으로서 진술문을 통하여 얻는다.

여기서 주의할 것은 Q진술문은 주관적인 성질이어야 한다는 점이다. 사실을 설명하거나 묘사하는 문장은 Q진술문이 될 수 없음에 유의하여야 한다. Q진술문은 짧고 쉽게 작성해야 한다. 경험적으로 전문가들은 40~60여 개의 진술문이 연구에 적합한 것으로 보고 있다. 그렇지만 경우에 따라서는 20~30개의 진술문도 무방하다.

2) P표본의 작성방법

Q진술문이 작성되면 다음 절차는 P표본 구성이다. P표본의 구성은 Q표본을 작성하는 작업에 비하여 쉽다. 왜냐하면 P표본의 수가 적어도 되고 무작위 추출이라는 요건을 수반하지 않아도 되기 때문이다. 연구의 목적과 관련된 연구대상자들이 고루 분포되면 충분하다. 경험적으로 30~50명이 적절하다.

3) Q진술문 분류작업

Q진술문과 P표본이 결정되면 다음 절차는 P표본을 대상으로 Q진술문을 분류(sorting)하는 작업이다. Q진술문의 분류작업으로 연구대상자의 자결적 주관성을 측정한다. 이 방법은 정도측정방식(ipsative measure)으로서 심리학에서 일반적으로 사용하

는 정량척도(리커트 척도: Likert scale)와는 성격이 다르다. Q진술문의 분류작업은 개인 내에서 선호도의 차이를 측정하는 방식인데 반해, 정량척도는 사람 간 특성의 차이를 측정하는 방식이다.

Q분류를 함에 있어서 연구자는 통상 정규분포의 형태로 분류의 틀을 제시하는 경우와 Q표본의 분류를 연구 대상자의 자의에 위임하는 경우로 나눌 수 있다. 전자를 강제배분 방식(forced distribution)이라고 한다면, 후자는 자유배분(unforced distribution)이라고 한다. Q연구의 전통은 전자를 선호한다.

[그림 8-1]과 같이 강제배분 방식의 Q분류 시트의 질문지를 제공하고 각 점수 열에 해당하는 진술문의 번호를 기록하도록 한다.

[그림 8-1] Q분류 시트 예시

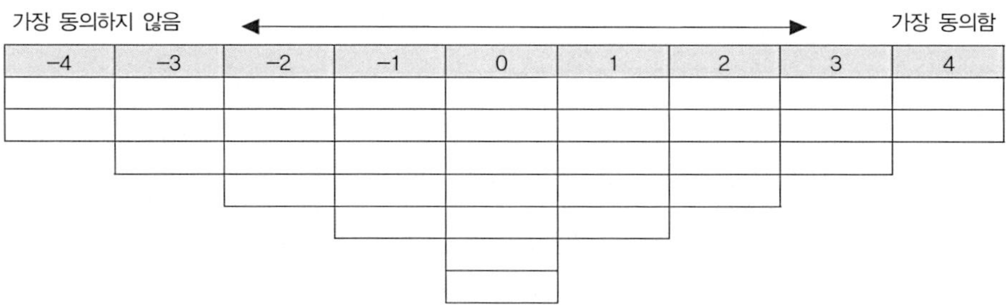

4) Q자료의 분석방법

Q진술문의 작성, P표본의 결정, 그리고 Q분류가 완성되면 분석단계로 넘어간다. 여기서부터는 다소 기술적인 성격을 띤다. PQMethod라는 프로그램에 자료를 입력하여 분석결과를 얻게 된다.

R분석의 요인분석과 거의 동일하게 진행된다. 다만 전통적인 R요인분석은 사람의 배경적 변수, 즉 특성 간의 상관관계와 요인분석이었지만, Q방법론에 있어서는 사람 간의 상관관계 및 요인분석이 이어진다. 상관관계의 분석, 요인의 추출, 요인의 회전 등은 전통적인 R방법과 매우 유사하다.

하지만 요인의 추출과정과 요인의 회전과정에서 전통적인 R요인분석과는 차이가 있다. 통계적인 관점에서 전통적 요인분석과 Q요인분석은 요인추출의 방식에 있어서 다소 차이가 있다.

첫째는 요인추출 방식의 차이이다. 전통적인 R요인분석에는 주요인분석(principal component analysis)이 사용되고 주요인분석은 아이겐값을 기준으로 요인의 수를 결정하는데 최소 기준치가 1이다. 그러나 Q방법론에 있어서는 센트로이드(centroid) 방식이 추천되며 요인을 추출함에 있어서 아이겐값이 전자와 같이 중요한 기준이 되지는 않는다. 특정 연구대상자에 관한 비중이 클 경우 아이겐값에 구애되지 않고 요인의 수를 추출할 수 있다.

두 번째의 차이는 요인의 회전방식에서 찾을 수 있다. 전통적인 R방식은 확정성을 띤 베리팩스(varimax) 등이 사용되지만, Q방법론에 있어서는 임의회전(judgemental rotation)이 권장된다. 그러나 실제에 있어서는 전자가 사용되는 경우도 많다.

5) Q자료 분석 결과의 해석

Q진술문의 작성, P표본, Q분류 등의 자료가 PQMethod에 입력되면 Q연구의 분석자료가 추출된다. 다양한 통계자료가 생산되는데 여기에는 상관관계표, 회전 전의 요인분석, 회전 후의 요인분석 등이 있다.

특히 진술문의 요인가(factor Q sort values for each statement)와 요인분석표(factor loadings of respondents)는 매우 중요한 자료다. 후자는 추출된 요인과 연구대상자 간의 상관관계를 보여준다. Q방법론에 있어서 요인은 비슷한 주관성을 가진 사람들의 집합이다.

2 Q방법론을 활용한 베이비부머의 IT 인식과 태도분석 사례[3)]

우리나라 베이비붐 세대(1955~1963년 출생)를 대상으로 IT에 대한 인식과 태도를 질적으로 파악하고 분석하여 IT산업의 정책을 설계하고자 한다. 짧은 기간에 급속한 산업화와 정보화의 과정을 겪는 베이비부머들은 IT 발전에 대하여 젊은 세대와는 다르게 인식하고 있었다.

---

3) 참고: 홍석호 · 어유경 · 장세정 · 권은주 · 김순은(2017. 6월). 한국 베이비부머들의 IT에 대한 인식과 유형별 특성: Q 방법론 적용. 노인복지연구. 제72권 2호.

1) Q진술문 구성 및 P표본 선정

먼저 Q진술문을 구성한다. 다양한 문헌자료와 실제 베이비부머들을 대상으로 한 인터뷰를 통해 초기 질문문항들을 작성했다. 질문문항에 대한 수정 및 검토를 거쳐 생물학적, 심리적, 그리고 사회적 노화 과정에서 IT의 영향, 활용 기대, 정책제언과 방향과 관련된 35개의 질문문항(Q진술문)을 최종 선정하였다.

다음으로 베이비부머들을 대상으로 성별, 나이, 교육수준을 감안하여 27명의 연구참여자(P표본)를 모집했다.

2) 분석 결과

먼저, Q유형의 형성이다. 진술문 답변 자료들을 분석한 결과, 베이비부머들의 노후생활에 대한 IT의 인식은 3가지 유형으로 분류되었다. ① IT를 활용해서 소통과 사회참여를 원하는 유형, ② 건강증진을 위해 IT활용을 요구하는 유형, ③ 정보접근을 통해 남의 도움 없이 자립적 생활을 희망하는 유형 등 3가지 유형이다. Eigenvalue 값(대개 2이상을 기준으로 선정)의 급격한 평준화 시점과 해석가능성을 고려하여 3요인 구조로 판단하였다. [표 8-2]에서와 같이 3개의 요인들의 적재값 백분율은 43%였다. 각 요인 간의 상관관계 계수는 -0.001(요인 2와 요인 3 사이), 0.154(요인 1과 요인 3 사이), 0.232(요인 1과 요인 2 사이)로 나타났다. 전반적으로 상관관계의 정도가 약함을 의미하며 각 유형이 독립적으로 서로 다른 특징을 가졌다고 할 수 있다.

[표 8-2] Eigen 값과 변량의 백분율, 그리고 요인 간 상관관계

	요인 1	요인 2	요인 3	Eigenvalue	설명량(%)	누적설명량(%)
요인 1	1.000			6.519	24	24
요인 2	0.232	1.000		2.928	11	35
요인 3	0.154	-0.001	1.000	2.093	8	43

P표본의 특성은 [표 8-3]과 같다. 응답자들은 모두 베이비부머 세대로 평균나이는 56.4세였다.[4] 여성 응답자가 16명(59.3%)을 차지하였고, 학력은 대졸 이상이 13명(48.1%)이었다. 결혼형태에 대한 질문에서 결혼하지 않은 상태(이혼/사별/별거/미혼)라고

4) 베이비부머의 마지막 세대인 63년생이 53세인 2016년에 수행된 연구 결과를 정리한 것이다.

[표 8-3] 베이비부머의 IT에 대한 인식의 3가지 유형

Q유형				인구학적 특성					
응답자 (Q-sort 번호)	A유형 (n=12)	B유형 (n=8)	C유형 (n=4)	성별	나이	학력	결혼	월소득 (만원)	근로
1	88*	−8	−6	여	53	대졸 이상	○	300	비임금/미취업
2	81*	−1	−15	여	54	대졸 이상	○	400	임금 근로자
3	87*	−8	5	여	56	대졸 이상	○	500	비임금/미취업
4	28	39*	−5	남	58	고졸 이하	○	180	임금 근로자
5	0	8	54*	여	54	대졸 이상	×	150	임금 근로자
6	−50*	−26	7	여	60	고졸 이하	○	150	비임금/미취업
7	6	−8	−38*	여	56	고졸 이하	○	160	임금 근로자
8	−5	−14	68*	여	53	고졸 이하	×	150	비임금/미취업
9	−19	21	−22	여	60	대졸 이상	×	200	임금 근로자
10	−9	44*	−15	남	56	대졸 이상	○	200	임금 근로자
11	20	−30	36	남	55	고졸 이하	○	200	임금 근로자
12	72*	−22	−37	남	55	대졸 이상	○	600	임금 근로자
13	63*	0	24	남	57	대졸 이상	○	350	비임금/미취업
14	52	−7	62*	남	57	대졸 이상	○	300	임금 근로자
15	66*	−18	8	남	55	고졸 이하	○	400	비임금/미취업
16	65*	13	1	여	57	고졸 이하	○	500	임금 근로자
17	58*	46	13	여	54	고졸 이하	○	250	임금 근로자
18	27	6	0	여	54	고졸 이하	×	100	임금 근로자
19	−14	42*	5	남	59	고졸 이하	○	350	임금 근로자
20	45	57*	−28	여	56	고졸 이하	○	0	비임금/미취업
21	25	63*	21	여	56	고졸 이하	○	165	임금 근로자
22	57*	38	−8	남	61	대졸 이상	○	100	임금 근로자
23	18	76*	17	여	58	고졸 이하	○	180	임금 근로자
24	58*	28	27	남	58	대졸 이상	○	200	임금 근로자
25	8	57*	−23	여	59	대졸 이상	○	220	임금 근로자
26	−18	38*	24	여	53	대졸 이상	○	0	비임금/미취업
27	52*	−9	27	남	58	고졸 이하	○	18	임금 근로자

*p〈0.05 유의수준

응답했던 응답자는 4명(15%)이었다. 근로유형에서 비임금 근로자(자영업, 고용주, 무급 가족 종사자 등) 및 미취업자(가정주부등)라고 응답했던 응답자는 8명(29.6%)이었고, 전체 참여자들의 평균 월소득은 약 240만원이었다.

분석 결과 A유형은 Q-Sort번호로 1, 2, 3, 6, 12, 13, 15, 16, 17, 22, 24, 27번에 해당하는 총 12명의 응답자들로 구성되었다. B유형에는 4, 10, 19, 20, 21, 23, 25, 26번의 8명이 포함되었고, 5, 7, 8, 14번의 4명은 C유형에 해당되었다. Q-Sort번호로 9, 11, 18번은 특정한 유형에 속하지 않았다.

이제 유형별 분석결과를 자세히 살펴보자. 여기서 3개의 유형은 그 특성에 따라 A유형은 'IT를 활용해서 소통과 사회참여를 원하는 유형', B유형은 '건강증진을 위해 IT활용을 요구하는 유형', C유형은 '정보접근을 통해 남의 도움 없이 자립적 생활을 희망하는 유형'으로 분류했다.

Q연구에서 요인의 특성을 밝힐 때 Q진술문 중에서 양 극단값 +4~-4의 경우에는 +4, +3, -3, -4를 가진 진술문을 해석의 근거로 삼는다. 여기서도 Q분류의 정상분포에서 양극단에 분류된 진술문(+4, +3, -3, -4의 요인가)들을 중심으로 수행하였고, 해당 진술문들의 표준점수를 함께 제시하였다.

첫째, A유형은 IT를 활용하여 사람들과 소통하고 사회에 참여할 수 있었음에 만족하고, 앞으로도 계속하기를 기대한다.

A유형의 주요 진술문 분석을 종합해보면, A유형은 사람과의 소통이라는 측면에서 IT에 대한 지식과 활용능력, 이에 대한 기대가 높았다. IT는 소통을 위해 유용하므로 더 적극적으로 고령자가 활용해야 한다고 주장했다. A유형의 대표적인 진술문은 [표 8-4]와 같다.

[표 8-4] A유형에서의 주요 진술문

No.	진술문	Z-socre	요인가
2	정보기술(IT)은 나에게 치매 예방 등 인지기능 예방의 목적으로 활용해오고 있거나 장래 활용가치가 높을 것이다.	1.767	+4
7	정보기술(IT)은 나에게 가족 및 친구 간의 소통에 기여하고 있거나 장래 활용가치가 높을 것이다.	1.528	+4
12	정보기술(IT)의 활용을 통해 고령자의 일자리 창출과 경제적 활동이 활발해질 수 있도록 모색되어야 한다	1.319	+3

8	정보기술(IT)은 나에게 시사 및 교육 정보 검색을 위해 활용해 오고 있거나 장래 활용가치가 높을 것이다.	1.306	+3
13	정보기술(IT) 교육 정책은 노인의 자발적 참여를 높이기 위해 필요성과 중요성의 인식을 위한 홍보가 선행되어야 한다.	1.188	+3
11	정보기술(IT)의 발전으로 노인들은 주변인과의 소통에서 더 어려움을 느껴왔다.	−1.392	−3
9	정보기술(IT)은 노인을 사회로부터 소외시켜왔다.	−1.459	−3
31	정보기술(IT)의 활용은 노인들의 신체적 노화(시력, 약화, 관절염 등)를 가속시켰다.	−1.464	−3
20	정보기술(IT)의 활용으로 노인들을 기기사용에 중독하게 만들었다.	−1.789	−4
25	정보기술(IT)은 중요한 것을 놓치고 허상을 쫓게 만들었다.	−1.854	−4

둘째, B유형으로 베이비부머들은 IT가 고령자의 건강을 증진시키는 데 활용되어야 함을 주장한다.

B유형의 주요 진술문을 분석해보면, B유형의 베이비부머들은 IT가 신체건강 증진에 기여하기를 바라지만, 아직까지는 기대에 미치지 못한다고 생각함을 알 수 있었다. 신체건강에 주로 초점을 두는 이유 중 하나는, 노인들이 IT를 직접 배우고 활용하여 효용을 얻기엔 너무 어렵기 때문이다. IT를 통해 의료서비스를 개선시키는 것이 노인에게 더 큰 효용을 줄 수 있을 것으로 생각하는 경향을 보였다. [표 8-5]는 B유형의 특징을 잘 설명해주는 대표 진술문들이다.

[표 8-5] B유형에서의 주요 진술문

No.	진술문	Z-socre	요인가
19	정보기술(IT)의 활용을 통해 의료서비스개관과 질병치료를 위해 노력해야 한다.	1.832	+4
5	정보기술(IT) 교육정책은 노인의 참여의지를 높이기 위해 수준별 프로그램 개발이 중요하다.	1.672	+4
10	정보기술(IT)을 배우는 일은 노인들에게 스트레스를 야기해왔다.	1.567	+3
21	정보기술(IT)에 대한 노인지원정책은 사회 역할의 은퇴로 발생되는 문제를 해소시킬 수 있는 방향이어야 한다.	1.325	+3
4	정보기술(IT)은 문제해결보다 노인의 일상생활에 여러 불편을 발생시켰다.	1.161	+3

31	정보기술(IT)의 활용은 노인들의 신체적 노화(시력 약화, 관절염 등)를 가속시켰다.	−1.369	−3
30	정보기술(IT)을 적용한 기기들은 노인의 질병을 예방하는 데 기여해왔다.	−1.404	−3
26	정보기술(IT)에 대한 노인들의 접근성을 높이기 위해 경제적 지원 정책이 시급하다.	−1.576	−3
15	정보기술(IT)의 활용은 노인의 관심분야 혹은 취미생활을 풍요롭게 변화시켰다.	−1.681	−4
14	정보기술(IT)은 나에게 신체적 건강을 향상시킬 목적으로 활용해오고 있거나 장래 활용가치가 높을 것이다.	−1.861	−4

셋째, C유형으로 베이비부머들은 IT를 통해 더 많은 정보에 접근하고, 이를 통해 인터넷 주문배달 등 다른 사람의 도움 없이 스스로 생활(자립)할 수 있기를 바랬다. C유형을 잘 나타내는 진술문들은 [표 8-6]과 같다.

[표 8-6] C유형에서의 주요 진술문

No.	진술문	Z-socre	요인가
2	정보기술(IT)은 나에게 치매 예방 등 인지기능 예방의 목적으로 활용해오고 있거나 장래 활용가치가 높을 것이다.	1.832	+4
35	정보기술(IT)에 대한 접근은 노인들의 경제적 부담으로 작용해 왔다.	1.672	+4
27	정보기술(IT)은 나에게 쇼핑과 은행 등의 생활편의를 위해 활용해 오고 있거나 장래활용가치가 높을 것이다.	1.567	+3
8	정보기술(IT)은 나에게 시사 및 교육 정보 검색을 위해 활용해오고 있거나 장래 활용가치가 높을 것이다.	1.325	+3
3	정보기술(IT)의 교육은 노인의 도전과 자신감을 북돋을 수 있는 방향으로 설계되어야 한다.	1.161	+3
34	정보기술(IT)의 활용으로 노인들이 주변인(친구, 손자녀)과의 관계가 돈독해지는 데 기여했다.	−1.369	−3
32	정보기술(IT) 정책을 통해 노인의 이동권을 개선할 수 있어야 한다.	−1.404	−3
7	정보기술(IT)은 나에게 가족 및 친구 간의 소통에 기여하고 있거나 장래 활용가치가 높을 것이다.	−1.576	−3
5	정보기술(IT) 교육정책은 노인의 참여의지를 높이기 위해 수준별 프로그램 개발이 중요하다.	−1.681	−4
30	정보기술(IT)을 적용한 기기들은 노인의 질병을 예방하는 데 기여해왔다.	−1.861	−4

3 Q방법론 분석결과를 반영한 베이비부머에 대한 IT산업 정책설계

노년층으로 편입되고 있는 베이비부머의 IT에 대한 인식과 태도를 파악하는 것은 노인친화적인 IT산업의 정책을 설계하는 데 의미 있는 시사점을 주고 있다.

먼저, IT를 활용한 소통과 사회참여형에 속하는 베이비부머들은 성공적인 노후를 위해 다른 사람과의 소통과 사회참여를 중요하게 생각하고, IT가 주는 이로움에 만족해하며 앞으로의 역할도 기대하고 있다.

둘째, 건강증진을 위한 IT요구형의 베이비부머들은 노후생활에서 건강을 중요하게 생각하며 건강증진을 위해 IT가 필요하지만, 아직까지 기여한 바가 크지 못하다고 여기고 있다. 앞으로 IT의 활용을 위해 더 많은 노력이 요구된다.

셋째, 정보접근을 통한 독립적 노후 생활 희망형은 성공적 노후 생활을 위해서 타인의 도움 없이 스스로 생활을 꾸려가는 자립을 강조한다. 자립생활을 뒷받침해 줄 수 있는 정보취득을 위해 IT의 역할을 기대하고 있다.

앞의 세 가지 유형에 맞추어 베이비부머 대상 IT산업 활성화정책을 설계하는 방향을 제시하면 다음과 같다.

첫째, 베이비부머들의 IT인식과 태도의 다양성을 고려하여 맞춤식 IT교육을 실시해야 한다. IT교육은 소통과 사회참여를 목적으로 IT를 활용하려는 베이비부머들에게 특히 효과적일 것이다. 이들은 자발적이고 적극적으로 참여할 가능성이 높다. 카카오톡 등 소셜네트워크 서비스의 이용방법과 온라인상의 친목모임을 만들 수 있는 홈페이지 개설 방법 등 폭넓은 활용이 가능한 상위기술을 가르치는 프로그램이 필요하다.

상대적으로 정보의 격차와 기술혜택으로부터 소외될 가능성이 큰 건강증진을 위한 IT요구형과 정보접근을 통합 자립적 생활 희망형의 베이비부머들을 위한 IT교육은 다른 관점에서 추진되어야 한다. 기본교육, 수준별 맞춤식 교육을 중심으로 프로그램을 실시해야 한다. 예컨대, 스마트폰 사용법, 문자전송과 확인 방법, e메일 계정을 만들고 편지를 주고받는 기초적인 교육을 실시해야 한다.

현재 고령층의 질병치료와 건강관리를 위하여 IT를 접목한 기기와 프로그램들이 끊임없이 개발되고 있다. 하지만 이것들은 지역사회의 병·의원, 보건소, 요양원 등에 보급되고 있어 베이비부머들은 생활 속에서 IT를 통해 건강증진의 혜택을 누리지 못하고 있다. 예비 고령층의 IT 인식 유형별 특성을 감안하여 스마트 헬스케어 기기와 프로그램 등을 조작하기 쉽게 개발하여 보급해야 한다. 조작방법과 활용방법에 대하여 교육이 이루어진다면 노인들의 건강유지에 긍정적인 효과가 나타날 것이다.

둘째, IT에 비교적 능통한 베이비부머들은 IT정책이 일자리와 경제활동 등 사회참여 증진을 위한 방향으로 설계되기를 원한다. 단순 일자리 보급정책이 아닌 스마트 창업 등 고부가가치 산업을 유도하는 환경 조성이 필요하다. 예컨대, IT를 활용한 소통과 사회참여형 베이비부머들에게 IT 재교육과 재취업 서비스를 제공한다면 이들은 높은 관심을 보일 것이다.

하지만 IT 접근에 경제적 부담을 느껴왔던 자립적 노후 생활 희망형 베이비부머들에게는 먼저 낮은 비용에 IT기기를 제공하고 이를 활용하는 교육을 실시하여 새로운 정보기술에 대한 접근이 가능하도록 도와주어야 한다.

또한 IT에 대하여 부정적인 태도를 지닌 건강증진형 베이비부머들에게는 특히 IT 기술을 적용하여 질병을 예방·치료하고, 의료서비스 질을 개선하는 데 정부의 노력이 필요하다. 이들을 위해서는 노인의 생활습관성 만성질환을 예방할 수 있는 스마트 헬스케어기기의 보급을 확대하고, IT기술을 활용한 건강관리 방식을 집중적으로 교육해야 한다.

CHAPTER

09

결론에 대신하여

정책실무를 담당하는 공직자 입장에서 정책학의 지향점은 무엇이어야 하는가? 정책학은 정책설계와 정책집행의 능력을 높여주는 학문이 되어야 한다. 바람직한 정책설계와 이를 올바르게 집행하는 데 도움이 되는 이론과 기법을 제시해야 한다. 정책학을 배운 사람과 그렇지 않은 사람 간에는 정책의 설계와 집행을 하는 데 있어 의미 있는 차이가 나타나야 한다. 정책학은 그것을 배운 사람과 배우지 않은 사람 간에 차이가 있어야만 정책학의 존재의의가 생긴다. 정책학을 배운 공직자는 훨씬 더 바람직한 정책을 설계하고, 더 올바르게 정책을 집행할 수 있어야 한다.

이러한 이유로 보편적인 이론에 집착하는 기존의 정책학은 이제 현실성 있는 이론과 실제를 함께 다루는 정책설계학으로 거듭나야 한다.

정부에서 구체적으로 정책을 설계했던 실제 경험사례가 반영되어 검증된 정책이론이 만들어져야 한다. 얼마 전까지만 해도 '이론과 실제를 중심으로'라는 부제가 붙은 교과서가 많았다. 미국 등의 선진적 이론을 소개하고 뒤떨어진 우리의 실제를 지적하는 경향을 보였다. 그러나 지금은 다르다. 우리의 현실은 선진국을 앞서고 있다. K-culture가 온 세계를 이끌고 있다. 이제 우리의 실제에 기반을 둔 이론이 개발되어야 한다. 우리도 세계 학문시장의 주류로 활약할 때가 되었다. 이론과 학문의 수입자가 아닌, 생산자가 되어야 한다.

결론을 내린다면, 기존의 정책학이 百聞而不如一見(백번 듣는 것보다 한번이라도 보는 것이 낫다)이라면 정책설계학은 百見而不如一行(백번 보는 것보다 한번이라도 실제로 해보는 것이 더 낫다)을 지향한다. 정책학은 어떤 정책을 실제로 설계하는 것과 같은 경험을 하게 하는 학문으로 거듭나야 한다. 실천 지향적 응용학문으로서 역할을 다해야 한다.

이제 객관적 실증주의에 의한 정책설계학과 함께 국가적 문제사안을 해결하기 위해 국민적 합의과정을 다루는 정책설계학, 실천 지향적 응용학문으로서 정책설계학을 선보이고자 한다. 때가 찼다.

참고문헌

[국내 문헌]

1. 저서

강신택(2005). 행정학의 논리. 박영사.
강은숙 외 1인(2020). 행동경제학과 공공정책. 윤성사.
구리쓰 야스유키(이승녕 역)(2009). The finance VS the nation(금융 대 국가 그 위대한 게임). 중앙books.
권기현(2009). 정책학. 박영사.
권영성(2010). 헌법학 원론. 법문사.
권오승(1999). 경제법. 법문사.
규제개혁위원회(1999.6). 1998년도 규제개혁백서.
김건식(2002). 증권거래법. 두성사.
김병섭 외 17인(2013). 정책수단론. 법문사.
김순은(2007). Q방법론과 사회과학. 금정.
______(2016). Q 방법론과 사회과학. 조명문화사.
김선희(2011). 신제도주의와 정책분석: 이론과 실제. 윤성사.
김성태 · 이희동(2008). 자본시장통합법. 한스미디어.
김영평(1991). 불확실성과 정책의 정당성. 고려대학교 출판부.
김일중(1998). 규제와 재산권. 자유기업센터.
김철교(2002). 증권투자분석. 법문사.
김태은(2023). 신제도주의: 권력, 집단행동 딜레마, 동형화. 대영문화사.
김형태 외 6인(2002). 증권회사의 경영전략. 한국증권연구원 조사보고서 02-05.
남궁근(1998). 비교정책 연구. 법문사.
노화준(2003). 정책학 원론. 박영사.
______(2010). 정책 분석론. 박영사.
박경돈(2024). 국가, 정부, 정책의 이해. 윤성사.
박계옥(2013). 정책동학의 이해. 미래의창.
______(2019). 기회가 열린 나라로 가는 길. 프린피아.
박종민 편(2002). 정책과 제도의 문화적 분석. 박영사.
박천오 · 박경효(2001). 한국관료제의 이해. 법문사.

방영민(2010). 금융의 이해: 금융시장 · 금융기관 · 금융상품 · 금융정책. 법문사.
배병룡 외 9인(2016). 제도와 행위. 대영문화사.
Bobbio, N. 박순열 역(1999). 제3의길은 가능한가: 좌파냐 우파냐. 새물결.
사공영호(2015). 제도와 철학. 대영문화사.
Sandel, M. J. 이창신 역(2010). JUSTICE. 김영사.
서울대 정치학과 교수 공저(2007). 정치학의 이해. 박영사.
선학태(2005). 민주주의 상생정치. 다산출판사.
오석홍 · 김영평 편저(2000). 정책학의 주요이론. 법문사.
오석홍 편저(2008). 행정학의 주요이론. 법문사.
웬들 고든, 존 애덤스 공저. 임배근, 정행득 공역(1995). 진화론적 접근 제도주의 경제학. 비봉출판사.
유동운(1999). 신제도주의 경제학. 선학사.
윤평중(2002). 푸코와 하바마스를 넘어서: 합리성과 사회비판. 교보문고.
이남인(2023). 현상학과 해석학. 서울대출판문화원.
이요섭(2010). 금융시장의 이해, 연암사.
이영훈 외 3인(2005). 한국의 유가증권 100년사. 해남출판사.
이준구(2003). 미시경제학. 법문사.
이헌재(2012). 경제는 정치다. 로도스.
임혁백(1997). 시장 · 국가 · 민주주의. 나남출판사.
자본시장통합법연구회 편저(2007). 자본시장통합법 해설서. 한국증권업협회.
자산운용협회(2008). 법규 1(증권거래법), 법규 2(간접투자자산운용법), 윤리.
조흥식(2007). 민주주의와 시장주의. 박영사.
전상경(2001). 정책분석의 정치경제. 박영사.
정운찬 외(2009). 화폐와 금융시장. 율곡출판사.
정윤모 외 6인(2003). 증권산업에서의 이해상충에 관한 연구 2. 한국증권연구원.
정정길(1997). 정책학 원론. 대명출판사.
정정길 외(2003). 정책학 원론. 대명출판사.
______(2010). 정책학 원론. 대명출판사.
______(2023). 정책학 원론. 대명출판사.
정용덕 외(1999a). 신제도주의 연구. 대영문화사.
______(1999b). 합리적 선택과 신제도주의. 대영문화사.
차조일(2008) 사회과 교육과 합리성. 한국학술정보.
최병선(2004). 정부규제론, 비봉출판사.
최봉기(2004). 정책학. 박영사.
Friedman, Milton. 안재욱, 이은영 공역(2005). Bright Promises Dismal Performance. 나남

출판사.
Habermas. 한상진, 박영도 역(2000). 사실성과 타당성: 담론적 법이론과 민주주의적 법치국가 이론. 나남출판사.
Tullock, Gordon 외. 김정완 역(2005). 공공선택론. 대영출판사.
하연섭(2008). 제도분석. 다산출판사.
한국은행(2000). 알기 쉬운 경제 지표 해설.
한국증권업협회(2008). 자본시장통합법해설서.
한국증권업협회(2008). 자본시장과 금융투자업에 관한 법률 편람.
허화 · 박종해(2010). 자본시장론. 탑북스.

2. 논문

강동완(2007). 정책네트워크 분석을 통한 대북지원정책 거버넌스 연구. 성균관대학교 박사학위논문.
구교준(2010). 행정학자의 시각에서 본 아담 스미스: 스미스의 사회경제사상에 대한 행정학적 해석. 한국행정학보. 제44권 제1호.
권오성 · 박민정(2009). 정책수단으로서 보조금 현황 및 연구경향. 행정논총. 제47권 제1호.
김경미(2009). 진보와 보수, 좌파와 우파에 대한 이론적 좌표설정 모색. 정치 · 정보연구. 제12권 1호.
김난도(1997). 신제도경제학의 제도개념과 정책연구. 한국행정학회보. 제6권 제1호.
김명식(2004). 롤스의 공적 이성과 심의민주주의. 철학연구제65집.
김민정 외(2023). 평생교육 활성화를 위한 재정 확대 방안: 평생교육바우처 사업을 중심으로. 평생학습사회. 제19권 제1호.
김선명(2000). 한국 금융제도의 경로의존성에 관한 연구. 한국행정학회보. 제9권 제3호.
김선희(2006). 공론조사기법: 학습과 토론을 통해 공론 확인하기. 국토. p.295.
김순은(1999). Q 방법론의 이론적 배경과 비판적 고찰. 정책분석평가학회보. 9(2). pp. 201-216.
김영평(2000). Simon의 절차적 합리성이론. 오석홍 · 김영평 편저, 정책학의 주요이론. 법문사.
김의영(2012). 포스트 신자유주의 시대의 한국 정치: 거버넌스 정치에 대한 소고. 한국과 국제정치. 제28권 제1호 2012(봄) 통권 76호.
김준기(2007). 정부기능 변화: 정책수단을 중심으로. 한국행정학회 2007년도 추계학술대회 발표논문집.
김태근 · 김학실(2014). 신제도주의 관점에서 본 독일과 한국 사회적기업의 등장 배경과 의미 비교: 역사적 제도주의와 행위자 중심의 제도주의를 중심으로. 한국비교정부학보. 18: 3, 1-33.

김태일(2009). 교정적 부담금 특성과 쟁점에 대한 논리. 행정논총. 제47권 제44호.
김한아(2003). 금융자유화 및 금융발달과 경제성장간의 관계. KDIC 금융연구. 제4권 제2호.
노화준(1992). 정책설계의 위치와 성격. 한국행정연구. 23(1).
문상덕(2000). 정책중시의 행정법학과 지방자치행정의 정책법무에 관한 연구: 우리나라와 일본의 행정법학 방법논의와 자치법무 실태 분석을 기초로. 서울대 박사학위 논문.
박계옥(2011). 금융정책이 자본시장의 제도화에 미치는 영향분석. 서울시립대 박사학위 논문.
박기백(1998). 보조비율의 계산. 재정포럼. 24.
박길환(2011). 적정의 감각에 바탕한 '보이지 않는 따뜻한 손': 국부론과 도덕감정론에 나타난 자기애와 이기심의 차이를 중심으로, 한국행정학보. 제45권 제2호.
박은정(1993). 왜 법철학을 하는가? 현대법의 이론과 실제(김철수 교수 회갑기념논문).
박상인(2009). 표준화 정책. 행정논총. 제47권 제1호.
박지웅(2000). 시장, 주식시장 및 정치적 시장의 의사결정방식으로서 투표에 관한 비교분석. 사회경제평론 15호.
박천오(2005). 관료정치 현상과 이론. 사회과학논총. 제23집.
배종윤(2002). 한국외교정책 결정과정의 관료정치적 이해. 국제정치 논총 42집 4호.
______(2005). 1990년대 한국의 대북정책과 관료정치: 통일부와 국가정보원을 중심으로. 한국정치학회보. 37집 5호.
백두산・박치성(2021). 노무현, 이명박, 박근혜 대통령의 정책 프레임을 통한 주택정책 설계 분석. 한국정책학회보. 제30권 2호.
사공영호(2008a). 조직의 제도화 메커니즘, 한국정책학회 하계학술대회 발표 논문.
______(2008.12). 정책이란 무엇인가? 한국정책학회보. 제17권 4호.
소영진(1999). 딜레마 발생의 사회적 조건: 위천공단 설치를 둘러싼 지역갈등을 중심으로. 한국행정학보. 33(1).
신선우(2004.6). 금융자유화, 금융발전 및 경제성장간의 관계분석. 지역개발연구. 제36권 제1호.
유용민(2024). 하버마스, 공론장 그리고 최후의 믿음: 공론장의 새로운 구조변동에 관한 최근 논의에 부쳐. 언론과 사회 32권 1호. pp.48-85.
유재원・김태준(2004). 한국의 금융・자본 자유화가 금융・외환위기에 미친 영향에 대한 실증 분석. 국제통상 연구. 제9권 제3호.
유철규(1996). OECD가입과 금융산업 개편의 종결. 동향과 전망.
유한욱(2020). 재정안정화를 위한 조세지출 정책방향. 시장경제연구. 제49집 1호.
유훈(2006). 정책학습과 정책변동. 행정논총. 제44권 제3호.
윤견수(2006). 정부의 결정을 딜레마 상황으로 가게 하는 요인과 그에 대한 대응책에 관한 연구. 한국행정연구. 15(1).
이민창(2001). 정책변동의 제도론적 분석: 그린벨트와 영월댐 사례를 중심으로. 서울대학교

행정학 박사학위 논문.
______(2006). 재산권이론의 정책학적 기여에 관한 소고: 이론적 함의를 중심으로. 행정논총. 제44권 2호.
이상돈(2002). 법이론: 철학과 정책 사이에. 고려법학 제38집.
이상호(1995). 신고전파 경제합리성의 한계와 생태학적 경제관. 고려대학교 박사학위논문.
이승종(2013). 공공서비스전달의 민간화. 정책수단론. 법문사.
이종범 외(1991).정책분석에 있어서 딜레마 개념의 유용성. 한국행정학보. 25(4).
이호철(1999). 한국정치학에서 정치경제연구의 쟁점과 과제, 한국행정학회보. 34집 1호.
임도빈(2009). 한국의 신고 포상금 제도 분석: 유형화와 확산이유를 중심으로. 한국조직학회보. 제6권 제1호.
임성기(1986). 미국 국가환경정책법(NEPA) 시행에 있어서 법원의 역할. 서울대 석사논문.
전성인(2008). 새(이명박) 정부의 금융정책: 평가와 과제. 한국경제의 분석. 제14권 제1호.
전진석(2003). 의약분업 정책변화에 대한 연구: 정책옹호연합모형을 적용하여. 한국정책학회보. 12(2).
정광호(2007). 바우처 분석: 한국과 미국을 중심으로. 행정논총. 45(1).
정규호(2005). 심의민주주의적 의사결정논리의 특성과 함의. 시민사회와 N해. 제3권 제1호.
정대성(2023). 하버마스의 진리합의론의 의미연구. 현대유럽철학연구 제71집, pp.129-156.
정용덕(1984). 자유시장경제와 정부규제, 한국행정학보 18.
정성철(2005). 관료정치와 카터행정부의 주한미군철수정책. 세계정치 제26집 2호.
정재철(2002). 한국언론과 이념담론. 한국언론학보. 제46-4호.
정정화(2003). 부처간 정책갈등과 관료정치: 새만금 간척시업을 중심으로. 한국행정논집. 제15권 제1호.
정진민(2008). 정당정치의 제도화와 한국 정당의 과제. 한국정치연구. 제17집 제2호.
조성환(1997). 정치경제학의 여러 가지 접근들에 관한 연구(1). 서강경제론집.
조주현(2022). 하버마스와 롤스의 심의민주주의 연구. 한국윤리학회 동계 학술대회에서 발표한 논문.
주성수(2007). 직접, 대의, 심의 민주주의 제도의 통합: 주민투표와 주민발안 사례를 중심으로. 시민사회와 NGO. 제5권 제1호.
최병선(2013). 규제수단과 방식의 유형 재분류. 정책수단론. 법문사.
최송화(1985). 법과 정책에 관한 연구: 시론적 고찰. 서울대 법학. 제26권 4호.
최종원(1995). 합리성과 정책연구. 한국행정학회보. 4: 2.
하태수(2010a). 경로변화의 양태: 경로의존, 경로진화, 경로창조. 한국행정학회 학술발표논문집. 1-16.
______(2010b). 제5공화국 출범 시기의 중앙정부조직 개편 분석. 한국행정학회 동계학술대회 발표논문: 1-16.

한승연(2008). 정책수단으로서 행정지도의 변화: 무에서 비공식수단으로. 한국행정사학지. 23.
한혜경(2010). 온라인 공론장과 오프라인 대인/대중매체 공론장의 연계성. 언론과학연구. 제10권 3호.
허범(1981). '기본정책의 관점에서 본 한국행정의 감축관리' 김운태, 강신택, 백완기 공저 한국행정의 체계. 박영사.
허범(2002). 정책학의 이상과 도전. 한국행정학회보. 11(1).

[국외문헌]

1. 저서

Alford, R. and Friedland, R.(1985). *Powers of Theory: Capitalism, the State and Democracy*. Cambridge University Press.
Allison, G.(1971). *The Essence of Decision. Explaining the Cuban Missile Crisis*. Boston: Little Brown.
Alt. J. and Shepsle. K.(1995). *Perspectives on positive Political Economy*. Cambridge University Press.
Anderson, Terry L. & Laura E. Huggins(2003). *Property Rights: A Practical Guide to Freedom and Prosperity*. Hover Press.
Birkland, T.(2006). *Lessons of disaster: Policy change after catastrophic events*. Washington, D. C: Georgetown University Press.
Bobrow, D. B. & Dryzek. J. S.(1987). *Policy Analysis by Design*. University of Pittsburg.
Bradfield. James(강태훈 역)(2009). Introduction to Economics of Financial Market(금융경제학), 경문사.
Downs, Anthony(1957). *The Economic Theory of Democracy*. Harper.
Dryzek, J.(1990). *Discoursive democracy: politics, policy and political science*. New York: Cambridge University Press.
Easton, David(1953). *The Political System*. Alfred A. Knopf.
Easton, David and Robert, Hess(1965). *A Framework for Political Analysis*. Englewood Cliffs, N.J; Printice-Hall.
Elster, J.(1983). *Sour Grapes*. Cambridge University Press.
Elster, J.(ed.)(1986). *Rational Choice*. Oxford: Basil Blackwell.
Feldman, A. M.(1980). *Welfare Economics and Social Choice Theory*. Kluwer Nijhoff Publishing.
Frederickson, G., Smith, K. Larimer, C. Licari, M.(2016). *The Public Administration Theory Primer*. Westview Press.
Friedman, M.(2001). *Dynamics of reason*. Stanford Calif: CSLI Publications.

Hayek(1982). *Law, Legislation, and Liberty: Rules and Order.*

Hodgson(2005). *Economics and Institutions.* Polity Press.

Howlett(2011). *Designing Public Policies: Principles and instruments.* London & New York: Routledge.

John, Peter(2012). *Analyzing Public Policy.* Routledge.

Kahneman, Daniel(2011). THINKING FAST AND SLOW. 이진원(옮김)(2012). 생각에 관한 생각. 김영사.

Kingdon, John(1984). *Agendas, Alternatives and Public Policies.* Boston: Little Brown and Co.

Lindblom, C. E.(1977). *Politics and Market: the World's Political-Economic System.* 주성수 역(1989). 정치와 시장. 인간사랑.

Mantzavinos(2001). *Individuals, Institutions and Markets.* Cambridge University Press.

Nakamura. R. T. and Smallwood. F.(1980). *The politics of Policy Implementation.* New York: St Martin's Press.

North, D.(1990). *Institutions, Institutional change and Economic Performance.* Cambridge University Press.

Olson, Mancur(1971). *The Logic of Collective Action.* Cambridge, Mass: Havard University Press. pp.48-50.

Parsons, W.(2003). *Public Policy: An Introdution to the Theory and Practice of Policy Analysis.* Edward Elgar.

Pennington(2000). *Planning and the political Market: Public Choice and Politics of Government Failure.* The Athlone Press.

Popper, Karl(1950). *The open society and its enemies.* Princeton University Press.

Rawls, John(1973). *A Theory of Justice.* Oxford University Press.

Riker, William H.(1982). *Liberalism agaist Populism: A Confrontation between the Theory of Democracy and the Theory of Social Choice.* San Francisco: W. H. Freeman.

Rourke, F. E.(1984). *Bureaucracy, Politics and Public Policy.* Boston: Little, Brown and Company.

Thaler, Richard(2015). MISBEHAVING. 박세연(옮김)(2016). 똑똑한 사람들의 멍청한 선택. 리더스북

Sabateir(ed)(2007). *Theories of the Policy Process.* Westview Press.

Salamon, L. M.(2002). *The Tools of Government: A Guide to the New Governance.* Oxford University Press.

Scharpf, F.(1997). *Games Real Actors Play: Actor-Centered Institutionalism in Policy*

Research. Boulder. Colo: Westview.

Schneider, Anne, and Helen Ingram(1997). *Policy Design for Democracy*. Lawrence: University Press of Kansas.

Schumpeter, J. A.(1942). Capitalism, Socialism, and Democracy. 이상구 역(1990), 자본주의 사회주의 민주주의. 삼성출판사.

Tolbert, Pamela and Zucker, Lynne(1996). *'The Instirurionalization of Instittution Theory' in Handbook of Organization Studies*, edited by Stewart R. Clegg et al: Sage Publication.

Williamson(1985). *The Economic Institution of Capitalism.*

Wilson(ed)(1980). *The Politics of Regulation. N.Y: Basic Books.*

Zysman, John(1983). *Governments, Markets, and Growths: Financial System and the Politics of Industrial Change*. Ithaca: Cornell University Press.

2. 논문

Bendor, J. and Hammond. T.(1992). Rethinking Allison's models. *American Political Science Review*. 86.

Coase(1998). The New Institutional Economics. *The American Economic Review*, Vol. 88: 2.

DiMaggio, P. J.(1988). Interest and Agency in Institutional Theory. In L. G. Zucker. (Ed). *Institutional Patterns and Organizations*, 3-22, Cambridge, Mass.: Ballinger.

Douglas, M.(1982) Introduction to Grid/Group Analysis. in M. Douglas, ed *Essays in the Society of Perception*. Routledge & Kegan Paul.

Guise, Peterson, Walker. Interest Group, Iron Triangles and Representative Institutions in American National Government, *British Journal of Political Science* 14. (April 1984).

Goodin(ed). *The Theory of Institutional Design*. 199-226. New York: Cambridge University Press.

Hacker, J. S.(2004). Privatizing Risk Without Privatizing the Welfare State: The Hidden Politics of Social Policy Retrenchment in the United States. *The American Political Science Review* 98(2): 243-260.

Hall, Peter(1988). 'Policy Paradigm, Social Learning and the State' A Paper presented to the International Political Science Association.

Hall, Peter(1993). Policy Paradigm, Social Learning and the State: The Case of Economic Policymaking in Britain. *Comparative Politics*.

Helco, H.(1978). 'Issue Network and the Executive Establishment' in King, A(ed). *The*

New American Political System. Washington, DC: American Enterprise Inc.

Howlett, M. and Rayner, J.(2006). Understanding the Historical Turn in the Policy Sciences: A Critique of Stochastic, Narrative, Path Dependency and Process-Sequencing Models of Policy-Making over Time. *Policy Sciences* 39(1): 1-18.

Howlett, M., Mukherjee, I., & Woo, J. J.(2015). "From Tools to Toolkits in Policy Design Studies: The New Design Orientation Toward Policy Formation Research". *Policy & Politics*, 43(2): 291-311.

Howlett, M.(2018). Matching Policy Tools and Their Targets: Beyond Nudges and Utility Maximisation in Policy Design. *Policy & Politics*. 46(1): 101-124.

Howlett, M.(2022). What Is a Policy Tool?: An Overview of the Tools Approach to Public Policy. *The Routledge Handbook of Policy Tools*. 3-18.

Ingram, Schneider, deLeon.(2007). Social Construction and Policy Design. in Sabatier. P. A. ed *Theories of the Policy Process*. Colorado: Westview Press.

Ingram, H., Schneider, A. L., deLeon, P.(2007). Social Construction and Policy Design. in Sabatier. P. A. ed *Theory of the Policy Process*. Westview Press.

Ingraham, Patricia(1987). Toword more systematic consideration for policydesign. *Policy Studies Journal* 15(June): 611-28.

Kahneman, D. and Tversky, A.(1979). Prospect Theory: An Analysis of Decision under Risk. *Econometrica*. 47(2): 263-292.

Kooiman(1993). Social Political Governance: in J. Kooiman. *Modern Goernance: New Government-Society Interaction*. Sage Publications.

Linder, S. H. & Peters, B. G.(1987). Design Perspective on Policy Implementation: The Fallacies of Misplaced Perscription. *Policy Studies Review, 6(3).*

Martin, R. and Simmie, J.(2008). Path Dependence and Local Innovation System in City-Regions. Management. *Policy and Practice*. 10: 183-196.

Meyer, J. W. and Rowan, B.(1977). Institutionalized Organizations: Formal Structure as Myth and Ceremony. *American Journal of Sociology*. 83(2): 340-363.

Nakamura, R. T. and Smallwood, F.(1980). *The politics of Policy Implementation*. New York: St Martin's Press. pp. 111-142.

Offe, Claus(1996). Designing Institutions in East European Transitions. in Robert E.

Oliver(1991). Strategic Responses to Institutional Processes. *Academy of Management Review*. 16(1): 145-179.

Peters, B. G.(2018). The Logic of Policy Design. In B.G. Peters. (ed.). *Policy Problems and Policy Design*. 1-34. Cheltenham: Edward Elgar Publishing.

Rosati, J.(1981). Developing a systematic Decision-making Framework: bureaucratic politics in perspective. *World Politics*. 81.

Salamon, L. M.(2000). *The New Governance and the Tools of Public Action*: An Introduction. Fordham Urb. LJ. 28: 1611.

Salamon, Lester M.(ed.)(2002). *The Tools of Government*: A Guide to the New Governance. Oxford University Press.

Scharpf, Fritz(1978). Interorganizational Policy Studies: Concepts and Perspectives, in K. Hanf and F.W. Scharpf. eds. *Interorganizational Policy Making*. Beverl Hills: Sage Publications.

Scharpf, F(2000). Institutions in Comparative Policy Research. *Comparative Political Studies*. 33: 762-790.

Schneider, A. & Ingram, H.(1990). Behavioral Assumptions of Policy Tools. *The Journal of Politics*. 52(2): 510-529.

Schneider, A. & Ingram, H.(2005). *Policy Design*. Encyclopedia of Public Administration and Public Policy. Boca Raton, FL: Taylor & Francis Group. 204-208.

Screpati, Zamagni(1993). *An Outline of the History of Economic Thoughts*. Clarence Press.

Thelen, K.(2003). How Institutions Evolve: Insights from Comparative Historical Analysis. Comparative Historical Analysis in the *Social Sciences*(Mahoney, J. and Rueschemeyer, D. eds). pp. 208-240.

Quirk, Paul. J.(1989). The Cooperative Resolution of Policy Conflict, *American Political Science Review*. 83. 3. pp. 905-921.

Van Hulst, M. & Yanow, D.(2016). From Policy Frames to Framing Theorizing a more Dynamic, Political Approach. *The American Review of Public Administration*. 46(1): 92-112.

찾아보기

ㄱ

가격(price) 189
가격기제 184
가족보조제도(AFDC) 266
가짜뉴스 249
가치 간의 분절성 280
가치적 분절성 271
가치적 상징성 270
가치적 이슈 270
가치적 이슈의 딜레마 267
간접민주제 198
간접세 162
간접적인 재정지출 160
간접적인 정책수단 125, 127
간주관성 294
갈등상황 267
갈등적 프레임 282
감정 222
감축관리 99, 129, 188
갑작스러운 사건 237
강건성 287
강제되지 않은 토론과 논의 254
강제배분 방식 296
강한 규제를 주장하는 사람 210
개념적 지식 288
개념적인 렌즈 223
개략적 정책설계 116
개발 부담금 156
개방화 188
개인별 선호함수 239
개인수준의 실질적 합리성 227, 229, 239
개인수준의 형식적 합리성 228, 252
개인의 경험 267
개인주의 79
개인주의자 81
개인주의적 성향 185
개인차원의 학습 232
객관성 287
객관성 원리 292
객관적 실증주의 접근 39
객관적 실증주의에 의한 정책설계학 306
객관적인 거대 공론장 182
객관적인 거시적 정책설계 모형 28
객관적인 거시적 정책설계학 26
거래비용 82, 84
거래비용 최소화 237
거버넌스 127
거버먼트 127
거시경제 방정식 145
거시경제학 이론 288
거시적 정책설계학 26
거시적 정책시장 24
건강증진을 위한 IT요구형의 베이비부머 303
건전한 사이버 공간 249
게임 룰 190
게임 룰에 의한 교환과 협상 190
게임이론 56
견광지 242
결과가치(기회손실) 278, 281
결과가치의 균등성(비교 선택 불가능) 263
결과가치의 크기 272
결정 미루기 264
경쟁적인 시장기능 230
경제시장 189
경제운영의 정향성 73

경제유인 규제대안 137
경제의 외부효과 142
경제적 유인 140
경제적 유인방식의 규제대안 140
경제적 충격사건 235
경제학적 사고방식 187
경향성(법칙성) 28
경험적 가설을 검증 225
경험적 실증 291
계층주의 80
계층주의자 81
계층주의적 국가주의 185
계획 126
고부가가치 산업 304
공(公)과 사(私)의 경계 248
공간적 맥락성 266
공감대 247
공개성 250
공개적이고 합리적인 공공토론 230
공개적인 토론 231
공격안 278
공공기업가 166
공공도서관 운영 위탁 168
공공서베이 255
공공서비스의 민간위탁 166
공공서비스의 생산과 공급 유형 168
공공서비스의 제공방식 170
공공서비스의 질 167
공공선택론 128, 165
공공선택론에 근거한 정책설계론 96
공공선택론적 정책설계 102, 103
공공선택이론 186
공공심을 함양한 시민 187
공급자중심의 전달체계 170
공급측면의 선출직 공직자 189
공동작업 프로젝트 37
공동체 선호 36, 196
공동체의 구조적 문제 134
공론장 32, 38, 62
공론장의 구조변동 244, 246
공론장의 담론윤리 250
공론장의 새로운 구조변동 248
공론장의 오염 248, 250
공론장의 재봉건화 현상 249
공론장의 정책담론 242
공론장이론 241, 243
공론적 정책담론 43
공론정치 242
공론조사 255
공론화위원회 256
공리주의적 95
공식적 공론장 207
공식적인 담론의 장 247
공식적인 숙의과정으로 제도화 252
공식적 정책담론 제도 254
공영주차장 운영 위탁 168
공익 196
공익사업 경비조달 154
공익의 대변자 187
공익의 봉사자 187
공정성 184
공직자의 이해충돌방지법 240
공청회 207
과밀 부담금 157
과세이연 160, 162
과시적이고 형식적인 공론장 246
과잉금지원칙 159
과징금 159
과학자로서의 Newton 291
과학적 데이터증거 287
과학적 지식 287
과학혁명 57
관계론적 철학 246
관료적 기업가형 모형 47
관용과 포용의 가치 249
광우병 위험 257

교통유발 부담금 156
교환적 의사결정 방식 190
구매자 188
구매행위 190
구성설 30
구제도주의 49
구조 265
구조적 딜레마 267
구조적 맥락 130
구조적 학습 233
구체성 265
구체적 수준의 정책수단 132
국가공동체의 선호(정책) 182
국가정체성 219
국가현상설 71
국무회의 208
국민기초생활보장제도 266
국민들의 정책 요구(수요) 189
국민선호 184, 185
국민선호 결정변인 185
국민연금 개혁정책설계 좌표 분석 220
국민연금 개혁정책에 대한 정파 간의 좌표 분석 219
국민 · 유권자(구매자) 188
국민의 관심도 131
국민의 선호 181
국민의 우호적 여론 44
국민의 지지 여론 44
국민적 선호로 결집 253
국민적 정책담론과정 32
국민적 합의과정 36
국민적 합의과정을 다루는 정책설계학 306
국부창출 184
국유재산의 양여 또는 대여 방식 151
국제 표준화 기구(SSO) 164
국회와 행정부 간의 관계 88
국회의원이 받는 보수 213
군사적 대응 217
군사적 접근 277, 278
권력현상설 71
귀납적 접근방법 128
귀납적 증거 288
규모의 경제 달성 151
규제강화 187
규제기준 136
규제대안적 정책수단 135
규제완화 99, 129, 188
규제의 강제력 확보 136
규제적 행정지도 176
규제정책(손실) 210
규제정책 208, 209
규제정책의 수요곡선 208
규제정책의 수요 · 공급 곡선 211
균형추에 본질적 변화 257
극단적인 포퓰리스트 249
근대의 본질론(실체론) 245
근대화론 243
근로자집단의 이해 반영 종합적 설계 113
글로벌 패권경쟁 165
금전적 보상 174
급격한 정책변동 237
급진화된 유권자 집단 250
기술적 과정 128
기술혁신 선도국가 165
기업형 슈퍼마켓(SSM) 271
기자 회견장 207
기저 핵심가치 234
기존규제 확대적용 268
기회비용 210, 262
기회손실 263
기회손실L 273
기회손실의 크기 272
기회주의적인 행태 119, 236
기획 126

ㄴ

낙인효과 161
내부로부터의 이해 294
내생변수 233
내생적 227
넛지 51
네트워크 외부성 164
네트워크 외부성 효과 164
네트워크 형성과 분석적 합리성에 근거한 정책설계 111
논리 실증주의 294
농민집단의 이해 반영 종합적 설계 112
농업 보조금 150
능률성 222

ㄷ

다수결 198
다수결 원칙 193, 207, 227
다수결 원칙인 투표의 논리 191
다수결의 원칙에 의해 우위를 점하는 정책선호 72
다원주의적 선호 185
단계적 과정 23
단계적 과정모형 224
단계적 접근 224
단선적 경제발전 경로 243
단수정상선호 200
단순다수결 201, 202
단순 다수결의 원리 194
단절적 균형이론 35
담대한 리더십 273
담론 227
담론부재 250
담론윤리 241, 250
담론이론 244
담론절차의 공평성 251
담론절차의 적절성 251
대기 · 수질오염 배출 부과금 154
대북정책의 좌표 분석 219
대상 집단의 사회적 재편성 모형 66
대상 집단의 지지 정도 44
대안 간 분절성 263
대안선택의 방법 196
대안의 상충성 280
대응역량의 수준 184
대응연계모형 24, 121
대응연계전략 모형 62
대의민주주의 193
대의민주주의의 참여결핍 253
대의제 간접민주주의 198
대인적인 담론의 장 251
대중매체를 활용한 담론의 장 251
데이터 286, 292
데이터 주권론 286
데이터증거 288
데이터증거기반 정책설계 286, 288
데이터증거기반 정책설계 비판론 289
데이터증거기반 정책설계 옹호론 288
데이터화의 진전 249
도구적 수단성 35
도구적 합리성 22, 222
도구적 합리성에 입각한 분석도구 224
도구적 합리성의 편협성 226
도덕적인 이상 또는 가치 78
도시설계 39
독과점적인 성격 210
독과점 형태 210
독단과 편견 250
독재성향 246
독재자 195
독특한 행태적 가정 235
동조화 정책설계 모형 215
동학현상 63
동형화 49
두 가치의 분절성 263

두 대안의 결과가치 263
두 대안의 상충성 263
득표극대화자 187
디지털 민주주의 시대 258
디지털 전환 286
디지털플랫폼 정부론 286
디지털화 286
디커플링 271
딜레마 262
딜레마의 구성조건 262
딜레마 상황 262, 267, 279
딜레마 상황에 대한 대응방안 262
딜레마 상황의 거시적 진단과 제3의 대안정책 설계 모형 274, 277, 278
딜레마 상황의 구성요건 272
딜레마 상황의 정책좌표 분석 218
딜레마 이론 262

ㄹ

레이블링 144
렌즈역할 126
리더십 유형 130
리더십과 철학의 부재 258
리프레이밍 264, 270, 281

ㅁ

막후 채널역할 277
만장일치 208
만장일치제 194
만족모형 262
맞춤식 IT교육 303
맥락 49, 265
맥락적 요인 129
메타프레임 282
메타프레임 형성 264
면세 160
명령지시 규제 137
명령 · 통제 방식 154
모방학습 232
모빌리티 플랫폼 사업자 268
모사설 30
모형 288
목적의 공익과 법령에의 부합성 175
목적지향적 291
목표를 설정하는 과정의 합리성 227
목표설정의 합리성 241
무결정 상황 272
무관한 선택 대상으로부터의 독립성 195
무마용 자원확대 264
무방류 시스템인 폐수 재이용 시설 280
무방류 폐수 처리시설 281
무시 273
무지의 장막 53
무차별적 195
묶음형 바우처 172
문제가 되는 초점사건 237
문제가 되는 충격사건 237
문화 77, 183, 184, 265
문화적 변인 77
물고기가 떼죽음 279
미공개 정보 240
미국산 소고기 수입 257
미래지향적 맥락 281
미래지향적 투표 215
미시적 정책설계 원리 24
미시적 정책설계학 26
미시적 정책시장 182
미시적 정책시장론 180
미시적 합의모형 121
미시적인 접근 235
미 · 소간의 핵전쟁의 문턱 276
민간공급 확대유인책 119
민간기업의 국유화 129
민간단체 지원 보조금 150
민간영역과의 경쟁 188

민간위탁 166
민간의 연구개발 투자에 대한 보조금 150
민감성 정도 220
민영화 99, 129, 165, 188
민족정체성 219
민주주의 70, 193
민주주의의 세 가지 규범적 모델 246

ㅂ

바람직한 정책목표 223
바람직한 정책설계 306
바우처 169
바우처와 다른 정책수단 비교 170
박빙 승부의 경우 215
반도체 286
반실증주의(또는 역사주의) 291
반쪽짜리 공론장 248
배출권거래 제도 141
百見而不如一行 306
법치주의 176
베이비부머에 대한 IT산업 정책설계 303
베이비부머의 IT에 대한 인식의 3가지 유형 299
베이비붐 세대 297
벤치마킹 240
변수 292
보고서 작성 모형 40
보르다 방식 201, 202
보수 74
보수주의자 75
보완설계 23, 34
보조적 정책수단 173
보충설계 23, 34
보편성 196, 248
복수정상선호 200
부담금 157
부담금 수준 159
부동산 경기부양 정책설계 119
부동산 투기 240
부동산 투기억제 정책설계 120
부동산 투기 사건 238
부정부패 187
부처별 바우처 사업 종류 169
부패행위 신고 보상금 · 포상금 제도 173
분배문제 97
분석적 토론 38
분석적 학습 233
분석적 합리성 109
분절성 263
비강압성 175
비공식적 248
비공식적 공론장 247
비공식적인 담론의 장 247
비대칭적 정보 163
비독재 원칙 195
비용 · 편익 분석 56
비일관적 대응 273
비토권자 89
비토권 행사 208
비토역할 89
비판의 제도화 250
비판이론 292
비판적 청취 250
비효율성 187

ㅅ

사건관련 정책학습 모형(ERPL) 237
사리에 맞는 주장 250
사분면 정책프레임 134, 135
사실상의 표준화 165
사유화 167
사이비 공론장 248
사적이익 극대화 129
사표 크기 190

사표기피 원리 190
사표기피 원칙 190
사회공동체 전체의 선호 194
사회구조론적 정책설계 100, 101
사회구조론적 정책설계론 96
사회구조적인 정책설계 109
사회단위에 예속되어 있는 정도 79
사회복지시설 운영 위탁 168
사회선호함수 193
사회의 공동선 230, 231
사회적 관계 78
사회적 균형 196
사회적 선택의 불가능성 198
사회적 선호 그 자체의 존재 197
사회적 재편성 정책설계 66
사회적 재편성 정책설계 모형 67
사회적 정책학습 236
사회적 합의 197
사회적 형성 67
사회적 형평 289
사회적 형평성 증대 153
사회주의 74
사회학적 신제도주의 49, 183
사회현상 292
사회후생함수 194, 196
상관관계표 297
상대적 교섭력 72
상생적 프레임 282
상업주의 246
상위맥락 281
상위 맥락에서 제3의 대안정책을 설계 274
상위수준의 제3의 대안정책 278
상위수준의 포용적 제3의 대안 274
상위의 정책수단 132
상징적 대응 262, 264, 273
상충성 263, 271
상호적 학습 233
상호주관성 32, 181, 184, 247
상호주관성 이해 294
상호주관적 이해의 폭을 넓혀 가는 담론의 장 247
상호주관적 이해의 형성과정 247
상황적 맥락 130
상황적 변인 86
새로운 규제대안 141
새로운 대안적 민주주의 253
새로운 정책이슈 287
새로운 패러다임 283
생맥주집 친목모임 248
생산비용 84
생산의 민간화 167
생존권 문제 267
생활폐기물 수거 · 운반 · 처리 위탁 168
서민주거 안정 131
서방 동맹국들의 신뢰 278
서수적 선호 196
선거공약 46
선거인단 선거제도 202
선거인단 확보 202
선거중심의 정책시장 180, 185
선제적 조치 270
선택가능한 대안 223
선택 불가피성 263
선택설계 51
선택을 해야 하는 상황 272
선택이 곤란한 상황 263
선택이 쉽지 않은 상황 264
선형적 학습 232
선호 181, 182, 235, 239
선호와 지식의 내용적 합리성 229
선호의 강도 196
선호의 내재성 235
선호의 전이성이 없을 때 투표순환 199
선호체제 85
선호하는 양 184
설득적 담론 38

설명 291
설명논증의 구성요소 27
설명논증의 형식과 요건 28
설명력 225
설명력이 높은 정책이론 265
설문조사 256
성과관리와 같은 새로운 메커니즘 188
성과기준 규제 137, 139
성과기준 규제의 장점 139
세금우대 162
세금의 증가 129
세법체계 161
세액공제 160
세종대왕의 소통 · 숙의적 합리성에 기초한 공론정치 242
센트로이드 방식 297
소득공제 160
소득측면의 국민소득 146
소박한 실증주의 267
소비자보호 정책 143
소비자주의적 민주주의 255
소비자집단 143
소비진작 정책 147
소통과 사회참여형에 속하는 베이비부머 303
소통적 숙의민주주의 정책담론 290
소통적 합리성 246
소통 · 숙의적 담론 250
소통 · 숙의적 담론과정 25
소통 · 숙의적 민주주의 38
소통 · 숙의적 정책담론 43
소통 · 숙의적 합리성 32, 247
소통 · 숙의적 합리성의 미숙 250
손괴자 부담금 158
수단적 정책학습 236
수요 · 공급의 균형점 190
수요측면의 유권자 189
수용자의 파편화 249
수익자 부담금 158
수준별 맞춤식 교육 303
수질개선 부담금 157
수질오염총량초과 부담금 155
수출증대 161
숙의 227
숙의과정 256
숙의민주주의 36, 241, 242, 243
숙의민주주의 기반 공식적 담론제도 255
숙의민주주의적 정책담론을 통한 정책설계론 255
숙의민주주의 정책담론 231, 243, 244, 252, 253
숙의민주주의 정책설계 과정의 핵심적인 요소 254
숙의적 민주주의 253
숙의적 심의자세 254
숙의적인 정교한 정책설계 논리 243
순수한 딜레마 상황 272
순위투표제 194
순응적 정책선호 236
순환현상 200
쉽게 결정하기 어려운 양자택일 선택상황 263
쉽게 결정할 수 없는 선택의 상황 262
스마트 폰 282
스마트 헬스케어기기의 보급 304
스스로 긍정하여 수용하는 자발성 175
승인통계 제도 287
시간 · 공간의 변화현상 292
시간 · 공간적 맥락성 265, 266
시간적 맥락성 266
시 · 공간의 분리 대처 264
시대정신 176
시민배심제 254
시스템 분석 56
시스템 분석 기법인 선형이론 56
시인으로서의 Goethe 291
시장경제화 166

시장기반 규제대안 137
시장기반 선진적 규제대안 140
시장메커니즘 141
시장메커니즘의 수요 · 공급 준칙 183
시장성 171
시장실패 97
시장에 기반한 규제대안 135
시장원리의 도입 129
시장의 가격기제 작동 135
시장의 게임 룰 189
시장의 불완전성을 상쇄하는 수단 151
시장주의 72, 166, 193
시정적 부담금 135, 154
시정적 부담금제도 152
신고 241
신고 보상금(포상금) 제도 172
신공공관리론 165
신공공관리론적 정책수단 173
신관리주의 166
신규정책 채택 238
신념체계 233, 294
신념체제 235, 239
신뢰보호의 원칙 176
신실증주의 291
신의성실 176
신제도주의 49
신형의 재산권 142
실무자의 전문성 287
실제GDP 148
실증주의 291
실증주의적 연구방법 25
실증주의적 입장 267
실질적 합리성이 형성되는 과정 233
실천적 응용학문 36
실천 지향적 응용학문으로서 정책설계학 306
실체적 법령 136
실험적 학습 233
실현가능성 41, 46
심의부재(담론부재) 243
심의제도 255
쓰레기 종량제 140

ㅇ

아고라 광장 193
아스팔트 공론장 207, 257
아스팔트 촛불시위 방식 258
아웃 소싱 168
아이디어 논쟁 238
아이폰 282
안전망 53
알고리즘 249
약한 규제를 주장하는 사람 210
양자물리학 245
양자택일 262
양자택일의 선택 상황 263
엄밀성 289, 290
에코 챔버 249
에클레시아 193
여객자동차법 268, 269
여론의 지지 270
여론조사 255
여론조사 기관 248
여론조사와 공론조사의 차이점 256
여성의 낙태권 216
역사 183, 184
역사적 신제도주의 49, 183
역사적인 관습 267
역할 78
연구개발(R&D) 162
연도별 정책수립 지침 207
연역적-법칙적 설명 28
영풍석포제련소 279
예산극대화자 187
예산절감 167
오염된 공론장 249

오염제거량(cap) 142
온라인상에서 이루어지는 담론의 장 251
올바르게 정책을 집행 306
옵트 아웃 52
옵트 인 52
완전성 195, 197
외교안 278
외교적 해결 277, 278
외교적 해결방안 217
외부로부터 설명 294
외부불경제 비용 152
외부불경제를 내재화 153
외부불경제의 시정 153
외부효과 230
외생변수 233
외생성 235
외생적 227
요인 298
요인분석표 297
우리의 실제에 기반을 둔 이론 306
우파 74
우파와 좌파 간의 대북정책 좌표분석 218
우파진영 218
운명주의 79
운명주의자 81
원인자 부담금 158
원초적 상황 53
유권자들 간에 연합 205
유태인 대학살 사건 244
유행하는 문화흐름 267
은밀한 정치적 협상 109
의대정원을 대폭확대 212
의도적인 적응을 학습 229
의도적 지향성 29
의료단체 212
의료보험 제도 240
의무이행확보수단 159
의미의 구조 293
의사소통행위 이론 244
의제에 대한 관심의 증가 238
이기적 행위자 187
이러닝 256
이론 288
이론기반 정책설계 288
이론적인 준거 188
이성 222, 244
이성적 본질론 245
이슈나 어젠다 관련 정보 및 자료 287
이슈맥락 48
이용자중심 전달체계 170
이윤을 극대화 187
이전의 사건에서 축적된 정책경험 238
이중봉두선호 200
이중봉두선호가 나타날 때 투표순환 199
이차적 측면의 가치 234
이해 291
이해관계의 분포 131
이해관계의 절충 문제임 270
이해집단들 간의 정치적 영향력 88
이해충돌 방지법 241
이행강제금 159
이행성 195, 197
인간소외 문제 244
인간의 주관성 292
인격화의 논리적 오류 197
인공지능(AI)의 확대 249
인과관계 290
인과관계 모형 225
인과관계적 패턴 62
인과론적 법칙 291
인구분산 161
인본주의 292
인센티브 방식의 규제대안 135
인센티브 제공 135
인식구조 239
인식의 지평을 넓힘 253

인위적 질서 72
인지적 학습 232
인터넷 정책담론의 장 252
일관된 선호체계 223
일관성 228, 230
일대일 경쟁 201
일반적 부담금 135, 158
일반적인 부담금 154
일반적 학습이론 232
일반화의 과잉 35
임기응변적 정책설계 115
임시적 조치 272
임시조치 273, 274
임의회전 297
입법부 중심의 구체적 설계 108
입법부의 상임위원회 208
입법예고 절차 190

ㅈ

자결적 292
자결적 주관성 294
자결적 틀 292
자금 급여형식 151
자기결정성 원리 244
자기의 선호를 표명 253
자기이익 187
자발적 교환관계 72
자발적 연합체 246
자발적 표준화 165
자발적인 선택 193
자발적인 합의형성 243
자생적인 질서 73
자아 참조적 294
자연과학적 진리관 23, 291
자유배분 296
자유주의 74
자유주의적 민주주의 246
자율성 246
자율적 공론장 247
자율적으로 수정된 선호 229
자율적인 공론장 248
자율주행차 282
자율화 129
자의적인 사회선택 200
자치단체 재정지원 보조금 150
작은 정책시장 190, 208
잠재GDP 148
잠재적 정책선호 표명 214
장애인 고용 보조금 150
장애인 고용 부담금 156
재산가치의 극대화 237
재산권 82, 159
재산권 창도자 84
재설계 38
재정의 민간화 167
재화시장의 경제재 208
저소득층의 보호 151
저율과세 160
적극적 연관성 195
적응 229
전기차 282
전략적인 행동 235
전망이론 50
전문적인 논증대화 244
전산화 286
전이성 199
전환적 힘 253
절차적 공정성 200
절차적 법령 136
절차적 합리성 231, 273
절차주의적 숙의민주주의 246
점증모형 262
점증주의적 정책설계 98
점진적 변화기 236
정당성 253

정도측정방식 295
정략성 46
정면 돌파하는 방식 273
정면대응 돌파방식 272
정보 228, 229, 239
정보공개 144
정보부족 144
정보접근을 통한 독립적 노후 생활 희망형 303
정보제공 정책프레임 145
정부규제 133
정부규제의 확산 129
정부－민간 합동 정책설계 110
정부보조금 149
정부부담 축소 167
정부부처 간의 협조 또는 갈등 관계 88
정부실패 97, 187
정부의 공식적 의제(어젠다) 224
정부의 대응역량 181
정부의 일하는 방식 125
정부의 재정정책 147
정부의 정책 제공(공급) 189
정부정책의 순응 확보수단 151
정부조직에 의한 구체적 설계 117
정부조직의 비대화 187
정부지출 160
정부현대화 백서 286
정상과학 57
정상적인 민주주의의 결핍 250
정의의 원칙 53
정책 186
정책결정의 질을 제고 252
정책결정자 130
정책결정자의 가치중립성 264
정책과정의 역동성 40
정책 급변기 236
정책기조 207
정책내용의 세부 조정 206
정책단계 모형 231
정책단계별 과정모형 225
정책담론 38, 185, 243, 256
정책담론의 장 207
정책담론의 필요성 231
정책대안 223
정책대안의 결과예측 223
정책대안의 비교 · 평가 223
정책대안 탐색 223
정책동조화 204
정책동조화 현상 204
정책동학 62, 63, 65
정책동학적 설명과 예측 모형 62
정책동학적인 정책설계 68
정책동학적 정치이데올로기의 분류 틀 77
정책목적과 정책수단 간의 인과적 연계 87
정책문제 130
정책문제 발생의 맥락성 131
정책문제의 근본원인 131
정책변동의 중요한 기제 238
정책 부담 208
정책분석 224, 225
정책사례 36
정책상황 88
정책상황의 재정의 270
정책선호 70
정책선호의 수요 · 공급 준칙 180
정책선호의 수요 · 공급의 균형점 181
정책선호의 한계효용(편익) 208
정책설계 34, 64
정책설계 과정 242
정책설계론 126
정책설계 모형 24, 40, 43, 45
정책설계의 기본요소 126
정책설계의 다양화 215
정책설계의 동조화현상 216
정책설계의 새로운 준거 틀 253
정책설계 전략 64

정책설계 전략 모형 64, 66
정책설계학 306
정책설계학 일반론 34
정책설계학의 출발점 182
정책설계 함수 92
정책설계행위 62
정책수단 124, 125, 126
정책수단들의 집합체 126
정책수단론 126
정책수단 선택 모형 127
정책수단 설계 모형 126
정책수단성 171
정책수단의 다양화 127
정책수단의 선택모형 130
정책수단의 취사선택 프레임 130, 133
정책수요자 189
정책시장 38, 64, 80, 206
정책시장 유형 64
정책시장 유형 결정 변인 94
정책시장 유형 변인 종합모형 89
정책시장 유형의 전환 121
정책시장은 정책공급자와 정책수요자 189
정책시장의 수요곡선 208
정책신념 44
정책실패 287
정책실현 목적의 부담금 159
정책 아이디어 논쟁 238
정책에 대한 찬성 표의 양 186
정책요구 182
정책유행 130, 134
정책을 결정하는 사람 264
정책을 놓고 교환하는 관계 189
정책을 제공하는 양 210
정책의 공급곡선 209
정책의 구매행위 186
정책의 높낮이 184, 189
정책의 대전환 214
정책의 미비 238
정책의 선호양 208
정책의 설계자 246
정책의 수렴현상 216
정책의제설정 224
정책의제설정 이론 35
정책의 차별성 214
정책의 창이론 35
정책의 편익 정도 45
정책의 프레이밍 126
정책의 핵심요소 236
정책이 결정되는 내면의 원리 183
정책이슈의 복잡성 87
정책이전 방식 240
정책입안 38, 40
정책입안의 일반모형 40
정책제공 182
정책좌표 180
정책좌표 분석 217
정책좌표 차이 분석 217
정책중개자 234
정책지지 연합 234, 236
정책지지연합 모형 35
정책지지연합 모형의 구조틀 234
정책지지연합과 3차원 구조의 믿음체계 235
정책지향 학습 225
정책지향성 44
정책집행 224
정책집행에 대한 연구 128
정책집행의 대상자 246
정책철학 130, 134, 286
정책토론방 56
정책토론회 207
정책편익 208
정책평가 224
정책프레이밍 124, 126
정책프레임 124
정책 하위체계 234
정책학습 86, 184, 229, 232, 233, 238, 256

정책학습 모형 237
정책학습에 의한 정책변동이론 233
정책학습의 중요성 231
정책학습의 핵심요소 239
정책학의 적실성 36
정책학의 존재의의 306
정책핵심 234
정책행위자 233
정책현상설 71
정책형성 224
정책 형성기 236
정책활동 225
정치경제학 186
정치과정의 산물 180
정치시장 180
정치시장 모형 186
정치시장 모형의 기본 원리 187
정치이념 98
정치이데올로기 184
정치인 189
정치인 · 공무원(판매자) 188
정치적 교환 182, 189
정치적 권한 67
정치적 리스크 131
정치적 성향 73
정치적 실현가능성 41
정치적 이해력과 상상력 258
정치적 정책시장 39
정치적 투쟁과정 289
정치적 합리성 46
정치적 협상 114
정치적 협상방식 104
정치적 협상에 의한 개괄적 설계 106
정치철학적 정책설계 99
정치철학적 정책설계론 95
정치체계론 71
정치학의 체제이론 35
정파별 · 계층별 · 세대별 가치갈등 243
정파별 · 집단별 주관적 선호 217
제1단계 정책설계 38
제1사표 191
제2단계 정책설계 38
제2사표 191, 192, 214
제2사표 기피원칙 214
제2사표가 큰 경우 214
제3단계 최종적 정책설계 39
제3당의 유망한 후보자 214
제3의 군사적 정책대안 278
제3의 대안 262, 272
제3의 대안적 군사정책 275
제도 48, 265
제도적 맥락 48
제도적 학습 233
제약요인 49
제품 간 인터페이스 호환성 163
제품의 구성요소 간 호환성 163
조성적 행정지도 176
조세감면 160
조세정책 147
조세정책 프레임 161
조세지원 160
조세지출 160
조세특례 160
조장된 딜레마 상황 272
조정적 행정지도 176
조직차원의 학습 232
조직화의 정도 88
조합적 학습 233
존속살해죄 49
좌파 74
좌파진영 218
주관성 294
주관적 공론장 182
주관적인 미시적 정책설계이론 31
주관적인 미시적 정책설계학 27
주관적 현상학적 접근 39

주관주의적 인식론 293
주류 경제학 230
주민참여 예산제도 240
주요인분석 297
주택경기 활성화 131
주택정책수단들 132
준딜레마 상황 263, 268
중간 매개체역할 248
중간 맥락의 딜레마적 상황 267
중범위 정책시장 189, 208
중위 선호 그래프 203
중위선호도 203
중위선호이론 203
즉각적인 정책변혁 237
증거 251, 287
증거가 채우지 못하는 공간 290
증거기반 의료 286
증거기반 정책 286
증거기반 정책결정 287
증거기반 정책설계 287
증거에 기반을 둔 논증적 토론 254
증거자료 266
지구의 파멸 278
지구지정 138
지대 129
지방분권화 99, 188
지방의료원 운영 위탁 168
지배적인 정책결정이론 262
지속가능성 283
지식 228, 235, 239
지역경제 유지파 280
지역균형발전 161
지연 273
지연 대응 262
지원정책 208, 209, 210
지원정책의 수요곡선 208
지적재산권(IPR) 163
지출측면의 GDP 146
지침 225
지향성 294
직관 232
직접감면 방식 162
직접민주주의 193
직접세 162
직접적인 정책수단 127
진리상응설 26
진리합의론 253
진리합의설 26
진보 74
진보주의자 75
진술문의 요인가 297
진실성 287
진실 추구 248
진정한 담론이론 254
진정한 숙의적 심의 243
진지한 결정과정 250
진짜 욕구 282
진화론 245
진화론자 55
진화적 정책설계 55
집권정당의 정치적 성향 86
집단동원 238
집단선택의 합리성 230
집단선호 230
집단선호가 도출되는 과정 227
집단선호의 내용적 합리성 230
집단수준의 실질적 합리성 227, 230, 253
집단수준의 실질적 합리성 모형 241
집단수준의 형식적 합리성 230, 252
집단의 공동선 227
집합적 수준의 실질적인 합리성 253
집합적 정책시장 182

ㅊ

차등의 원칙 53

차별적 정책설계 모형 214
참여민주주의의 담론부재 253
책임감 289
처방적 기준 137
첨단기술 283
체계적 맥락 130
초벌 정책설계 105
초점사건의 발생 238
촉진된 정책학습 237
총공급 방정식 146
총수요 방정식 146
최선의 정책대안 223
최소극대화 원칙 53
최소한의 합리성 195
최적대안 선택 223
최적수준의 정보량 229
최적의 귀납적인 추론 229
최종설계 23, 34, 38
최종조사 256
최후통첩 276
충격적 사건 240
측정 292

ㅋ

카리스마 리더십 273
칸트주의 96
콩도르세 규칙 201
콩도르세 역설 203
쿠바 미사일 위기 딜레마 상황 217
쿠바 미사일 위기 상황 275
쿠바의 소련 미사일기지 277
쿠바 해상봉쇄와 최후통첩안 276
쿠바 혁명정부 275
큰 규모의 정책시장 206
큰 규모의 협상중심의 정책시장 207
큰 정책시장 189, 208

ㅌ

탈규제/자율화 167
택시기사의 분신자살 270
터키의 미국 미사일기지 277
테두리 밖의 학습 236
토론회 207
토종이론 262
통계기반 정책 관리제도 287
통계기반 정책 평가제도 287
통계분석 292
통계지표의 구비여부 확인제도 287
통제 불가능한 사건 237
통찰력 282
통합적 동화과정 36, 64
통합적 동화의 정책설계 44
통합적으로 동화 183
통화정책 147
투기억제 131
투입요소기준 규제 137, 138
투자확대 정책 147
투표 180, 186
투표기제 184
투표논리 190
투표를 통해 정치적 지지 189
투표역설 199
투표역설 이론 198
투표의 순환성 200
투표행위 190
특별위원회 213
특별조직에 의한 점진적 설계 107, 116
특수성 265

ㅍ

파레토의 기준 195
파편화된 공론장 248
판매자 188
패권경쟁 286

패러다임 57
패러다임 변동 57
패러다임 변화적 정책변동 57
패러다임 재생산 정책설계 58
편향 50
평등권 159
평등주의 80
평등주의자 81
폐수 100% 재이용 시설인 ZLD 280, 282
포괄성 289, 290
포괄위임 입법금지 159
포용성 248
포퓰리즘 248
표준화 163
프레임 124
프레임 효과 281
플랫폼 운수종사자 269
플랫폼 286
피해의 보상 153
필터 버블 249

ㅎ

하수처리장 운영 위탁 168
하향식 정책과정 207
학습 235, 239
한계비용 210
한계비용의 체증 또는 체감여부 209
한국정보통신기술협회(TTA) 164
한정적 대응 264
합리성 222, 244
합리성 모형 262
합리성 수준별 함수모형 226
합리성에 기초한 정책설계 112
합리적 무지 현상 210
합리적 선택 신제도주의 183, 235
합리적 선택 신제도주의 이론 233
합리적 정책결정 모형 223
합의 244
합의가능성 180, 217
합의회의 254
해상봉쇄안 276
해상봉쇄－최후통첩안 218, 279
해상봉쇄－협상안 278
해석학 292, 294
해석학적 입장 267
핵무기 개발 244
핵전쟁 278
핵전쟁 방지 278
핵전쟁의 벼랑 끝 275
햇볕정책 219
행동경제학 50
행동경제학 이론 288
행위자 그룹 간에 대립 281
행정부의 협상중심의 정책시장 207
행정적 실현가능성 41
행정절차법 175
행정지도 174
행태적 학습 232
허심탄회한 토론 254
혁신산업 육성 268
혁신적 정책설계 47, 289
혁신적 학습 232, 237
혁신적인 프로젝트 289
혁신 프로그램 288
현상 292
현상유지 편향 52
현상학 30, 31, 184, 292, 294
현상학에서 현상 293
현상학적 방식 182
현상학적 입장 267
현상학적 접근방법 26, 267
협박성 최후통첩 279
협상과 타협의 문화 254
협상중심의 작은 정책시장 207
협상중심의 정책시장 185, 197, 205

협상테이블이라는 정책시장 181
형성(구성)주의 55, 184
형성(구성)주의적 접근 267
형성적 담론 38
형성적 정책설계 55
형식적 대응 262, 273
형식적 대처 264
호환성 163
혼돈의 정리 203
혼잡통행료 156
환경개선 부담금 155
환경문제 267
환경 보조금 150
환경보존파 280
환경오염 279
회전 전의 요인분석 297
회전 후의 요인분석 297
회피 241
효과성 222, 253
효과적인 해결방안 288
효용을 극대화 187
효율성의 신호등 152
후생경제학적 정책설계 97, 104
휴리스틱 50
히틀러의 나찌 244
힘에의 의지 245

기타

1원 1표의 원리 70, 72
2/3찬성제 194
2차원적 정책시장 모형 90
Aristoteles의 정의론 96
Aristoteles 패러다임 291
Arrow가 제시한 윤리적 기준에 대한 비판 197
Arrow의 불가능성 정리 181, 195
Arrow의 사회선택의 불가능성 이론 194
Birkland의 사건관련 정책학습 모형 233
Coase 정리 141
Condorcet의 투표모순 181
Darwin 245
ERPL 모형 238
Feuerbach 245
Freud 245
Galilei 패러다임 291
GDP갭(gap) 147
Habermas 230
Husserl 29, 294
IT산업의 정책 297
Kennedy 대통령 276, 278
K-ETS 143
Khrushchev 275
Marx 245
Nietzsche 245
PQMethod 296, 297
P표본 구성 295
P표본의 작성방법 295
Q-Sort번호 300
Q방법론 290, 292, 295, 296
Q방법론과 R분석방법론 비교 293
Q요인분석 296
Q자료의 분석방법 296
Q진술문 295
Q진술문 분류작업 295
Q표본 진술문 구성방법 295
R분석 290, 292
R분석기법 295
R방법론 295
R요인분석 296
Sabatier의 정책지지 연합 모형 233
Steve Jobs 282
TNC 268
WTO 체제 162

저자 소개

박계옥은 정책설계학의 이론과 실제를 겸비한 전문가다. 현재 대학에서 학부생을 대상으로 행정과 정책이론을 가르치고, 대학원 박사과정 학생을 대상으로 정책사례에서 정책이론을 도출하는 정책이론 구성 방법론을 가르치고 있다.

그는 1980년대 초에 서울대학교에 입학하여 역사를 공부하다가 군에 입대했고 군복무 후에는 사회과학에 관심을 갖게 되었다. 대학원에 진학하여 행정학을 공부했다.

1990년 제34회 행정고시에 합격한 후 국무총리실에서 사무관, 서기관으로 일했고 국민권익위원회에서 국장, 실장, 상임위원을 지냈다. 주로 규제개혁과 부패방지 · 청렴정책을 수립하여 시행하였다.

그는 공직생활을 하면서도 배움의 끈을 놓지 않고 학문에 정진했다. 영국 런던대(Queen Mary)에서 정책학 석사를, 서울시립대에서 행정학 박사학위(논문: 금융정책이 자본시장의 제도화에 미치는 영향분석)를 받았다.

2013년에 국민의 선호(독립변수)와 정책시장과 정책설계 전략(매개변수)을 중심으로 정책현상을 인과적으로 설명하고 예측하는 정책이론서 『정책동학의 이해』를 펴냈다. 2019년에는 민주주의와 함께 기회균점주의 입장에서 우리의 미래정책을 제안하는 『기회가 열린 나라로 가는 길』을 펴낸 바 있다.

위와 같이 쉬지 않고 배움의 길을 걸으면서 터득한 지혜, 그리고 실무적으로 정책을 수립하여 집행했던 경험을 기반으로 『정책설계학』을 발간한다. 실증적 행태주의에 기반을 둔 거시적 정책시장의 유형과 정책설계 전략 간의 대응연계모형에 의한 정책설계론, 즉 정책동학적 정책설계론을 중심으로 한다. 이에 추가하여 현상학적 상호주관성 접근을 하는 국민적 합의과정으로서 정책학습과 정책담론에 기초한 정책설계론 등 몇 가지 정책설계모형을 함께 연결한 이론서다. 실제로 정책이 살아 숨 쉬는 객관적 · 거시적 정책설계론과 주관적 · 미시적 정책설계론을 같이 다룬 실무지침서다.

정책설계학

펴낸날 제1판 제1쇄 2026년 2월 20일
지은이 박계옥
펴낸이 임춘환
펴낸곳 도서출판 **대영문화사**
주소 (본사) 사무실: 경기도 고양시 일산서구 주화로 70
우신프라자 307호 (우) 10387)
(본사) 물류센터: 경기도 고양시 일산서구 덕산로
107번길 68-50 (우) 10205)
등록 1975년 12월 26일 제3-16호
전화 (031) 913-3062, (031) 914-3884~5
팩스 (031) 913-3839
홈페이지 http://www.dymbook.co.kr

ISBN 979-11-24343-00-5
값 25,000원